国际工程市场
分析指南

◉ 顾祥柏 金 峰 著

中国建筑工业出版社

图书在版编目（CIP）数据

国际工程市场分析指南/顾祥柏，金峰著.—北京：中国建筑工业出版社，2011.9
ISBN 978-7-112-13517-2

Ⅰ.①国… Ⅱ.①顾…②金… Ⅲ.①建筑工程—国际市场—市场分析—指南 Ⅳ.① F416.9-62

中国版本图书馆 CIP 数据核字（2011）第 174223 号

　　本书系统地分析了国际工程市场营销的特征，提出了国际工程市场营销的阶段划分及各阶段的定性分析模型，给出了国际工程市场定性与定量集成分析的框架，并详细介绍了基于市场占有率的蓝契斯特（Lanchester）法则、行业集中度以及蒙特卡罗模拟的量化市场分析方法。结合 ENR 的历史数据，提供了市场潜力、环境与竞争分析的示例。从政治、法律、经济与社会四个方面给出了国际工程市场风险的一般分析方法。最后，一般性地分析了中国建筑企业的优势、劣势以及所处环境的特点，并采用介绍的方法与技术，利用 MEED 与 ENR 的历史数据，给出了中东（海湾）地区炼化工程市场详细分析的案例。书后附有部分彩图，以帮助读者更清晰地了解本书内容。

　　本书可作为国际工程从业人员的培训教材或参考书，也可作为大专院校相关专业高年级本科生与研究生的教材与参考书。

* * *

责任编辑：刘　江　赵晓菲
责任设计：董建平
责任校对：刘梦然　姜小莲

国际工程市场分析指南

顾祥柏　金　峰　著

*

中国建筑工业出版社出版、发行（北京西郊百万庄）
各地新华书店、建筑书店经销
北京京点设计公司制版
北京云浩印刷有限责任公司印刷

*

开本：787×1092 毫米　1/16　印张：21　字数：483 千字
2011 年 11 月第一版　2011 年 11 月第一次印刷
定价：56.00 元
<u>ISBN 978-7-112-13517-2</u>
（21299）

版权所有　翻印必究
如有印装质量问题，可寄本社退换
（邮政编码　100037）

前　言

自2007年美国次贷危机发生以来，全球建筑市场经受了金融危机以及全球经济衰退的考验，许多大的国际承包商艰难地维持着生计。但经过两年多的经济衰退期，局势逐渐变得明朗：建筑业市场的衰退不是整体性的，一些地区及行业在金融危机中逆流而上，而且部分国际承包商发展迅速。

据ENR国际承包商225强市场排名调查显示，2009年，ENR的225强企业在本土市场之外的海外营业收入总计达到了3837.8亿美元，较2008年的3824.4亿美元同比增长0.4%。虽然许多市场经历了金融危机，但营业收入依然有所提高。面对充满波动与突变的市场，"走出去"必将会面临政治、经济以及金融危机的严峻考验，动态研究与分析国际工程市场对于工程企业把握自身的发展方向，理解自身的发展状态显得特别必要，它可以为建筑企业寻求到一条适合自身发展的国际化经营战略，明晰开拓国际工程市场的方向与目标。

第一章详细介绍了国际工程市场分析的基础。分析了国际工程市场的特征，提出了基于不同市场开发阶段的9标度分析模型，构建了市场开发不同阶段的目标与主要应考虑的市场要素间的明确对应关系，提高了国际工程市场综合分析的针对性，并且获得的市场分析结果可以直接用于市场开发的实践。为了对国际工程市场进行定量分析，详细介绍了当前便于获得并且具有一定权威性的国际工程市场分析的数据及主要信息来源。主要介绍了全球工程建设领域最权威的学术杂志，隶属于美国麦格劳－希尔公司《工程新闻记录》(ENR:Engineering News-Record)提供的数据与信息。众所周知，欧洲地区为全球第一大的国际工程市场，但是该地区尚未成为中国企业的主要目标市场；中东地区为全球第二大的国际工程市场，并且市场运行的规则相对比较规范，具有极强的代表性，与此同时，该地区也已经成为中国工程企业的重点目标市场，行业涉及路桥、水电、建筑以及工业等。对中东（海湾）市场进行深度分析有利于为中国工程企业提供有价值的借鉴，为此进一步介绍了MEED（中东经济文摘:www.meed.com）数据库，该数据库提供中东（海湾）地区典型的工程承包项目信息，包括项目名称、客户、项目地点、承包额、预算额、授标时间与完工时间等。进一步地，考虑到MEED数据库中有些项目信息存在一定的不准确性，为了提高分析的精度，利用了中东（海湾）地区的另外一个商情网站 Zawya(www.zawya.com) 提供的数据进行交叉对比，以确保数据的准确性与可靠性。

第二章详细说明了国际工程市场分析的框架与分析流程，以及可用于市场分析的指标体系和国际工程市场结构特征分析的主要参数，包括行业集中度、赫芬达尔—赫希曼指数(Herfindahl-Hirschman Index，简称 HHI)、N 指数等，以及可用的典型分析法则与工具，如蓝契斯特（Lanchester）法则、蒙特卡罗（Monte Carlo）模拟仿真工具、SWOT 系列分析模型。行业集中度与 HHI 指数主要分析市场特征，即工程市场属于竞争类型还是寡占类型，以此来判断市场竞争程度。N 指数主要用于分析该市场规模实力相当的承包商有多少家，进一步判断市场竞争状况。之后，引入了蓝契斯特（Lanchester）法则，该法则主要用于确定国际工程承包的细分市场，以及按照市场占有率分析各承包商竞争力的差距。蒙特卡罗（Monte Carlo）模拟仿真技术主要用来分析各种指标的不确定性对分析结果的影响，给出在一定置信区间下的指标取值范围，同时也分析了对市场影响较大的外在环境因素及其对各承包商的影响程度，在此基础上，结合相关性理论，对承包商之间的竞合关系进行分析。

第三章分析了国际工程市场的潜力。首先对金融危机之后的全球工程市场按照不同区域与不同行业进行分析，对不同区域与不同行业的国际工程市场前10强进行分析，之后对全球未来工程建设增长地区进行预测，并对不同行业与不同区域工程营业额进行短期预测，指出未来全球工程市场量化的发展趋势。

第四章对影响工程企业国际化与全球化的内部与外部因素以及近期全球工程市场面临的政治环境与经济环境进行分析。鉴于近期中东与北非政局不稳等，使用行业集中度指标对市场特征进行分析，指出了全球市场与不同地区市场的特征，为中国建筑企业制定国际化市场开发战略明晰了潜在目标市场范围。

第五章对全球工程市场竞争状况进行分析。首先分析了2009年全球225强中的前10名国际承包商与全球承包商。利用 ENR 提供的工程承包商的国际收入与全球收入数据，按照蓝契斯特法则进行分析，将不同的承包商进行分组分析，指出了实力处在同一范围内的承包商，并对其中某一范围的所有承包商的承揽项目情况、优势与工作负荷等进行深入分析，指出承包商对待市场的态势：侵略状态还是停滞状态。利用 MEED 提供的项目信息历史数据，计算出部分主要承包商近十年在中东（海湾）地区不同国家的市场份额，以及自2010～2013年四年的负荷预测，并据此对其优势与竞争能力进行了详细分析，找出了中国工程建筑企业需要调整、学习与提升的方面。

第六章详细分析了国际工程市场的风险。从政治与法律风险、经济风险、社会风险等方面进行了全面的分析，并结合分析的结果，指出了通常情况下可以采用的应对策略。

第七章分析了中国建筑企业自身的优劣势及其所处外在环境的特点。建立了中国建筑企业的 SWOT 分析模型，并利用该模型分析得出了近期中国建筑企业在"走出去"的过程中宜采取的国际化经营战略，即规模化、国际化、资本化与集约化。

第八章以中国石化境外炼化工程承包业务为例,采用提供的分析框架、流程及方法,收集并整理了 1994~2010 年期间 ENR 发布的国际工程承包行业的经营数据,并按照 ENR 划分的行业与区域对所有数据进行统计分析,计算出每年各行业与各区域的营业收入、市场份额与市场增长率。整理了中东经济文摘(MEED)近 10 年炼化工程项目的中标与项目执行的信息。并对上述数据进一步利用 Lanchester 法则,就市场潜力、重点项目、特征、竞争、客户需求与竞合关系进行深入分析;利用蒙特卡罗模拟仿真技术对市场容量、市场特征、市场扰动因素、市场竞争中的承包商扰动、规模实力相当的承包商数目、中国石化炼化工程与国际工程承包商之间的竞合关系、客户的需求比较分析进行了量化分析。在上述详细分析的基础上,提取了中国石化炼化工程境外承包业务的 13 个影响因素,并依据上述获得的 13 个因素建立了系列的 SWOT 分析模型:(1) SO 模型;(2) ST 模型;(3) WO 模型;(4) WT 模型。并利用该模型进行了详细分析,并结合分析的结果指出了中国石化炼化工程进一步开拓国际市场的国际化经营战略,即规模化经营、多模式的联合共赢、集中化经营、国际化经营、资本化经营与集约化经营。

由于本书的主要内容与观点来源于作者十多年的国际工程实践与理论探索,部分内容具有较强的行业背景,部分术语、参数与指标可能不能覆盖国际工程市场所有行业,或者与国际工程市场部分行业的习惯用法不一致,读者可以依据提供的方法或程序,因地制宜地作出相应的调整,以提高应用的效果。也希望藉此书与业界同仁共勉,以期对提高中国工程建筑企业的国际工程市场分析与市场开发水平起到一定的推动作用。

焦晓娟同志整理了全书所采用的 ENR 数据,提供了相应的图表,并对部分章节的内容提出了改进的意见;本书在写作过程中得到了中国石化炼化工程公司的领导与同仁们的大力支持与帮助,在此深表感谢!

中国建筑工业出版社的刘江编审与赵晓菲编辑为本书的出版付出了诸多努力,在此一并致谢!

2011 年 6 月

目 录

前言
第一章 分析基础 1
　第一节 国际工程市场营销 1
　　一、国际工程市场营销的特征 2
　　二、有效测量与分析是市场营销的动力源泉 4
　　三、国际工程市场营销阶段划分及其分析模型 5
　　四、基于数据的市场分析方法 10
　　五、艺术性与科学性一体化的市场分析方法 12
　　六、提升数据与信息的价值 14
　第二节 工程新闻记录（ENR） 15
　　一、ENR 的发展历程 15
　　二、ENR 数据及其评价依据 16
　　三、ENR 信息的分类与特点 17
　第三节 中东经济文摘（MEED） 26
　　一、MEED 的发展历程及业务特点 26
　　二、MEED 的数据及其特点 27
　第四节 Zawya 商情网 29
　　一、Zawya 的业务特点 29
　　二、Zawya 的数据及其特点 30

第二章 分析框架与技术 31
　第一节 分析框架 31

第二节 市场分析指标 31
　　一、什么是指标？ 33
　　二、为什么需要指标？ 33
　　三、选择正确的数据 34
　　四、数据的可用性和全球化的指标 35
　　五、国际工程承包的市场分析指标 35
　　六、市场占有率 36
　　七、相对市场占有率和市场集中度 39

第三节 基于行业集中度的分析方法 41
　　一、贝恩 CR_n 指数 41
　　二、赫芬达尔—赫希曼 HHI 指数 42
　　三、规模实力相当的大企业数目 N 指数 42

第四节 蓝契斯特法则 43
　　一、蓝氏法则的要素 44
　　二、蓝氏战略公式与 N 方的蓝氏法则 45
　　三、市场营销的蓝契斯特（Lanchester）策略 48
　　四、顶级营销大师关于市场占有率的论断 48
　　五、市场占有率竞争的时代 50
　　六、蓝契斯特法则的应用 52
　　七、蓝氏法则的成功实例 55
　　八、应用蓝氏法则的注意事项 56
　　九、重点战略战术与整体战略战术组合 57

第五节 蒙特卡罗模拟技术 59
　　一、蒙特卡罗模拟的基本概念与分析步骤 59
　　二、概率分布的特征及构成条件 62
　　三、概率分布的选择与截断 65
　　四、蒙特卡罗模拟采样方法及有关统计概念 68
　　五、定量市场分析的模拟仿真步骤与适用条件 74

第六节　SWOT 分析方法 77
　　一、SWOT 模型及其含义 77
　　二、影响企业竞争优势持续时间的关键因素 79
　　三、分析步骤 79
　　四、成功应用 SWOT 分析法的简单规则 79
　　五、四种不同类型的组合 80
　　六、局限性 81

第三章　潜力分析 82

第一节　国际工程市场总概 82
　　一、总体状况 83
　　二、工程承包模式 84
　　三、行业细分市场分析 86
　　四、区域细分市场分析 88

第二节　国际工程市场区域分析 90
　　一、欧洲 91
　　二、亚洲太平洋地区 92
　　三、中东 93
　　四、非洲 95
　　五、拉丁美洲 96
　　六、北美地区 97

第三节　国际工程总承包市场行业分布分析 98
　　一、房屋建筑 98
　　二、交通运输 99
　　三、工业/石化 99
　　四、其他行业 100

第四节　国际工程总承包市场短期预测 104
　　一、定性预测 104
　　二、定量预测 104

第四章 环境分析 ... 113

第一节 工程建筑企业国际化与全球化的影响因素 ... 113
一、外部因素对市场进入方式的影响 ... 113
二、内部因素对进入方式的影响 ... 116

第二节 国际宏观投资环境分析 ... 116
一、政治环境 ... 116
二、经济环境 ... 117

第三节 国际工程市场特征分析 ... 121
一、市场定量特征——行业集中度分析 ... 121
二、目标市场的选择 ... 122

第五章 竞争分析 ... 124

第一节 国际承包商225强分析 ... 124
一、国际承包商225强市场分布 ... 124
二、国际工程市场的总体分析 ... 125
三、国际承包商前10强分析 ... 127
四、全球承包商前10强分析 ... 128

第二节 基于蓝契斯特法则的市场竞争分析 ... 129

第三节 主要竞争者分析 ... 130
一、西方工程公司 ... 131
二、韩国部分国际工程承包商 ... 157
三、中国台湾中鼎工程公司（CTCI） ... 169

第六章 公共安全风险分析 ... 171

第一节 政治与法规风险 ... 171
一、中东北非 ... 171
二、中/南非 ... 173
三、亚洲 ... 174

　　　　四、应对政治风险宜采取的措施 ……………………………………… 175

　第二节　经济风险 ………………………………………………………… 176

　　　　一、中东北非政局对投资的影响 ………………………………… 176

　　　　二、国际油价将持续高位震荡 …………………………………… 178

　　　　三、全球经济复苏依然存在不确定性 …………………………… 178

　　　　四、非洲经济稳健，东非共同体市场意义重大 ………………… 179

　　　　五、汇率风险 ……………………………………………………… 180

　第三节　市场风险 ………………………………………………………… 180

　第四节　社会与健康风险 ………………………………………………… 180

第七章　中国工程建筑企业竞争力与战略 …………………………… 182

　第一节　中国工程建筑企业海外工程承包市场现状 …………………… 182

　第二节　中国工程建筑企业国际化竞争力分析 ………………………… 186

　　　　一、优势分析（Strengths） ……………………………………… 187

　　　　二、劣势分析（Weaknesses） …………………………………… 188

　　　　三、机会分析（Opportunities） ………………………………… 189

　　　　四、威胁分析（Threats） ………………………………………… 190

　第三节　中国工程建筑企业国际化发展战略 …………………………… 191

　　　　一、规模化 ………………………………………………………… 191

　　　　二、国际化 ………………………………………………………… 193

　　　　三、资本化 ………………………………………………………… 193

　　　　四、集约化 ………………………………………………………… 194

第八章　中东（海湾）炼化工程市场分析案例 ……………………… 195

　第一节　中东（海湾）炼化工程市场潜力分析 ………………………… 195

　　　　一、市场容量分析及短期预测 …………………………………… 195

　　　　二、2011～2012年海湾重点炼化工程项目分析 ………………… 218

第二节 海湾炼化工程市场环境分析 244
 一、海湾四国宏观投资环境分析 245
 二、市场特征定性分析 260
 三、市场定量特征——行业集中度的分析 265
第三节 市场竞争状况与主要竞争者分析 273
 一、市场竞争状况定量分析 273
 二、中国石化炼化工程企业与国际工程承包商竞合关系分析 289
 三、客户需求分析 292
第四节 中国石化炼化工程国际竞争力分析 293
 一、优势分析（Strengths） 293
 二、劣势分析（Weaknesses） 295
 三、机会分析（Opportunities） 298
 四、威胁分析（Threats） 300
第五节 2011～2012年中国石化炼化工程企业发展战略 301
 一、规模化经营 302
 二、多模式的联合共赢 302
 三、国际化经营 303
 四、集中化经营 304
 五、资本化经营 305
 六、巩固现有的市场 305

参考文献 307
全书彩色插图 310

第一章 分析基础

国际工程承包[36]是指一个国家的政府部门、公司、企业或项目所有人（一般称工程项目业主或发包人）委托国内外的工程承包人负责按规定的条件承担完成某项工程任务。国际工程承包作为国际经济合作的重要内容之一，是一种综合性的国际经济合作方式，集货物贸易、技术贸易和服务贸易等于一身。国际工程承包是国际技术贸易的一种方式，也是国际劳务合作的一种方式。之所以将这种方式作为国际技术贸易的一种方式，是因为国际承包工程项目建设过程中，包含有大量的技术转让内容，特别是项目建设的后期，承包人要培训业主的技术人员，提供所需的技术知识（专利技术、专有技术），以保证项目的正常运行。

我国的国际工程承包业起步于改革开放初期，20多年以来，国际工程承包业发展迅速，特别是在中国加入WTO以后，国内的市场已经国际化，国际市场全球化。面临这样的市场格局，大力发展我国的对外承包工程产业，有利于加快我国从贸易大国向贸易强国发展的进程，有利于推动我国企业"走出去"，融入经济全球化浪潮，培育我国的跨国公司，提升国际化经营水平。

开拓国际工程市场需要培养全球化战略思维和国际化的视野，不但要对各个地区的市场有深入的研究，对全球国际工程市场的现状及其发展趋势，也应有一个比较明确及时的判断，以便更有针对性地强化全球配置资源的能力，增强国际竞争力。

国际工程承包项目类型主要包括：①基础设施（交通、能源、通信、农业工程等）；②土木工程（包括事业单位：学校、医院、科研机构、演剧院…住宅房产）；③以资源为基础的工程；④制造业工程。与此同时，不同的数据与信息来源对业务与项目类型的划分又有不同。

面对数据泛滥，有价值信息缺乏的现状，有必要选择并确定出用于国际工程市场分析的基础数据与信息来源。并将这些数据及信息与市场营销的环节相结合，利用各种数据分析与数据处理技术，提炼成为有用的市场营销知识，并用于指导国际工程市场开发活动，提高市场开发的效率与效益。

第一节 国际工程市场营销

国际工程作为一个国家参与国际经济活动的一项重要内容，反映了这个国家经济的开放程度，并从侧面反映了一个国家的经济发展水平与国际竞争力。鉴于此，有必要结合我国国际工程总承包企业的具体情况，研究国际工程市场的特征，并通过分析、鉴定、比较，找出实现企业由以国内市场为主到向国际市场进军的有效渠道与方法，以便将企业的核心能力转化为综合的国际竞争力，不断提升其在国际市场的竞争优势，在国家推行"走出去"战略的今天，具有非常重要的理论和现实意义。

一、国际工程市场营销的特征

国际工程营销不同于国际产品营销，主要表现在营销对象、营销环境、经营模式以及营销过程四个方面。同时，随着工程项目日益大型化，以建造为核心的国际工程项目和以制造为核心的国际产品的营销也逐渐朝着一体化的方向发展，融合的深度与广度日益提高。

（一）营销对象

国际工程的营销对象是项目，融贸易与服务于一体。对承包商而言，营销的目的是基于自身的竞争能力获取满意的项目合同，并能履行合同的能力即履约能力。竞争能力不仅体现在工程服务能力方面，随着项目日益大型化，服务本身在项目中所占比例逐渐减少，而贸易的比例迅速增加，因此承包商优化获得竞争性资源的渠道，结合项目的特点与需求，增强适合项目使用与要求的资源配置能力，已经逐渐成为提升竞争能力的主要方面。履约能力是基于项目的技术、经验（业绩）、管理、融资及成本的综合能力，是获得竞争能力的坚实基础；对业主而言，营销的目的是项目成功发包的能力，找出性价比最好的承包商。性价比一般基于项目要实现与达到的目标而言，不同的项目与业主也不尽一致，主要的类型包括成本（含全生命周期成本）驱动、进度驱动、质量与效益驱动或上述因素的综合，经过考量与平衡后获得相应的性价比。

国际产品营销的对象是产品，确切地说营销的是市场对产品的需求能力。

（二）营销环境

国际工程项目是一次性的，意味着只能有一个主承包商或承包商的联合体获得项目合同，且项目的整个建造过程需用较长的时间。对于大型项目来讲，在项目投标报价与实施的过程中可能涉及全球资源配置与协同工作，涉及不同文化、不同法律体系、不同宗教信仰等多方面环境因素的集成。在项目建造的过程中还涉及属地化经营，需要执行当地的强制规范与标准，以及当地熟悉的国际标准体系，以便与当地的资源实现无缝衔接，以降低项目的风险，提高竞争能力。大型项目还可能涉及执行制造国的标准（如JIS、DIN、BS、ASME、API、ANSI等），尽管这些标准可能已经为大多数国际化程度比较高的国家与地区所接受，但是对于国际化程度相对较差的国家与地区，可能还会面临着将按照这些标准制造的产品按照项目所在国的标准由相关授权机构进行认证后，方能作为合格的资源，用于项目的建造。如在俄罗斯就存在需要进行俄罗斯国家标准认证（简称GOST认证）的情况。另外，可能涉及业主项目决策的失误或承包商承包失败均可造成很大损失,无论是国内的涉外工程还是国外工程,承包商每次面临的都将是一个全新的营销与建造环境(包括所采用的标准规范、当地可利用的资源、税费水平、法律法规等),一次失败损失的不仅仅是效益,更重要的是信誉的损失及承包其他工程机会的损失。

国际产品在国内制造,既可以采用本国国家标准,又可以采用国际标准,通过一定的认证程序后,可以重复销售到多个国家。

(三) 经营模式

国际工程项目的经营模式会随着国际政治、经济、技术以及金融环境的变化而变化,竞争的决定因素会随着竞争对手、客户以及技术经济环境和政治环境而出现纷繁并且复杂的变化,识别出决定竞争制胜的因素,选择恰当的项目运营模式(EPC总承包、EP总承包、项目管理咨询服务、施工管理、施工总承包、采购加施工总承包、是否带融资支持、是否带技术等),对于工程承包企业参与国际工程市场的竞争已经变得越来越重要了。在2008年的金融危机之后,营销模式的灵活性已经成为国际工程市场营销的主要游戏规则,只有保持对市场环境的敏感性与适应性,能快速应对,并确保应对措施具有良好的稳定性,才能占取领先地位,获得良好的市场营销业绩。

国际产品的经营模式一般来讲其经营渠道主要受到技术、经济与法律因素的影响,例如随着电子商务的发展,营销相关的成本以及信息和商品的流转模式与速度会发生变化,从而影响经营的模式。虽然从某种程度上来讲,国际产品的营销也鼓励结合市场环境的变化创新经营模式,但相对国际工程市场来讲,创新过程中需要综合的因素要少,复杂程度相对较低。

(四) 营销过程

国际工程承包项目的驱动力已经由简单的经济驱动转向为更为复杂的经济、技术、金融、政治等综合因素驱动。项目大体可以分为:进度驱动型、成本驱动型、技术驱动型、融资驱动型、质量驱动型、经济安全驱动型等,这对项目业主选用承包商起着举足轻重的作用。因此,国际工程的营销过程可以分为市场选择阶段、资格预审阶段、投标/不投标决策阶段、投标报价阶段、投标后跟踪阶段、项目实施阶段。

国际产品的营销过程主要包括市场分销渠道选择、促销、产品以及定价四个传统的阶段划分,当然也有进一步的衍生过程,如政治、公共关系等。

(五) 国际工程与国际产品营销一体化

国际工程的核心是建造,离不开国际产品的支持,特别是随着建设项目规模大型化、新技术新材料的更新速度加快、不断改进成套工艺技术与工程技术的需求迫切、结合节能减排以及环境保护的工厂优化技术日益提升,国际产品制造与国际工程建造已经密不可分,形成了相互带动相互促进的格局。另一方面,从广义的产品来讲,国际工程的营销对象项目也可以纳入产品的范畴,只不过是该"产品"比常规的国际产品更为复杂。

因此国际产品营销的一般理念以及理论分析框架也可以因地制宜地用于国际工程营销。

由此不难看出，国际工程营销与国际产品营销既有相似之处，更有自身的特征，采用通用的营销理论框架，结合国际工程营销自身的特征，进行有针对性地分析，应对频繁波动的市场环境，提高营销过程的效率，是获取项目、防范项目风险的有效手段。

二、有效测量与分析是市场营销的动力源泉

面对日益加剧的经济环境与政治环境的动荡和变化，商界的领导者和决策者需要考虑寻找保持业绩持续增长的新途径。市场环境正在遭受前所未有的巨大挑战，因此有必要选择恰当的业务指标进行测量，以准确及时地描述和衡量市场的风险，这必将有助于快速、准确地解决频繁波动的市场所带来的挑战。

作为一项职能，市场营销面对的压力越来越大，有必要开发出一套业务导向型的指标，来证明营销组合策略的有效性。市场分析的指标应为市场开发的决策者以及非市场开发的决策者提供常用的可操作、意义明确的指标。

尽管营销非常重要，但是许多公司对营销的理解还很浅，尚未实现对市场分析指标的测量。对于上市公司来讲，销售团队的成本往往会达到全部运营预算的10%，甚至更多。市场营销的有效性对于企业的成长以及保值增值至关重要。尽管如此，许多企业的决策层仍然缺乏对评估营销战略及其成本重要性的了解。大多数总裁（包括越来越多的财富500强的CEO），缺乏制定与测量市场分析指标方面的经验。在这种情况下，企业往往会在没有信息、专家经验和可测量的市场反馈的情况下做出营销决策。宝洁公司的首席营销官曾经说过："对于一个4500亿美元的行业营销，我们会在没有数据和专业工具的情况下做出决策，甚至比我们其他业务的10万美元的决策还要简单。"这是一个令人不安的业务状态，但可以改变。

我国的工程企业就更是如此。一般来讲企业内部的各部门多是执行机构，缺少专门为企业决策提供咨询和参谋作用的综合研究机构。因此，更容易造成企业对市场研究的缺乏，不能及时、广泛、准确地收集与国际工程承包相关的各种信息，不能及时了解各国经济发展动态和市场的变化，不能对信息资源做综合的科学分析，也缺少对其他国际大承包商动态的研究，对国际工程市场的变化趋势缺少准确的预见性。这样就不能根据世界经济形势的变化适时地提出和修正公司的国际市场营销战略，制约了企业持续、快速发展。

为了改变这种状况，首先要强化对市场分析指标的测量，因为测量是业务管理的核心。对于任何业务来讲，测量业务的关键参数与指标对于判断业务的健康状况至关重要。在所有的业务指标测量技术中，市场分析指标是非常优秀的关键工具之一，覆盖从客户到销售团队，以及不断变化的媒体环境等所有因素。业务测量的关键是采取正确的测量方法。对于期望优化业务指标测量活动和成果的企业领导者，确定使用的业务指标并采用恰当的测量方法，是一个值得考虑的方式，其可以有效地促进业务的发展。因此市场分析指标应当为市场营销管理人员提供如何有效测量以及测量什么内容的汇编。

营销决策者往往不具备管理市场开发效率所必须的定量分析技能。对促进销售具有创新能力的市场营销人员，一般对与其工作有较大影响的财务相关的工作不感兴趣。通常情况下，他们抵制被追究责任，即使对于最高层次的绩效考核，也声称他们无法控制包括竞争在内的许多因素，从而难于检测所采用营销方案的效果。

营销经理应采取切实可行的措施，收集和分析市场基础数据，测量驱动业务模式的核心因素，分析各项业务的盈利能力。在互联网日益发达的今天，媒体资源的分散程度越来越高，有必要对相关的资源进行优化配置，提炼出有效的可用数据源，为此有必要开展数据密集型的分析工作。

展望未来，开展定性与定量的市场综合分析对于市场营销人员和企业的成功极其重要，可以确保营销工作的回报形式与回报内容有实质性地改进和提高，对于具有高科技性质的国际工程承包业务来讲尤其如此。比如："当今的董事会希望首席营销官更多地讲效率和投资回报，并愿意承担责任。近年来，生产、采购和物流都强调提高生产效率。因此，与以往相比，营销在企业的成本结构所占比例变得更大。当今的董事会既需要首席营销官具有创造性的天才，又必须要具有财务相关的专业知识。成功的营销人员应具备这两方面的知识与能力。"

三、国际工程市场营销阶段划分及其分析模型

结合国际工程市场的特征，不难发现国际工程承包的市场营销具有明显的阶段性：①市场选择阶段；②资格预审阶段（筛选目标项目阶段1）；③投标/不投标决策阶段（筛选目标项目阶段2）；④报价评估决策阶段；⑤报价后跟踪阶段。不同阶段进一步细化对承包商具备的承包能力、有效管理渠道的能力、竞争能力、客户关系管理能力等进行分层次的分析与评价[13~14]。

（一）市场选择阶段

在市场选择阶段，营销需要同时从目标国家与目标项目两方面考虑的营销矩阵进行市场分析。这种国际工程的营销矩阵通常可以将目标项目类型画在横坐标轴上，将目标国家类型画在纵坐标轴上，通过第一步的信息收集资料，列出不同国家的不同项目类型的分布状况，得到项目市场的营销矩阵。

在获得营销矩阵后，可以将市场分析的内容集中于两大方面，一是目标国家的分析；二是项目的分析。对目标国家进行分析应考虑的因素有：目标国家与中国的双边关系、目标国家的政治、经济和财政状况；目标国家的投资政策、利用外资政策及规模，这些分析是确定目标市场的宏观条件，人们不可能设想在一个政治动荡和经济萧条的国家里承包工程会获得合同规定的财务承诺。对目标项目的分析应考虑项目类别是否适于企业的特长、项目的资金来源如何？是否属于世界银行或其他发展银行资助的项目？是否属于目标国家政府资助的项目？项目是否具有发展前途、项目业主的融资能力如何？项目的技术要求、质量要求、工期要求及其他特殊要求是什么？通过对以上目标国家和目标

项目的分析,即可获得对目标项目进行市场开发的大致排序,为了明晰所获得的分析结果,可以采用 9 标度的营销矩阵模型,如图 1-1 所示。

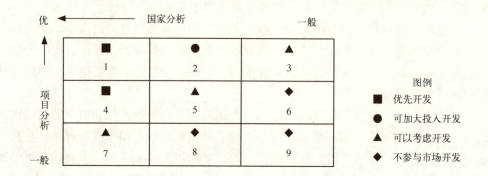

图 1-1　市场选择阶段的 9 标度营销矩阵模型

(二) 资格预审 (筛选目标项目阶段 1) 阶段

资格预审能否通过是市场营销中筛选目标项目的第一步。有关资格预审文件的要求、内容以及资格预审评定往往会由于投标项目的不同而不完全一样,但大致内容差不多,这里不作详细讨论。仅就筛选项目,申报资格预审时注意的事项作一介绍。

首先要注意在平时就将一般资格预审的有关资料准备齐全,最好全部存贮在计算机内,到针对某个项目填写资格预审调查表时,再将有关资料调出来,并加以补充完善。如果平时不准备资料,完全靠临时填写,则往往会达不到客户的要求而失去机会。

其次要在填表时加强分析,针对要投标项目的特点,下功夫填好重点部位,特别是要反映出本公司类似工作的经验、技术水平和项目管理与组织能力,这往往是客户考虑的重点。

第三是在前述的市场开发决策阶段,研究并确定公司今后发展的地区和项目时,注意收集信息,如果有合适的项目,及早动手作资格预审的准备。如果发现某个方面的缺陷(如资金、技术水平、经验年限等)不是本公司自身可以解决的,则应考虑寻找适宜的伙伴,组成联营体参加资格预审。

第四是作好递交资格预审调查表后的跟踪工作,也可通过当地分公司或代理人进行跟踪,以便及时发现问题、补充资料。因此,在资格预审 (PQ: Pre-qualification) 阶段应注重对客户的分析,并且重点考量项目是否与自身的重点业务相匹配,每个维度具体需要考虑哪些因素可以根据需要与应用实际确定。可以采用相应的 9 标度 PQ 矩阵模型(图 1-2)。

(三) 投标 / 不投标决策 (筛选目标项目阶段 2) 阶段

为了使投标更成功并且赢得更多的业务,应着力于对无效的投标过程、缺少成功、

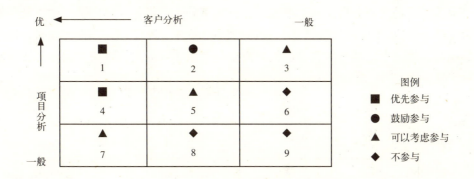

图 1-2 资格预审阶段 9 标度 PQ 矩阵模型

收益很少和成本高等因素所引起的投标问题进行管理,使得投标与企业的业务目标与战略目标一致。

参与投标的根本目标是获得盈利的业务,为此可以将投标过程的有效管理分为三个层次:①构思层。主要解决投标观念、方针、计划和战术等投标策略问题,是构成投标成功的基础;②执行层。主要解决组织机构、管理与控制等投标方法问题,从而将好的投标想法转换成现实的投标行动;③投标管理与技术支持层。鉴于投标过程的复杂性与投标环境经常性的动态变化,良好的信息管理与集成、计算机辅助管理技术与平台工具的支持也是投标过程有效管理应当开发与具备的条件。良好的投标策略、方法与技术支持可以帮助赢得获利的业务,降低执行非营利项目的概率。

当今业务市场的竞争性非常大,在复杂的商务环境中,只有找到有效的商务战略与方针,才能取胜。为了生存与取胜,需要有先见之明或洞察力。竞争性投标与常规销售方法的市场驱动因素不同:一些公司希望在竞争激烈的市场中立足;还有一些公司利用投标机会采取措施,发展壮大自己的业务。无论什么是竞争性投标的激励因素,通常只有一个原因能引起连续投标,那就是取胜。投标失败者,不能获得任何利益的补偿,因此不是非常关注投标成功与否的现象非常令人吃惊,因为丢标会花费许多资金,消耗许多高价值的资源,所以必须对是否投标做出论证。通常情况下,应放弃下列招标项目的投标:①本企业主营和兼营能力之外的项目;②工程规模、技术要求超过本企业技术与资质等级的项目;③本企业生产任务饱满,而招标工程的盈利水平较低或风险较大的项目;④本企业技术等级、信誉、项目实施水平明显不如竞争对手的项目。投标/不投标决策阶段应充分关注渠道的有效性,并结合项目的特点分析自身的竞争优势,每个维度具体需要考虑哪些因素可以根据需要与应用实际确定。可以采用 9 标度投标决策矩阵模型(图 1-3)。

(四)报价决策阶段

报价决策的正确与否,关系到能否中标和中标后的效益;关系到企业的发展前景和员工的经济利益。因此,应在该阶段结合具体的项目,从技术、经济、管理与信誉方面加强与竞争对手的比较分析。在上述综合分析的基础上，提供一份完整的供决策层使用的决策支持报告。基于项目与竞争力两个维度的9标度中标率评估矩阵模型如图1-4所示，每个维度具体需要考虑哪些因素可以根据需要与应用实际确定，以便明确获得细分市场的目标定位。

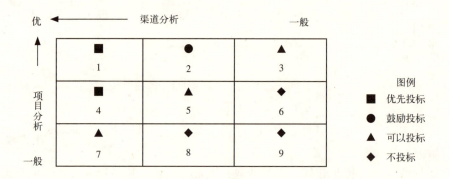

图1-3　投标/不投标阶段的9标度决策矩阵模型

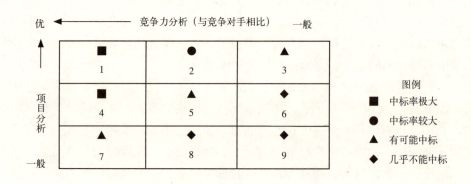

图1-4　报价决策阶段的9标度中标率评估矩阵模型

（五）投标后跟踪阶段

投标后的期间经常被看作是授标前的空当。许多投标方感到一旦艰苦的投标准备完成发出投标文件后，负担就从他们那里移到客户了，事实上确实如此，但是这并不意味着已解除投标方对投标及第三方的责任。发出标书不是投标过程的结束，而是能否牢牢掌握成功交易的开始，难点在于投标现在处于客户的控制下，培育引导投标的发展方向是一个新的课题。不能再改变或修改报价，以满足公司的期望，现在必须通过影响客户并与客户谈判，以得到想要得到的投标结果。

有效的投标跟踪程序非常有价值，投标方适时的干涉（介入），可将许多本属于应失标的情况,从坏的形势转换为取胜。正是因为投标后的跟踪如此重要,投标方应非常清楚,如果不能很好地处理好投标后的活动,尽管投标文件准备得很好,也很容易在投标中失败。

当然,有些情况招标方(客户)不允许在评估投标期间进行任何的交流,但对大多数的投标来讲,情况不是这样,尽管在评标期间与客户交流的机会很少,但投标方仍有一些机会可以对客户施加影响,在此期间如果无所作为,则可能失去影响投标结果的机会。

不是所有的跟踪活动都要直接针对客户,投标后仍应持续进行投标管理的工作,以保持对投标与项目执行团队的控制,以便在投标后的任何时间都可以让他们澄清报价、作投标文件的说明和与分承包方谈判,或者安排一次现场踏勘。基于沟通渠道与项目澄清能力的9标度投标后跟踪矩阵模型如图1-5所示,每个维度具体需要考虑哪些因素可以根据需要与应用实际确定。

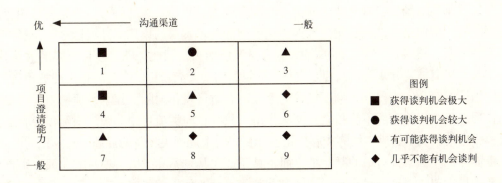

图1-5　投标后跟踪阶段9标度跟踪矩阵模型

对承包商具备的能力进行分析同业主对承包商的要求密不可分。从业主方面讲,衡量项目是否成功的三个重要因素是质量、工期和成本。业主总是希望承包商能在规定的工期内、规定的质量要求下,能用最低成本完成项目建设。上述三个因素中,质量是影响项目成功的首要因素,如果承包商在项目的实施过程中只注重工期和成本,而不注重工程质量,则因质量而引发的工程返工最终不仅会影响到项目工期,还会影响到返工成本,甚至会发生建设质量索赔而付出惨重代价,严重者还会引起项目合同的中断。因此,质量是必须要保证的关键因素。根据经验,通常业主对承包商工程质量的判断是在资格预审阶段及技术标评标阶段,一般根据已建设项目的质量、工期和成本来考虑。如果承包商不具备承包同类项目的管理经验和技术经验,往往连资格预审都难以通过。通过资格预审的投标者,只有技术标合格,才能有机会进入商务标评标阶段。若技术标未通过评估,则说明投标者的技术不符合业主的要求或较其他投标者差,也就会被业主认定为难以保证工程质量。所以技术标是否合格是业主用于判断投标者预期质量保证程度的标准。只有在保证质量和工期要求的条件下,成本才可以成为影响项目的决定性因素。

如果一个承包商能证明本企业具有技术优势和管理经验，也具有承包大工程的资金实力，则只要该承包商能够客观地分析本企业的资源状况，做好项目预算，减少不必要的管理费用支出，提出可获利的具有竞争性的报价，一般来说，也总能在国际市场上找到客户。

通过以上分析不难看出，承包国际工程的建筑企业没有优势是不可能获得项目合同的。考虑业主对承包商的要求，明确承包商面对目标市场和目标项目应具备的条件和优势，无疑会对国际工程承包进行有效的市场营销起到积极的指导和推动作用。

结合具体的国际工程承包实践，可以发现承包商是否具备国际竞争实力，应从同类项目的业绩、国际化的经验、融资能力和成本优势这四方面加以综合衡量。这四方面因素优势都对业主的选择产生很重要的影响。现代国际工程市场中，单一的竞争优势往往不可能获取项目合同，必须要具备综合优势才有希望拿到项目。在这四方面因素优势中，同类项目的业绩、国际化的经验是首要因素，直接影响着投标的机会；融资能力直接影响着项目的工期，这是因为国际工程往往投资比较大，完全靠业主的自有资金投资不现实，需要承包商结合自身专业化的优势，配合业主寻找到合适的融资机构，获得相应的融资支持，同时这类的融资支持直接影响到国际技术贸易的模式，并可能进一步影响承包商在质量、进度和成本方面的保障能力与竞争能力。因此，随着项目规模的大型化，业主与承包商需要分享融资负担与责任，承包商的融资能力可以提升承包商的竞争优势，在中国国际综合实力得以大幅度提升的今天，有时可以在国际工程承包项目中起决定性的作用。成本优势一般不能独立发挥其作用，只有在同类项目的业绩、国际化经验的优势都相当的情况下，成本优势才起决定性作用，若上述同类项目的业绩、国际化的经验、融资能力三个因素优势中的某一个方面不具备，尤其是不具备同类项目的业绩，则再低的成本也无望争取到项目合同。这就是欧美建筑企业虽然承包成本高，但因具备同类项目的业绩、国际化的经验和丰富的融资经验与能力，所以能占领大项目市场的根本原因之一；而多数发展中国家的工程承包企业虽然成本低，但因不具备经验和提供融资支持的实力，更不具有国际化的经验而很难打入大项目市场。所以，承包商应注意积累和培养这四方面的竞争优势，并同拟投标的目标项目相结合，以确定具体的投标项目，提高投标的中标率。

从上述要素不难看出，收集有效信息，采用恰当的分析模型以及分析方法，是提高国际工程市场营销有效性的必由之路。

四、基于数据的市场分析方法

国际商品的营销目的是为了更简单地完成商品交易，满足消费者的需求从而获利，并让良好的销售得以持续发展。市场分析的目的从属于营销的目的，更深层次的意义是保证营销目的的实施，使营销的每一个过程执行得更加精确。国际工程的营销目的是为了获取可以盈利的项目，并使得企业通过项目的实施，扩大在市场上的影响，提高企业的知名度，从而确保企业可以持续获取项目。市场分析的目的是确保国际工程营销的每个阶段的执行策略具有持续一致性，提高市场营销的效率与效益。

为此，基于数据的市场分析方法（又称为数据营销）是基于对数据的分析，为了某种营销目的而采集和整理关于企业、市场环境与客户的一组信息来预测、描述、管理和控制市场，从而使销售过程数据化、利润最大化，并支持市场持续发展。这些信息通常是真实的，也可能是从商业调查、交易或市场研究信息中所推断出来的。

任何一个理论的评价标准是实践价值的大小，基于数据的市场分析的意义应由其对市场开发工作的支持来检验，而不是停留在公司总部的市场部门。

（一）市场管理数据化

市场的管理基于对市场的了解，市场数据化的目的是对市场有更接近真实的了解。在工作中，有很多人将市场容量、客户档案等数据存放在感性的思维里，这样对工作的指引有一定的作用，但最好是让感性数据上升到理性的整理分析。从另一个方面看，建立了市场管理数据也可以减轻由于人员调动或流失对市场的影响。

一般的市场数据、作用以及来源包括：①市场总容量。作用：制定年度销售目标，并可以作为签约的依据、资源分配的依据；数据来源：历史销售数据、听取多个客户的分析；②各品牌的市场份额和优劣分析。作用：区域市场份额与行业市场份额的比较，分析可提升空间和区域市场各竞争品牌的优劣元素，同时制定相应的策略（销售说辞、促销方案）。数据来源：历史销售数据/市场容量；③客户档案。作用：有利于业务工作的开展。数据来源：出差收集。内容：名称、负责人（性格、爱好、生日）、联系电话、经营品牌和主推顺序、当地的市场地位、经营策略、核心优势；④历史数据。作用：数据分析的基础。数据来源：公司的销售报表、分销报表、客户销售记录以及公开的行业资料与信息。

（二）基于数据的市场分析方法的缺陷

数据不是灵丹妙药。事实上，基于数据的市场分析方法也存在种种缺陷，其中有些缺陷已经引起业内外的广泛关注与深刻反思，比如，真实的数据能反映市场真实的需求吗？

19世纪，负责对华贸易的英国东印度公司曾对来自中国"真实"的数据做出非常乐观的预测：中国有4亿多的人口，按每人一顶礼帽、一支文明棍来计算，应该是非常庞大的市场，可当东印度公司满怀希望将大批货物运到中国时，才发现由于消费习惯的不同，中国人根本不喜欢也不需要东印度公司的这些货物。

纽约自来水公司曾发现，美国三大广播电视网夜晚电视连续剧播出时，每隔一段时间自来水用量激增。后经调查才发现，自来水激增的时间正是电视剧插播广告的时间，人们都赶在这几分钟里上卫生间，几百万只抽水马桶同时冲水，用水量一下子激增，广告主花费几倍于平时的广告费就这样被抽水马桶冲走了。真实的数据欺骗了广告主。马桶冲走了看起来很高的收视率。

这些实例告诉我们：如果使用不当，以单纯的数据为支撑的市场分析方法也存在着缺陷，常常会产生误导，甚至使企业做出错误的判断。数据不能衡量一切，那么基于数据的市场分析方法到底有哪些缺陷呢？

对于企业来说，数据不等于品牌的实力和影响力。一方面，基于数据的市场分析方法支持的市场营销并不能保证品牌的长治久安。另一方面，数据无法解释企业的品牌影响力。但是有品牌影响力就会有市场占有率，影响力可以转化为市场占有率，而且是长久的市场占有率。量化的数据并不能确定品牌影响力的价值。

由此不难看出，数据的市场分析方法存在下列缺陷：首先，数据不可能完全真实，其实际指导意义有限；其次，数据是否具备反映市场的某种指标属性；第三，数据能不能反映其他影响因素带来的影响。

（三）基于数据的市场分析方法的注意事项

营销大师汤姆·彼得斯说："数据重要，但对数据的判断更重要。"因此，对于基于数据的市场分析方法应充分关注下列事项：①基于数据的市场分析方法无法从根本上准确预测多变的市场；②基于数据的市场分析方法不能洞察到客户（业主）最真实的需求。由于没有洞察到客户（业主）内心最真实的需求，如果不加判断，即使是真实的数据往往也会失真。被数据误导而进行错误的品牌营销策略的教训不胜枚举；③调研中获得的数据很重要，是市场分析的参考依据，但隐藏在数据背后的判断则更重要。如果对数据缺乏判断力，往往会产生误导；④吸收基于数据的市场分析方法的精髓，以品牌建设为核心，最大化品牌价值，才是企业长治久安的根本之道。

五、艺术性与科学性一体化的市场分析方法

长期以来，营销始终被业界认为是一种追求创新的艺术。随着信息时代的到来，如何将信息化与工业化密切结合起来，充分发挥信息在行业发展中的作用显得日益迫切，有必要将基于数学的科学分析技术与图示化的市场分析方法相结合，并将其与营销的全过程结合在一起，获得既具有艺术创新更具实战功效的营销技巧。为此，可以将基于数据的市场分析方法从六个方面与营销环节密切结合：①基于数据的市场分析方法能够帮助企业更好地识别客户的行为；②评估与区分高价值的客户和低价值的客户，对客户要区别对待。这也是数据营销的基本核心，当能够识别客户价值的时候，就知道在哪些客户身上需要多投资，无论是时间还是资源；另外一部分可能去忽略它。这些都源于能够采集客户的行为来判断客户的价值和潜在客户价值的高低，这些都是区分客户价值高低的过程；③为客户提供更好的服务。只有准确了解客户的需求时，才有可能为客户服好务；④能够非常有效地帮助改进目标市场、目标客户和目标项目的市场开发结果。提高市场开发活动的针对性，使营销的效果更加容易沟通；⑤从长期来看，所有的营销方式都是为了增加客户的忠诚和长期客户价值，当用数据记录客户行为的时候，就能够了解客户的行为，及时识别出来应该如何增长或者改善甚至减少某些渠道的投资，了解客户投资的重点是什么地方，也是企业发展的一个重要原因，这些都可以通过数据营销的分析得

到；⑥对于新市场目标客户的把握，也源于对客户的分析。

这六个方面基本都可以靠数据分析得到，面对不同的目标，数据分析方式和深度也会不一样。在做营销的时候，不论是营销策划，还是营销分析、调研等，有数据和没有数据差别很大。如果有数据，很多工作可以根据统计来实现。比如可以通过业务相关的数据分析获得目标优质客户。更深层次的问题是通过数据分析，可以及时发现销售是否达到预期。通过发现销售存在的问题，可以进一步找出市场存在的问题。

从供应角度来看也会发现，对于需要长期联系的客户，通过数据分析可以找到什么时候客户需要新建项目，什么时候会对具有什么样特征的技术或产品感兴趣，这样企业可以根据客户的不同需求给客户制定不同的营销方案。这些数据来自于客户的行为，来自客户的属性，来自数据的关联等。这些都可以通过数据处理技术与数据分析技术整合在一起，这些环节是做数据营销必须关心的问题。

数据有时候会相对枯燥，因此有必要找出可以直观显示市场或客户特征的指标，如市场占有率、市场容量和客户的盈利能力。

盈利能力低的客户，价值增长潜力也很小。这类客户对价格很敏感，可采用降低服务成本的方式等策略。对于目前客户价值比较高，同时潜力又很大的客户，应列入重要客户进行客户维系，要做大量的客户营销工作。一般来说，客户营销应集中于上述两类客户来做，这是做市场和营销应遵循的理念，与管理目标、提升目标以及客户行为息息相关。

从另一个角度来看，当客户给企业创造价值时，有很多营销环节需要做，并且难度各不相同。营销人员熟悉各种各样以营销为主题的营销活动，比如说客户的获取、维系、交叉销售、向上销售相关内容等。最容易或者做得最多的就是获取客户和发展新用户，交叉销售、向上销售的营销工作比较困难。

企业把太多的钱放在获取、维系客户上，可能超过70%的营销经理都在考虑获取客户，并不遗余力地将资源投入这方面。交叉销售、向上销售则比较少。有一个统计，从国外的案例来看，比如对金融行业的金融机构或者保险公司，如果客户同时使用超过三个产品的话，则客户的流失概率非常低。也就是说，对于现有客户做新产品推荐的时候，对产品的忠诚帮助非常大。交叉销售、向上销售的目标人群一般都是客户提升和关系营销所要关注的重要客户，是营销的核心环节。

再往后的环节是营销效率和回报率，这些很难做到，需要有非常完善的系统化运行支撑体系，并且有非常完善的资金支撑体系，同时还能对整个营销策划环节有非常高效和系统化的把握，来支撑营销投资回报率的控制。包括营销的运营效率、敏锐见解驱动的需求分析、产品定价分析，这些很多企业都在做，但在实际上要做到也很难。

整体来看，企业敏锐见解驱动营销能力有三个环节：营销、分析和技术，这三个环节也是营销的基础。营销活动比如战略开发、项目管理，可以看到项目人员和组织架构，了解企业在营销里面所做的环节。但是分析、技术这两个环节很难从外部观察到内部有多强，而企业自身是知道的。目前为止，国内的工程企业尚没有实现真正意义上的客户细分。

分析需要围绕客户的价值和营销的核心要素开展，需要针对分析的目的，购买有用的数据。技术主要是数据应用的技术，以及相关的管理技术。要能够有效地定义出客户的属性，同时能够让营销人员所理解是很难的过程。在实际环节中数据的采集、应用、分析和调整，也有许多困难。很多企业的技术和营销是脱节的。营销、分析和技术这三个环节是能够做好数据营销的保证，通过数据分析与处理后获得的有效信息，可以使数据在市场开发过程中发挥效力，从长期来讲，可以成为企业竞争力的必备要素。

做营销的时候，往往都是从收集客户数据开始，通过数据本身的采集、处理、优化完善的过程来实现整个数据营销的核心环节。比如收集客户数据、沟通信息、客户偏好、采购行为的属性，这些都在作数据营销之前完成。有了这些行为之后，就可以定义营销目标。比如说某项活动要增加哪些客户的忠诚度，增加哪些客户价值的时候，需要做客户识别，把握需求，然后定义客户下次可能投资的项目，同时分析客户可能的行为，建议预先宜采取的行动。所有的核心环节都是从收集数据开始。

通过分析和统计可以知道，做营销策略和确定目标客户时，需要结合数据来做。比如像对石油化工工程市场的分析，可以说随着金融危机、欧洲主权债务危机以及原油价格的波动，市场环境的变化非常频繁，面对如此复杂的环境与数据，离开了基于数据的分析与判断，很难获得及时准确的市场判断。

在用数据分析支持营销工作时，仅仅关注理论与相应的营销环节是不够的。在实施基于数据分析的营销项目时，不仅需要有完善的营销项目策划能力和管理能力，同时要有相当多的支撑。如要有营销策划的支撑、管理能力的支撑和成本核算等，这些需要大规模的人去做，有经验的人去做，需要有团队去做。从最初的数据筛选和分析开始，包括项目的数据、营销的整合以及沟通环节等，这些环节都需要仔细把握。

另一个值得认真关注的环节是营销反馈。很多成功的企业在做基于数据的营销时，一直关注营销计划实施后的反馈，并不断测试、规划，不断地调整营销环节。而很多企业并不是这样，一年有上百种营销活动，但是没有人搞得懂活动的结果到底怎样，只关注实施这些活动，而不关心结果。大多数营销活动都是孤立的，没有闭环的循环过程，这很不科学。应力争使各种营销活动形成循环，这样即使做得不好，也有机会去改进。

六、提升数据与信息的价值

在科技发展的今天，从技术层面而言，营销测量不是问题。但是，光有技术还不够，还需要结合实践将数据与信息用活，如何利用好数据与信息才是核心，以确保市场分析的结果起到实实在在的作用，从而提升数据与信息的价值。

在欧美市场人们对市场营销的可测量性的探索已有多年，这一理念也早已不陌生。海外企业家做决策对数据依赖很明显，而中国企业家则往往依靠直觉。这两种方式各有利弊。

单纯依赖数据也许会令市场决策迟缓、呆板。数据分析需要结合行业经验和对市场的了解进行动态分析,西方的分析模型不能照搬到中国。不同行业的分析模型也不能完全照搬,既要融合行业独特的市场环境,又要考虑市场的变化幅度和频次,需要动态地看数据。

除了正确利用数据外,搜集正确的数据也是一个关键。若数据本身质量不高,则分析的结果也不会准确,更谈不上对营销的指导。正确和完整的数据以及恰当的分析方法与模型,是精准测量营销的前提。欧美大企业在数据库的建立上已经先行一步。国内企业的数据整合尚处于起步阶段。数据分析过程,需要基于历史数据作出对未来策划的指导,而国内大部分的工程企业尚未建立起自己完善的历史数据库。这意味着,在精准营销测量方面,国内大部分的工程企业还有不少功课要做。这也是国内工程企业和国际或跨国工程承包商的差距之一。

一个成功的商业行为,其前提是正确地收集了合适的资料和信息。信息爆炸时代,垃圾信息充斥着人们的视野,而企业在"低浓度"信息的整理、筛选、使用过程中造成了巨大的资金和人力消耗。在目标市场、目标客户和目标项目的识别判断的过程中,不断地筛除垃圾,提高企业信息的"深度和浓度",随着越来越多的有效信息积累,企业所掌握资料的质量越来越高。

面对巨大的市场信息和有价值信息的相应缺乏,应保持市场开拓者的姿态,持续投入、开发、收集、整理、改善所掌握的信息资源。通过所掌握数据,主动有效地开发市场,提升数据与相关信息的价值。

第二节 工程新闻记录(ENR)

"工程新闻记录"是"Engineering News-Record"(ENR)的中文翻译名称,是全球工程建设领域最权威的学术杂志,隶属于美国麦格劳－希尔公司。ENR 提供工程建设业界的新闻、分析、评论以及数据,帮助工程建设专业人士更加有效地开展其市场开发与项目规划与计划工作。其产品包括一份订购量超过七万的周刊,一个每月点击量超过九万的网站以及一系列可以参加的活动。

ENR 的读者包括遍布全球的承包商、项目业主、工程师、建筑师、政府机构以及供应商。ENR 的内容涵盖工程建设的方方面面,包括商业管理、设计、施工方法和技术、安全、法律法规、环境以及劳工等,已经成为连接业内各部门的纽带。美国《工程新闻记录》(ENR)杂志被誉为国际工程界的"晴雨表"。ENR 每年固定出版美国及全球工程领域相关公司的规模排名,其中尤以全球承包商 225 强(ENR Global 225)、国际承包商 225 强(ENR International 225)两项排名为全球业内人士熟知,拥有较高权威性和知名度。

一、ENR 的发展历程

ENR 的历史可以追溯到 1874 年,其前身是两份独立的刊物《工程师和测量师》以及《管道工程师》。

《工程师和测量师》创刊于1874年4月，创始人是George H. Frost。这份月刊只有16页，流通量很小，也没有广告。在1875年初，刊物更名为《工程新闻》，订费降低到每年1美元。1878年，George决定移居纽约。1883年，他将刊物三分之一的权益出售给D. McN. Stauffer。1887年1月，另一个合伙人Arthur Mellen Wellington也购买了刊物三分之一的权益，并与Stauffer先生一起担任刊物的编辑。此后，在Wellington先生的大力推动下，刊物的流通量有了显著的提高。Wellington先生于1895年逝世，Stauffer先生于1908年退休。他们的股份分别被Frost先生购回。1911年8月，年事已高的Frost先生将刊物出售给了希尔（Hill）出版公司。

《管道工程师》由管道制造商Henry C. Meyer创刊于1877年12月。这份刊物提供了一个探讨管道工程和公众健康问题的平台。该刊于1880年更名为《卫生工程师》，并于1881年12月1日由月刊改为周刊。1887年，该刊再次更名为《工程和建筑记录》。1890年，该刊正式启用后来广为人知的刊名《工程记录》。1901年，在辛勤工作了25年之后，Meyer先生决定退休。James H. McGraw购买了该刊，并于1902年11月将刊物的产权转让给麦格劳（McGraw）出版公司。1912年，Edward J. Mehren被任命为该刊的主编。Mehren先生头脑冷静，笔锋犀利，他赋予该刊的社论栏目别具一格的特色，要求编辑们不仅仅提供事实，更要将事实用清晰易懂的方式呈献给读者。

1917年，John Alexander Hill逝世后，James H. McGraw将麦格劳出版公司与希尔出版公司合并。随着两家公司的合并，其旗下的工程杂志的合并似乎也是理所应当的了，但是这项动议却遭到了强烈的反对。如果刊物们也有性格的话，那么《工程记录》更加激进活跃，而《工程新闻》则更加保守含蓄。虽然《工程记录》的编辑们力求保持刊物的独立，McGraw先生最终还是将其并入了在业内层次更高的《工程新闻》。《工程新闻记录》第一期于1917年4月5日出版。1987年1月1日，其缩写ENR正式成为该刊刊名。

二、ENR数据及其评价依据

《工程新闻记录》主要介绍有关在世界各地的工程情况，并已经有40多年等级评定的历史。1964年，ENR第一次评选并出版了全美国最大的400家国际承包商名单。从那以后，ENR就陆续推出评定设计公司、专业承包商、业主、国际承包商和国际设计公司的一系列名单。

《工程新闻记录》提供的承包商以及设计公司的排名，可以用于了解竞争对手的情况，并且可以通过与竞争对手相比，更好地理解企业的发展。另外一个方面，承包商或设计公司还可以利用ENR的排名来向业主证明其在不同的市场领域里的技术专长。

ENR采用指定的某一年中公司的年营业收入作为评价的依据，采用简单明了的评估方法，直观地确定并获得评估的结果。ENR并不是根据企业的工作质量或利润进行评定，而是运用年营业收入从客观的角度进行评估。长达40余年的评定历史已经证明了这种采用企业的营业收入进行相互比较的方法是可行的,并且也是有效的。换句话说,该评定方法经受住了时间的考验,对建筑行业来讲是极具价值的信息。

三、ENR信息的分类与特点

ENR是一份美国的周刊,该刊物主要关注工程建筑领域,致力提供全球性的工程新闻、评论意见、分析数据等。ENR每年固定出版美国及全球工程领域相关公司的规模排名,其中尤以全球承包商225强(ENR Global 225)、国际承包商225强(ENR International 225)两项排名为全球业内人士熟知[7~9],拥有较高的权威性和知名度,主要提供下面的数据。

(一)全球承包商225强概况

表1-1~表1-7是2009年国际承包商225强承揽业务、不同行业与不同区域营业收入分布情况的汇总表。

2009年国际承包商225强业务情况汇总(一):业务总量　　　　表1-1

	国内		国际		总计	
	合同额(10亿美元)	变化率(%)	合同额(10亿美元)	变化率(%)	合同额(10亿美元)	变化率(%)
年收入	574.9	11.3	390.0	25.7	964.9	16.7
新合同	664.5	18.3	472.1	12.4	1136.6	15.8

2009年国际承包商225强业务情况汇总(二):盈利能力　　　　表1-2

变化情况	报告公司数量(家)		平均百分比(%)	
	盈利	亏损	盈利	亏损
增加	144	26	7.50	无
减少	160	17	8.15	无

2009年国际承包商225强业务情况汇总（三）：专业工作人员　　　　表1-3

变化情况	报告公司数量（家）		平均百分比（%）	
	国内	国际	国内	国际
增加	120	120	16.8	29.5
减少	23	16	11.4	32
相同	55	54	无	无

2009年国际承包商225强业务情况汇总（四）：未完成的订单　　　　表1-4

变化情况	报告公司数量（家）	平均百分比（%）
增高	125	36.2
降低	44	20.6
相同	33	无

2009年国际承包商225强业务情况汇总（五）：市场分析　　　　表1-5

行业	年收入（百万美元）	占总额的百分比（%）
建筑	94067.6	24.1
制造	6916.9	1.8
工业	23001.3	5.9
石油	90837.8	23.3
水利	14234.2	3.6
排水/污水处理	5813.9	1.5
交通运输	104092.2	26.7
有害废物	549.2	0.1
电力	26723.5	6.9
电信行业	3937.3	1.0
其他	19833.7	5.1

2009 年国际承包商 225 强家业务情况汇总（六）：国际区域分析　　　　表 1-6

地区	公司数量（家）	年收入（百万美元）	占总额的百分比（%）
加拿大	43	13402.0	3.4
美国	60	41759.5	10.7
拉丁美洲	85	21761.9	5.6
加勒比群岛	39	2077.8	0.5
欧洲	140	114106.2	29.3
中东地区	155	77470.6	19.9
亚洲/澳大利亚	160	68532.5	17.6
北非	123	21622.9	5.5
南/中非	95	29262.2	7.5
其他	3	12.3	0.0

（二）全球承包商 225 强企业的业务分布概况

表 1-7 是 2009 年国际承包商 225 强业务分布情况。承包商在远离其本国的某些国家取得了成功。这里给出了 2009 年在不同国家取得成功的承包商的区域分布。

2009 年国际承包商 225 强业务区域分布　　　　表 1-7

地区	公司（家）	国家	占总计的百分比（%）	年收入（百万美元）
中东地区 （总年收入775亿美元，涨23.2%）	18	美国	20	15353.5
	10	日本	11	8729.8
	20	意大利	11	8249.1
	10	韩国	8	5970.2
	35	中国	7	5048.4
	65	其他	44	34119.5
亚洲 （总年收入685亿美元，涨23.7%）	4	德国	24.3	16672.6
	46	中国	20.0	13723.9
	10	美国	14.0	9610.2
	15	日本	11.9	8138.2
	16	意大利	5.8	3998.1
	61	其他	23.9	16389.6

续表

地区	公司（家）	国家	占总计的百分比（%）	年收入（百万美元）
非洲 （总年收入509亿美元，涨78.0%）	46	中国	42.4	21578.2
	23	意大利	16.3	8309.3
	5	法国	9.9	5033.4
	12	美国	5.9	3027.6
	2	巴西	4.3	2209.4
	66	其他	21.1	10727.2
拉丁美洲/加勒比地区 （总年收入238亿美元，涨12.2%）	11	西班牙	26.1	6229.1
	13	意大利	17.5	4181.9
	2	巴西	14.5	3452.3
	16	美国	12.7	3026.7
	4	法国	8.2	1952.0
	47	其他	21.0	4997.6
欧洲 （总年收入1141亿美元，涨18.3%）	5	法国	22.1	25251.2
	2	奥地利	14.5	16567.5
	11	西班牙	13.1	14935.7
	18	美国	8.9	10167.7
	1	瑞典	6.9	7885.8
	93	其他	34.4	39298.3
美国 （总年收入418亿美元，涨13.2%）	3	德国	27.2	11348.0
	1	瑞典	15.2	6329.6
	1	澳大利亚	12.9	5384.2
	4	英国	12.0	5020.3
	10	日本	9.4	3916.3
	42	其他	23.4	9761.1
加拿大 （总年收入134亿美元，涨61.8%）	20	美国	74.1	9929.5
	3	法国	14.8	1989.6
	3	德国	3.5	469.6
	3	英国	2.8	372.5
	5	意大利	2.3	301.7
	9	其他	2.5	339.08

（三）国际工程承包商（按行业排名）前十强（以 2009 年为例）

表 1-8 是 2009 年不同行业前十强承包商名单。

2009 年不同行业前十强名单　　　　　　　　　　　表 1-8

行业	排名	公司	行业	排名	公司
建筑业 （前10名占到总共年收入941亿美元中的584亿美元）	1	斯特拉堡公司	电力 （前10名占到总共年收入267亿美元中的113亿美元）	6	安萨尔多能源公司
	2	豪赫蒂夫公司		7	东方电气集团公司
	3	斯堪斯卡公司		8	埃法热有限责任公司
	4	宝维士联盛		9	上海电器集团有限公司
	5	鲍尔弗贝蒂公司		10	福斯特惠勒公司
	6	布依格斯公司	水利 （前10名占到总共年收入142亿美元中的103亿美元）	1	中昊海外建设工程有限公司
	7	皇家BAM集团公司		2	波基洛公司
	8	VINCI公司		3	豪赫蒂夫公司
	9	中国建筑工程总公司（中建）		4	撒利尼建筑公司
	10	西班牙营建集团		5	欧德布莱克特公司
制造业 （前10名占到总共年收入69亿美元中的50亿美元）	1	斯特拉堡公司		6	斯特拉堡公司
	2	竹中股份有限公司		7	VINCI公司
	3	大气社工程有限公司（简称：大气社）		8	斯堪斯卡公司
	4	清水股份有限公司		9	联合承包集团
	5	鹿岛建设公司（简称：鹿岛建设）		10	西班牙营建集团
	6	豪赫蒂夫公司	工业/石油 （前10名占到总共年收入1138亿美元中的605亿美元）	1	塞班公司
	7	三星C&T有限公司		2	泰克尼普
	8	斯堪斯卡公司		3	柏克德公司
	9	土耳其卡伊建设公司		4	美国福陆股份有限公司
	10	埃法热有限责任公司		5	联合承包集团
电力 （前10名占到总共年收入267亿美元中的113亿美元）	1	中国机械工业集团有限公司		6	CB&I
	2	阿贝恩萨公司		7	福斯特惠勒公司
	3	埃贝尔多拉·英格尼埃拉建筑		8	PETROFAC有限公司
	4	VINCI公司		9	比尔芬格布格公司
	5	ACS集团公司		10	千代田株式会社

续表

行业	排名	公司	行业	排名	公司
交通运输 （前10名占到总共年收入1041亿美元中的566亿美元）	1	VINCI公司	排水/污水处理 （前10名占到总共年收入58亿美元中的35亿美元）	1	豪赫蒂夫公司
	2	布依格斯公司		2	斯堪斯卡公司
	3	豪赫蒂夫公司		3	ACS集团公司
	4	中国交通建设集团(有限公司)		4	欧德布莱克特公司
	5	柏克德公司		5	博莱克威奇公司
	6	比尔芬格布格公司		6	西班牙营建集团
	7	西班牙营建集团		7	埃法热有限责任公司
	8	斯堪斯卡公司		8	鲍尔弗贝蒂公司
	9	大林股份有限公司		9	法罗里奥埃格罗曼公司
	10	皇家BAM集团公司		10	比尔芬格布格公司
有害废物 （前10名占到总共年收入5亿多美元中的5亿美元）	1	VINCI公司	电信行业 （前10名占到总共年收入39亿美元中的36亿美元）	1	豪赫蒂夫公司
	2	豪赫蒂夫公司		2	斯特拉堡公司
	3	PCL建筑联合企业		3	VINCI公司
	4	雅可伯工程集团公司		4	斯堪斯卡公司
	5	西班牙营建集团		5	宝维士联盛
	6	斯堪斯卡公司		6	西班牙营建集团
	7	奥瑞斯科姆建筑工业公司（保监处）		7	中国国家技术进出口公司
	8	绍尔集团公司		8	巴伦集团有限公司
	9	布依格斯公司		9	ACS集团公司
	10	CH2M西图公司		10	西班牙埃索卢克斯·科桑集团有限公司

（四）国际工程承包商（按地区排名）前十强（以2009年为例）

表1-9是2009年不同区域前十强承包商名单。

2009年不同区域前十强承包商名单　　　　　　　表1-9

地区	排名	公司	地区	排名	公司
中东 （前10名占到总共年收入775亿美元中的314亿美元）	1	科贝尔公司	中东 （前10名占到总共年收入775亿美元中的314亿美元）	8	索发德拉公司
	2	联合承包集团		9	TR公司
	3	泰克尼普		10	PETROFAC有限公司
	4	柏克德公司	亚洲 （前10名占到总共年收入685亿美元中的329亿美元）	1	豪赫蒂夫公司
	5	美国福陆股份有限公司		2	比尔芬格布格公司
	6	塞派姆公司		3	福斯特惠勒公司
	7	千代田株式会社		4	中国交通建筑集团(有限公司)

续表

地区	排名	公司	地区	排名	公司
中东 （前10名占到总共年收入775亿美元中的314亿美元）	5	柏克德公司	亚洲 （前10名占到总共年收入685亿美元中的329亿美元）	3	斯堪斯卡公司
	6	中国建筑工程总公司（中建）		4	西班牙营建集团
	7	美国福陆股份有限公司		5	皇家BAM集团公司
	8	塞派姆公司		6	布依格斯公司
	9	中国机械工业集团有限公司		7	比尔芬格布格公司
	10	清水股份有限公司		8	埃法热有限责任公司
非洲 （前10名占到总共年收入509亿美元中的245亿美元）	1	中昊海外建设工程有限公司		9	宝维士联盛
	2	塞派姆公司		10	柏克德公司
	3	欧德布莱克特公司	美国 （前10名占到总共年收入418亿美元中的353亿美元）	1	豪赫蒂夫公司
	4	布依格斯公司		2	斯堪斯卡公司
	5	VINCI公司		3	宝维士联盛
	6	中铁建筑股份有限公司		4	鲍尔弗贝蒂公司
	7	中国交通建设集团（有限公司）		5	PCL建筑联合企业
	8	中信建筑公司		6	大林股份有限公司
	9	科贝尔公司		7	布依格斯公司
	10	中国水电集团有限公司		8	鹿岛建设公司（简称：鹿岛建设）
拉丁美洲/加勒比地区 （前10名占到总共年收入238亿美元中的134亿美元）	1	欧德布莱克特公司		9	泰克尼普
	2	ACS集团公司		10	凯勒集团公司
	3	奥尔萨	加拿大 （前10名占到总共年收入134亿美元中的105亿美元）	1	柏克德公司
	4	特钦特集团		2	卡伊维特集团
	5	泰克尼普		3	布依格斯公司
	6	美国福陆股份有限公司		4	雅可伯工程集团公司
	7	东洋工程公司		5	泰克尼普
	8	波基洛公司		6	CB&I
	9	基洛公司		7	美国福陆股份有限公司
	10	斯堪斯卡公司		8	威尔布罗斯集团公司
欧洲 （前10名占到总共年收入1141亿美元中的703亿美元）	1	斯特拉堡公司		9	VINCI公司
	2	VINCI公司		10	弗兰特伦建设公司

（五）1994～2009年不同行业市场营业收入

表1-10为1994～2009年不同行业年营业收入的汇总表。

1994～2009年不同行业年营业收入（单位：亿美元）　　　表1-10

	建筑	制造	工业	石油	水利	排水/污水处理	交通运输	有害废物	电力	电信	其他
1994	205.90	47.60	79.50	239.10	44.30	10.10	155.00	3.50	88.40	8.14	40.69
1995	246.96	65.81	74.00	240.35	54.11	21.34	195.46	3.61	85.88	10.45	52.26
1996	276.83	66.94	130.36	263.67	55.95	29.95	212.54	6.68	122.36	17.08	85.40
1997	260.19	56.63	126.68	246.95	47.72	23.24	194.10	5.49	80.60	10.11	50.57
1998	302.86	36.82	73.70	302.43	50.27	21.93	243.30	4.66	70.16	9.64	48.18
1999	305.00	26.90	117.20	279.00	32.05	24.93	209.00	4.75	71.90	12.82	60.77
2000	363.52	43.31	83.86	196.35	40.12	25.83	231.61	7.59	85.40	27.21	54.27
2001	300.88	38.30	59.30	207.49	35.62	14.33	252.40	3.60	74.81	13.02	64.93
2002	333.90	33.50	66.20	240.10	35.00	17.10	287.30	2.90	80.20	18.60	50.50
2003	355.30	34.60	86.80	261.10	38.70	20.90	384.40	2.90	94.60	20.20	98.80
2004	415.66	50.28	89.03	306.79	41.88	34.00	440.43	6.68	101.30	19.52	169.29
2005	526.29	48.57	101.60	334.97	43.83	33.95	508.76	5.37	117.42	22.55	150.82
2006	594.32	75.16	117.81	450.84	58.03	28.49	589.28	6.06	144.41	29.00	150.87
2007	739.55	70.81	153.31	800.40	86.38	48.19	793.78	6.05	171.81	33.23	198.97
2008	940.68	69.17	230.01	908.38	142.34	58.14	1040.92	5.49	267.24	39.37	198.34
2009	859.88	38.07	206.02	914.22	112.22	62.90	1123.42	4.86	356.94	26.86	132.45

（六）1994～2009年不同地区市场营业收入

表1-11为1994～2009年不同区域市场年营业收入的汇总表。

1994～2009年不同区域年营业收入（单位：亿美元） 表1-11

	加拿大	美国	拉丁美洲	加勒比群岛	欧洲	中东	亚洲/澳大利亚	北非	南/中非	其他
1994	32.30	102.03	51.22	13.00	211.59	110.39	310.30	39.43	51.90	0.08
1995	22.40	100.04	57.58	14.61	280.89	102.26	380.24	39.79	52.36	0.08
1996	28.02	144.73	64.64	16.41	351.22	135.26	424.50	44.41	58.44	0.37
1997	21.93	136.02	82.50	13.95	295.20	104.54	347.57	39.49	54.66	6.37
1998	29.54	126.93	90.06	15.95	306.59	142.83	338.26	53.00	59.46	1.32
1999	48.99	157.63	91.91	16.70	349.43	111.03	311.19	44.86	54.47	0.79
2000	64.51	233.88	13.95	102.24	315.60	101.92	250.33	29.35	47.26	0.02
2001	65.47	217.01	88.56	17.72	282.49	85.39	219.78	33.77	54.42	0.07
2002	44.60	231.10	81.20	14.30	330.90	97.40	226.80	52.00	59.40	27.30
2003	47.56	227.77	76.30	22.50	466.60	164.60	260.30	55.20	71.40	6.10
2004	49.63	227.95	73.99	16.55	602.66	254.15	304.65	70.62	72.22	2.45
2005	63.07	249.74	106.63	14.15	685.84	281.55	337.81	59.13	92.27	3.94
2006	79.91	291.30	136.23	22.47	718.58	413.81	401.85	75.16	103.95	1.02
2007	82.81	369.06	192.50	20.07	964.49	628.95	554.00	131.75	154.21	4.64
2008	134.02	417.60	217.62	20.78	1141.06	774.71	685.33	216.23	292.62	0.12
2009	133.83	348.78	248.20	22.93	1008.07	775.57	731.83	275.21	292.91	0.49

（七）国际工程承包商 225 强

根据承包商在本土市场以外的海外项目合同额排名。数据包括主要合同价格、合资企业份额、分包合同、设计-施工合同和施工风险管理合同（如果与总承包商承担的风险相似）。如果在施工合同范围内承担设计风险和采购责任，则数据中还包括已安装设备的价值。

行业按照一般建筑业、制造业、电力行业、水利、废水/固体废物处理行业、工业、石油行业、交通运输行业、危险废弃物处理行业和电信行业共十个行业，各行业所包括的具体内容为：①一般建筑业包括商业建筑、办公室、仓库、教育设施、政府机关、医院、医疗设施、酒店、公寓住宅、房屋等；②制造业包括汽车、电子、纺织设备等；③电力行业包括燃煤和水力发电厂、垃圾焚烧发电厂、输电线路、变电站、热电联产等；④水利行业包括大坝、水库、输送管道、配水总管、灌溉渠、脱盐水和饮用水处理厂、水泵站等；⑤废水/固体废物处理行业包括生活污水和雨水排水管网污水处理厂、水泵站、焚烧厂、工业废物处理设施等；⑥工业包括纸浆厂、钢厂、有色金属冶炼厂、制药厂、化工厂、食品加工和其他处理厂等；⑦石油行业包括炼油厂、石化厂、海上平台及设施、管道等；⑧交通运输行业包括机场、桥梁、道路、沟渠、闸门、疏浚、港口设施、码头、铁道、隧道等；⑨危险废弃物处理行业包括化学与核废料处理，削减石棉/铅等；⑩电信行业包括通信线路、电缆、信号接收塔/天线、数据中心等。

（八）全球工程承包商 225 强

根据企业工程承包营业额排名。数据包括主要合同价格、合资企业份额、分包合同、设计-施工合同和施工风险管理合同（如果与总承包商承担的风险相似）。如果在施工合同范围内承担设计风险和采购责任，则数据中还包括已安装设备的价值。行业的分类与国际工程承包商 225 强相同。

第三节　中东经济文摘（MEED）

MEED 是英国权威经济杂志《中东经济文摘》关于中东地区商情的媒体，主要分为网站与周刊两种形式，包括项目信息、新闻、市场视角与项目颁发质量奖等。MEED 项目信息主要提供最新的项目数据资料，MEED 市场视角主要提供对市场深度的分析报告。

一、MEED 的发展历程及业务特点[10]

MEED 成立于 1957 年，包含三项高价值的业务内容：MEED 活动、MEED 项目和 MEED 洞察。MEED 活动为新客户提供探索建立伙伴关系、建立自己品牌的机会，MEED 项目是中东地区项目的优质跟踪数据库，MEED 洞察提供量身定制的研究和深入分析。MEED 每年会在迪拜主办一次论坛，主要讨论中东的经济、工程建设市场、市场潜力等议题。

在过去的 50 年中，MEED 已成为中东地区商业智能的主要来源。在迪拜、伦敦和利雅得都设有办事处，MEED 的主要客户群包括横跨全球 70 多个国家的国际商业集团。

自 MEED 推出以来，MEED 及时报道中东地区的突发新闻，正面报道相关的问题，提供有关中东问题的独家观点。MEED 提供的新闻和分析具有较高的参考价值，特别是有关中东的问题具有较强的权威性，也是相关信息与数据的准确和可靠的供应商。

MEED 区别于其他信息与数据源的方面主要包括：①中立、观点独立；②独创性；③提供独有的内容；④提供最新的观点；⑤数据、信息与观点具有一致性；⑥集中于报道整个中东地区的全面情况；⑦报道影响中东地区的全球和国际问题；⑧报道中东地区的突出问题；⑨报道影响个别国家甚至中东地区的某个国家的突出问题；⑩多渠道、多产品统一供应；⑪新闻和评论相结合；⑫提供的产品质量较高；⑬具有高素质的团队；⑭提供中东地区行业领导者的独家评论；⑮针对客户的需求，为客户提供有价值的分析和见解。

二、MEED 的数据及其特点

MEED 主要包括项目信息、新闻、市场视角与项目颁发质量奖等。

（一）项目信息

主要包括从 1990 年以来中东、北非地区所有工程总承包项目的基本信息，主要栏目包括客户、项目背景、所在地区、工作范围、合同额、预算额、FFED 承包商、PMC、咨询商、融资商、EPC 资审、投标与中标承包商名单、专利技术情况与专利商等。对工程总承包行业按照国别细分为沙特、科威特、卡塔尔、阿联酋、伊拉克、北非、伊朗等国家，并有过去几年的所有行业工程总承包市场预算额与合同额数据，通过选择菜单，可以对这些国别未来几年工程总承包市场预算额与合同金额进行预测。对工程总承包行业按照所属行业细分为新能源、房屋、化肥、气体处理、工业、基础设施、LNG、矿业、冶金、油气生产、石化、管线、电力、炼油与污水处理等十五个行业，有过去几年每个行业工程总承包预算额与合同额，并可以对每个行业进行短期预测。这些数据可以是文本的形式，也可以是 EXCEL 的格式。另外，该部分也提供几个大型项目信息与几个大型承包商的工作负荷与未来发展趋势等。图 1-6 是文本形式的卡塔尔乙烯项目的产能、原料等信息。

图 1-7 是某国际工程公司未来工作负荷的预测。

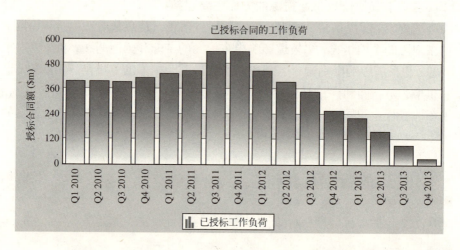

2011年卡塔尔乙烯产能				
厂址	企业	完工日期	产能(t/年)	原料
Ras Laffan	Ras Laffan Oleflns Corrpany	2010	1,300,000	乙烷
Mesaleed	Qatar Petrocnemical Corrpany	1996	72,000	乙烷
Mesaleed	Qatar Cherrical	2003	500,000	乙烷，丙烷
计划建设项目				
Mesaleed	Qatar Petrocnemical Corrpany	2014	180,000	乙烷
Ras Laffan	QP/Shell	2014	1,300,000	乙烷，丙烷

Source; Aaia prcne Eang Consuing

图1-6 卡塔尔乙烯项目信息

图1-7 2010～2013年，某国际工程公司在海湾地区工作负荷预测
注：Q代表季度，下同。

（二）新闻

主要报道海湾与北非地区的政治变化、宏观经济、招标与授标新闻、各种经济数据、分析报告等。一部分信息是公开的，而绝大多数经济信息不对外公开，需要付费使用。图1-8是自2005年至今，海湾国家规划或正在进行的工程项目价值指数，从图中可以看出由于2011年3月份阿拉伯国家的政局不稳，工程项目价值指数有所停滞，甚至下跌。

（三）市场视角

主要对不同国家与行业进行分析，预测未来经济发展趋势以及在确定的某种经济态势下，海湾几个主要国家未来几年工程建设市场的发展趋势。也包括一些专题研究，比如"海湾地区的韩国工程公司"专题报告等，所有的研究报告都需要付费使用，而且费用较高。

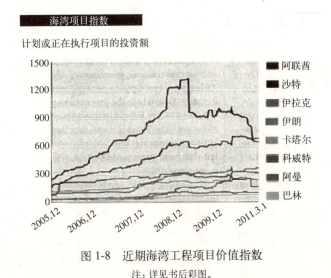

图 1-8 近期海湾工程项目价值指数

注：详见书后彩图。

以上三部分内容有电子版与周刊两种形式，周刊可以在海湾国家的书店购买到，而且每年会有一次主要针对某专题进行深入研究的增刊。

第四节 Zawya 商情网

Zawya 是中东地区商务环境与投资机会分析的信息平台，研究对象涵盖中东 20 个国家。主要研究中东地区实力较强的企业信息、新闻、经济与资产研究等，所提供的信息覆盖整个中东（海湾）、地中海东部、伊拉克和北非。

一、Zawya 的业务特点

Zawya 的总部设在迪拜，Zawya 在美国、沙特、巴林和黎巴嫩设有办事处。侧重于研究中东的商业和投资环境，包括中东地区的金融新闻、中东地区公司名录、投资指南和业务发展。结合投资或商业机会，设立了两个独立的部门即专业投资者和企业发展服务。除此之外，还包括三项业务：①Zawya 项目；②Zawya 业务发展；③Zawya 投资者。

Zawya 项目信息是一个在线 B2B 平台，提供中东地区重大建设项目的监测情况。Zawya 专有的综合数据库中的最新消息以及跨多个行业的研究支持识别、监督和评估中东地区的项目机会：①项目监控。跟踪超过 2450 个有效项目；②关键人员的详细联系方式；③项目综合简介；④项目新闻、进度表与投标商；⑤智能的项目搜索工具；⑥Zawya 公司监测；⑦独家与独立的研究；⑧超过 40 名 Zawya 分析师的分析报告。

Zawya 业务发展（ZBD）是一个业务集中在中东地区的在线专业开发工具。深入的情报与企业监控服务，以独特和全面的数据库分析公共、私人、政府企业以及以中东与北非地区为基地的外国公司，并通过独家新闻和研究服务，保持跟踪最新的业务发展趋势。主要包括：①超过 15000 家公司的详细介绍；②行业分类；③超过 16 万的高级管理人员及联系方式；④业务概述及运营；⑤股东、子公司及相关企业；⑥主要竞争对手；⑦建立和保存定制的公司名单；⑧中东商业要闻；⑨独家与独立研究；⑩分析师的咨询服务。

Zawya 投资者为投资者提供成熟的全面解决方案。

二、Zawya 的数据及其特点

Zawya 在 2000 年以前主要研究中东地区著名公司的信息，研究的企业达到 15000 家，并对这些企业每个月进行信息监控。现在该信息平台主要提供地区市场状况、行业与宏观经济信息。用户可以根据自身对信息与数据需求的特点，进行在线搜索，获取相关有用的信息，可以用于与 MEED 提供的详细数据进行互检，以提高数据与信息的准确性和可用性。

第二章 分析框架与技术

第一节 分析框架

国际工程市场分析可以采用如图 2-1 所示的框架，主要分析过程包括收集数据、检验数据、处理数据、市场潜力分析、投资环境分析、市场特征分析与市场竞争分析等。在此基础上，对中国工程建筑企业自身实力的优势、劣势与外部环境的机会与威胁进行分析，以获得全球化的视野，准确掌握国际工程市场的脉搏，明晰适合中国工程建筑企业发展的国际化经营战略。

可以采用的数据主要包括 ENR 每年 225 家承包商基于国际营业收入与全球营业收入的经营数据与排名等，MEED（中东经济文摘）提供的项目经营信息，以及企业自身掌握的相关历史数据。在此基础上，对数据的真实性进行检验，然后对数据进行量化分析。

国际工程市场可采用的数据分析方法主要有行业集中度、HHI 指数、反映市场竞争激烈程度的 N 指数、蓝契斯特法则、基于统计技术的蒙特卡罗模拟仿真技术与竞合关系模型。主要应计算出各个承包商的市场占有率、总合同金额、平均合同金额，并在此基础上计算出各种指标。

在获得上述量化指标的基础上，分析市场潜力、市场环境、市场特征，建立适合中国工程建筑企业的 SWOT 模型，系统地分析市场竞争环境。最后，结合中国工程建筑企业与国际承包商之间的竞合与客户关系分析模型，得出适合中国工程建筑企业的国际化经营的战略。

第二节 市场分析指标

市场分析首先应要解决的问题无疑是分析过程中所选用的指标。市场分析指标应清晰地说明指标的来源及其优势，以及使用的范围。范围广泛的市场分析指标在实际应用中存在不足，难以实现通过针对指标的分析过程，结合所获得的分析结果，明确市场开发业务的重点，同时分析工作量也大，因此在实际应用中应针对所分析业务与所面临的市场特点，优化市场分析指标的范围，提高市场分析的效率以及分析结果的可用性。

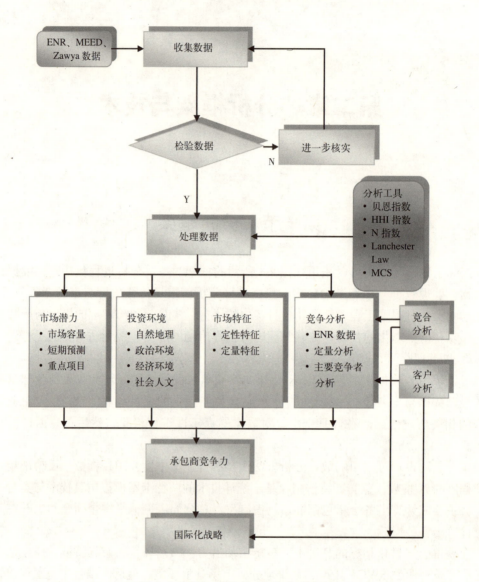

图 2-1　国际工程市场分析框架流程图

市场分析指标可以用于解释如何利用市场基础数据提高对市场的洞察力。最重要的是，市场分析指标可以用于解释如何结合获得的对市场的见解，采取恰当的措施与行动。市场分析指标不仅可以用于市场规划，而且还可以用于测量市场规划实施后对营销工作所产生的影响，从而及时纠正市场规划中的误差与偏离，不断优化市场规划，获得最佳的市场开发结果。从本质上讲，市场分析指标是致力于全面发展市场开发活动和数据分析营销技能的营销经理的重要参考。强烈推荐所有的营销人员均能熟练灵活地使用市场分析指标。

市场分析指标应为营销人员以及其他管理人员提供真正需要了解并易于理解的指标的优秀汇编，并采用一个结构性的框架将这些指标整合在一起，帮助管理人员带领企业获得成功的业务。

近年来，基于数据的市场营销方法已经席卷了商业界。在其之后，可测量的绩效和问责制已成为营销成功的关键。然而，很少有管理人员欣赏采用只能覆盖一定范围的指标来评估营销策略和市场动态，能够理解指标的优点、缺点，以及每个细微之处的人就更少了。

必须认识到在这种环境下，市场营销人员、一般管理人员和企业需要一个全面的、可用于判断其营销规划，并量化实施该规划后可获得的实际成果的参考指标。

对于国际工程市场来讲，市场分析的指标应该定位在加强对全球市场的分析、选择以及细分市场的确定方面。特别要强化对目标市场与目标国家的选择，不一定要达到最佳效果，但是至少不能在这方面的选择上产生失误，避免给企业造成重大损失，为此，应该设立或指定专门的部门和人员来从事这项调研工作。建议在国际市场营销部门设立专门人员从事市场分析、选择和确定基于国别的市场细分，并逐渐积累经验，建立相应的工作制度，至少应做到对于拟追踪的项目，能够为企业决策层提供近期或最新的全球市场分析及目标国别市场状况，使决策人员能够在客观分析的基础上对市场和项目情况做出理性判断。

一、什么是指标？

指标是一个测量系统，量化趋势、动态或特征[47]。指标几乎涉及所有的学科，从业人员使用指标来解释发生的现象、诊断原因、共享成果，并将获得的成果用于未来的事件。纵观科学、商业和政府等各个领域，指标鼓励严谨和客观性。指标为人们提供了比较不同地区和不同时间的结果的可能性，指标有利于促进理解和协作。

二、为什么需要指标？

"如果无法衡量业务，则就无法管理好业务。"威廉汤姆森·开尔文勋爵曾经这样论述测量与知识之间的关系："当可以测量所谈论的内容并可以用数据来表示时，则这些内容就会成为知识；当无法对所谈到的内容进行测量时，则无法用数字来表达，也可以说缺乏这方面的知识，或者说所获得的知识尚不能令人满意。也就是说：不能用数字表达的内容可能只是知识的开端，但几乎还没有作为知识为你所掌握，远远没有达到科学的阶段。"

开尔文勋爵是英国物理学家和第一个成功铺设跨大西洋电缆的经理，是定量调查历史上最伟大的倡导者之一。然而，在他所处的时代，除了科学、工程和金融界以外，严谨的数学还没有得到广泛传播，但自那时以来发生了很大的变化。

今天，熟练采用数据分析技术是每个企业领导者的关键技能。管理者必须能量化市场机会和竞争威胁，以证明所做出决策的财务风险和利益；必须评估计划、解释差异、裁决绩效，并找出可以改进的平衡点，所有这些都必须用数据说话，完成这些职责需要具有极好的测量系统，包括获得相应测量结果的计算公式。总之，管理人员需要指标。管理者必须选择、计算和解释关键业务指标，必须理解如何构建每个指标，以及如何将这些指标用于决策。来自于管理专家的报道证明："……每个指标，无论是用来明确表示对人们行为的影响、评估未来的策略或者是简单的评估，均会影响决策和所采取的措施。"

营销人员不可避免地会倾向于进行定量的规划和评价。市场营销一度被视为更是一种艺术而非科学，市场营销的手段往往会成为技巧的集成，而不是科学方法的灵活应用。管理人员可能曾经愉快地承认，他们知道自己用于广告上的钱有一半被浪费了，但他们不知道是哪一半。可是，那样的日子一去不复返了。

今天，营销人员必须定量地了解他们所涉足的市场，必须测量新的机会，以及兑现这些机会所需要的投资。营销人员必须针对全部各类价格和促销方案，量化项目、客户和渠道的价值。越来越多的营销人员正在对所做出决策的财务后果负责。应当指出这是大势所趋："多年来，企业的营销人员像瘾君子一样走进预算会议，总是不能证明过去的预算所取得的效果，或者不同的预算会产生什么样的差别，只是想要获得更多的钱用于浮华的客户推广、花费较高的大型商务活动。因为，众所周知，通过这些推广宣传可以建立品牌，通过必要的大型商务活动可以获得更多的市场信息。但是，盲目增加预算的火热的日子很快被换成了新的口头禅：测量和问责制。"[12]

三、选择正确的数据

无论如何，获得正确的数据绝对是一项颇具挑战性的工作。在商业和经济领域，许多指标非常复杂、难以掌握。有些指标非常专业，最适合进行专项具体的分析。许多必要的数据可能只能找到近似值、不完整的数据或根本无法找到可用的数据。

在这种情况下，没有一个单一指标可能是完美的。出于这个原因，一般推荐营销人员采用组合的指标或指标的"仪表盘"（或者管理驾驶舱）。这样，营销人员便可以从各个角度了解市场动态，并得出多视角的营销战略和解决方案。此外，采用多个指标，营销人员可以利用不同的指标进行交叉检查。这样，可以最大限度地确保获得准确的知识。

营销人员还可以基于其他数据估算或确定某个参数或者指标的数值。当然，要有效地使用多个指标，营销人员必须明白每个指标自身固有的局限性，以及指标之间的相互关系。

一旦建立起对指标的正确理解，指标就可以帮助企业保持持续获得对客户需求的重点和市场需求重点的了解。指标可以帮助管理人员识别并确定战略和实施两方面的优势与劣势。采用严格的数学定义并广为传播的指标，可以成为公司内部业务精确语言的一部分。

确定国际工程承包的目标市场是承包商进行项目营销的首要问题。为此，需要致力于收集正确并有效的工程市场信息。市场信息的及时性和准确性很重要，尤其是对于第一次承包国际工程的建筑企业或虽已多次承包但想打入一个新市场的企业来说更为重要。这些信息包括目标国家的政治、经济状况；目标国家的投资方向、投资规模及投资政策；业主的招标项目类型、资金来源、项目工期、技术要求和质量要求；潜在承包商的有关信息及相对于各项目类型的承包商的实力状况等。收集信息的途径非常广泛，可以利用一切可以利用的途径，如：新闻媒体、国际工程咨询机构、中国驻外使馆、国际工程有关权威杂志及其他报刊、宣传媒体、世界银行及其他开发银行的运营报告、各地进出口公司等。需注意收集信息是需要花费代价的，而且现代社会信息的作用越来越大，其花费也越来越大。一个企业不可能不花费代价就能取得国际工程市场有价值的信息；同样，一个不舍得花费相当代价进行信息收集的建筑企业也不可能获得较多的投标机会。

四、数据的可用性和全球化的指标

对于指标的另一个挑战来自于行业和地域之间数据可用性的差异很大。认识到这些变化后，建议对部分指标采用可选的其他数据源和程序进行估计。

幸运的是，虽然市场分析指标的范围和类型均可能因不同国家而异，但是这些差异正在迅速缩小。例如，绩效指标已成为市场营销人员的共同语言，并且正作为凝聚团队和考核付出努力所取得效果的国际化标杆。

五、国际工程承包的市场分析指标

"详细分解的数据"对获得成功的市场营销至关重要。然而，熟悉了解时序数据的详细分解方法是一种技能。为此，管理者必须结合市场营销的实践使用市场分析指标，并不断从使用过程所发生的错误中吸取教训，提高市场分析指标的实用性。希望营销人员建立基于数据营销的信心，全面掌握基于数据的营销方法。相信随着时间的推移和经验的不断积累，营销人员还将建立起关于指标的直觉，并学会在计算过程中出现令人怀疑或费解的结果时，深入挖掘潜在的原因，以获得正确的结果。

关于市场分析指标（表2-1），相信许多读者不仅需要熟悉，而且要能够筛选并熟练使用。也就是说，管理者应该能够针对企业的实际运营情况筛选出适用的指标并进行相应的指标计算，并在董事会会议、审议和讨论战略的会议报告中灵活应用。虽然不要求所有的营销人员都达到熟练掌握的程度，但是对高级管理职位的候选人，尤其是那些具有重大财务责任预期的人员，应该具备熟练使用市场分析指标的技能。可以预见掌握基于数据的市场分析方法，将成为区分和定位市场开发人员和企业在更加充满挑战的事业发展环境中本身需要的一种手段。

考虑到国际工程市场营销不同于国际产品的市场营销，需要从目标国家与目标项目两个方面来综合进行市场分析，从表2-1不难看出，覆盖这两方面的指标主要是市场占有率和市场份额及其相关的指标。

主要市场分析指标的清单   表2-1

市场占有率	收入和利润	销售团队和渠道管理	广告媒体和网络计量	市场营销和财务
市场占有率	每股利润	工作量	印象	净利润
市场份额	利润率（%）	销售潜力预测	总收视率（GRPs）	销售回报率(ROS)
相对市场份额	渠道利润	销售总额	每千次展示成本（CPM）	投资回报
品牌发展指标	平均单价	销售效率	平均频率	投资回报率
规模发展指标	每业务单元价格统计	补偿	响应频率	经济效益
市场渗透率	可变成本和固定成本	盈亏平衡的员工人数	有效频率	投资回收期
品牌渗透率	营销支出	销售渠道	有效的投放渠道	净现值（NPV）
渗透占有率	业务单元的贡献	销售渠道的概率分布	广告占有率	内部收益率（IRR）
需求的份额	业务单元贡献率（%）	全部商品量	综合浏览量	营销投资回报率（ROMI）
需求占有率	盈亏平衡销售量	产品压积类别（PCV）	点击率	收入
大客户指标	目标销售量	总销售率%	每次点击费用	
	目标收入	覆盖率%	每个订单的成本	
		缺货	培育每个客户的成本	
		存货	访问量	
		降价	访客数量	
		直接产品获利能力	放弃率	
		存货投资（GMROII）		
		毛利率		
客户盈利性	产品及其组合管理	促销	定价策略	知名度
客户	试用	基准销售量	溢价	影响的层次结构
新客户百分比	重复使用量	销售增量/促销增量	预定价格	知名度
客户保持率	渗透	赎回率	良好的价值百分比	提及知名度
客户利润	预测量	费用和回扣优惠券	需求的价格弹性	广告知名度
客户终身价值	增长率	优惠券销售百分比	溢价的价格	公众了解程度
终身价值预期	增长-复合增长率	新策略销售百分比	残值弹性	信任
客户平均成本	品牌权益衡量标准	交易时间百分比		意愿
客户平均保留成本	消费者喜好	平均交易深度		购买习惯
		直销		忠诚度
		价格下跌幅度		亲和力
				愿意推荐给他人
				客户满意度
				搜索意愿

六、市场占有率

乍一看，市场占有率似乎涉及一个相对简单的计算："自身的份额／（自身的份额＋他人的份额）。"但是，这引起了很多疑问。比如，"他人的份额"都包括谁。也就是说，如何定义我们大致有竞争力的范围？采用什么单位（计件还是计价）？我们在价值链的哪些部分获取相关的信息？采用什么样的时间分析框架，以确保最大限度地提高信噪比？对于像市场占有率这样重要的指标，应该密切监测该指标的变化和趋势，对这类问题的答案至关重要。为此有必要实时了解与掌握市场占有率指标的主要组成部分，其中包括渗透占有率、大客户指标、需求占有率[30]。

为了了解市场占有率背后的动态，有必要先了解知名度、态度及能力和业绩这些客户选择该品牌而不选用其他品牌的决策过程中的主要因素。为此有必要量化营销工作执业能力中日益重要的因素即客户对项目投标与项目实施的满意度。除此以外，还应考虑测量客户偏好与满意度的深度指标，包括客户的合作意愿，是否无法获得某一个品牌，以及是否愿意将某个品牌推荐给其他用户。越来越多的营销人员依赖于这些引起未来市场占有率变化的先行指标。

市场占有率是某个企业的市场份额占市场总量的百分数（按年收入或其他预先定义好的任何单位计算）。

$$计件市场占有率 = 销售量 / 市场总销售量 \tag{2-1}$$

$$年收入市场占有率 = 年销售收入 / 市场总的年收入 \tag{2-2}$$

营销人员必须能够将销售目标转化为市场占有率，因为这将证明预测的销售增长是来自于市场容量的增长，还是来自竞争对手份额的减少。后者在实现上似乎更为困难。密切监视市场占有率可以及时发现市场竞争格局变化的迹象，而且经常可以通过市场占有率的变化发现问题，并采取相应的有针对性的措施，调整企业的战略或战术。

（一）市场占有率是衡量市场竞争力的关键指标

市场占有率是衡量一个公司与其竞争对手相比有多么出色的指标。使用该指标可以同时辅以使用年销售收入变化的指标，帮助管理人员评估市场的初级需求和选择性需求。也就是说，不仅可以帮助他们判断整体市场的成长性或衰退，而且可以找到客户在众多竞争对手之间的选择趋势。一般来说，来自于初级需求（市场总量增长）的销售增长需要的成本较低，并且比从竞争对手处夺取的份额盈利性更好。相反，市场占有率的减少，在某种程度上可以说明企业存在需要进行战略性调整的严重问题。企业的市场占有率低于一定水平时可能就无法生存。同样，对于企业所经营的所有项目来讲，个别品种的项目市场占有率的趋势可能是未来的机会或问题的早期指标。

（二）市场占有率的计算方法

市场占有率：某个企业的市场占整个市场的百分数。

1. 计件市场占有率

计件市场占有率：某公司的销售量占市场总销售量的比例，采用相同的测量单位。

$$计件市场占有率 = 企业的销售量 / 整个市场的销售量 \tag{2-3}$$

当然，为了从其他各变量中得到企业的销售量和整个市场的销售量，可以将上述公式重新改写为：

$$企业的销售量 = 计件市场占有率 \times 整个市场的销售量 \tag{2-4}$$

$$整个市场的销售量 = 企业的销售量 / 计件市场占有率 \tag{2-5}$$

2. 年收入市场占有率

年收入市场占有率与计件市场占有率不同，因为它反映了该商品的销售价格。事实上，计算相对价格的一个相对简单的方法是将年收入市场占有率除以计件市场占有率。

$$年收入市场占有率 = 年销售收入 / 市场年销售总收入 \tag{2-6}$$

可以采用计件市场占有率，来改写年收入市场占有率的方程式，以便利用其他两个变量同时计算出年销售收入和市场年销售总收入。

（三）数据源、复杂性和注意事项

确定所要分析的市场始终是一项非常重要的工作：如果一个企业确定的市场过于广泛，则可以冲淡其市场开发的重点。如果确定的市场过于狭窄，就会错过许多机会，同时会出现可能观测不到的威胁。为避免这些陷阱，在计算市场占有率时，市场管理人员首先应就所服务的市场确定企业的销售量或年收入，并且应该相应地列出包括竞争对手、项目与行业类型、销售渠道（投标、仪表、代理）、地理区域、客户和时间期限的详细清单。根据所确定的市场，可以做出一些假定，例如，"在工程承包方面，我们的施工管理以及施工承包业务的年收入市场占有率在沙特西部处于领导者地位"。

必须仔细确定数据参数：尽管市场占有率可能是一个最重要的市场分析指标，但是也没有公认的最好的计算市场占有率的方法。不幸的是，不同的计算方法可能会就某一个特定时刻的场景得到不同的市场占有率结果，不仅如此，随着时间的推移，甚至市场占有率的趋势也大相径庭。产生这些差异的原因包括获得市场占有率的口径（计件与计价）不同、在价值链通道（从中标价格到项目实施完成价格）中何处设测量点不同、确定的市场（剧烈竞争的范围）不同和测量误差。详细分析所面对的形势是战略决策的基础，因此管理者必须能够理解和解释这些变化。

就工程承包行业来讲，量化市场占有率的工作相当复杂。例如中东的工程市场面临的动态竞争环境就非常复杂，为此应考虑：①市场占有率是代表计件（同类项目）或年收入（美元）的市场占有率吗？②计件市场占有率与年收入市场占有率是否均保持一致的趋势？③年收入市场占有率是按照实际合同价格（含索赔以及其他实报实销的补偿）还是名义中标合同价格计算的？④所采用的合同额的基础数据是否反映承包商当年的完成额？这直接影响到承包商目前的收益表；是否反映已经获得的现金流量？这影响到承包商的现金流量以及应收账款；⑤是否将市场占有率下降转化为等效比例的营业额下降，或者市场总规模是否有变化？

管理者必须确定给出的市场占有率是否是基于合同数据、完成额数据、现金流数据、客户调查或一些其他来源。有时，共享数据可能代表数据的组合（例如，企业实际完成的合同额，往往是按照对项目的进度计划要求的调查估计得到的）。如有必要，管理人员也必须调整数据来源渠道的差异。

测量的时间段会影响信噪比：在分析短期市场动态时，如促销的影响或最近的价格调整的影响，营销管理人员可能会发现测量短期的市场占有率非常有用。但是，短期数据一般信噪比较低，与此相反，较长时间跨度的数据将更稳定，但可能会掩盖一些重要事项，如近期的市场变化。上述选择数据的信噪比原则也可以更为广泛地适用于地理区域、渠道类型或客户的聚类分析。在选择所要分析的市场和分析的周期时，管理人员最重要的工作是确定最优的分析周期，以获得最佳的信噪比，确保所用数据有助于提高分析结果的可靠性与准确性。对于工程承包市场的常规分析，综合考虑数据的可用性等各方面因素，建议采用年作为分析周期。

报告的市场占有率的潜在偏差：利用行业管理结构或其他权威机构发布的数据，得到市场规模的数据是一种计算市场占有率的有效方法。但是，在解释这些数据时，管理者必须牢记相对于基于营业额的市场占有率，基于报告发布数据的市场占有率由于覆盖率不可能达到百分之百，因而往往更趋向于加大知名品牌的市场占有率。

（四）服务的市场

服务的市场：即企业参与竞争的市场的一部分。这可以排除未参与的地域或项目类型。以中东的工程市场为例，截至2010年，某工程公司尚没有进入卡塔尔的市场，则卡塔尔不用被视为其服务市场的一部分。

七、相对市场占有率和市场集中度

相对市场占有率指标是指一个公司或一个品牌针对其主要竞争对手的市场占有率。其公式为：

相对市场占有率（I）＝品牌的市场占有率 / 最大竞争对手的市场占有率 　　(2-7)

市场集中度，是一个相对的指标，用来测量少数领先的公司占领大部分市场的程度。这些指标用于比较企业或品牌在不同市场中的相对位置，以及评价竞争的类型和竞争激烈的程度非常有用。适当地确定市场和选择适用的数据是获得有价值、有意义结果的先决条件。

（一）评价公司或品牌的成功和其市场地位

市场占有率为25%的公司在市场上是否是强大的领导者，多数情况下取决于其与其他竞争者中位居"第二"的企业之间的距离。一个公司或一个品牌与其最大的竞争对手相比的相对市场占有率提供了一种标杆方法，为管理人员提供了比较不同企业（或者不同类型的项目）相对市场地位的方法。尽管对该方法仍然存在争议，但是一些研究获得的成果表明，在市场中处于领先地位的参与者往往比竞争对手更有利可图。该指标进一步由波士顿咨询集团表示成为著名的相对市场占有率和市场增长率（图2-2）矩阵（BCG矩阵）[15]。

在BCG矩阵中，横坐标代表相对市场占有率，这代表替代技术路线项目的竞争优势；纵坐标代表市场增长率，这是潜在的替代技术路线项目的量。尽管BCG矩阵是针对产品的市场开发出来的，但是同样可以用于分析工程承包项目。沿每个维，工程项目被分类为高或低，放置在四个象限之一。在这个矩阵中，具有高市场成长性，但是相对市

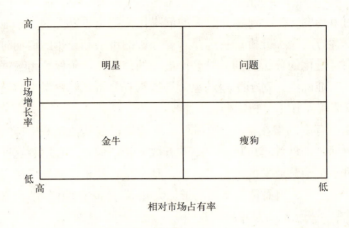

图 2-2 BCG 矩阵

占有率低的工程项目传统上解释为明星项目,这表明应大力投入,优先选择支持该类型项目的发展。在对投入可能产生现金流的金牛工程项目,呈现低市场增长、相对市场占有率较高。问题工程项目可能对未来的市场增长潜力较大,但竞争地位较弱。最后,瘦狗工程项目既没有强大的竞争地位,也没有市场增长潜力。

(二)相对市场占有率的计算

相对市场占有率 (I) =品牌项目的市场占有率/最大竞争对手同类项目的市场占有率 (2-8)

相对市场占有率也可以采用品牌项目的销售除以最大竞争对手同类项目的销售来计算,因为市场总销售(或收入)作为公共因素消去了。

(三)市场集中度

市场集中度:相对少量的公司占大部分市场的程度。这也被称为集中度比率,通常计算一个市场中四个最大企业的市场占有率。

四个企业的集中度比率:领先的四个企业的市场占有率之和。

赫芬达尔-赫希曼指数(HHI):市场集中度指标之一,将所有市场参与者在某个市场的市场占有率求平方和。该指数趋于上升,说明市场的领导者占主导地位。

(四)市场占有率排序与分类市场占有率

市场占有率排序:是指一个品牌(或者某类型的项目)在市场中的顺序位置,所有竞争对手按市场占有率的大小顺序排列位置,市场占有率最大者排名第1。

分类市场占有率:该指标与获得市场占有率的方式相同,用来表示某个类型的项目或某类承包商的市场占有率(例如,炼化工程承包商)。

第三节　基于行业集中度的分析方法

可用于国际工程市场定量分析的行业集中度指标主要包括：贝恩指数、赫芬达尔-赫希曼指数、N 指数。

一、贝恩 CR_n 指数

现代产业组织理论的先驱之一乔·S·贝恩曾提出通过考察利润来确立垄断势力的大小。贝恩指出，在一个市场中，若持续存在超额利润，一般就反映了垄断的因素。超额利润越高，市场垄断性越强。因此，贝恩通过对企业超额利润的衡量来判断市场垄断或竞争的强度。为了明晰国际工程市场的竞争态势，可以适当地界定与选择"目标市场"，利用贝恩指数分析"目标市场"的竞争程度，以便制定出恰当的战略与对策。

令 Q 代表 ENR 225 强当年的营业总收入，q_i 代表第 i 个承包商的营业收入，则贝恩指数 CR_n（n 为营业收入排在前 n 位的承包商数）：

$$CR_n = \frac{\sum_{i=1}^{n} q_i}{Q} \tag{2-9}$$

根据美国经济学家贝恩和日本通产省对产业集中度的划分标准，将产业市场结构粗分为寡占型（$CR_8 \geq 40\%$）和竞争型（$CR_8 < 40\%$）两类。其中，寡占型又细分为极高寡占型（$CR_8 \geq 70\%$）和低集中寡占型（$40\% \leq CR_8 < 70\%$）；竞争型又细分为低集中竞争型（$20\% \leq CR_8 < 40\%$）和分散竞争型（$CR_8 < 20\%$）。一般认为，如果行业集中度 $CR_4 < 35\%$，则该行业为低集中度市场；如果行业集中度 $0.35 \leq CR_4 < 0.65$，则该行业为中等集中度市场；如果行业集中度 $0.65 \leq CR_4 < 0.75$，则该行业为高等集中度市场；如果行业集中度 $CR_4 \geq 0.75$，则该行业为极高集中度市场。详见表 2-2。

基于 CR_n 的产业集中度划分标准　　表 2-2

CR_4		CR_8		
$CR_4 \geq 0.75$	极高集中度市场	$CR_8 \geq 0.7$	高集中寡占型	寡占型
$0.65 \leq CR_4 < 0.75$	高等集中度市场	$0.4 \leq CR_8 < 0.7$	低集中寡占型	
$0.35 \leq CR_4 < 0.65$	中等集中度市场	$0.2 \leq CR_8 < 0.4$	低集中竞争型	集中型
$CR_4 < 0.35$	低集中度市场	$CR_8 < 0.2$	分散竞争型	

二、赫芬达尔—赫希曼 HHI 指数

赫芬达尔—赫希曼指数（Herfindahl-Hirschman Index，简称 HHI），简称赫芬达尔指数，是一种测量产业集中度的综合指数。它是指一个行业中各市场竞争主体所占行业总收入或总资产百分比的平方和，用来计量市场份额的变化，即市场中厂商规模的离散度。赫芬达尔指数是测量产业市场集中度较好的指标。将赫芬达尔—赫希曼指数 HHI 用于国际工程市场，可以识别出以公司市场占有率为基础的市场结构。赫芬达尔—赫希曼指数（Herfindahl-Hirschman Index）的计算方法如下：①取得竞争对手的市场占有率，可忽略过小的竞争对手；②求市场占有率的平方；③将这些平方值求和。

赫芬达尔—赫希曼指数是用某特定市场上所有企业的市场份额的平方和来表示，其公式为：

$$HHI = \sum_{i=1}^{n}(Q_i/Q)^2 = \sum_{i=1}^{n}S_i^2 \tag{2-10}$$

式中　Q——市场的总营业收入；

Q_i——承包商的营业收入；

$S_i = Q_i/Q$——第 i 个承包商的市场占有率；

n——该产业内的承包商数目。

在实际应用中，一般可以取某一市场上 50 家最大企业（如果少于 50 家企业就是所有企业）每家企业市场占有率的平方之和来计算赫芬达尔—赫希曼指数 HHI。显然，HHI 越大，表示市场集中程度越高，垄断程度越高。市场结构判断标准如表 2-3。

HHI 判断市场结构标准　　　　表 2-3

市场结构	寡占型				竞争型	
HHI	高寡占Ⅰ型	高寡占Ⅱ型	低寡占Ⅰ型	低寡占Ⅱ型	竞争Ⅰ型	竞争Ⅱ型
	大于0.3	0.18～0.3	0.14～0.18	0.1～0.14	0.05～0.1	小于0.05

HHI 指数不仅能反映市场内大企业的市场主导地位，而且能反映大企业之外的市场结构，因此，能更准确地反映大企业对市场的影响程度。

三、规模实力相当的大企业数目 N 指数

规模实力相当的大企业数目 N 指数是一种"当量值"，约等于规模实力相当的大企业数量，用于辅助说明市场结构状况。对于国际工程市场而言，识别出目标市场中的大企业的数量，有助于明确真正的竞争对手，找出与竞争对手的差距，才能明确有效的进入目标市场、扩大在目标市场的市场份额的有效战略。指数的计算公式为：

$$N = 1/HHI \tag{2-11}$$

用此指标来进一步衡量市场竞争状况，并可以分析承包商对市场竞争的影响排序及影响程度。

表 2-4 给出了市场行业集中度的三种指标的计算方法示例，相关的计算公式可以采用简单的 EXCEL 公式表示方法表示在对应的单元中，可以方便地用于对国际工程市场特征的量化分析。

市场行业集中度计算范例 表 2-4

序号	EPC 承包商	合同额	SOM	HHI	N	CR_4
1	SK Engineering & Construction (SKEC)	724	0.466795616	0.287053007	3.483677149	0.892972276
2	Mechanical Engineering & Contracting Company	275	0.177304965			
3	Heavy Engineering Industries & Shipbuilding Company (HEISCO)	200	0.128949065			
4	Combined Group Contracting Company	186	0.119922631			
5	Saipem S.p.A.	123	0.079303675			
6	Kharafi National	28	0.018052869			
7	Finesco International General Trading & Contracting	15	0.00967118			
	合计			1551		

说明：合同总额额 $B9$=SUM（$B2,B8$）
市场占有率 $C2$=$B2/B9$,$C3$,…,类推
HHI 指数 $D2$=SUMPRODUCT($C2:C8$^2)
N 指数 $E2$=$1/D2$
CR_4 指数 $F2$=SUM($C2,C5$)

第四节　蓝契斯特法则

蓝契斯特法则[16]（简称蓝氏法则）的创始者是出生于英国的技术工程师 F.W.Lanchester，通过收集各种地上战斗的资料，以探索兵力的比率和损害量之间是否存在某种法则。这即是蓝契斯特法则的由来。

蓝契斯特法则分为第一法则（单兵战斗法则）和第二法则（集中战斗法则），而由

这两个法则的理念,再导出弱者的战略(第一法则的应用)和强者的战略(第二法则的应用)。

第二次世界大战以后,蓝契斯特法则被逐步引申到营销战略管理中。蓝氏法则不仅是有效的营销管理法则,在商品战略、市场规划、流通渠道等方面都有较大的实用价值。

一、蓝氏法则的要素

蓝氏法则主要包含以下要素:

(1) 营销力量的基本分配关系。根据经济界和管理界的研究分析,企业以最低成本获得最高利润的前提条件是战略力与战术力的比例至少为2:1,这决定了企业营销战略中营销力的基本分配关系。企业应以此比例为指导原则配置营销战略力与营销战术力,分配营销力量和营销资源,避免偏重战术而忽视战略和只注重短期利益而忽视长远利益的偏颇,创造最优成本——利润组合。营销战略力属于看不见的决策范围,包括品牌、企业形象、产品开发、价格、广告、营销渠道等;而营销战术力则指看得见的可直接沟通的销售力,诸如销售组织、推销方式、终端促销、销售人员素质等方面。

(2) "三·一"理论与市场占有率的目标管理。竞争双方战斗力的关系在局部战中发展到了3:1,大区域的总体战中达到1.732:1,弱者反败为胜已不可能,该比值范围称为射程距离。当两竞争对手之间市场占有率之比超过射程距离时,弱方应及时放弃经营,保存实力,另辟蹊径。该模式还提供了市场占有率的目标管理指标,包括上限目标、下限目标和相对安全指标。上限目标为73.88%,此时不论对手的个数和实力,平均市场占有率在该公司的射程距离之外,所以该指标构成市场独占条件。26.12%是市场占有率的下限目标,即使此时公司的市场占有率名列榜首,也极不稳定,随时有受到进攻的可能,它是劣势的上限。当市场占有率达到41.7%时,企业进入相对安全圈,这是各企业参与竞争的首要目标。

(3) 第一位主义。在射程距离内,为提高市场占有率,企业必须尽力创造第一位置。这包括:第一位的项目,如拥有新技术的项目或差异化的项目(如成本最低、融资支持、决定项目成败的特定资源如合格的人力资源的保障等);第一位的特定类型项目市场占有率,这是项目开发战略中发展拳头品种项目的最关键的步骤;第一位区域,即将市场细分后,逐个击破,从各区域第一进而追求整体市场占有率的第一。根据蓝氏法则,强者与弱者战略实施的优先顺序不同。实力弱的公司宜开展局部战,方向为区域→特定项目市场占有率→项目,先限定区域创造据点,对具有优势的特定项目集中营销,以区域进攻为先决条件。而实力较强的企业,其战略顺序正好相反,方向为项目→特定项目市场占有率→区域,即通过有力的项目作为战略武器,展开大规模总体进攻,击破弱者支配的地域,从而最终实现第一区域。这种根据实力决定战略排序的方法,已被国外工程承包企业广泛运用。

(4) 三点进攻战略。企业在发展某一区域市场时,首先按照自然的和人为的地理条件、人口集中度、人口移动规律等情况对区域进行细分,随后选择可连成三角形包围该区域的三个最有利点,各个击破,使市场占有率达到40%的相对安全值。面积形成后,从三个方向向最终目标的正中央推进,使竞争对手瓦解在空中的环形区域中。此法又称点、线、面法则,它提供了区域战略的基本原理和实施步骤。

(5) 竞争目标与攻击目标。在争夺市场的竞争战中,强者多处于守势,而弱者趋向于进攻。防守与进攻的战略互不相同,因此首先应区分攻击目标和竞争目标。比自己实力强的是攻击目标,反之为竞争目标。对攻击目标应采用差异化战略进行攻击,通过品牌形象、工艺技术、产品性能、客户服务的独特性来提高市场占有率;而对竞争目标则应采用防守战略,密切注意对方行动意图,抢先实施模仿战术,扰乱对方计划。确立双方战略态势是采取恰当战略的首要步骤。

(6) 强者与弱者的差异。实力弱小的公司在战略上应以一对一为中心,创造单打独斗的战略区域和战略性的项目,避免以所有项目和所有区域为目标。选定特定类型的项目与客户作为营销的对象,展开局部战斗,以点的反败为胜,连线为面,取得最终胜利。

(7) 地位差异战略。在营销过程中,必须考虑企业在行业和市场中的位置。在许多攻击目标中,首先集中力量对付射程范围内的足下之敌,避免多方树敌。第一位的企业应经常推出新经营模式的项目,并及时了解第二位可能的差异化战略,从而在时间上抢先一步。所以,其情报能力、情报管理制度和开发创新能力,是维持企业地位的关键。第二位的企业必须以独创性开辟生存空间,通过差异化一决胜负。总之,各类企业应结合具体项目的地区、项目自身的特点、企业自身的优势,灵活运用各种战略。

二、蓝氏战略公式与 N 方的蓝氏法则

遵循蓝氏基本思路,可以重新构造基本对抗模型如下:令 $x(t)$ 表示 t 时刻红方兵力,$y(t)$ 表示 t 时刻蓝方兵力。假设:①每一方兵力减损率与另一方兵力成正比;②两军士兵都处于双方火力范围内;③不考虑双方支援部队;④双方的初始兵力分别是 x_0 和 y_0。

由以上假设可得,双方作战人数变化的动态模型为:

$$\begin{cases} dx/dt = -\eta_y y \\ dy/dt = -\eta_x x \\ x(0)=x_0, y(0)=y_0 \end{cases} \tag{2-12}$$

其中:$\eta_x > 0$,$\eta_y > 0$,均为常数,分别表示红方 x 和蓝方 y 的有效攻击系数。

对于式 (2-12),可得:

$$\frac{dx}{dy} = \frac{dx/dt}{dy/dt} = \frac{\eta_y y}{\eta_x x} \tag{2-13}$$

移项得:

$$\eta_x x dx = \eta_y y dy \tag{2-14}$$

对式 (2-14) 两边分别进行积分,经整理可得:

$$\eta_x x^2 - \eta_y y^2 = c = \eta_x x_0^2 - \eta_y y_0^2 \tag{2-15}$$

式（2-15）就是著名的蓝氏战略公式。该方程刻画了随着时间推移，双方兵力的动态关系。为了更直观的了解，可以利用相图分析技术，把 $x(t)$ 和 $y(t)$ 之间的动态变化关系轨迹，通过笛卡儿直角坐标 $(x-y)$ 平面（勒内·笛卡尔，Rene Descartes），形象地刻画出来。显然，运动轨迹是一簇双曲线(具体位置依赖于双方初始兵力情况)，如图2-3所示。双曲线上箭头表示战斗力（人数）随着时间而变化的方向。

从图2-3中可以看出，根据初始条件的不同，可能会出现三种不同的结果（渐进稳定点）。

如果双方初始兵力配置满足条件：$C=\eta_x x_0^2 - \eta_y y_0^2 > 0$，曲线最终将与 x 轴相交，也就是说必存在某时刻 t_1，使蓝方被全歼，$y(t_1)=0$，此时红方剩余兵力为 $x(t_1)=\sqrt{c/\eta_x}$，表明红方获胜。

同理可知，如果 $c<0$，则蓝方获胜，剩余兵力为 $y(t_1)=\sqrt{-c/\eta_y}$。

如果 $c=0$，双方势均力敌，如果一直火拼下去，双方均无生还之可能（穿过坐标原点）。

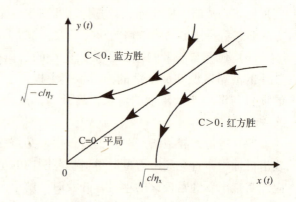

图2-3 蓝契斯特战略公式相图分析

进一步分析可知，红方要想获胜，必须使初始条件 $c>0$ 成立，即 $\eta_x x_0^2 > \eta_y y_0^2$。有两种基本途径：①增加（相对）攻击有效系数 η_x；②增加最初投入兵力 x_0。这两种基本途径对攻击力及最终结果的影响力不同。η_x 增加一倍，攻击力（$\eta_x x_0^2$）也增加一倍；但 x_0 增加一倍，则会使攻击力（$\eta_x x_0^2$）以平方倍增加，即"兵力对攻击力的影响满足平方律"。这里突显了初始兵力对最终胜败的重要性。这正是"蓝氏平方 N^2 法则"的真正含义，说明兵力增加，战斗力将大大增加。

二战期间，以美国数学家库普曼（B.O.Koopman, 1943）为首的美国海军研究组，在"蓝氏平方法则"基础上，扩展成更加完整的战略模型，并利用微分博弈方法和动态最优化方法，计算出各种相对稳定状态下的均衡条件，并从"有效攻击距离"角度，得出了著名的"3倍制胜法则"（准确值为 $\sqrt{8}$，适用于"一对一"对决情形）。据此推导出了保证对局双方力量平衡所需要的初始条件。基本观点是：在双方对决中，一方要想绝对取胜，进攻方必须保证自己的兵力达到对方的3倍以上（"一对一"对决情形），这也说明防御策略在保存力量方面的优势。换言之，要保证取得压倒性胜利，进攻方所投入的兵力必须达到双方总投入兵力比重的73.9%以上；对应地，如果所投兵力少于总兵力的26.1%（1 − 73.9%），则必败无疑。此外，只要一方所投入的兵力不少于双方总投入兵力比重的41.7%，就足以维持双方力量的相对平衡，即形成对峙局面。这与人们通常的50%∶50%的直觉观念有一定出入。

前面已经提过，蓝氏法则是非常单纯并且易于理解的法则，主要是单兵战斗型法则，配合集中效果战略"规则化"问题。

库普曼基于下述理由，对蓝氏法则提出修正：第一：战争是指敌我两军的战斗，但实际上，兵力是时时刻刻在补给的。一百个人战死，马上又补足一百个人，战斗就在这种兵力关系的变化中进行；第二：双方一直在生产武器，彼此都不懈地在武器的性能上取胜对方；第三：补给力的机能限制了第一、第二条件。也就是说，补给速度、补给量是补给的条件，补给力弱的话，兵力的补充和兵器的补充会受到限制。

库普曼以蓝契斯特的观念为基础，将交换比的观念做了更详细的分解，将交换比分为"战略力"和"战术力"两种。将武器的输送力和武器的制造力（生产力）视为战略力，兵力数和兵器数为典型的战术力。但战斗时，生产力也并非一定。比如二战时，美国 B29 型战略轰炸机的出现，使得日本和美国的轰炸机性能产生了很明显的差距。B24 型轰炸机和日本的轰炸机在性能上没有殊异之处，但 B29 型在续航距离上取得压倒性的优势，使双方在战术、战略的性能上产生了很大的差距。从那时起，美军就开始扭转了颓势。由此可知，兵器的性能也不是一定的，并且一个国家的兵器生产能力，会受到敌人战略力的影响，而本国的防御力也难免受其左右，这是蓝氏战略模型公式的基本想法，因而将交换比的领域分为战略力（Stratgy Force）和战术力（Tactical Force）。我方的战略力和敌方的生产供给力相对应，且我方的战术力和敌方的战略、战术力相对应。同样地，敌方的战略力和我方的生产供给力相对应，而敌方的战术力和我方的战略、战术力相对应。蓝氏战略模型公式如式（2-16）所示。

$$M_t = 1/3\ (2\rho N - M)$$
$$M_s = 2/3\ (2M - \rho N) = 2\rho N_t \tag{2-16}$$

式中　　M_t——M 军的战术力；

　　　　M_s——M 军的战略力，$M = M_t + M_s$，$N = N_t + N_s$；

　　　　ρ——蓝氏战略系数 $\rho = \sqrt[3]{Q/P}$；

　　　　P——M 军的生产率；

　　　　Q——N 军的生产率。

P 和 Q 是库普曼所谓的生产供给力。这是以战斗时刻变化为前提，考虑战术力损失率的比例为定数，表示生产供给力减少率的比例为定数，将此关系以微分方程式展开，把均衡的条件导入博弈理论，所导出的模型。

对于市场营销来讲，战略力为价格、广告、渠道、产品开发等，战术力为直接销售投入量。

所谓"博弈理论"（Game Theory）是说以最小损害量换取最大成果，如果敌人采取 A 战略的话，我方会遭受多少损害；若我方采取 A' 战略的话，可以让敌方遭受多少损害。根据各种战略的种类、方法来组合，使敌方遭受最大损失，而我方损失最小的一致点所采取的战略。若假定这个一致点存在，则该点叫做"暗点"，寻求这个暗点的战略就叫做纯粹战略（Pure Strategy）。

若找不到这个一致点的时候，则必须以概率法找寻这个暗点，这叫做混合战略。"蓝氏战略模式"是假设可以找到这个暗点，适用"最大最小的原理，并假定有个均衡条件"。为了便于使用与理解，将注意力集中在式（2-16）中的"1/3"和"2/3"上，这两个数字表示：在全部的战斗力中，战术力占 1/3 的比重，而战略力占 2/3 的比重，亦即战略力和战术力的比例分配是二比一。

上述模式的成立必须有两个前提条件：①全部战斗力的 2/3 以上的比重必须放在战略力上；②为避免模式变成负值，$M < 2\rho N$，$N < 2M/\rho$，为两个必要条件。

此模式的意义为：当敌方的整体战斗能力增加的话，也会在某种程度上增加其战术力。这是蓝氏战略模式成立必要的均衡条件。

三、市场营销的蓝契斯特（Lanchester）策略

1951 年，莫尔斯和金博尔总结了库普曼研究的主要内容，并形成最终成果。该成果于 20 世纪 50 年代中后期，由著名的质量管理大师戴明博士传入日本。其时正逢日本致力于重建被战争摧毁与破坏的经济，重新进入世界市场的目标，应用蓝契斯特的战役方程以及集中的法则，成为实现这一目标的重要组成部分。由套卡博士进行的研究及应用案例，加上小野田博士提出的数学理论，直接导致产生了以蓝契斯特方程、市场份额和市场占有率为基础的企业间的竞争模型。该模型给出以下的市场占有率节点：①垄断的最优市场占有率 = 73.9%；②超额利润的市场占有率 = 41.7%；③市场相对稳定的条件是市场占有率 = 26.1%。也就是说，如果没有一家公司的市场占有率超过 26.1%，则市场是不稳定的，这些公司的相对位置的变化会很快；④关键的市场占有率的倍数为 1.7（$\sqrt{3}$），日本人称之为"射程。"

据此，可以给出下面市场结构的确切定义：①垄断市场，领先的公司拥有 73.9% 的市场占有率甚至更多；②超额利润市场，市场的领导者已超过 41.7% 的市场和至少 1.7 倍的第二家公司的份额；③双寡头垄断市场，市场领导者公司的总份额与排名第二的企业的市场占有率合并后大于 73.9% 和领先企业的市场占有率在第二个企业的市场占有率的 1.7 倍范围内；④寡头垄断市场，第一至三家公司合并后的市场占有率大于 73.9%，而第二和第三的公司合并市场份额超过领先者；⑤不稳定市场，市场的领导者只有不到 26.1% 的市场，每家公司的市场份额与最大竞争对手的比在 1.7 倍内。

销售和市场营销战略是一个广义的蓝契斯特战略，包括将新项目导入市场和对市场已有竞争对手企业的攻击策略。对应地，也可以为市场占有率处于领先的市场领导者提供一套等价的防御策略。蓝契斯特集中度法则揭示了对于有市场主导这样的市场领域，集中于某些市场细分（如确定的客户群、地理区域、特定类型的项目等）非常重要。这些理念对国际工程市场的开发同样有效。

四、顶级营销大师关于市场占有率的论断

菲利普·科特勒（Philip Kotler）博士在其经典的市场营销教材《营销管理》中，指出"日本公司做得比美国公司好，因为他们利用目标市场占有率来分析市场，而不是采用最新季度的数据进行分析。"他接着说："在市场营销管理方面，迫切需要基于市场占有率的新理论和改进的理论。"

迈克尔·波特（Michael E.Porter）博士在其关于竞争战略的三部经典著作《竞争战略》、《竞争优势》、《国家竞争优势》的第一部《竞争战略》中指出："在盈利能力和市场占有率之间不存在单一的关系。"当然，也没有像基于微分方程所获得的蓝契斯特方程的非线性的单一（或简单）关系。

高科技营销魔法之父杰弗里·摩尔（Geoffrey A. Moore）提出了《鸿沟理论》这一独特理论著作，该理论的具体含义是指高科技产品在市场营销过程中遭遇的最大障碍：高科技企业的早期市场和主流市场之间存在着一条巨大的"鸿沟"（图2-4），能否顺利跨越鸿沟并进入主流市场，成功赢得用户的支持，决定了一项高科技产品的成败。在硅谷这样一个科技重镇中，总会不停地发现这一现象，新技术和新产品不断出现，获得风险资本家的资金支持，大量的媒体开始关注，但最终这些新技术却销声匿迹了，原因就是这些新技术和新产品不幸跌入了鸿沟。实际上每项新技术都会经历鸿沟，关键在于采取适当的策略，令高科技企业成功地"跨越鸿沟"。而国际工程相关企业所经营的工程承包项目进入新市场区域的性质与高科技企业的新技术和新产品极为相像。

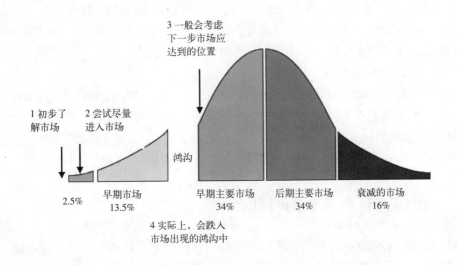

图2-4　市场变化诊断图

借鉴鸿沟理论，工程建筑企业为了跨越鸿沟，占领主流市场，就需要采取一项最根本的战略性原则，那就是瞄准主流市场中的一个高度具体的目标市场细分，发动一场类似于诺曼底登陆日（D-Day）式的入侵战争，成功占领主流市场中的前沿阵地，然后再逐步将自己的力量延伸到这个主流市场中一些更广阔的领域内。为了成功地发起这场入侵战争，企业需要采取以下四个战略步骤：①瞄准目标，在偌大的主流市场中确定合适的目标市场细分空白市场。例如，在沙特的工程市场，处于建设高峰期时，能够提供资源保障及进度保障，就可以获得比较好的利好项目；②集中军力，围绕着将要用来征服实用主义者并吸引有远见者的项目，为实用主义者摆脱困境提供更大的保障，以及帮助开发该项目的所有合作者和同盟企业,组建起一支强大的入侵队伍;③制定战略,根据市场状况创造一个合理的竞争性格局,并对该项目进行正确的定位;④发起入侵,选择合适的销售渠道,并制定正确的定价方式与项目模式,推动销售渠道为企业提供服务。另外,为了将这条鸿沟远远地抛在身后,企业在成功跨越鸿沟之后,应当将注意力从有远见者的价值观转移到实用主义者的价值观上面,具体地说,企业需要在融资、组织管理和项目进一步开发这三个领域做出必要的改变。

杰弗里·摩尔在研究数百家公司的行为和绩效后,已经开发出最接近的蓝契斯特战略。然而,即使如此,杰弗里·摩尔也坦承在某些领域他所获得的结果不适用,所介绍的任何一种方法都不能保证高科技企业在市场开发的过程中获得成功(事实上,这些方法确实是迄今为止最为有效的选择),如:①我没有在这本书中记录任何证据来源。不可能得到一个确切的答案;②当前的模型,对于高科技市场来讲不太正确,该市场以令人费解的方式偏离了模型。

在部分领域中,杰弗里·摩尔和他的合作者获得了与从蓝契斯特战略模型得出非常接近的市场占有率数据。例如:①要成为市场领导者,通常需要50%(蓝契斯特策略为41.7%)的市场占有率;②如果市场占有率低于某一临界量,例如35%~40%,市场变得不稳定(蓝契斯特策略给出的关键最低百分比为26.1%);③市场的王者或市场的领导者应有两倍的优势(蓝契斯特策略为1.71);④按照自身的规模挑选竞争对手(蓝契斯特战略攻击比自己小的公司)。

在应用蓝契斯特市场集中度法则时,杰弗里·摩尔和他的合作者终于得到正确的结论,如从他的书中看到以下关键的语句:①竞争的攻击是无情的,应尽可能快地扩大销售渠道;②确定攻击的目标点;③市场地位是市场占有率的函数;④如果可以正确地确定战役,任何势力都可以击败任何其他力量;⑤应该成为第一,因为第二没有任何奖励。

五、市场占有率竞争的时代[20]

为什么国际工程市场营销要有蓝氏战略的助臂?一方面是由于国际工程市场的对象即项目的市场开发周期与项目实施周期均很长,很难复制其他市场的利用月或季度的销售数据来确定市场营销策略的常用市场开发方法;另一方面国际工程市场属于高科技市场的范畴,一定程度上存在市场的鸿沟,因此战略营销比市场营销更重要;第三方面是经济危机或国际市场出现不景气的情况下,可能会出现严重的供过于求,很多行业在难以为继的情况下就会展开倾销,作为建筑行业的国际工程市场也不能独善其身,但更基本的不景气构造,则是紧随企业快速成长期而来的成熟期的特性。成熟期也叫安定期,但在构造上却非常不安定。

(一)市场成熟期的特性

1. 第一个特性:低价格支配的特性

成熟期的第一大特性是低价格支配,亦即支配市场主流的基本因素是便宜。其形成的主要原因在于市场供需间的不平衡。

市场占有率呈现分散型时，占有率较低的企业往往采取倾销的策略，使价格落到期望值之下。其结果是导致价格的大混战，形成各式各样的价格维持政策。但如果市场占有率在40%以上时，也可采取吸引"上浮层"的高价格渗透策略。

2. 第二特性：品牌、广告乏力——人员销售的标准化时代

成熟期的第二个特性是广告和品牌的效果减弱，商品本身无法具有决定性的销售力。此时，对于广告反应最强烈的是那些销售业者，而不是实际的产品购买者和使用者。广告效果主要系于对销售业者心理上的一种安全保障的心理机能。

这可从"知名度"和"购买率"的不一致上看出。同样，品牌力也是如此，市场占有率的结果将品牌固定化，而不是品牌力决定市场占有率，其因果关系整个颠倒了过来。

其结果是销售的成败取决于人力的推销，人力销售变成了决定性的条件。因此，重视对推销人员的管理，成为成熟期的行销战略，强化推销员的品质，提升作业的标准化与手册化的管理，也成了必要的战略。

3. 第三特性：代理商主导的特性

成熟期的第三个特性，是市场的重心转移到代理商与行销功能上，商业资本比产业资本更占优势地位。在成长期，中心是在承包商一方，到成熟期时，市场就转移成为以代理商为主导，其中以有实力的代理商尤为强劲。

因此，承包商面临顾客通路重整的问题时，必须慎重考虑，究竟是要透过有实力代理商的间接通路还是采取自营的直接通路？大的有实力的代理商往往会反客为主支配承包商，尤其对中小承包商来说，如不听从代理商的要求，往往很难会在市场上获得成功，特别是对初进入市场的尤其如此。对于这种代理商来说，承包商应该采取什么战略呢？这是成熟期的第三个课题。这也是当今国际工程市场营销战略中非常重要的问题。

4. 第四个特性：市场占有率限制营业成长率

成熟期的第四个特性，是市场占有率限制营业额的成长。市场占有率较高的话，营业成长率也较高，其结果会导致寡占的形成和企业间差距的扩大。

很少有人会注意到这一事实，那就是在快速成长期的企业市场占有率几乎多呈平行线，但到了成熟期，企业的营业成长率，开始出现第二次曲线化，其差距愈来愈大。换句话说，如果第二位、第三位没有办法对第一位采取有效的差异化战略，其差距会愈来愈大，最后导致寡占的形成。随之而来的是市场占有率的差距加大，而市场占有率又限制了营业成长率，造成一种不良循环。

5. 第五特性：倒闭企业增加——销售不振的对策时代

第五个成熟期的特征是，企业的倒闭不分产业或行业的特征，大都是因企业战略的掌舵不善所造成的。

简单地说，倒闭的最大原因是销售不振，而不是因为资金的关系。销售不振才是倒闭的决定性因素。

一般营业绩效不良，最主要的是市场占有率的差距造成业绩成长缓慢，尤其在不景气时，差距的扩大会加深。营业不振所造成的倒闭，也可以说是"市场占有率的倒闭"。

（二）市场占有率的竞争时代

根据成熟期的种种特征和现象，可以了解到一个事实，成熟期是以市场占有率和战略力与战斗力的关系为竞争的中心。因而对于市场占有率的绝对值的把握有其必要性，但更重要的是认清必须采取什么样的战略力与战斗力的关系。总之，要扩大市场占有率，须采取什么样的差异化战略？或造成什么样的对峙形势，以取得战略力与战斗力关系的优势？这是营销战略中的重要课题。而以市场占有率与战略力和战术力为主的蓝氏法则，在营销领域中所占地位不容忽视。

六、蓝契斯特法则的应用

蓝氏战略思想虽然源于军事领域，但对随后的企业战略尤其是营销战略思想产生了深刻地影响[24]。自1962年始，日本营销学者田冈信夫首先将该理论发展成为一整套营销战略体系，此后经矢野新一等学者进一步发展完善。该营销战略新理念以其科学性、简明性和实战性，在日本等地颇受好评，并对战后日本企业经营战略理念产生了巨大的影响。营销战略中的蓝氏法则的主要观点可归纳为：

（一）市场占有率导向的营销战略核心思想

把蓝氏模型中的数量因素类比为市场份额，认为市场占有率是企业在市场竞争中实力和战斗力的集中体现，具有战略价值。因此，营销战略应始终围绕提高市场占有率这一目标展开。对于市场份额的争夺主要注重"有效攻击距离"思想，即在一对一竞争中，只要双方市场份额的差距在1.7倍以内，就容易遭临近对手的有力挑战，因此，需要极力拉开双方的差距，以保证自身的安全。根据这些思想，提出了不同于传统经济学的对市场结构新的划分标准，作为实施依据，具体如表2-5所示。

市场结构分类标准   表2-5

市场结构分类	分类标准（市场占有率）	注解
1. 完全垄断型（Monopoly）	第一位企业超过73.9%=1-1/($\sqrt[4]{8}$+1)	1.7倍是指有效攻击距离。"1.7倍制胜法则"（精确值为$\sqrt[4]{8}=\sqrt{3}$）适用于"多对多对决"情形。与"3倍制胜法则"（精确值为$\sqrt{8}$）适用于"一对一对决"情形有所不同
2. 优势垄断型（Premium）	第一位企业超过41.7%；并至少领先第二位企业1.7倍以上	
3. 双头垄断型（Duopoly）	前两位企业合计超过73.9%；第一企业与第二企业之间的差距在1.7倍以内	
4. 多头垄断型（Oligopoly）	前三位企业超过73.9%；第二与第三位企业合计数超过第一位企业	
5. 竞争垄断型（Polyopoly）	第一位企业低于26.1%=1/($\sqrt[4]{8}$+1)；企业间差距均在1.7倍以内	

回顾日本在20世纪70～80年代在全球市场上所取得的巨大成功，除了坚持质量战略外,市场占有率战略几乎成为了通用的发展模式。不管是"蓝氏平方N^2法则"还是"3倍（$\sqrt{8}$）法则"抑或是"$\sqrt{3}$倍法则"，其中所蕴涵的"规模优势"和"集中优势"的战略思想是明显的。以市场占有率为例，扩大市场占有率战略至少存在直接和间接两方面效应：直接效应是扩大了自己的地盘，压缩了对手的份额；间接效应是由于规模优势和学习/经验曲线规律，造成成本的快速下降，这又为进一步扩张市场创造了条件。两方面效应相互促进，最后的效果呈乘数效应。

（二）营销战略原则

根据对市场占有率的战略理念，并针对企业在市场中的强弱地位的差异，得出四条主要的战略原则及相应的对策建议。

1. 领先原则

领先原则也称为力争第一原则，在日本则形象地称其为"No.1主义"，这是整个蓝氏战略思想的集中体现。在企业经营中，力量和资源的平均化使用是兵家大忌，那只会导致平庸。在激烈的市场竞争中，惟有在某方面建立与众不同的特色和优势，才能保证市场营销获得成功。即使对于在整体实力上处于劣势的弱者，也应该"扬长避短"，力争在局部环节和某些专门领域和特定的项目上能够建立相对优势。对于整体实力强大的企业来说，要保持所有方面的绝对优势也不现实，应该在保持整体实力领先的基础上，谨防出现重大漏洞，以防被对手抓住机会迅速赶超。至于如何建立领先地位，需要采用包括差异化策略、集中重点策略、攻其弱点策略等来加以实现。

2. 差异化原则

差异化原则是市场竞争策略中最核心的战略原则之一，也是处于相对弱势的企业制胜的法宝。正面硬碰硬的竞争只能导致两败俱伤。最有效的竞争战略就是设法避开正面冲突，所谓"不争之争，方为至争"。实现差异化的主要途径有：①工程项目和品牌差异化。在工程项目的技术路线、质量特征、进度与成本等方面建立特色；②服务差异化。工程项目有形方面的差异化有时难以长久建立和保持。在未来的竞争中，服务的差别化将起到越来越关键的作用。特别是对于工程项目来讲，服务的能力实际上是企业的核心竞争力，也可以称为软实力，作为软实力和无形的服务难以被别人模仿；③推广宣传差异化。好的营销推广实际上等于给客户提供一道美味的项目信息服务和情感与盈利的项目。一旦给项目附加上情感与盈利的因素，则就不仅仅是在推销项目的服务，更重要的是建立互利共赢,实现客户多方面的满意；④渠道差异化。俗话说："市场竞争,渠道为王"。控制了有效的销售渠道，可以保证血脉通畅无阻。对于工程项目的营销则需要强化属地化经营，同步打造属地化与国际化的网络，提高营销的效率。

针对弱者的差别化战略，强者的应对措施主要采用追随策略，即以针锋相对的策略，推出类似的特色，以反差异化策略努力把对方的差异化消除在无形之中。要成功地做到这一点，拥有强大的市场情报系统是关键。能够及时迅速地获取市场信息，包括竞争对手及客户需求的变化动态，才能进行快速反应。日本企业的市场竞争意识非常强，其中的表现之一就是,日本的市场情报收集能力占据世界第一的位置。

3. 集中重点攻击原则

集中原则与差异化原则实际上都是强调策略的"不对称"性,是同一事物的两个方面。强调"人无我有,人有我优"。具体而言,就是缩小竞争范围,采取小范围、近距离作战。只有这样才能集中力量,各个击破,积小胜为大胜,乃至最后取得全面胜利。太阳光在凸透镜的聚焦下也能产生惊人的温度,这就是聚焦的力量。

实际上,看似简单的"集中原理"是一切竞争性领域中获胜的秘密。看看最伟大的军事思想家们的看法就明白此言非虚。19 世纪最伟大的军事战略理论家克劳塞维茨(Clausewitz)认为,最佳战略第一是在整条战线保持强大的兵力,否则在胜败关键的地点保持强大的兵力。再没有比战斗力的集中更卓越、更简单的战略法则了。同样,20 世纪最伟大的军事战略家李德·哈特(Liddell Hart)进一步认为,如果把战争的原则凝缩为一个词,那就是"集中"。然而,如进一步补充,则要"针对对手的弱点集中强大的战斗力"。蓝氏战略公式的巨大威力正在于用科学量化的语言得出一个同样浅显但又至关重要的道理。

(三) 营销应该集中重点突破的领域

1. 区域市场

市场是一个抽象的概念,实际上由一个个地理意义上的区域市场所构成。每个区域市场之间由于地理、交通、历史文化、习俗、行政管制等因素而变得差异极大。这一点对国际工程市场有特别重要的现实意义。传统意义上的国际承包市场集中在发达国家以及中东地区,而在新兴经济体与欠发达国家尚未形成规范的市场,对于这些区域市场就可以采用不同的市场策略,实施突破。

2. 客户需求层次

客户需求层次是按照客户的行业、文化、建设项目的成长力等特征,进行市场细分和目标市场定位。锁定核心客户群体,进行有针对性的营销推广。这是营销中最经典最常用的做法。此外,还可以在技术研发、项目设计、品牌形象、供需链整合等环节,选择集中突破点。

3. 针对弱者所采取的重点集中策略

对于处于市场领导地位的强者,在保持自身优势的同时,以提高运营效率为根本,主要应该注重其整体综合优势,发挥协同效应。

4. 弱点攻击原则

首先避开强大的竞争对手,优先攻击处于弱势的对手,或选择强者的弱点进行攻击。这就是我国兵法中"背孤击虚"这一总战略思想的体现。

实际上,攻其弱点原则强调的是竞争目标对手的选择及竞争次序问题;与此同时,差异化原则强调的是竞争方式方法问题;重点集中原则强调的是竞争的组织方式问题。上述三大原则,表述各有侧重,但体现了同一战略思想,实为"三位一体"的战略思想构架,其目的就是要建立竞争优势。

最后需说明的是，蓝氏战略虽然以其理论逻辑的严密性和结论的直观性，给实际应用带来非常实用的指导意义，但是，应该认识到，该理论直接来源于战争领域。虽然说"商场如战场"，但毕竟两者之间存在本质的不同，其中的利益也不是"你死我活"的纯粹零和游戏。相反，越是在激烈竞争中，谁能够创造性地利用"合作与联盟"的力量，谁就能在未来的市场竞赛中占尽先机。理论应用的最大危险在于脱离实际的机械照搬和对理论前提的忽视。如果对蓝氏战略公式的前提假设进行修改，结论就会大不相同，需要在实践中强化分析，优化前提假设，提高应用的效果。显然，为了使蓝氏战略更符合商战逻辑，还需要在实际应用中做深入的研究，以不断丰富该战略的内涵。

七、蓝氏法则的成功实例

许多跨国公司在营销中特别是在区域战略中成功地运用了蓝氏法则。下面以韩国工程公司进入中东市场，并在中东市场寻求突破后快速发展作为例子来进行说明。

（一）韩国工程公司在中东海湾地区的"点、线、面市场进入法"

在20世纪80年代中期到20世纪末，韩国工程公司一直被看作土建施工公司，在海湾地区没有任何竞争力，受到西方与日本工程公司的排挤，甚至都不能通过海湾地区主要客户（投资方）参与投标的资格预审。韩国工程公司被迫转移到市场规模相对比较小的卡塔尔。

在这种形势下，韩国工程公司首先从"点"上进行营销，争取在单个项目上实现突破。1998年，GS与Lurgi联合体一举中标卡塔尔炼油扩建总承包项目，合同金额为6.8亿美元。在该项目执行的过程中，属于OECD成员国的韩国（1996年加入）制造业在海湾地区的优势逐渐显现出来。由于是OECD成员国，设备与材料易被海湾地区的业主所接受，同时价格低廉，使得整个EPC项目的执行能力大大提升。同时，该项目的质量得到了业主好评，为韩国工程公司赢得了良好的声誉。

随着此项目的成功执行，韩国工程公司EPC执行能力获得业主认可，加上报价低廉、韩国政府大力支持，韩国工程公司开始从线上进军海湾地区。他们相继进入政治相对敏感的伊朗与伊拉克，这些地区都是西方公司与日本公司由于政治考虑而不愿进入的市场。最后，从面上组织进攻，大规模进入科威特、沙特与阿联酋的市场，特别值得一提的是科威特KNPC Al-Zour炼油厂和Tarkreer Ruwais炼油厂项目上取得了极大成功，因为韩国承包商在这两个项目上中标了所有的工艺装置包。2009年，韩国7家工程公司在海湾地区承揽工程承包项目的合同总额达到200亿美元。

韩国工程公司从单个项目入手，精益求精，重点突破，最终实现了从"点"到"线、面"整个海湾地区营销网络的构建。

（二）韩国工程公司——营销战略力和战术力协调运作的成功典型

支持本国工程建设企业在海外承揽到更多的项目已经成为韩国政府的一个政策。在大型项目 EPC 招标的时候，韩国政府高层总会抓住机会向项目所在国推荐本国企业，帮助韩国企业中标。2009 年 3 月，GS 中标阿联酋柴油项目就是政府支持的一个实例。与此同时，韩国与阿拉伯国家进一步扩大双边合作，大量购进海湾国家的原油与石油制品，并向他们出口电子产品，以此进一步加强双边合作关系。韩国政府也成立了进出口银行，放宽信贷额度，为海外工程建设提供担保。与此同时，韩国的主要工程公司均加强了在海湾地区的营销网络建设，增加了销售力量，提升了在海湾地区的营销战术力。在此基础上，韩国工程公司充分利用政府的大力支持、国际采购竞争力强、价格低廉等营销战略力，迅速占领海湾工程总承包市场。

（三）Daelim 公司"一点集中进入法"

相对于韩国其他工程建筑企业而言，Daelim 公司进入海湾国家比较晚。2005 年，Daelim 与 Tecnimont 组成联合体中标沙特 Jubail 工业城的 PDH 与 PP 项目，合同金额约 6 亿美元。由于起步较晚，Daelim 公司将沙特作为自身的主要目标市场，加大市场营销开发力度；投入大量的人力、物力；与客户建立良好的合作关系。2006～2010 年间，Daelim 连续中标总承包项目 10 个，总合同金额约 56 亿美元，在海湾地区工程建设市场经营中取得很大的成功。

八、应用蓝氏法则的注意事项

根据蓝氏法则的内涵，应用蓝氏法则有几个方面值得注意。

（一）确立战略营销观念

随着社会的发展和企业技术的日趋同质化，项目实施的过程标准化，企业形象是越来越重要的战略力。把企业的一切生产经营活动都纳入到塑造、传播和维护良好企业形象这一主要目标中，并通过塑造良好的企业形象，引导目标公众的行为，最终实现企业和社会长期利益最大化的经营观念或经营指导思想，便是战略营销观念。战略营销观念的本质特征是"形象导向"，其直接的营销作用是形成市场拉力。战略营销带有全局性、战略性和综合性，是企业管理特别是营销管理的一大趋势。企业必须从"市场营销观念"走向"战略营销观念"，把在目标公众中塑造、传播和维护良好的企业形象，作为贯彻各项宣传促销活动的一条主线。这是运用蓝氏法则的一个重要内容。

（二）实施区域市场战略

蓝氏法则的一个主要亮点是实施区域营销战略。企业要根据自身规模、能力和总体战略布局，有效地采用"创造区域局部优势"的市场竞争策略，建立稳定的市场根据地和强有力的市场依托，在某几个区域市场内提高市场占有率，赢得较大市场份额。大多数韩国工程公司都采用了这一战略。实施区域市场战略的一般做法是：

细分区域市场，准确选择和确定目标市场。所选区域目标市场一般应具备市场容量和潜力较大、区位优势比较明显、竞争态势比较明朗、营销资源对等或具有优势等条件。区域目标市场可分为准入市场、首选市场、重点市场、中心市场等。目标市场确定后，企业需明确市场定位，形成明晰的区域市场推广战略方针，实施灵活多样的营销策略。

借鉴蓝氏法则策动区域市场，一是集中优势，各个击破，不做"夹生饭"；二是固守本土，精耕细作，首先把本地市场做强、做出特色，形成巩固的根据地，待综合实力增强后再寻机扩展。特别是在加大"走出去"步伐的今天，这一点就显得尤为重要。

合理部署与配置区域市场，宏观（整体）上可采用：①"化整为零"法：将某一区域市场分成若干块相互关联的"战区"、每个"战区"再分成若干个相互呼应的"战点"，每个"战点"又可连成若干条紧密相连的"战线"，梳理市场脉络，突出重点，抓住关键、带动全局；②"点面呼应"法：各战区的布点尽量以某一目标市场地区、国家或客户为中心，按照以物资供应为核心的公共资源平台、以基地建设为核心的公共服务平台和以知识共享的网络平台的覆盖半径进行点面整合，使之形成辐射状、同心圆形、扇形或三角形等市场格局；③"以线穿珠"法：以"战区"内或之间类型相同的项目为主线，将不同的目标客户与目标地区贯穿成线，形成纵横交织的市场网络格局。

微观（行动）上可以采用：①"围棋试子"法：具体到某一目标市场的铺市时，采用"直销、直销+代理或直销+合作伙伴"的营销方式，实行"分块蚕食，逐个击破"的策略，首选目标市场的某一重点客户为突破口，逐渐展开营销作业面，直至占领整个市场；②注重采用"一点集中进入法"：该法实际上是一种集中性市场营销策略，指在有多个目标市场的情况下，先选择其中一个，将所有销售能力集中，在短期内提高企业在该市场的占有率和市场地位。一点集中法的关键在于如何选点，主要从销售潜力、政治与经济影响力两方面着眼选点。

（三）处理好营销中的一些重大关系

战略竞争与战术竞争协调实施，突出战略竞争。营销已进入高层次的战略竞争阶段，任何营销战术的运用必须以营销战略为基础。当前战略竞争是许多企业的薄弱环节，需要尽快加强。

九、重点战略战术与整体战略战术组合

目前企业营销普遍存在注重单一战术运用、轻整体营销组合的现象，最典型的是崇拜"整合营销传播"，降低了营销效果。整合营销传播不是整合营销，而仅仅是营销中的"促销"因素的整合，没有拳头品种的工程项目和切实有效的营销渠道，不可能取得好效果。所以必须根据企业实际，将重点战术与战术整体组合有效结合起来，才能取得好的成效。为此有必要识别企业的综合竞争力。

将蓝契斯特法则（Lanchester's Law）的射程距离理论（Range Distance Theory）用于市场竞争可得：①在局部地区有特定两家企业成为一对一的竞争情形（议标）时，只

要有一家的市场占有率是另一家的约3倍以上时，对方便无法击败它，相反若不满三倍，则弱者有反败为胜的可能；②当区域比较大，有许多家企业参与竞争，而变成综合竞争（自由竞标）时，只要有一家市场占有率大于其余企业的约1.7倍以上，其他对手就无法赢它，相反若不满1.7倍的话，弱者就有可能反败为胜。

为了衡量国际工程企业的综合竞争力，采用波士顿管理咨询公司提出的相对市场占有率指数（RSOM）作为指标：

$$RSOM_1 = \frac{SOM_1}{SOM_2}; \quad RSOM_i = \frac{SOM_i}{SOM_1}; \quad RSOM_i^j = \frac{SOM_i}{SOM_j} \tag{2-17}$$

式（2-17）中 $RSOM_1$ 为排名第一的承包商的相对市场占有率，$RSOM_i$ 为排名第 i 的承包商的相对市场占有率，$RSOM_i^j$ 为排名第 i 的承包商相对于排名第 j 承包商的相对市场占有率，SOM_i 为第 i 名承包商的市场占有率。

表2-6为上述方法的应用示例，应用式（2-17）可对国际工程市场竞争状况进行量化分析。

Lanchester law 分析范例　　　　　表2-6

序号	EPC 承包商	合同额	SOM	RSOM	RSOM/1.73	类别序号
1	Daewoo Shipbuilding & Marine Engineering Co. Ltd.	700	0.28203062	1.035502959		1
2	Saipem S.p.A.	676	0.272360999	0.965714286	0.55821635	2
3	Petrofac Limited	544	0.219178082	0.777142857		
4	Processes Unlimited	113	0.0455278	0.161428571	0.093311313	
5	Gulf Spic General Trading & Contracting Company	100	0.040290089	0.142857143		
6	O&G Engineering Company (formerly Sultan Asad & Sons General Trading	92	0.037066882	0.131428571		6
7	Al-Khorayef Commercial Company Ltd.	80	0.032232071	0.114285714		
8	Instrumentation Installation & Maintenance Company (Imco)	71	0.028605963	0.101428571		
9	Safwan Trading & Contracting Company	67	0.026994359	0.095714286		
10	Alghanim International General Trading & Contracting Co.	27	0.010878324	0.038571429	0.022295623	1

续表

序号	EPC 承包商	合同额	SOM	RSOM	RSOM/1.73	类别序号
11	Bridge And Roof Co (India). Ltd	9	0.003626108	0.012857143	0.007431874	1
12	United Gulf Construction Company	3	0.001208703	0.004285714	0.002477291	1
	合计	2482				

说明：领先者相对市场占有率D2=C2/C3，其他承包商相对市场占有率D3=C3/C2，其他类推。
类别临界点E3=D3/1.73，其他类推。
Type No.是同一个类别内的承包商数目。

第五节 蒙特卡罗模拟技术

当其他分析的计算太过复杂或太难得出结果时，采用模仿现实生活系统的模拟分析方法是解决问题的有效途径之一。基于蒙特卡罗（Monte Carlo）模拟的市场分析，利用影响市场的不同参数、指标的模型，采用模拟方法随机生成不确定变量的数值来模拟实际市场的状况，对得到的模拟结果数据，采用有关概率统计特性表示包含更多信息的市场分析的定量结果。

通常来讲，工程项目的周期较长，在经济环境不稳定的情况下，国际工程市场环境的不确定性与可变性给市场开发工作带来的影响越来越大，与此同时不确定因素对项目的影响随着项目规模的增大也越来越复杂，为了提高国际工程市场开发决策的科学性，有必要采用综合主要市场参数，并考虑市场环境不确定性与可变性对其产生影响的分析方法，以提高分析结果的适应性与一致性，为此就有必要引入采用概率分布定义参数或指标不确定性的蒙特卡罗模拟分析技术。

对于大型项目面对的复杂多变的市场环境，有时需要同时考虑不确定性与可变性所带来的影响，可以采用二阶蒙特卡罗模拟，内环针对可变性模拟，外环针对不确定性模拟，可以获得比普通蒙特卡罗模拟更优化的结果。具体算法这里不做介绍，有兴趣的读者可以参考相关文献。

一、蒙特卡罗模拟的基本概念与分析步骤

蒙特卡罗模拟法（Monte Carlo Simulation）又称为统计试验法[26]、随机模拟法或者随机抽样法，采用许多不同类型的决策分析模型的量化模拟技术，根据随机变量的概率分布特征得到抽样序列，模拟实际发生的情形，从而计算出实际评价指标的渐近统计估计值。其理论基础就是用样本参数（如样本平均数及样本方差）来估计总体参数。在实

际问题中，变量概率分布函数往往是未知的，或者是一个非常复杂的函数关系式，一般难以用解析法求解有关的概率分布及特征参数。蒙特卡罗模拟利用一个随机数发生器（Random Number Generators），通过直接或间接抽取随机变量的样本值，反复独立抽样（模拟）多次，便可得到基于假设的概率分布函数的一批抽样数据，当模拟次数足够多时，便可给出与实际情况相近的概率分布及其数字特征。

（一）基本概念

蒙特卡罗模拟法通过抓住事物的几何数量和几何特征，在已建立的模型基础上，对服从某一特定概率分布的随机变量反复随机抽样，利用随机抽样的结果来代表一定随机事件的发生，从而模拟出模型所代表事件发生的结果，对这些众多的不同结果加以统计分析，并运用于定量的风险分析当中。

机会游戏的随机行为与蒙特卡罗模拟如何随机选择变量数值来模拟一个模型相似。当掷骰子时，1、2、3、4、5、6中任何一个号码均会出现，但不知道哪个号码会出现在任何一个特定的投掷上。对变量来说也是如此，有已知的数值范围但在特定时间和事件上（如利率、职员需求、股价、库存量、需要的预算）呈不确定数值。

对每一个变量，可以用概率分布来定义可能的数值，根据变量的条件选择概率分布类型。常用的分布类型有：正态、三角、均匀、对数正态等。

在模拟中，每个变量的数值从定义的概率分布中随机选出来。模拟是通过重复选择概率分布中的数值作为不确定变量，并用来预测模型的无数种情景。通常模拟几秒钟之后就能预测上百或上千种情景或试例。上百或上千个试例后，可以查看得到的成批数值，以及基于这些数据的统计特征数（如平均预测数值）及任何特定数值的确定性。

在上述结果中，不仅可以预测不同结果的数值，而且还可以得到任何数值的概率。对这些概率进行标准化计算，可以得到另一重要数值：确定性。确定性是指定预测数值属于特定范围的概率。例如，介于负无穷大和正无穷大的任何预测数值的概率总是100%。

蒙特卡罗模拟仿真技术又称统计模拟法、随机抽样技术，是一种随机模拟方法，以概率和统计理论方法为基础的一种计算方法，是使用随机数（或更常见的伪随机数）来解决很多计算问题的方法。将所求解的问题同一定的概率模型相联系，用电子计算机实现统计模拟或抽样，以获得问题的近似解。为象征性地表明这一方法的概率统计特征，故借用赌城蒙特卡罗命名。

用随机抽样的方法抽取一组输入变量的数值，并根据这组输入变量的数值计算各种评价指标，抽样计算足够多的次数可获得评价指标的概率分布，并计算出累计概率分布、期望值、方差、标准差，计算各种指标评估结果由可行转变为不可行的概率，从而估计出承接项目所承担的风险。

可简单描述如下：假定函数 $Y = f(X_1, X_2, \ldots, X_n)$，蒙特卡罗方法利用一个随机数发生器先生成一组样本值 $X_1, X_2, \ldots, X_n$，然后按 $Y = f(X_1, X_2, \ldots, X_n)$ 的关系式确定函数的值 $y_i = f(x_1, x_2, \ldots, x_{ni})$。反复独立抽样（模拟）多次（$i = 1, 2, \ldots, n$），便可得到函数的一组抽样数据（$y_1$,

$y_2,\cdots, y_n$)。当模拟次数足够多时,便可给出与实际情况相近的函数 y 的概率分布与其数字特征。

应用蒙特卡罗方法的前提是,要确定目标变量的数学模型以及模型中各个变量的概率分布。如果确定了这两点,就可以按照给定的概率分布生成大量的随机数,并将它们代入模型,得到大量目标变量的可能结果,从而研究目标变量的统计学特征。

模型分析的目标是找出获得特定结果的确定性。风险分析采用模型来分析变化中的不同数值对赢利的影响。风险分析可以:①帮助终止"分析瘫痪",有助于通过快速审查所有可能情景后作出更好的决策;②确定哪些变量对预测影响最大;③在模拟中暴露不确定性,以便对风险有较好的理解。

作为商业环境中的战略决策流程中的一部分,有必要对投标项目费用进行量化、分析与验证。对于企业与一般的行业,战略决策具有较高的地位,也是比较复杂的,通常有许多极大影响最终商务决策的因素,战略决策通常包括多个目标和优化方案,对企业的长期运营有较大的影响,在企业中有多个支持者,包括多专业、多决策者,同时始终包含各种不同程度的风险与不确定性。换句话说,战略决策对于企业来讲具有高风险性,同时具有复杂的结构,不可能包括所有类型的专家,有必要进行最终决策的裁定。

在有限信息的条件下,作出特大商务决策的需求,迫使许多公司采用量化的流程进行战略投标决策,这些流程要求输入来自于企业中的几个领域的信息、投标项目的相关信息,以建立数学模型。在模型投入分析应用之前,对模型中每个具有不确定性的输入找出合适的概率分布假设。

在通常的市场开发分析中,对于相应的市场竞争态势分析大多采用定性分析方法,停留于对市场的定性估计和概略性描述;或者运用简单的决策分析方法(如有限概率组合、决策树分析方法),无法动态地反映市场在未来可能出现的更多状况,往往估算的结果与实际情况出入较大。在实际的市场开发活动中,很少有市场开发人员进行系统的动态定量风险分析。随着项目的大型化,构成工程市场的风险因素越来越复杂,对市场开发乃至企业的运营带来的影响也越来越大,因此,采用蒙特卡罗法动态模拟工程市场的实际竞争态势,预测未来的市场潜力,以评价市场的真实状况,掌握市场的走势,对于国际工程市场开发的正确决策具有非常重大的现实意义。

(二) 蒙特卡罗分析的步骤

蒙特卡罗分析的第一步采用开发出的市场分析模型,定义可用于市场分析的信息来源,确定相关变量的概率分布;第二步通过确定带有概率分布的影响市场变量的取值范围,识别市场分析中的不确定性;第三步采用模拟分析市场,反复运行模型(迭代),以确定模型全部可能结果的范围与概率。在每次运行中,基于指定的概率分布给每个变量随机地选取数值,当运行蒙特卡罗模拟时,模型计算并收集结果,并把结果的分布作为模拟得到的总概率分布。第四步也就是最后一步是基于蒙特卡罗分析结果作出市场开发决策。

二、概率分布的特征及构成条件

概率分布分为连续概率分布和离散分布两类。连续概率分布，如正态分布，描述一段范围的数值，连续分布假设两个数字之间存在所有可能的中间值，因而它实际上是数学抽象化。可以这样说，连续分布假设分布中任何两点之间存在无穷数值。尽管连续模型不能确切描述对象，不过许多情况下可有效地使用等同于离散分布的连续分布。

离散分布可以把变量列在横轴上，相关的概率列在竖轴上，对于连续分布，因为概率一般不只与某单一数值有关，而是与曲线下面的面积有关。

（一）选择正确的概率分布

为了确定变量的概率分布，应带着问题去看变量，列出围绕变量的所有条件。从历史数据中可以收集到不确定变量的有用信息。如果没有历史数据，可以根据经验，用自己的判断列出有关不确定变量的所有条件。

为了选择正确的概率分布，第一步就是使数据和分布条件相符。即对每个概率分布及其构成条件进行详细的研究，以便选用时，找出那些已列出变量条件的分布。当分布条件和变量条件相符时，则变量符合该分布特性。

变量条件描述分布参数的数值，每一个分布类型有自己的参数。除标准参数外，每一个连续分布（不包括均匀分布）还可以选择可替代参数，即代替一个或多个标准参数的百分位数。

（二）最常用的分布

1. 正态分布

概率理论中正态分布是最重要的分布，因为它可以描述许多自然现象，诸如人类智商或高度。决策人员可以运用正态分布来描述不确定变量，如通货膨胀率或未来原油价格等。

构成正态分布的三个条件：①不确定变量最有可能的取值（分布平均值）；②不确定变量可能在平均值之上，也可能在平均值之下（与平均值对称）；③不确定变量更可能接近平均值而不是远离平均值。

例如，正态分布可用来描述未来通货膨胀。假设相信4%是最可能的百分率。您愿意打赌通胀率可能在4%上下，您也愿意打赌通胀率有68%的机会属于4%±2%内。就是说，您估计大概三分之二的机会通胀率会在2%～6%之间。查看正态分布：①通胀率平均值是4%；②通胀率可能在4%上下；③通胀率更可能在4%附近而不是离4%很远。实际上通胀率大概有68%的机会出现在4%±2%内，这些条件与正态分布相符。正态分布有两个参数：平均值和标准偏差。例中列出的条件包括这两个参数值：0.04（4%）的平均值及0.02（2%）的标准偏差。图2-5的分布显示通胀率的概率是个特定的百分数。

2. 三角分布

三角分布这样描述对象，即知道会出现的最小、最大和最可能数值。例如，销售历史数据显示售出汽车的最少、最多和平常数量，则可以描述每星期售出的汽车数量。

构成三角分布的三个条件：①项目的最小数是固定的；②项目的最大数是固定的；③项目的最可能数介于最小和最大之间，形成三角形分布，显示靠近最小和最大的数值出现的概率少于靠近最可能的数值。

例如：某加油站需要描述每星期出售汽油的数量。销售历史数据显示每星期最少售出 3000L 最多 7000L 汽油，多数星期销售为 5000L。查看三角分布：①最少加油量是 3000L；②最大加油量是 7000L；③最可能的加油量在 3000～7000L 之间，形成一个三角形。这些条件与三角分布相符。三角分布有三个参数：最小、最可能和最大。此例列出的条件包括这些参数的数值：3000（最少）、5000（最可能）和 7000（最多）。这些数值作为三角分布的参数。图 2-6 的分布显示每星期售出 xL 汽油的概率。

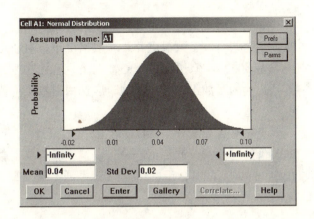

图 2-5　正态分布

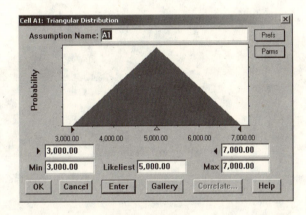

图 2-6　三角分布

3. 对数正态分布

对数正态分布广泛用于数值呈正偏态的情景，如市场分析中的费用评估。费用通常呈正偏态，不是正态（对称）分布。这一趋势是因为费用不可能低于零限度，但可能会上升到没有限制的价格。

构成对数正态分布的三个条件：①不确定变量可以没有限制的增加，但不能低于零；②不确定变量呈正偏态，大部分数值接近低限度；③不确定变量的自然对数产生正态分布。如果变异系数大于 30%，使用对数正态分布，否则使用正态分布。

对数正态分布能用于建立特定费用价格的模型。假设今天以 30 元购入一股票，预计年底这一股票值 70 元。如果年底股价下跌，而不是升值，并且知道所能跌至的最低价格是 0 元，同时，股票价格最终可能比预计的高出好多，说明回报率没有上限。因此损失限制在原有的投资上，但回报是无限的。假设通过历史数据，可以确定股价的标准偏差为 12 元。

如果由历史数据来定义对数正态分布，应先计算数据的对数平均值和标准偏差，因此确定这些对数参数很重要。一般情况下，对数正态分布参数可以通过算术平均值和标准偏差设置。在有历史数据的情况下，直接在原始数据上计算平均值和标准偏差可能得不到正确的对数正态分布，这时应选用对数平均值和标准偏差或几何平均值和标准偏差更加合适。

查看对数正态分布：①股价上升没有限制，但不能跌至 0 元；②股价分布呈正偏态；③股价的自然对数产生正态分布。这些条件与对数正态分布相符。图 2-7 的对数正态分布中，平均值的参数设置在 70 元，标准偏差 12 元。这一分布显示股价为 x 元的概率。

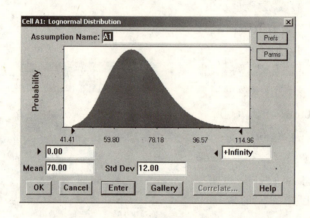

图 2-7　对数正态分布

4. 贝塔（β）分布

β（Beta）分布是个十分灵活的分布，通常用来代表固定范围的变量。β 分布的重要应用之一是作为伯努利 β（Bernoulli）分布参数的共轭分布，在该类应用中，β 分布用来代表事件发生概率的不确定性。β 分布也可以用来描述经验数据，预测百分数和分数的随机行为。

当改变 α 和 β 这两个参数时，β 分布的数值存在于假设的各种形状中。如果两个参数相同，分布呈对称。如果其中一个参数等于 1，另一个参数大于 1，那么分布呈 J 形。如果 α 小于 β，分布呈正偏态（多数数值在最小值附近）。如果 α 大于 β，分布呈负偏态（多数数值在最大值附近）。

构成 β 分布的两个条件：①不确定变量是介于 0 和正数值的随机数值；②分布形状可以通过两个正数值标明。

例如，一家为招标方（客户）加工电子设备的公司,想建立所生产设备的可靠性模型。在分析了经验数据后，公司知道如果参数是 $\alpha=10$，$\beta=2$ 时，可用 β 分布来描述设备的可靠性。

查看 β 分布：①可靠性比率是个随机数值，介于 0 和 1 之间；②分布形状可用两个正数值标明：10 和 2。这些条件符合 β 分布。图 2-8 显示 α 参数设置在 10，β 参数设置在 2 的 β 分布。电子设备的可靠性将是 x。

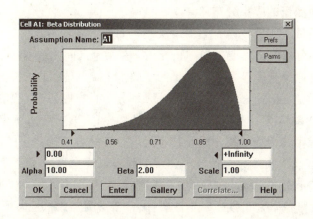

图 2-8　β 分布

三、概率分布的选择与截断

各种概率分布存在着一定的相互关系，了解这些相互关系并掌握概率分布的特征，有助于在实际应用中方便灵活地选用各种概率分布。同时在概率分布的应用过程中，有时会遇到一些约束条件，有必要对已有的概率分布进行截断，以提高分析的效率和准确性。

（一）选择概率分布密度函数（PDF）的准则与分析

事件发生的概率表示了一次试验某一个结果发生的可能性大小。若要全面了解试验，则必须知道试验的全部可能结果及各种可能结果发生的概率，即必须知道随机试验的概率分布（probability distribution）。

如果表示试验结果的变量 x，其可能取值至多为可列个，且以各种确定的概率取这些不同的值，则称 x 为离散型随机变量（discrete random variable）；如果表示试验结果的变量 x，其可能取值为某范围内的任何数值，且 x 在其取值范围内的任一区间中取值时，其概率是确定的，则称 x 为连续型随机变量（continuous random variable）。引入随机变量的概念后，对随机试验的概率分布的研究就转为对随机变量概率分布的研究了。

1. 离散型随机变量的概率分布

要了解离散型随机变量 x 的统计规律，就必须知道它的一切可能值 x_i 及取每种可能值的概率 p_i。如果将离散型随机变量 x 的一切可能取值 x_i（$i = 1, 2, \cdots$），及其对应的概率 p_i，记作

$$P(x = x_i) = p_i \ (i = 1, 2, \cdots) \tag{2-18}$$

则称式（2-18）为离散型随机变量 x 的概率分布或分布。常用分布列（distribution series）来表示离散型随机变量：(x_1, p_1)，(x_2, p_2)，…(x_n, p_n)，…，显然离散型随机变量的概率分布具有 $p_i \geq 0$ 和 $\Sigma p_i = 1$ 这两个基本性质。

2. 连续型随机变量的概率分布

连续型随机变量（如市场占有率、增长率）的概率分布不能用分布列来表示，因为其可能取的值是不可数的，需要采用随机变量 x 在某个区间内取值的概率 $P(a \leq x < b)$ 来表示。如果样本取得越来越大（$n \to +\infty$），组分得越来越细（$i \to 0$），某一范围内的频率将趋近于一个稳定值——概率。这时，频率分布直方图各个直方上端中点的连线即频率分布折线将逐渐趋向于一条曲线，换句话说，当 $n \to +\infty$、$i \to 0$ 时，频率分布折线的极限是一条稳定的函数曲线。对于样本是取自连续型随机变量的情况，这条函数曲线将是光滑的。这条曲线排除了抽样和测量的误差，完全反映了连续变量的变动规律，这条曲线叫概率分布密度曲线，相应的函数叫概率分布密度函数（PDF）。

连续型随机变量概率分布具有以下性质：①分布密度函数总是大于或等于 0，即 $f(x) \geq 0$；②当随机变量 x 取某一特定值时，其概率等于 0；③在一次试验中随机变量 x 之取值必在 $-\infty < x < +\infty$ 范围内，为一必然事件；对于像市场占有率这样的变量，x 之取值必在 $0 \leq x < +\infty$ 范围内。

3. 选择概率分布函数的准则

为了易于反映参数项不确定性的实际情况，所选用的 PDF 应足够灵活地满足下面的准则：①能够精确地满足描述三点估计（C_1）；②有限的低值范围（C_2）；③物理意义明确，并且易于估计分布参数（C_3）；④对于一定合理的行为可以有无限的上限（C_4）。

要求选用的 PDF 满足准则 C_1、C_2、C_3 非常易于理解，满足准则 C_4 的要求则具有较强的主观性，但一般来讲在实际应用中也更为重要。因为在实际应用中，往往难以准确地评估出最大的值，并且确实存在与选用过分严格或不合理的最高值相关的风险。

4. 选择概率分布函数的示例

下面以四个典型的 PDF 为例，分析如何使用上述四个准则来评价所选用的 PDF 是否恰当。在实际应用中应始终关注所采用的概率分布函数是否能够真实方便地拟合应用的实际状况。

（1）三角形分布

三角形分布由于很容易通过最小、最可能值或众数以及最大值获得确切的边界特性而为广大用户喜爱使用。事实上，由于三角形分布非常严格的形状，使得实际应用中的随机变量不可能完全符合三角形分布，因此对于准则 C_1，三角形分布得到最低的分，同理，对于准则 C_4 三角形分布也得低分。

因此，应用三角形分布既可能获得不现实的低估算，又可能获得不现实的高估算。导致过低的估算是因为其有确定的上确界，导致产生过高估算的原因是因为其不能准确描述专家的获得最可能值的置信区间或分布形状的知识。

（2）贝塔形状分布

根据许多模拟实验的结果，采用贝塔形状的分布可以恰当地描述参数不确定性的特征，贝塔分布可以通过采用最小 P_{min}、最大 P_{max} 和最可能值 P_m 来确定。

$$\alpha = \frac{4 \cdot (P_m - P_{min})}{P_{max} - P_{min}}, \beta = 4 - \alpha, \quad (2-19)$$

式中的 α，β 是贝塔分布的参数。

$$f_{\alpha\beta}(x) = \frac{\Gamma(\alpha+\beta)}{\Gamma(\alpha) \cdot \Gamma(\beta)} (1-x)^{\beta-1} x^{\alpha-1}, x \in [0,1] \quad (2-20)$$

则采用 PDF 可以计算出估计值区间 $[P_{min}; P_{max}]$，也就是说：

$$f(x) = \frac{1}{P_{max} - P_{min}} f_{\alpha\beta}\left(\frac{x - P_{min}}{P_{max} - P_{min}}\right) \quad (2-21)$$

贝塔分布可以广泛地用于参数不确定性的建模，并且可以很直观地进行理解。根据参数的变化，形状可以从均匀分布、钟形和 U 形分布，因为贝塔分布的这种灵活性，经常被用于定义工程项目活动的不确定性。由于三参数贝塔分布比较易于确定，因此对于准则 C_3 和 C_4 可以获得高分。

(3) 对数正态分布

三参数的对数正态分布 $\log N(L, \mu, \sigma)$ 是对于位置 L，平均值 μ 和标准偏差 σ 的无界分布，利用三参数的相互组合，可以产生许多表示这种无界情况的方法。对数正态分布可以用于可靠性分析以及财务分析，由于对数分布下降得相对比较慢，所以可以用于解决在高值端出现不合理的高概率的情况，因此对于准则 C_4 可以产生合理的结果。由于对数正态分布始终是正偏态，因此对于准则 C_1 得低分。

(4) 三参数威布尔分布

三参数威布尔分布是关于位置 L，分布参数 α 和形状参数 β 的无界分布，威布尔是一种非常灵活的 PDF，通过调整形状参数 β 值，可以用于定义更宽的形状变化。在实际应用中需要注意的是可能存在无论如何调整 β 值，也不能拟合出实际应用状态的情形，此时可以采用贝塔分布与对数正态分布来替代。

一些数字仿真比较研究已经发现，三参数的对数正态分布和贝塔分布可以灵活与方便地拟合各种应用的实际情况，而三角形分布则不能。威布尔分布已经大量用于可靠性分析，它通过具有两个特性参数的三个独立参数来确定分布，甚至比三参数的对数正态分布更灵活，因此，三参数威布尔分布更适合于概率成本分析（PCA：Probability Cost Analysis）。

当已获得通过系统评估的三点估计时，选择恰当的 PDF 拟合实际应用的情况非常重要，但是适当的 PDF 并不能弥补三点估计本身的不足，因为与三点估计相比，拟合的准确性所引起的偏差始终处于第二位。当输入数据是基于主观评估时，使用更复杂的 PDF，不能确保获得更好的应用效果。

(二) 概率分布的截断

在实际应用中，可能会用到改变概率分布的界线或极限，这就是概率分布的"截断"，以排除不需要的部分。

在承揽大型工程承包项目的时候，各个项目的承包金额存在着一定的随机性，满足使用 Monte-Carlo 模拟技术来进行深入分析的条件，为此有必要对工程承包的市场竞争环境采用 Monte-Carlo 进行模拟分析。

设第 i 个承包商的项目承包金额为 Q_i，根据统计学理论，第 i 个承包商的项目承包金额 Q_i 服从正态分布函数，即 $Q_i \sim N(\mu_i, \sigma_i^2)$，$\mu_i$ 为承包商的项目承包金额 Q_i 的均值，σ_i 为承包商的项目承包金额 Q_i 的标准差。根据"3σ 准则"[25]，Q_i 的值几乎一定落在区间 ($\mu_i - 3\sigma_i$, $\mu_i + 3\sigma_i$) 内，由于第 i 个承包商的项目承包金额 Q_i 一定大于零，而 $\mu_i - 3\sigma_i < 0$，故 Q_i 概率分布函数的左边截断点取在零点位置，以韩国 Daelim 公司为例，建立如图 2-9 所示的截断正态概率分布函数。

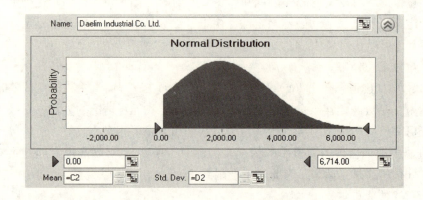

图 2-9 2007～2010 年承包商承包金额概率分布函数

四、蒙特卡罗模拟采样方法及有关统计概念[29]

蒙特卡罗模拟最大的优势是在没有太多历史数据时，通过对应用对象的分析，确定对象所发生事件的概率分布类型后，由系统根据概率分布，得到相应的样本模拟数据，进行预测与分析，确定相应的决策基础，因此，如何选择样本集和确定样本集的大小对于蒙特卡罗模拟分析方法十分重要。

为了分析模拟结果，有必要回顾一些基本的统计术语。所有的术语用于描述由模拟建立起来的计算结果分布（结果），分布的大小或结果的数量（迭代次数）基于要求获得收敛的数。也就是说，必须运行足够多的模拟次数，以便即使有再多的运行次数也不改变结果分布。通常将模型运行 1000 次或更多的迭代，会建立起有意义的大小合适的结果分布。

（一）采样方法

在模拟的每个试例中，需要为模型中的每个假设选择随机数值。一般来讲可以选择两种采样方法：①蒙特卡罗采样方法（Monte Carlo）：从每一个假设的定义分布中随机选择任何有效数值；②拉丁超立方体采样法（Latin hypercube）：随机选择数值，但把随机数值平均分散在每一个定义的概率分布中。

1. 蒙特卡罗采样法（Monte Carlo）

蒙特卡罗采样法（Monte Carlo）为每个假设的概率分布生成完全独立的随机数值。换句话说，为一个试例选择的随机数值对为下一个试例选择的随机数值没有影响。用 Monte Carlo 采样方法得到近似分布的真正形状，需要比拉丁超立方体抽样采样法（Latin hypercube）提供更多的试例。如果要模拟实际应用的情况，推荐使用蒙特卡罗采样法（Monte Carlo）。

2. 拉丁超立方体采样法（Latin hypercube）

拉丁超立方体采样法（Latin hypercube）可以把每一个假设的概率分布分成非重叠分段，每一段具有同等概率，如图 2-10 所示。然后按照分段的概率分布为每一个分段选择随机假设数值，生成成堆数值，从而形成拉丁超立方体（Latin hypercube）采样。

拉丁超立方体（Latin hypercube）采样在计算模拟统计时，因为整个分布范围的采样更均匀、更一致，通常比传统的蒙特卡罗（Monte Carlo）采样更精确。因而用拉丁超立方体（Latin hypercube）采样时，不需要同蒙特卡罗（Monte Carlo）采样一样多的试例来获得同样的统计精确度。此种方法所增加消耗的资源是需要额外内存来储存模拟运行中的每一个假设的完整采样。

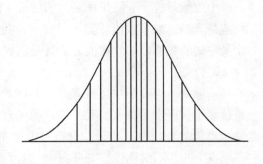

图 2-10 假设概率分布非重叠等概率分段图

当主要关心模拟统计的精度时，推荐优先选用拉丁超立方体（Latin hypercube）采样。

（二）置信区间（CI）

由于蒙特卡罗（Monte Carlo）是一种用随机采样来估计模型结果的技术，从这些结果计算出的统计数字，如平均值、标准偏差等，总会存在一些误差。置信区间（CI）是围绕某个统计量计算出来的范围。例如，一个围绕平均值统计量的 95% 可信区间，定义为平均值有 95% 的机会被包括在特定区间内，同时平均值有 5% 的机会在区间外。围绕平均值的可信区间如图 2-11 所示。

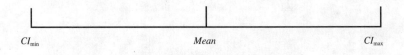

图 2-11 围绕平均值的置信区间

CI 代表可信区间，Mean 代表平均值，CI_{min} 代表最小，CI_{max} 代表最大

对于多数统计量，置信区间对称围绕统计量，即：
$$X = CI_{max} - Mean = Mean - CI_{min}$$
由此也可以得出"平均值会在95%概率的估计平均值加或减 X 的范围之内。"

置信区间对决定统计量的精度，也就是模拟的精度非常重要。总的来说，随着计算试例的增多，置信区间会缩小，统计量会变得越来越精确。

（三）平均值、中位数和众数

平均数、中位数和众数是包括在模拟输出报告中关于结果分布的标准值。这些值是开始分析的基础，提供了有用的分布中心位置的信息。另外，这些值也可以用于评价极值或非正常结果的基础。对于对称分布的结果，这三个值相等。

1. 平均值（Mean）

一组数值的平均值是把全部数值加起来再除以数值总数。"平均"一词通常指平均值。例如，5.2 是 1，3，6，7 和 9 的平均值。

2. 中位数（Median）

中位数是位于一组排序后数值的最中间数值。例如，6 是 1,3,6,7 和 9 的中位数（平均值是 5.2）。如果数值总数目是奇数，找出中位数是把数值由小到大排列起来，然后选出最中间的数值。如果数值总数目是偶数，中位数则是最中间两个数值的平均值。

3. 众数

众数是一组数值中出现频率最高的数值。最大群集度出现在众数上。例如众数薪水是最多工人所拿的薪水。某一新产品的众数颜色是最多招标方（客户）喜欢的颜色。在完全对称的分布中，如正态分布（下图左边的分布），其平均值，中位数和众数聚集在一个点上。在不对称或偏态分布中，如对数正态分布，其平均值、中位数和众数趋于分散，如图 2-12 中右边的分布。

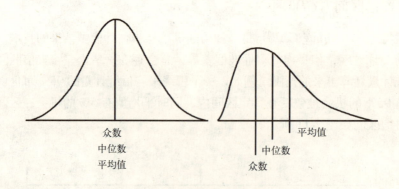

图 2-12　平均值、中位数和众数示意图

(四)偏态

数值分布(频数分布)如果不对称,则被形容成"偏态"。例如,如图 2-13 所示的例子中曲线 A 显示正偏态("朝右"偏态),尽管有些试例的取值高多了,但是多数试例的取值接近最低端。曲线 B 显示负偏态("朝左"偏态),尽管有些试例的取值低多了,但是多数试例的取值接近最高端。

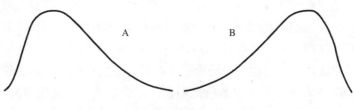

图 2-13 偏态示意图

如果从统计学描述曲线,曲线 A 呈正偏态,偏态系数可能为 0.5;曲线 B 呈负偏态,偏态系数可能为 -0.5。

偏态数值大于 1 或小于 -1 显示高度偏态分布;0.5 和 1 之间或 -0.5 和 -1 之间的数值显示中度偏态;-0.5 和 0.5 之间的数值显示分布相当对称。

(五)峰度

峰度指分布尖度。例如数值分布可能完全对称但看上去要么"尖"要么"平",如图 2-14 所示。

假设上例中的曲线代表某一大公司的工资分布。曲线 A 相当尖,因为多数员工的工资收入相差无几,只有极少数收入很高或很低。曲线 B 顶部平平的,表明工资水平相当分散。

从统计学描述曲线,曲线 A 相当尖,峰度约为 4;曲线 B 相当平,峰度约为 2。

通常把正态分布当作参考标准,其峰度为 3。峰度小于 3 的分布被形容为钝峰(意思平的),峰度大于 3 的分布则被形容为尖峰(意思尖的)。

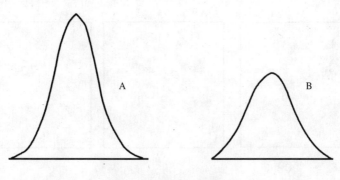

图 2-14 锋度示意图

(六)方差

典型的模拟输出报告中其他关于结果分布的重要统计信息是标准偏差与方差。标准偏差与方差提供了结果分布宽度的信息。标准偏差是结果关于平均值分布的离散度(偏差或分布)的测度。方差是标准偏差的平方,也是结果关于平均值分布的离散度(方差或分布)的测度。方差是分布的不确定性或风险的指征。当结果的分布靠近分布的平均值时,方差就小,当方差大时,结果分散的范围就宽。

方差提供了测量预测数值相对平均值变化多少的方法。可以用这一统计量来比较两个或更多的预测变量。例如,如果比较低价股预测和纽约股票交易所(NYSE)股票的预测,期望低价股价格的平均方差(标准偏差)会小于 NYSE 股票的方差。不过,如果比较两个预测的方差系数统计量,将注意到低价股在绝对尺度上明显显示有更多变动。

方差系数一般在大于 0 至 1 的数值范围内。在少量预测标准偏差异常高的情况下,可能会超过 1。方差系数为标准偏差除以平均值:

$$方差系数 = s/\bar{x} \tag{2-22}$$

如以百分数形式显示,用 100 乘以上面计算结果。

(七)相关系数

当两个变量的数值全部或部分依赖另一方,则说这些变量相关。例如"能源价格"可能与"通货膨胀"呈正相关。当"通货膨胀"变高时,"能源价格"也变高;当"通货膨胀"变低时,"能源价格"也变低。

相反,"产品价格"和"单位销售"可能呈负相关。例如,价格低时,预期销售会高;价格高时,预期销售会低。

使两个有正负关系的变量有关联,可提高模拟预测结果的精度。

相关系数是一个描述两个独立变量之间关系的参数。当一个变量的增加和另一个变量的增加有关联,这种相关称为正(或直接)相关,并由 0 和 1 之间的系数来标明;当一个变量的增加和另一个变量的减少有关联,这种相关称为负(或反转)相关,并由 0 和 −1 之间的系数来标明。相关系数的绝对数值越接近 +1 或 −1,变量的相关程度就越高。图 2-15 的例子显示三个相关系数。

负相关　　　　　　　零相关　　　　　　　正相关

图 2-15　相关系数示意图

选择相关系数来描述模型中两个变量的关系时，必须考虑两者的关联有多密切。在实际应用中，一般相关系数不会为1或-1。

相关系数是测量两个变量线性关系的强度，但是如果两个变量不具有相同的概率分布，它们不可能是线性相关。这种情况下，根据原始数值得出的相关系数没有意义。

如果用等级数值而不是实际数值计算相关系数，即使变量的概率分布不同，相关系数也具有意义。

等级数值是将实际数值从小到大按次序排列，并用排好的序号代替数值。例如，最低数值的排序是1，第二低数值的排序是2等。

用等级数建立变量之间的相关系数，可能会导致信息的微小流失，但是这些信息的流失可以从下面的两个优势中得到补偿：①相关假设不必具有相似分布类型。实际上基于等级数的相关系数与变量的概率分布无关，就算分布范围一端或两端被截断，仍然可以采用基于等级数建立起来的相关系数；②为每一个假设的概率分布生成的相关系数不变，不必要随着概率分布的变化，重新计算变量之间的相关系数。

（八）确定性

确定性用于描述模拟结果属于某一范围内的概率。例如，如图2-16所示的目标是要达到$8000的利润，往往会选择$8000到正无穷大的范围。

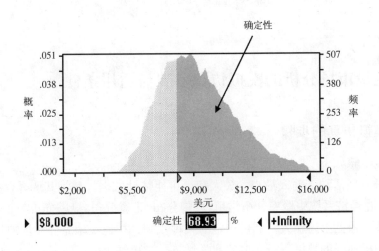

图2-16 确定性示意图

确定性的范围自动介于负无穷大到正无穷大，并且介于负无穷大到正无穷大的确定性始终为100%。

（九）百分位数

百分位数是0~100尺度上的数字，表明等于或低于某一数值的概率分布的百分率。

标准化考试通常以百分位数形式列出结果。因此如果处在 95 的百分位数上,那意味着 95% 的参加考试者得到了和您一样的考分或还要低的考分,而不是您答对了 95% 的试题。也许您只答对了 20%,即使如此,您取得的成绩也与 95% 的参加考试者一样好,或者比 95% 的参加考试者更好。

另举一个例子,假设想为退休存够钱,可创建一个包括所有不确定变量的模型,如投资年回报率、通货膨胀、退休时的开支等,得到概率分布的结果如图 2-17 所示,如果选择平均值,钱不够的概率就会有 50%。所以选第 90 百分位数所对应的投资数,这样钱不够的概率将只有 10%。

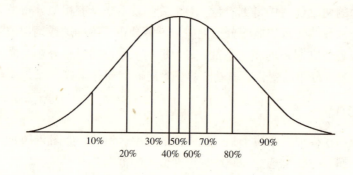

图 2-17 正态分布的百分位数

五、定量市场分析的模拟仿真步骤与适用条件

(一)模拟仿真的步骤

一般模拟步骤如下[27],见图 2-18 所示:

(1)对每一项活动,输入最小、最大和最可能估计数据,并为其选择一种合适的先验分布模型。在经济系统中概率分布常用:均匀分布、正态分布、贝塔分布与正态分布等。

(2)计算机根据上述输入,利用给定的某种规则,快速实施充分大量的随机抽样。

(3)对随机抽样的数据进行必要的数学计算,求出结果。

(4)对求出的结果进行统计学处理,求出最小值、最大值以及数学期望值和单位标准偏差。

(5)根据求出的统计学处理数据,让计算机自动生成概率分布曲线和累积概率曲线(通常是基于正态分布的概率累积 S 曲线)。

(6)依据累积概率曲线对指标的统计特征进行分析,同时对环境的外部影响因素与重点承包商进行识别。

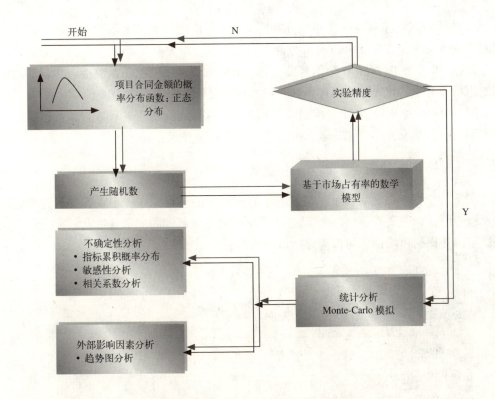

图 2-18 蒙特卡罗模拟市场分析流程图

（二）适用条件

采用蒙特卡罗模拟对市场进行定性分析，首先要有适用的历史数据；其次待分析的市场因素复杂，如受汇率、物价指数、市场供应等各种因素的影响；第三是市场的规模巨大，对于分析的精度要求较高[31]。

采用常规的分析方法很难同时处理好多种因素的不确定性与可变性的影响，从而使得分析所获得的结果在适应性和一致性方面存在不足，特别是对于日益大型化的国际工程承包项目市场而言，已经完全打破了对于市场分析精度的常规要求。比如，对于一般的市场分析，精度为5%的分析结果就可以具有极好的实用价值，可是对于价值为80亿美元左右的项目而言，5%的精度带来的绝对数的影响是无法接受的，因此，有必要采用蒙特卡罗模拟仿真算法针对分析结果的适应性和一致性（可以采用相关图展示）进行更为深入的定量研究。

（三）基于相关系数分析的竞合关系模型

通过蒙特卡罗模拟可以得到不同承包商之间基于市场占有率的相关系数矩阵，以此来分析不同承包商之间的竞合关系模型。设第 i 个承包商与第 j 个承包商的基于市场占有率的相关系数为 r_{ij}，可以得出以下一些结论[40]：

1) 如果 $r_{ij} > 0$，则第 i 个承包商与第 j 个承包商之间的相关系数为正数，即两者之间的市场占有率同方向变化，表示两者之间存在着合作关系。

2) 如果 $r_{ij} \approx 0$，则第 i 个承包商与第 j 个承包商之间的相关系数接近零，即两者之间的市场占有率变化方向无规律可言，表示两者之间不存在着竞争或合作关系。

3) 如果 $r_{ij} < 0$，则第 i 个承包商与第 j 个承包商之间的相关系数为负数，即两者之间的市场占有率反方向变化，表示两者之间存在着竞争关系。

（四）趋势图分析

在蒙特卡罗模拟之后，可以得到基于时间序列的某指标在一定置信度下的确定性范围及趋势图，如图 2-19 所示，可以通过图中的确定性范围的宽窄（带宽）来确定市场是否稳定，并根据市场稳定与否来分析市场外部影响因素。

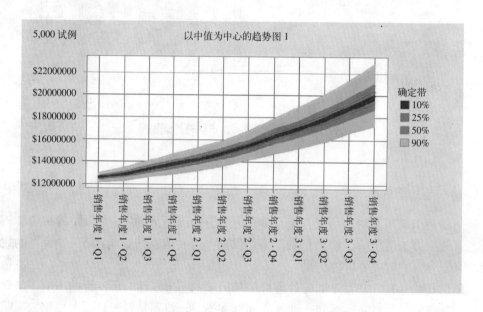

图 2-19　预测指标的趋势图

注：详见书后彩图。

（五）敏感性分析

采用蒙特卡罗模拟可得到对特定指标影响程度的大小排序的飓风图。为了分析市场竞争状况的激烈程度，模拟后得到对 N 指数影响的敏感性分析图，依据此图对市场竞争状况影响较高的承包商进行识别，并按照它们的影响程度进行排序。

第六节 SWOT 分析方法

在现代的战略规划报告里,SWOT 分析是众所周知的工具,同样 SWOT 来自麦肯锡咨询公司。SWOT 分析代表分析企业优势(Strengths)、劣势(Weaknesses)、机会(Opportunities)和威胁(Threats)。因此,SWOT 分析实际上是将对企业内外部条件各方面内容进行综合和概括,进而分析企业的优劣势、面临的机会和威胁的一种方法[28]。

为什么采用 SWOT 分析方法?因为 SWOT 分析方法的分析过程易于掌握,其提供的分析结果可以帮助企业将资源和行动聚焦在自己的强项和机会最大的地方,对于国际工程市场的分析来讲,SWOT 分析方法有助于企业结合自身的特点与优势,充分考虑环境的特点,锁定市场开发的目标。

一、SWOT 模型及其含义

SWOT 分析的四项内容可以划分为两类:①分析外部环境为主,找到潜在的机会,找出存在的威胁,进行机会和威胁分析,将注意力放在外部环境的变化及其可能对企业产生的影响上;②着眼企业内部为主,分析优势与劣势,以分析企业自身的实力为主,同时与竞争对手的相关方面进行比较。在分析时,应把所有的内部因素(即优势与劣势)集中在一起,然后用外部的力量来对这些因素进行评估。SWOT 模型的一般表示方式如表 2-7 所示。

基于 SWOT 分析的中国工程建筑企业战略矩阵　　　　　表 2-7

内部因素 外部因素	优势-S 1. S1 2. S2 ……	劣势-W 1. W1 2. W2 ……
机会-O 1. O1 2. O2 ……	SO 战略 1. SO1 2. SO2 ……	WO 战略 WO1 WO2 ……
威胁-T 1. T1 2. T2 ……	ST 战略 1. ST1 2. ST2 ……	WT 战略 1. WT1 2. WT2 ……

（一）机会与威胁分析（OT）

随着经济、社会、科技等诸多方面的迅速发展，特别是世界经济全球化、一体化过程的加快，全球信息网络的建立和客户需求的多样化，企业所处的环境更为开放和动荡。这种变化几乎对所有企业都产生了深刻的影响。正因为如此，环境分析成为一种日益重要的企业职能。

环境发展趋势分为两大类：一类表示环境威胁，另一类表示环境机会。环境威胁指的是环境中不利的发展趋势所形成的挑战，如果不采取果断的战略行为，这种不利趋势将导致公司的竞争地位受到削弱。环境机会就是对公司行为富有吸引力的领域，在这一领域中，该公司将拥有竞争优势。

对环境的分析也可以有不同的角度。比如，一种简明扼要的方法就是 PEST 分析，另外一种比较常见的方法就是波特的五力分析。

（二）优势与劣势分析（SW）

识别环境中有吸引力的机会是一回事，拥有在机会中取得成功所必需的竞争能力是另一回事。每个企业都要定期检查自己的优势与劣势，这可通过"企业经营管理检查表"的方式进行。企业或企业外的咨询机构都可利用这一格式检查企业的营销、财务、生产和组织能力。每一要素都要按照特强、稍强、中等、稍弱或特弱划分等级。

当两个企业处在同一市场或者说它们都有能力向同一客户群体提供产品和服务时，如果其中一个企业有更高的赢利率或盈利潜力，那么，就可以认为这个企业比另一个企业更具有竞争优势。换句话说，所谓竞争优势是指一个企业超越其竞争对手的能力，这种能力有助于实现企业的主要目标——赢利。但值得注意的是：竞争优势并不一定完全体现在较高的赢利率上，因为有时企业更希望增加市场份额，或者扩大项目运营的规模。

竞争优势可以指客户眼中一个企业或它的产品与服务有别于其竞争对手的任何优越的东西，可以是能承接的项目范围、项目的经营模式、质量、可靠性、适用性、及时的服务、热情的态度等。虽然竞争优势实际上指的是一个企业比其竞争对手有较强的综合优势，但是明确企业究竟在哪一个方面具有优势更有意义，因为只有这样，才可以扬长避短，或者以实击虚。

由于企业是一个整体，并且由于竞争优势来源广泛，所以，在做优劣势分析时必须从整个价值链的每个环节上，将企业与竞争对手做详细的对比。如项目所用技术是否先进、工艺流程是否复杂、销售渠道是否畅通、项目管理是否与国际惯例相符，以及价格是否具有竞争性等。如果一个企业在某一方面或几个方面的优势正是该行业企业应具备的关键成功要素，那么，该企业的综合竞争优势也许就强一些。需要指出的是，衡量一个企业及其推销的项目是否具有竞争优势，只能站在现有潜在用户的角度上，而不是站在企业的角度上。

企业在维持竞争优势过程中，必须深刻认识自身的资源和能力，采取适当的强化与提升措施。因为一旦企业在某一方面具备竞争优势，势必会引起竞争对手的注意。一般地说，企业经过一段时期的努力，建立起某种竞争优势，然后就处于维持这种竞争优势的态势，竞争对手开始逐渐做出反应，而后，如果竞争对手直接进攻企业的优势所在，或采取其他更为有力的策略，就会使这种竞争优势受到削弱。

二、影响企业竞争优势持续时间的关键因素

影响企业竞争优势持续时间的关键因素有三个：①建立竞争优势要多长时间？②能够获得的竞争优势有多大？③竞争对手做出有力反应需要多长时间？

如果企业分析清楚了这三个因素，就会明确自己在建立和维持竞争优势中的地位了。

显然，企业不应去纠正它的所有劣势，主要的问题是公司应研究究竟是只局限在已拥有优势的机会中，还是去获取和发展一些优势以找到更好的机会。有时，企业发展慢并非因为其各部门缺乏优势，而是因为不能很好地协调配合。例如有一家大型工程公司，专业工程师们轻视销售员，视其为"不懂技术的工程师"；而推销人员则瞧不起技术部门的人员，视其为"不会做生意的推销员"。因此，评估内部各部门的工作关系作为一项内部审计工作非常重要。

波士顿咨询公司提出，能获胜的公司是取得公司内部优势的企业，而不仅仅是只抓住公司的核心能力。企业必须管好某些基本程序，如新项目开发、物资采购、工程合同的签订导则、合同付款实现以及税费策划、解决客户问题的时间等等。每一程序都创造价值和需要内部部门协同工作。虽然每一部门都可以拥有一个核心能力，但如何管理与开发这些优势能力仍是一颇具挑战性的工作。

三、分析步骤

SWOT 分析可以简单划分为 5 个步骤：
(1) 确认当前的战略是什么？
(2) 确认企业外部环境的变化（波特五力分析或者 PEST）；
(3) 根据企业资源组合情况，确认企业的关键能力和关键制约因素；
(4) 按照通用矩阵或类似的方式打分评价。把识别出的所有优势分成两组，分组应以两个原则为基础：它们是与行业中潜在的机会有关，还是与潜在的威胁有关。用同样的办法把所有的劣势分成两组，一组与机会有关，另一组与威胁有关；
(5) 将结果定位在 SWOT 分析图上。

四、成功应用 SWOT 分析法的简单规则

成功应用 SWOT 分析方法应遵循下面六项规则：
(1) 必须对公司的优势与劣势有客观的认识；
(2) 必须区分公司的现状与前景；

(3) 必须考虑全面；

(4) 必须与竞争对手进行比较，比如优于或是劣于你的竞争对手；

(5) 保持 SWOT 分析法的简洁化，避免复杂化与过度分析；

(6) SWOT 分析法因可用资源以及分析结果的用途而异。一旦使用 SWOT 分析法决定了关键问题，也就确定了市场营销的目标。SWOT 分析法可与 PEST 分析和波特五力分析等工具一起使用。

五、四种不同类型的组合

SWOT 分析有四种不同类型的组合：优势——机会（SO）组合、弱点——机会（WO）组合、优势——威胁（ST）组合和弱点——威胁（WT）组合。

优势——机会（SO）战略是一种发展企业内部优势与利用外部机会的战略，是一种理想的战略模式。当企业具有特定方面的优势，而外部环境又为发挥这种优势提供有利机会时，可以采取该战略。例如良好的项目市场前景、可用资源规模扩大和竞争对手有财务危机等外部条件，配以企业市场份额提高等内在优势可成为企业收购竞争对手、扩大经营规模的有利条件。

弱点——机会（WO）战略是利用外部机会来弥补内部弱点，使企业改变劣势而获取优势的战略。存在外部机会，但由于企业存在一些内部弱点而妨碍其利用机会，可采取措施先克服这些弱点。例如，若企业弱点是资源供应不足和项目实施能力不够，从成本角度看，前者会导致项目进度延缓，成本上升，而加班加点弥补供应不足的资源会导致一些附加费用。在市场前景看好的前提下，企业可利用可用资源供应商扩大规模、新技术设备降价、竞争对手财务危机等机会，实现纵向整合战略，重构企业价值链，以保证资源供应，同时可考虑并购提升技术能力与项目实施能力，以克服项目实施能力不足的缺点。通过克服这些弱点，企业可能进一步利用各种外部机会，降低成本，取得成本优势，最终赢得竞争优势。

优势——威胁（ST）战略是指企业利用自身优势，回避或减轻外部威胁所造成的影响。如竞争对手利用新技术大幅度降低成本，给企业造成很大成本压力；同时资源供应紧张，其价格可能上涨；客户要求大幅度延长装置的检修与维修周期，限制了可用资源的范围，带来了不可预见的风险；企业还要支付高额环保成本等，这些都会导致企业成本状况进一步恶化，使之在竞争中处于非常不利的地位，但若企业拥有充足的现金、熟练的技术工人和较强的项目实施能力，便可利用这些优势开发新的作业与管理流程，优化项目实施过程，提高资源利用率，从而提高工效，降低成本。另外，开发企业的业务流程与新技术也是企业可选择的战略。新技术、新材料和新工艺的开发与应用是最具潜力的成本降低措施，同时它可提高工程企业差异化的能力，从而回避外部威胁的影响。

弱点——威胁（WT）战略是一种旨在减少内部弱点，回避外部环境威胁的防御性技术。当企业存在内忧外患时，往往面临生存危机，降低成本也许成为改变劣势的主要措施。当企业成本状况恶化，资源供应不足，项目实施能力与水平不够，无法实现规模效益，使企业在成本方面难以有大作为，这时将迫使企业采取目标聚集战略或差异化战略，以回避成本方面的劣势，并回避成本原因带来的威胁。

六、局限性

与很多其他的战略模型一样，麦肯锡提出SWOT模型已经很久了，带有时代的局限性。以前的企业可能比较关注成本、质量，现在的企业可能更强调优化与组织流程。SWOT没有考虑到企业改变现状的主动性，企业可以通过寻找新的资源来创造企业所需要的优势，从而达到过去无法达成的战略目标。

在运用SWOT分析法的过程中，经常会碰到的问题就是它的适应性，因为可以运用SWOT分析法的场合太多，有时会得到反常的结果。为此，一旦发现问题，应针对基本SWOT分析法所产生的问题，采用改进的SWOT分析法加以解决。

第三章　潜力分析

为了分析国际工程市场的潜力，选择 ENR 出版的对 225 家国际工程承包商与全球承包商自 1994～2009 年经营状况的排名数据，对国际工程市场进行分析。首先，对整个国际工程市场按照不同区域与不同行业营业额进行分析，并对近三年全球工程市场营业额按照不同区域与不同行业进行短期预测，指出了未来几年全球工程市场发展趋势。

第一节　国际工程市场总概

进入 21 世纪，国际国内经济和政治环境正在发生巨大变化，国际工程承包产业内部分工体系进一步形成，特别是随着国家加大"走出去"政策的深化与细化，我国对外工程承包面临着新的机遇和挑战。

随着经济全球化趋势增强，建筑业市场扩大开放。投资和贸易自由化使资本、技术、货物和包括劳动力在内的服务等各种生产要素呈现跨国界流动趋势，工程和建筑服务作为 WTO 服务贸易的重要行业得到促进和发展，尤其是世贸组织《政府采购协议》的生效，成为工程和建筑服务自由化的催化剂，各缔约方政府项目市场更加开放。按 1991 年国际建筑周刊刊登的国际招标项目数量分析，全球建筑工程市场的开放度约为 25%，当时日本、韩国等建筑市场还没有对外开放，1995 年《服务贸易总协定》和《政府采购协定》生效以后，国际建筑市场由于经济全球化趋势的加强而开放度得到提高，约达 30% 左右，所以，目前国际工程市场的实际规模约为 10000 亿美元/年左右。按照世界银行和联合国贸发会议的统计分析，建筑业是发展中国家吸收外资最大的服务行业之一。

信息技术发生革命，产业结构调整加速。以计算机技术为代表的信息技术革命正在对人类经济和社会发展发生重大影响，发达国家和发展中国家产业结构升级加快，尤其是发展中国家产业升级呈现跨越式发展势头，因而对建筑服务需求增加，土木建筑和基础设施承包市场将会更趋活跃。

全球经济总规模持续增长对能源的消耗增长迅速，自 1999 年末开始，国际原油价格一路飙升，已经达到 100 多美元/桶左右的高水平，尽管一些人士担忧原油价格长期保持高价位，将大幅度增加制造业和其他相关产业的成本，但是石油进口国与欧佩克成员的谈判成效微弱，国际原油价格可望持续保持在 100 美元/桶左右的高价位水平。国际原油价格长期居于高位运行正在成为常态，石油输出国外汇收入急剧增加，将促使中东以及石油资源国的建筑市场复苏和再度兴旺。

在可以预见的未来几年，影响国际工程市场发展的外部环境总体良好，对国际工程建筑服务出口起着重要的拉动作用。国际工程市场规模不断扩大。与此同时，受国际经济和政治环境变化的影响，国际工程市场呈现出新的发展趋势。

工程规模大型化。国际工程市场发包的单项工程规模正在朝着大型化的方向发展，一方面是由于发包项目的投资规模扩大；另一方面是由于项目总承包可节省业主的成本和时间，所以发包的形式发生变化；此外承包商经营和管理大型项目的能力不断提高，也使服务的范围不断延伸。

科技革命与标准化。建筑业及其相关产业的科技开发投入加大，科技含量成为国际竞争的新杠杆；同时，信息技术的广泛应用使工程管理技术日益提高。预期未来几年，国际服务贸易的标准化对工程承包商的资质要求和对服务的质量标准要求，将成为市场准入的新的技术壁垒。

产业分工体系深化。国际工程市场在半个多世纪的发展中已经初步形成其独特的产业分工体系。以美国为首的欧美国家基本上控制了高科技含量的制高点；日本由于工业制造技术的发达和相对低廉的成本，基本控制了建筑工程相关的设备供应的主动权；韩国和土耳其等早期进入国际工程市场的国家，在以成本的优势获得了大型项目总承包市场较多份额的基础上，正在向技术含量高的项目设计和咨询方面发展；中国工程建筑企业以融资支持、中国建造与中国制造的整合优势，正在扩大在国际工程市场上的份额与领地。

承包和发包方式发生变革。由于世界经济总量不断增加，对建筑服务的需求扩大，因而，全球建筑市场的投资者主体结构正在发生变化。国际金融机构的投资增长缓慢，伴随国际直接投资的增加，私人资本对基础设施的投资明显增加，世界范围内PPP（Private – Public – Partnership，即为"公私合伙制"）融资模式的项目份额呈现增加趋势。业主结构的变化，也使承发包方式发生了重大的变革，带资承包成为普遍现象，项目融资在21世纪将呈现出不可阻挡的发展势头。这将大大提高业主对承包商的技术和能力的要求。

国际承包商之间的兼并与重组愈演愈烈。国际承发包方式的变化，使得承包商的角色和作用都在发生变化，承包商不仅要成为服务的提供者，而且要成为资本的运营者和投资者。尤其在对大型和超大型项目的运作方面，一般企业很难独立承担。近年来，国际工程承包业的兼并和重组不断发生，最大的国际工程承包商在兼并中获得了新的金融和技术支持，竞争力不断提高。

为工程建设服务的金融业日益发达。国际工程建设服务作为国际服务贸易的重要内容，正在得到世界各国政府和商界的重视。金融服务国际化和自由化的发展，为工程建筑服务提供了日益增多的跨国金融服务，包括跨国银行和保险公司等机构的服务。

一、总体状况

整个建筑市场依然还处在经济危机的复苏当中，大部分市场处于低迷状态[22]，依据 2009 年国际承包商 225 强的数据，225 家国际承包商的全球营业额为 10056 亿美元，同期增长 4.2%，为近五年以来增长幅度最小；其中海外市场获得总计 3838 亿美元收入，比 2008 年的 3824.4 亿美元上升 0.4%，略有上升，但增速也是五年来的最低值，而新签合同额共有 1250.8 亿美元，实现了 11.6% 的增长率，如图 3-1 所示。

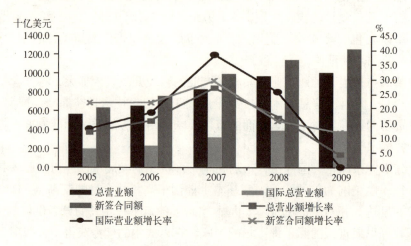

图 3-1　近五年国际 225 强承包商营业额变化情况

经济危机使国际承包商盈利能力面临挑战。2009 年国际市场最大 225 家承包商在国内市场盈利的公司小幅增长，由 2008 年的 133 家增加至 2009 年的 150 家，亏损公司继续减少，由 26 家降至 22 家，平均盈利率为 7.5%，与 2008 年持平；在国际市场上盈利公司数增加 6 家，亏损公司数减少 4 家，平均盈利率为 7.8%，比 2008 年下降了 0.4 个百分点（表 3-1）。

2010 年国际承包商 225 强盈亏情况　　　　表 3-1

	盈利公司数		亏损公司数		平均盈利率	
	2008年	2009年	2008年	2009年	2008年	2009年
国内市场	144	150	26	22	7.5%	7.5%
海外市场	160	166	17	13	8.2%	7.8%

二、工程承包模式

综观近年来国际承包市场，可以发现业主倾向于委托承包商从事项目全生命周期的服务，也就是从项目策划、可行性研究、融资、设计、采购、施工到运营管理。业主希望设计、采购与施工结合，施工总承包将逐渐被业主所遗弃，项目总承包与 CM 模式还将有一定的市场。但这种模式对业主的要求较高，业主需要有一定的项目策划、组织、营运管理的能力，由于业主越来越倾向于像购买其他商品那样，简单地获得最终的工程建设商品即工程项目，所以国际市场上出现了几类承发包模式，以适应业主的需求。具体为：

(1) D+D+B (Development + Design + Build)，即承包商负责项目前期策划与决策、项目设计、项目建设。

(2) F+P+D+B+PM (Finance + Procurement + Design + Build + Property Management)，即融资、采购、设计、施工、开车服务与运营管理。

(3) BOT (build—operate—transfer)，即建设—经营—转让，是指政府通过契约授予私营企业（包括外国企业）以一定期限的特许专营权，许可其融资建设和经营特定的公用基础设施，并准许其通过向用户收取费用或出售产品以清偿贷款，回收投资并赚取利润；特许权期限届满时，该基础设施无偿移交给政府。

BOT 是建设——运营——移交的英文缩写。在国际融资领域，BOT 不仅仅包含了建设、运营和移交的过程，更主要的是项目融资的一种方式，具有有限追索的特性。所谓项目融资是指以项目本身信用为基础的融资，项目融资是与企业融资相对应的。通过项目融资方式融资时，银行只能依靠项目资产或项目的收入回收贷款本金和利息。在这种融资方式中，银行承担的风险较企业融资大得多，如果项目失败了银行可能无法收回贷款本息，因此项目结果往往比较复杂。为了实现这种复杂的结构，需要做大量前期工作，前期费用较高。上述所说的只能依靠项目资产或项目收入回收本金和利息就是无追索权的概念。在实际 BOT 项目运作过程中，政府或项目公司的股东都或多或少地为项目提供一定程度的支持，银行对政府或项目公司股东的追索只限于这种支持的程度，而不能无限的追索，因此项目融资经常是有限追索权的融资。由于 BOT 项目具有有限追索的特性，BOT 项目的债务不计入项目公司股东的资产负债表，这样项目公司股东可以为更多项目筹集建设资金，所以受到了股本投标人的欢迎而被广泛应用。

(4) BT (Build+Transfer)，即"建设—移交"，是政府利用非政府资金来进行基础非经营性设施建设项目的一种融资模式。BT 模式是 BOT 模式的一种变换形式，指一个项目的运作通过项目公司总承包，融资、建设验收合格后移交给业主，业主向投资方支付项目总投资加上合理回报的过程。采用 BT 模式筹集建设资金成了项目融资的一种新模式。

(5) PPP (Public-Private Partnership) 是指政府与民营机构（或更广义点，任何国营/民营/外商法人机构，下同）签订长期合作协议，授权民营机构代替政府建设、运营或管理基础设施（如道路、桥梁、电厂、水厂等）或其他公共服务设施（如医院、学校、监狱、警岗等），并向公众提供公共服务，主要有垂直和水平两种方式；而 BOT 是指政府通过特许权协议，授权民营机构进行项目（主要是基础设施和自然资源开发）的融资、设计、建造、经营和维护，BOT 主要有 BOT、BOOT 和 BOO 三种基本形式和十多种演变形式，如 BT、TOT 等。PPP 本质上和 BOT 差不多，都属于狭义项目融资 (Project Financing)，即"通过项目来融资——通过该项目的期望收益来融资的活动"，而非广义项目融资，即"为项目融资——为特定项目的建设、收购以及债务重组进行的融资活动"。

从金融学而言，所谓狭义项目融资，是指债权人（银行）对借款人（项目公司）抵押资产以外的资产没有追索权或仅有有限追索权的融资活动，而广义项目融资，往往是有100%追索权的，即债权人对借款人抵押资产以外的资产也有追索权。

PPP和BOT项目对民营机构的补偿都是通过授权民营机构在规定的特许期内向项目的使用者收取费用，由此回收项目的投资、经营和维护等成本，并获得合理的回报（即建成项目投入使用所产生的现金流量成为支付经营成本、偿还贷款和提供投资回报等的唯一来源），特许期满后项目将移交回政府（也有不移交的，如BOO）。但PPP的含义更为广泛，反映更为广义的公私合伙/合作关系，除了基础设施和自然资源开发，还可包括公共服务设施和国营机构的私有化等，因此，近年来国际上越来越多采用PPP这个词，以取代BOT。

BT属于BOT的一种演变形式，政府在项目建成后从民营机构中购回项目（可一次支付也可分期支付）；与政府借贷不同，政府用于购买项目的资金往往是事后支付（可通过财政拨款，但更多的是通过运营项目收费来支付）；民营机构用于建设的资金可自己出但更多的是获取银行的有限追索权贷款。笔者认为，如果建设资金不是从银行借的有限追索权贷款的话，BT实际上是"垫资承包"或"延期付款"，已经有点超出狭义项目融资的原有含义范畴了。

政府在PPP和BOT中的责任本质上没有什么不同，但细节上有，如PPP项目中，民营机构做不了的或不愿做的，由政府来做，其余全由民营机构来做，政府只起监管的作用；而BOT项目中，绝大多数工作由民营机构来做，政府则提供支持和担保。但无论什么方式，都要合理分担项目风险，从而提高项目的投资、建设、运营和管理效率，这是PPP或BOT的最重要目标。

承包商的服务范围是从项目融资、采购、设计、施工到最后的运营管理，因此承包商要介入到项目策划、设计甚至融资、运营管理过程中去。

三、行业细分市场分析

美国《工程新闻记录》（Engineering News-Record，ENR）周刊将国际工程市场细分为房屋建筑、制造、工业、石油、水利、电力、电信、排水/污水处理、交通运输、有害废物十大行业市场，2009年各行业的营业额如表3-2所示。

如图3-2所示，从行业市场营业额来看，2007～2009年整个行业的营业额在平稳中有小幅变化，从2007年的3102.47亿美元涨至2008年的3900亿美元，2009年缓慢降至3837.84亿美元，变化幅度较小，说明整个工程建设行业营业额受全球金融危机、经济衰退、欧元与美元汇率波动、部分国家主权债务危机等影响较小。

如图3-3所示，从行业所占市场份额来看，2009年交通、石油和建筑占据了75.5%的市场，而且交通行业增长了7.9%，达到1123.42亿美元；建筑行业受金融危机影响，下降了8.6%，所占份额也从2008年的24.1%下跌至22.4%；石油行业略有小幅增长，占据了23.8%的市场份额。受经济危机和海外壁垒提升的影响，2009年十大行业中制

2009年国际承包市场行业分布　　　　表3-2

	2009年营业额(百万美元)	增长率(%)	比例(%)
房屋建筑	85988.3	-8.6	22.4
制造业	3805.6	-45.0	1.0
工业	20601.5	-10.4	5.4
石油	91421.5	0.6	23.8
水利	11221.8	-21.2	2.9
排水	6289.7	8.2	1.6
交通	112342.0	7.9	29.3
危险废弃物	486.0	-11.5	0.1
电力	35694.4	33.6	9.3
电信	2685.8	-31.8	0.7
其他	13244.9	-33.2	3.5

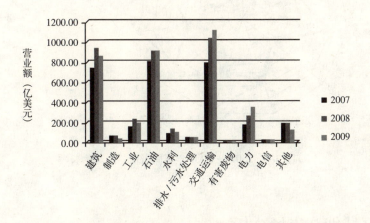

图3-2　2007～2009年不同行业营业额

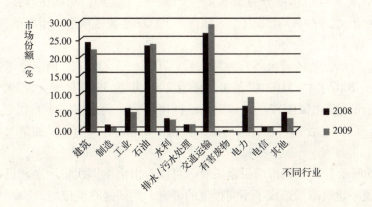

图3-3　2008～2009年不同行业所占市场份额

造业、工业和电信的海外营业额下降最为严重，制造业减少了45%，电信行业下滑了31.8%，而基础设施行业表现出色，石油化工行业更是增长33.6%。

如图3-4所示，从行业营业额增长率来看，2007～2009年期间，各行业营业额增长率受全球金融危机的影响较大，都呈现出不同的发展态势。制造、工业、水利与电信行业在2009年该指标都出现大幅度下滑，出现负增长，其中下滑最大的行业是制造业，2009年较之2008年，该指标下滑45%。石油、排水/污水、交通与电力在2009年该指标都出现增长趋势，其中2009年电力营业额增长率增长最快，达到33.6%，而石油行业营业额增长率最慢，仅为0.6%。

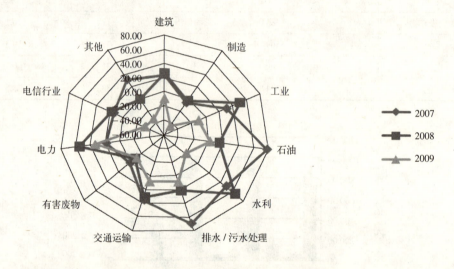

图3-4　2007～2009年不同行业营业额增长率

四、区域细分市场分析

ENR将国际工程市场细分为加拿大、美国、拉丁美洲、加勒比群岛、欧洲、中东、亚洲/澳大利亚、北非、中/南非九个区域市场，2009年各区域细分市场的营业额如表3-3所示。

如图3-5所示，从区域市场营业额来看，2007～2009年三年来全球各区域营业额都在变化，从2007年的3102.47亿美元涨至2008年的3900亿美元，2009年缓慢降至3837.84亿美元，变化幅度较小。其中，欧洲市场营业额最多，中东次之，亚洲/澳大利亚位于第三位，之后分别是美国、拉丁美洲、北非、中/南非、加拿大与加勒比群岛地区。

如图3-6所示，从区域市场份额来看，可以看出由美国次贷金融危机引发的全球经济衰退，对国际建筑市场造成了不同程度的影响，尤其是欧美市场。2009年国际225强承包商非美国企业在美国的营业额为348.8亿美元，与2008年相比狂跌16.5%，欧洲市

2010 年国际承包市场地区分布　　　　表 3-3

	营业额（亿美元）	增长率（%）	份额（%）
中东	775.6	0.1	20.2
亚洲	731.8	6.8	19.1
非洲	568.1	11.6	14.8
欧洲	1008.1	−11.7	26.3
美国	348.8	−16.5	9.1
加拿大	133.8	−0.1	3.5
拉丁美洲	271.1	13.7	7.1
中/南非	292.9	0.1	7.6
加勒比群岛	22.93	0.1	0.6
合计	3837.8	0.4	100.0

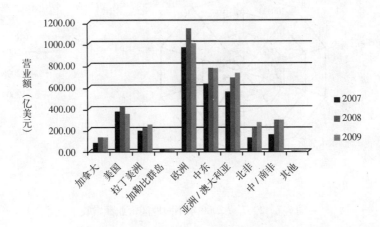

图 3-5　2007～2009 年不同地区营业额

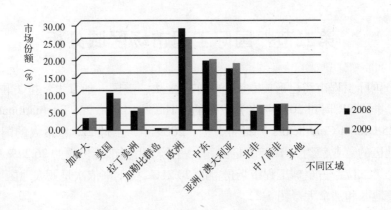

图 3-6　2008～2009 年不同地区所占市场份额

场也比 2008 年下降了 11.7%，不过欧洲仍然是最大的国际承包市场，2009 年国际营业额高达 1008.1 亿美元，占到全球的 26.3%。非洲和拉丁美洲的建筑业市场一片繁荣，分别比 2008 年增长了 11.6% 和 13.7%，亚洲市场比 2008 年增长了 6.8%。由于亚洲国家对银行的控制比欧洲国家和美国更加严格，因此受经济危机影响较小。如中国香港和新加坡将会是健康强大的市场，特别是基础设施项目，因为中国香港有着在亚洲地区最强大的经济刺激计划。

如图 3-7 所示，从区域营业额增长率来看，2007～2009 年期间，各区域营业额增长率受全球金融危机的影响较大，都呈现出不同的发展态势。2009 年，加拿大、美国与欧洲营业额增长率都在下滑，其中美国下滑最大，达到 16.5%，加拿大变化最小，仅下滑 0.14%。其他地区营业额增长率都有不同程度地增长，其中北非增长最大，达到 27.28%，中东地区由于受金融危机与原油价格的下跌，该指标增长较慢，仅为 0.11%。

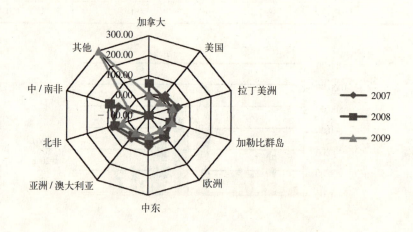

图 3-7　2007～2009 年不同地区营业额增长率

第二节　国际工程市场区域分析

目前，国际工程市场已形成欧洲、中东、亚太、美国、加拿大、拉美和非洲七大地区市场[23]。据 ENR 周刊 2010 年 8 月发布的《The 2010 Top 225 International Contractors and Top 225 Global Contractors》报告数据，2009 年，全球 225 家最大的国际工程承包商在欧洲地区的营业额约为 1008.1 亿美元，占全球工程市场份额的 26.27%，排名第一；中东地区排第二位，占全球工程市场份额的 20.21%；接下来依次是亚太地区、非洲地区、美国、拉美地区和加拿大（图 3-8）。

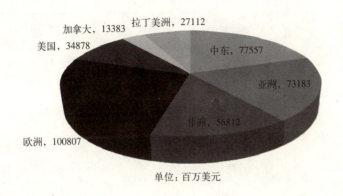

图 3-8　2009 年不同地区营业额

一、欧洲

欧洲历来是全球最大的工程市场[4]。以 2009 年为例,全球 225 家最大的国际工程承包商在该地区的营业额为 1008.1 亿美元,占它们在国际市场营业总额 3837.32 亿美元的 26.27%。欧盟地区国家的工程承包商对欧洲地区的工程市场贡献最大,占 82% 的市场份额,其中,法国与西班牙分别占有 23% 和 14% 的市场份额;美国是市场份额位居第三大的国家,占有 8% 的市场份额;德国占有 6% 的市场份额;荷兰占有 6% 的市场份额;土耳其占有 5% 的市场份额;意大利占有 4% 的市场份额;英国占有 3% 的市场份额;中国占有 2% 的市场份额;其他国家的市场份额均不超过 2%(表 3-4)。

2009 年在欧洲地区开展国际工程承包业务的公司数量及其国别和份额分布情况　表 3-4

国籍	企业数量	营业额(百万美元)	份额(%)
美国	20	7829	8
加拿大	4	212	0
欧洲	62	82254	82
英国	4	2585	3
德国	4	6146	6
法国	5	23457	23
意大利	22	3972	4

续表

国籍	企业数量	营业额（百万美元）	份额（%）
荷兰	2	6257	6
西班牙	11	14313	14
其他	14	25525	25
澳大利亚	4	2052	2
日本	13	425	0
中国	54	1609	2
韩国	12	334	0
土耳其	33	5269	5
其他	23	822	1
合计	225	100807	100

目前，欧洲工程市场呈现东移的态势。2004年5月1日，欧盟实现历史上最大规模的扩大，新增10个成员国，带动了东欧和中欧的投资活动，从而也带动了工程市场的兴旺昌盛。受2008年金融危机影响，西欧地区国家的房屋建筑业新开工项目急剧降低，有些在建项目甚至停工搁浅。因此，2009年欧洲地区的工程市场业绩下降了11.7%，呈现负增长率。

二、亚洲太平洋地区

近几年，亚太地区工程市场增长较快，特别是中国、印度、韩国、越南等国经济的持续增长，是亚太地区建筑业增长最快的国家。2009年，全球225家最大的工程承包商在该地区的营业额为731.8亿美元，较上年增长6.8%，由于受全球金融危机、世界范围内的结构性通胀、人民币升值等因素影响，2009年该地区营业额增长有所放缓。

中国对亚太地区工程市场贡献最大，2009年来自中国的54家公司在亚太地区的国际营业额达到182.11亿美元，占整个地区市场份额的25%；排名第二的是来自德国的4家工程承包商，贡献了24%的市场份额，营业额达173.8亿美元；美国和日本工程承包商的营业额占比分别为13.0%和10%（表3-5）。

2009年在亚太地区开展国际工程承包业务的公司数量及其国别和份额分布情况　　表3-5

国籍	企业数量	营业额（百万美元）	份额（%）
美国	20	9547	13
加拿大	4	33	0
欧洲	62	27169	37
英国	4	1074	2
德国	4	17380	24
法国	5	3468	5
意大利	22	3156	4
荷兰	2	517	1
西班牙	11	447	1
其他	14	1127	2
澳大利亚	4	3895	5
日本	13	6936	10
中国	54	18211	25
韩国	12	3929	5
土耳其	33	1739	2
其他	23	1725	2
合计	225	73183	100

在未来较长时间内，由于亚太地区持续高速发展的经济，提升基础设施能力与规模的需求迫切，会使亚太地区成为世界最重要的工程市场之一。

三、中东

据ENR周刊2010年8月发布的《The 2010 Top 225 International Contractors and Top 225 Global Contractors》报告数据，2009年，全球225家最大的工程承包商在中东地区的营业额为775.6亿美元，较上年增长0.1%；2009年中东地区工程市场几乎未受金融危机影响,继续保持世界第二大工程市场地位。

2009 年,来自美国的 20 家工程承包商在中东地区的营业额约为 144.1 亿美元,占该地区市场份额的 19%;韩国有 12 家承包商在中东地区开展业务,营业额达 95.31 亿美元,占该地区市场份额的 12%;接下来依次是:中国占该地区市场份额的 11%;日本占该地区市场份额的 7% 和土耳其占该地区市场份额的 6%(表 3-6)。

2009 年在中东地区开展国际工程承包业务的公司数量及其国别和份额分布情况　　表 3-6

国籍	企业数量	营业额(百万美元)	份额(%)
美国	20	14408	19
加拿大	4	305	0
欧洲	62	26801	35
英国	4	3938	5
德国	4	1327	2
法国	5	3018	4
意大利	22	6025	8
荷兰	2	740	1
西班牙	11	2650	3
其他	14	9103	12
澳大利亚	4	1503	2
日本	13	5414	7
中国	54	8387	11
韩国	12	9531	12
土耳其	33	4258	6
其他	23	6952	9
合计	225	77557	100

四、非洲

近年来,非洲国家加大经济建设力度,调整经济结构,渴望引进外资,发展非洲经济。非洲大陆除沿海和大城市的交通和通信等基础设施比较发达以外,其内陆地区的基础设施非常落后,各国政府都致力于城市建设、能源及其他公共设施的建设。

据 ENR 周刊 2010 年 8 月发布的《The 2010 Top 225 International Contractors and Top 225 Global Contractors》报告数据,2009 年,全球 225 家最大的工程承包商在该地区的营业额为 568 亿美元,较 2008 年增长 11.6%。其中,中国工程承包企业对非洲地区工程市场的贡献最大,来自中国的 54 家工程承包企业在非洲地区的营业额约达 208 亿美元,占整个市场份额的 37%,远高于排名第二的意大利 16% 的市场份额(表 3-7)。

2009 年在非洲开展国际工程承包业务的公司数量及其国别和份额分布情况　　表 3-7

国籍	企业数量	营业额(百万美元)	份额(%)
美国	20	4307	8
加拿大	4	572	1
欧洲	62	20254	36
英国	4	871	2
德国	4	953	2
法国	5	5663	10
意大利	22	8831	16
荷兰	2	194	0
西班牙	11	2123	4
其他	14	1620	3
澳大利亚	4	0	0
日本	13	1589	3
中国	54	20799	37
韩国	12	1611	3
土耳其	33	2764	5
其他	23	4916	9
合计	225	56812	100

五、拉丁美洲

经过对经济发展战略、经济政策和经济结构的调整,拉丁美洲的经济开始复苏,许多国际工程承包商对拉美的市场持乐观态度,拉美经济的恢复性增长无疑带动了该地区工程市场的发展。2009 年,全球 225 家最大的工程承包商在该地区的营业额为 271.1 亿美元,较上年增长 13.7%。

西班牙和意大利对拉美地区工程市场的贡献较大,两者占地区市场份额的比例分别为 23% 和 22%,美国在该地区的市场份额也达到 10% 以上(表 3-8)。

表 3-8 2009 年在拉丁美洲开展国际工程承包业务的公司数量及其国别和份额分布情况

国籍	企业数量	营业额(百万美元)	份额(%)
美国	20	3255	12
加拿大	4	207	1
欧洲	62	15980	59
英国	4	51	0
德国	4	389	1
法国	5	1841	7
意大利	22	5856	22
荷兰	2	142	1
西班牙	11	6247	23
其他	14	1454	5
澳大利亚	4	0	0
日本	13	660	2
中国	54	1345	5
韩国	12	883	3
土耳其	33	4	0
其他	23	4778	18
合计	225	27112	100

六、北美地区

北美市场由美国和加拿大两个发达国家组成。2009年全球225家最大的工程承包商在该地区的营业额为482.6亿美元,其中美国市场下降较快,为-16.5%,加拿大市场基本没有变化。

北美地区工程承包项目的技术含量较高,市场历来被来自欧美发达国家的大公司所垄断,发展中国家的工程承包商在未来一段时间内还很难涉足北美市场。以美国工程市场为例,2009年美国国际工程市场营业额约为348.78亿美元,其中来自欧盟地区和日本五个国家的承包商包揽了整个工程市场份额的78%,特别是英国、德国、法国和澳大利亚承包商就占了60%的市场份额;而来自其他地区的承包商仅占40%的市场份额。加拿大的工程市场同样被欧美地区发达国家的承包商所垄断,光美国的工程承包商就占了78%的市场份额,美国、法国、德国、英国和意大利以外的承包商仅占1%的市场份额(表3-9)。

2009年在北美地区开展国际工程承包业务的公司数量及其国别和份额分布情况　表3-9

国籍	企业数量	美国		加拿大	
		营业额(百万美元)	份额(%)	营业额(百万美元)	份额(%)
美国	20	NA	NA	10387	78
加拿大	4	2578	7	NA	NA
欧洲	62	24732	71	2824	21
英国	4	4368	13	25	0
德国	4	8493	24	558	4
法国	5	3558	10	1717	13
意大利	22	356	1	213	2
荷兰	2	0	0	0	0
西班牙	11	2429	7	172	1
其他	14	5529	16	138	1
澳大利亚	4	4436	13	126	1
日本	13	2549	7	0	0
中国	54	176	1	47	0
韩国	12	56	0	0	0
土耳其	33	81	0	0	0
其他	23	271	1	0	0
合计	225	34878	100	13383	100

第三节 国际工程总承包市场行业分布分析

美国《工程新闻记录》(Engineering News-Record,ENR)周刊将国际工程市场细分为房屋建筑、交通运输、制造、工业、石化、水利、电力、电信、废水/废物处理、危险废弃物处理十大行业市场。从市场份额来看,2009年交通运输、房屋建筑和工业/石化三大行业以75%的总份额,牢牢占据着工程市场传统优势行业的地位,其他六大行业约占25%的市场份额。

一、房屋建筑

2009年,全球225家最大的国际工程承包商在房屋建筑行业的营业额为859.9亿美元,占工程市场总份额的22.4%。房屋建筑市场份额相对集中在德国、英国、法国等欧洲发达国家的建筑企业,前十名承包商中,欧洲占了九席(表3-10);前十大承包商的营业额为464亿美元,约占房屋建筑行业总营业额的54%。

2009年房屋建筑行业前十大国际工程承包商 表3-10

排名	公司名称	所属国别
1	德国霍克蒂夫公司(HOCHTIEF AG)	德国
2	瑞典斯堪斯卡公司(SKANSKA AB)	瑞典
3	澳大利亚宝维士联盛(BOVIS LEND LEASE)	澳大利亚
4	奥地利斯特伯格公司(STRABAG SE)	奥地利
5	澳大利亚鲍佛贝蒂公司(BALFOUR BEATTY PLC)	澳大利亚
6	法国布依格公司(BOUYGUES)	法国
7	中国建筑工程总公司(CHINA STATE CONSTRUCTION ENG'G CORP.)	中国
8	皇家BAM集团(ROYAL BAM GROUP NV)	荷兰
9	法国万喜公司(VINCI)	法国
10	西班牙FCC-FOMENTO建设承包公司(FCC, FOMENTO DE CONSTR. Y CONTRATAS SA)	西班牙

二、交通运输

2009年，全球225家最大的国际工程承包商在交通运输行业的营业额为1123.42亿美元，占工程市场总份额的29.3%。交通运输行业前十大承包商中，法国与德国占了两席，其余八位由奥地利、美国、英国、西班牙和中国等国家承包商所占据（表3-11）。前十大承包商的营业额为594亿美元，约占房屋建筑行业总营业额的52.9%。

2009年交通运输行业前十大国际工程承包商　　　　表3-11

排名	公司名称	所属国别
1	法国万喜公司（VINCI）	法国
2	奥地利斯特伯格公司（STRABAG SE）	奥地利
3	法国布依格公司（BOUYGUES）	法国
4	中国交通建设集团有限公司 (CHINA COMMUNICATIONS CONSTRUCTION GRP.)	中国
5	德国霍克蒂夫公司（HOCHTIEF AG）	德国
6	美国柏克德集团（BECHTEL）	美国
7	西班牙FCC-FOMENTO建设承包公司 (FCC, FOMENTO DE CONSTR. Y CONTRATAS SA)	西班牙
8	德国比尔芬格柏格建筑公司（BILFINGER BERGER AG）	德国
9	瑞典斯堪斯卡公司（SKANSKA AB）	瑞典
10	皇家BAM集团（ROYAL BAM GROUP NV）	荷兰

三、工业/石化

2009年，全球225家最大的国际工程承包商在工业/石化行业的营业额为1120.2亿美元，占工程市场总份额的29.2%。工业/石化行业前十大承包商中，意大利Saipem公司排名第一，美国占五席（表3-12）。前十大承包商的营业额为578亿美元，约占工业/石化行业总营业额的51.6%。

2009年工业/石化行业前十大国际工程承包商　　　表3-12

排名	公司名称	所属国别
1	意大利塞班（SAIPEM）	意大利
2	美国柏克德集团（BECHTEL）	美国
3	法国泰克尼普集团（TECHNIP）	法国
4	美国福陆公司（FLUOR CORP.）	美国
5	美国KBR公司（KBR）	美国
6	美国福斯特惠勒公司（FOSTER WHEELER AG）	美国
7	英国派特法公司（PETROFAC LTD.）	英国
8	希腊联合承包商公司（CONSOLIDATED CONTRACTORS GROUP）	希腊
9	美国MCDERMOTT国际公司（MCDERMOTT INTERNATIONAL INC.）	美国
10	德国比尔芬格柏格建筑公司（BILFINGER BERGER AG）	德国

四、其他行业

制造、水利、电力、电信、废水/废物处理、危险废弃物处理行业约占国际工程市场25%的市场份额。在这些行业中，发达国家的国际工程承包商垄断市场的现象也很明显，例如，制造行业的前10强国际工程承包商的营业额之和占整个行业营业额的比重达71.1%，日本国际工程承包商的优势明显，在前5强中占了三席；电信行业的前10强国际工程承包商的营业额之和占整个行业营业额的比重达88.9%。在电力行业中，中国、西班牙的工程承包商的实力较强。

表3-13~表3-18分别罗列了制造、水利、电力、电信、废水/废物处理、危险废弃物处理六大行业的前10强国际工程承包商名单。

2009年制造行业前十大国际工程承包商　　　　表3-13

排名	公司名称	所属国别
1	日本竹中工务店（TAKENAKA CORP.）	日本
2	日本大气社公司(TAIKISHA LTD.)	日本
3	日本鹿岛建设株式会社(KAJIMA CORP.)	日本
4	土耳其复兴建筑公司(RENAISSANCE CONSTRUCTION)	土耳其
5	法国埃法日公司(EIFFAGE)	法国
6	美国福陆公司(FLUOR CORP.)	美国
7	瑞典斯堪斯卡公司(SKANSKA AB)	瑞典
8	日本清水建设株式会社(SHIMIZU CORP.)	日本
9	韩国三星C&T公司(SAMSUNG C&T CORP.)	韩国
10	土耳其KAYINSAAT SAN.VE TIC. AS	土耳其

2009年水利行业前十大国际工程承包商　　　　表3-14

排名	公司名称	所属国别
1	德国霍克蒂夫公司(HOCHTIEF AG)	德国
2	意大利IMPREGILO SPA	意大利
3	意大利SALINI COSTRUTTORI SPA	意大利
4	巴西CONSTRUTORA NORBERTO ODEBRECHT	巴西
5	希腊联合承包商公司(CONSOLIDATED CONTRACTORS GROUP)	希腊
6	奥地利斯特伯格公司(STRABAG SE)	奥地利
7	法国万喜公司(VINCI)	法国
8	加拿大兰万灵（SNC-LAVALIN INTERNATIONAL INC.）	加拿大
9	瑞典斯堪斯卡公司（SKANSKA AB）	瑞典
10	中国地质工程集团公司（CHINA GEO-ENGINEERING CORP）	中国

2009年电力行业前十大国际工程承包商　　　　　　表 3-15

排名	公司名称	所属国别
1	中国机械工业集团公司（CHINA NATIONAL MACHINERY INDUSTRY CORP.）	中国
2	韩国现代工程建筑公司（HYUNDAI ENGINEERING & CONSTRUCTION CO. LTD.）	韩国
3	西班牙ABEINSA SA	西班牙
4	西班牙IBERDROLA INGENIERIA Y CONSTRUCCIUN	西班牙
5	西班牙GRUPO ACS	西班牙
6	上海电气集团公司（SHANGHAI ELECTRIC GROUP CO. LTD.）	中国
7	西班牙GRUPO ISOLUX CORSAN SA	西班牙
8	中国山东电建三公司（SEPCOIII ELECTRIC POWER CONSTRUCTION CORP.）	中国
9	中国水利水电建设集团公司（SINOHYDRO CORP.）	中国
10	意大利泰克尼蒙特（MAIRE TECNIMONT SPA）	意大利

2009年电信行业前十大国际工程承包商　　　　　　表 3-16

排名	公司名称	所属国别
1	德国霍克蒂夫公司（HOCHTIEF AG）	德国
2	法国万喜公司（VINCI）	法国
3	瑞典斯堪斯卡公司（SKANSKA AB）	瑞典
4	美国KBR公司（KBR）	美国
5	中国机械工业集团有限公司（CHINA NATIONAL MACHINERY INDUSTRY CORP.）	中国
6	西班牙FCC-FOMENTO建设承包公司（FCC, FOMENTO DE CONSTR. Y CONTRATAS SA）	西班牙
7	西班牙COMSA EMTE	西班牙
8	澳大利亚宝维士联盛（BOVIS LEND LEASE）	澳大利亚
9	澳大利亚鲍佛贝蒂公司（BALFOUR BEATTY PLC）	澳大利亚
10	西班牙（GRUPO ACS）	西班牙

2009年废水／废物处理行业前十大国际工程承包商　　　　表3-17

排名	公司名称	所属国别
1	德国霍克蒂夫公司（HOCHTIEF AG）	德国
2	西班牙GRUPO ACS	西班牙
3	瑞典斯堪斯卡公司（SKANSKA AB）	瑞典
4	奥地利斯特伯格公司（STRABAG SE）	奥地利
5	西班牙ELLAKTOR SA	西班牙
6	西班牙FCC-FOMENTO建设承包公司（FCC, FOMENTO DE CONSTR. Y CONTRATAS SA）	西班牙
7	意大利IMPREGILO SPA	意大利
8	美国KBR公司（KBR）	美国
9	巴西CONSTRUTORA NORBERTO ODEBRECHT	巴西
10	澳大利亚鲍佛贝蒂公司（BALFOUR BEATTY PLC）	澳大利亚

2009年危险废弃物处理行业前十大国际工程承包商　　　　表3-18

排名	公司名称	所属国别
1	法国万喜公司（VINCI）	法国
2	德国霍克蒂夫公司（HOCHTIEF AG）	德国
3	土耳其复兴建筑公司（RENAISSANCE CONSTRUCTION）	土耳其
4	印度PUNJ LLOYD LTD.	印度
5	美国PCL建筑商公司（PCL CONSTRUCTION ENTERPRISES INC.）	美国
6	西班牙FCC-FOMENTO建设承包公司（FCC, FOMENTO DE CONSTR. Y CONTRATAS SA）	西班牙
7	法国布依格公司（BOUYGUES）	法国
8	美国SHAW集团（THE SHAW GROUP INC.）	美国
9	美国KBR公司（KBR）	美国
10	美国西图集团（CH2M HILL）	美国

第四节　国际工程总承包市场短期预测

尽管在全球经济尚处于恢复期间，预测未来的市场存在许多不确定、突发的影响因素，但是基于全球工程市场滋生发展的规律，在详细分析的基础上，结合地区的特点，提出对未来三年主要地区工程市场容量的预测，依然可以作为决策者制定全球工程市场开发战略时有价值的参考。

一、定性预测

韩国 Yonsei 大学 2010 年《全球工程市场的承包商可持续发展战略研究》的研究成果指出[3]：由于全球金融危机与经济衰退的影响正逐渐褪去，未来三年全球市场会继续加大对工程市场的投资力度，亚太地区的工程市场投资力度未来最热，是最大的工程建设市场，比如中亚三国与印度、越南等。中东海湾尤其是沙特与阿联酋次之，之后依次是非洲与南美的一些国家，比如阿尔及利亚、突尼斯、尼日尔与巴西等，但由于近期北非政治局势动荡，一些工程建设项目由于政局原因可能被暂时搁置或取消。

二、定量预测

根据 1994～2009 年不同行业营业额与不同区域营业额，使用 Oracle 的水晶球预测软件 CB Predictor 对 2010～2012 年全球国际工程市场按照不同行业与区域分别进行预测。具体预测结果如下：

（一）区域营业额预测

1. 欧洲

采用 CB Predictor 预测软件，利用 ENR16 年的历史数据预测得到欧洲工程市场营业额未来三年 90% 置信区间下的预测区间，如表 3-19 所示。2010 年，市场营业额以 90% 的可能性介于 892.56 亿美元至 1237.74 亿美元之间，最可能为 1065.15 亿美元。2011年，市场营业额以 90% 的可能性介于 861.86 亿美元至 1382.15 亿美元之间，最可能为

2010～2012 年欧洲工程市场营业额预测（单位：亿美元）　　表 3-19

年份	低限：5%	预测值	高限：95%
2010	892.56	1065.15	1237.74
2011	861.86	1122.01	1382.15
2012	847.37	1178.86	1510.36

1122.01亿美元。2012年,市场营业额以90%的可能性介于847.37亿美元至1510.36亿美元之间,最可能为1178.86亿美元。

2. 亚太地区/澳大利亚

采用CB Predictor预测软件,利用ENR16年的历史数据预测得到亚太/澳大利亚地区工程市场营业额未来三年90%置信区间下的预测区间,如表3-20所示。2010年,市场营业额以90%的可能性介于719.67亿美元至899.03亿美元之间,最可能为809.35亿美元。2011年,市场营业额以90%的可能性介于720.41亿美元至1053.17亿美元之间,最可能为886.79亿美元。2012年,市场营业额以90%的可能性介于707.58亿美元至1220.88亿美元之间,最可能为964.23亿美元。

2010~2012年亚洲/澳大利亚工程市场营业额预测(单位:亿美元)　　表3-20

年份	低限:5%	预测值	高限:95%
2010	719.67	809.35	899.03
2011	720.41	886.79	1053.17
2012	707.58	964.23	1220.88

3. 中东地区

采用CB Predictor预测软件,利用ENR16年的历史数据预测得到中东地区工程市场营业额未来三年90%置信区间下的预测区间,如表3-21所示。2010年,市场营业额以90%的可能性介于743.38亿美元至969.67亿美元之间,最可能为856.62亿美元。2011年,市场营业额以90%的可能性介于740.34亿美元至1134.34亿美元之间,最可能为937.34亿美元。2012年,市场营业额以90%的可能性介于740.34亿美元至1295.96亿美元之间,最可能为1018.15亿美元。

2010~2012年中东地区工程市场营业额预测(单位:亿美元)　　表3-21

年份	低限:5%	预测值	高限:95%
2010	743.38	856.52	969.67
2011	740.34	937.34	1134.34
2012	740.34	1018.15	1295.96

4. 北非地区

采用CB Predictor预测软件,利用ENR16年的历史数据预测得到北非地区工程市场营业额未来三年90%置信区间下的预测区间,如表3-22所示。2010年,市场营业额以90%的可能性介于299.25亿美元至372.57亿美元之间,最可能为335.91亿美元。2011年,市场营业额以90%的可能性介于315.95亿美元至477.23亿美元之间,最可能为396.59

2010～2012年北非工程市场营业额预测（单位：亿美元）　　　表3-22

年份	低限：5%	预测值	高限：95%
2010	299.25	335.91	372.57
2011	315.95	396.59	477.23
2012	324.66	457.27	589.88

亿美元。2012年，市场营业额以90%的可能性介于324.66亿美元至589.88亿美元之间，最可能为457.27亿美元。

5. 中/南非地区

采用CB Predictor预测软件，利用ENR16年的历史数据预测得到中/南非地区工程市场营业额未来三年90%置信区间下的预测区间，如表3-23所示。2010年，市场营业额以90%的可能性介于325.72亿美元至448.91亿美元之间，最可能为387.32亿美元。2011年，市场营业额以90%的可能性介于375.04亿美元至557.35亿美元之间，最可能为466.19亿美元。2012年，市场营业额以90%的可能性介于429.99亿美元至660.15亿美元之间，最可能为545.07亿美元。

2010～2012年中/南非工程市场营业额预测（单位：亿美元）　　　表3-23

年份	低限：5%	预测值	高限：95%
2010	325.72	387.32	448.91
2011	375.04	466.19	557.35
2012	429.99	545.07	660.15

6. 加拿大

采用CB Predictor预测软件，利用ENR16年的历史数据预测得到加拿大地区工程市场营业额未来三年90%置信区间下的预测区间，如表3-24所示。2010年，市场营业额以90%的可能性介于115.04亿美元至172.39亿美元之间，最可能为143.72亿美元。2011年，市场营业额以90%的可能性介于108.81亿美元至197.71亿美元之间，最可能为153.26亿美元。2012年，市场营业额以90%的可能性介于105.26亿美元至220.26亿美元之间，最可能为162.81亿美元。

2010～2012年中/南非工程市场营业额预测（单位：亿美元）　　　表3-24

年份	低限：5%	预测值	高限：95%
2010	115.04	143.72	172.39
2011	108.81	153.26	197.71
2012	105.36	162.81	220.26

7. 拉丁美洲

采用 CB Predictor 预测软件，利用 ENR16 年的历史数据预测得到拉丁美洲工程市场营业额未来三年 90% 置信区间下的预测区间，如表 3-25 所示。2010 年，市场营业额以 90% 的可能性介于 231.98 亿美元至 337.83 亿美元之间，最可能为 284.9 亿美元。2011 年，市场营业额以 90% 的可能性介于 230.19 亿美元至 408.63 亿美元之间，最可能为 319.4 亿美元。2012 年，市场营业额以 90% 的可能性介于 223.53 亿美元至 484.3 亿美元之间，最可能为 353.92 亿美元。

2010～2012 年拉丁美洲工程市场营业额预测（单位：亿美元）　　表 3-25

年份	低限：5%	预测值	高限：95%
2010	231.98	284.90	337.83
2011	230.19	319.41	408.63
2012	223.53	353.92	484.30

8. 美国与加勒比

由于 1994～2009 年期间，美国与加勒比群岛这两个地区的营业额上下波动很大，没有规律可循，不满足建立预测模型来精确预测的条件，因此无法获得量化的预测结果。

（二）行业营业额预测

1. 房屋建筑

采用 CB Predictor 预测软件，利用 ENR16 年的历史数据预测得到房屋建筑工程市场营业额未来三年 90% 的置信区间下的预测区间，如表 3-26 所示。2010 年，市场营业额以 90% 的可能性介于 839.85 亿美元至 1098.06 亿美元之间，最可能为 968.95 亿美元。2011 年，市场营业额以 90% 的可能性介于 871.44 亿美元至 1215.47 亿美元之间，最可能为 1043.45 亿美元。2012 年，市场营业额以 90% 的可能性介于 868.75 亿美元至 1367.17 亿美元之间，最可能为 1117.95 亿美元。

2010～2012 年房屋建筑工程市场营业额预测（单位：亿美元）　　表 3-26

年份	低限：5%	预测值	高限：95%
2010	839.85	968.95	1098.06
2011	871.44	1043.45	1215.47
2012	868.74	1117.95	1367.17

2. 工业

采用 CB Predictor 预测软件，利用 ENR16 年的历史数据预测得到工业工程市场营业额未来三年 90% 的置信区间下的预测区间，如表 3-27 所示。2010 年，市场营业额以 90% 的可能性介于 212.4 亿美元至 315.97 亿美元之间，最可能为 264.19 亿美元。2011 年，市场营业额以 90% 的可能性介于 223.83 亿美元至 372.3 亿美元之间，最可能为 298.06 亿美元。2012 年，市场营业额以 90% 的可能性介于 232.59 亿美元至 431.27 亿美元之间，最可能为 331.93 亿美元。

2010～2012 年工业工程市场营业额预测（单位：亿美元）　　表 3-27

年份	低限：5%	预测值	高限：95%
2010	212.4023922	264.1886667	315.9749411
2011	223.8295494	298.06	372.2904506
2012	232.5883256	331.9313333	431.2743411

3. 石化

采用 CB Predictor 预测软件，利用 ENR16 年的历史数据预测得到石化工程市场营业额未来三年 90% 的置信区间下的预测区间，如表 3-28 所示。2010 年，市场营业额以 90% 的可能性介于 840.12 亿美元至 1172.9 亿美元之间，最可能为 1006.52 亿美元。2011 年，市场营业额以 90% 的可能性介于 800.8 亿美元至 1396.6 亿美元之间，最可能为 1098.7 亿美元。2012 年，市场营业额以 90% 的可能性介于 790.15 亿美元至 1591.61 亿美元之间，最可能为 1190.88 亿美元。

2010～2012 年石化工程市场营业额预测（单位：亿美元）　　表 3-28

年份	低限：5%	预测值	高限：95%
2010	840.1243925	1006.519083	1172.913773
2011	800.8038373	1098.697336	1396.590836
2012	790.145531	1190.87559	1591.605649

4. 水利

采用 CB Predictor 预测软件，利用 ENR16 年的历史数据预测得到水利工程市场营业额未来三年 90% 的置信区间下的预测区间，如表 3-29 所示。2010 年，市场营业额以 90% 的可能性介于 80.25 亿美元至 144.19 亿美元之间，最可能为 112.22 亿美元。2011 年，

2010～2012年水利工程市场营业额预测（单位：亿美元）　　表 3-29

年份	低限：5%	预测值	高限：95%
2010	80.25470274	112.22	144.1852973
2011	67.1127226	112.22	157.3272774
2012	54.52272093	112.22	169.9172791

市场营业额以 90% 的可能性介于 67.11 亿美元至 157.33 亿美元之间，最可能为 112.22 亿美元。2012 年，市场营业额以 90% 的可能性介于 54.52 亿美元至 169.92 亿美元之间，最可能为 112.22 亿美元。

5. 排水/污水

采用 CB Predictor 预测软件，利用 ENR16 年的历史数据预测得到排水/污水工程市场营业额未来三年 90% 的置信区间下的预测区间，如表 3-30 所示。2010 年，市场营业额以 90% 的可能性介于 52.57 亿美元至 79.7 亿美元之间，最可能为 66.13 亿美元。2011 年，市场营业额以 90% 的可能性介于 48.32 亿美元至 90.43 亿美元之间，最可能为 69.37 亿美元。2012 年，市场营业额以 90% 的可能性介于 47.28 亿美元至 97.93 亿美元之间，最可能为 72.61 亿美元。

2010～2012年排水/污水工程市场营业额预测（单位：亿美元）　　表 3-30

年份	低限：5%	预测值	高限：95%
2010	52.57257519	66.13463937	79.69670356
2011	48.31591824	69.37095828	90.42599831
2012	47.27999415	72.60727718	97.9345602

6. 交通运输

采用 CB Predictor 预测软件，利用 ENR16 年的历史数据预测得到交通运输工程市场营业额未来三年 90% 的置信区间下的预测区间，如表 3-31 所示。2010 年，市场营业额以 90% 的可能性介于 1153.84 亿美元至 1369.19 亿美元之间，最可能为 1261.5 亿美元。2011 年，市场营业额以 90% 的可能性介于 1212.03 亿美元至 1586.97 亿美元之间，最可能为 1399.5 亿美元。2012 年，市场营业额以 90% 的可能性介于 1252.1 亿美元至 1822.9 亿美元之间，最可能为 1537.49 亿美元。

2010～2012年交通运输工程市场营业额预测（单位：亿美元） 表3-31

年份	低限：5%	预测值	高限：95%
2010	1153.837074	1261.512972	1369.18887
2011	1212.028813	1399.501075	1586.973338
2012	1252.074465	1537.489178	1822.903891

7. 电力

采用 CB Predictor 预测软件，利用 ENR16 年的历史数据预测得到电力工程市场营业额未来三年 90% 的置信区间下的预测区间，如表 3-32 所示。2010 年，市场营业额以 90% 的可能性介于 398.68 亿美元至 492.86 亿美元之间，最可能为 445.77 亿美元。2011 年，市场营业额以 90% 的可能性介于 447.16 亿美元至 631.78 亿美元之间，最可能为 539.47 亿美元。2012 年，市场营业额以 90% 的可能性介于 514.57 亿美元至 751.78 亿美元之间，最可能为 633.17 亿美元。

2010～2012年电力工程市场营业额预测（单位：亿美元） 表3-32

年份	低限：5%	预测值	高限：95%
2010	398.6847447	445.7722873	492.8598298
2011	447.1616936	539.472405	631.7831163
2012	514.5696446	633.1725227	751.7754007

8. 电信

采用 CB Predictor 预测软件，利用 ENR16 年的历史数据预测得到电信工程市场营业额未来三年 90% 的置信区间下的预测区间，如表 3-33 所示。2010 年，市场营业额以 90% 的可能性介于 27.3 亿美元至 45.89 亿美元之间，最可能为 36.59 亿美元。2011 年，市场营业额以 90% 的可能性介于 29.56 亿美元至 48.86 亿美元之间，最可能为 39.12 亿美元。2012 年，市场营业额以 90% 的可能性介于 31.83 亿美元至 51.83 亿美元之间，最可能为 41.83 亿美元。

9. 制造业与有害废物行业

由于在 1994～2009 年期间，制造业与有害废物这两个行业的营业额上下波动很大，没有规律可循，不满足建立预测模型进行量化预测的条件，因此无法获得量化的预测结果。

2010～2012年电信工程市场营业额预测（单位：亿美元）　　　表3-33

年份	低限：5%	预测值	高限：95%
2010	27.29647552	36.59423296	45.8919904
2011	29.56371796	39.21266989	48.86162182
2012	31.83298709	41.83110682	51.82922655

（三）区域营业额增长率预测

利用前文"区域营业额预测"数据，通过简单运算得到2010～2012年几个区域营业额的增长率，如表3-34与图3-9所示。从表3-34可以看出，2010～2012年三年期间，几个区域营业额都有一定幅度地增长。

2010～2012年不同区域营业额增长率（%）　　　表3-34

年份	加拿大	拉丁美洲	欧洲	中东	亚洲/澳大利亚	北非	中/南非
2010	7.39	14.79	5.66	10.44	10.59	22.06	32.23
2011	6.64	12.11	5.34	9.44	9.57	18.06	20.36
2012	6.23	10.80	5.07	8.62	8.73	15.30	16.92

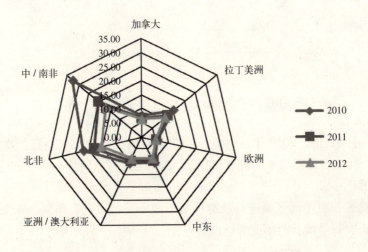

图3-9　2010～2012年不同区域营业额增长率

从图 3-9 可以看出,2010 年,中/南非营业额增长最快,北非次之。2011 年与 2012 年,几个区域营业额增长率均有所回落,其中中/南非稍微高一些,北非次之,拉丁美洲位于第三位,其余几个地区差不多。总而言之,这三年非洲是营业额增长最快的地区。

(四)行业营业额增长率预测

利用前文"行业营业额预测"数据,通过简单运算得到 2010～2012 年几个行业营业额的增长率,如表 3-35 与图 3-10 所示。从表 3-35 可以看出,2010～2012 年三年期间,几个行业营业额都有一定幅度地增长。

2010～2012 年不同行业营业额增长率(%)　　表 3-35

年份	建筑	工业	石油	排水/污水处理	交通运输	电力	电信
2010	12.68	28.23	10.10	5.14	12.29	24.89	36.24
2011	7.69	12.82	9.16	4.89	10.94	21.02	7.16
2012	7.14	11.36	8.39	4.67	9.86	17.37	6.68

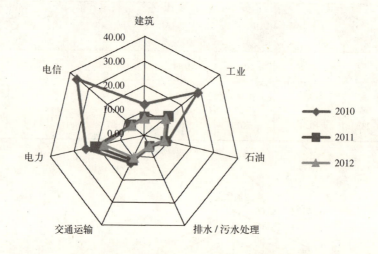

图 3-10　2010～2012 年不同行业营业额增长率

从图 3-10 可以看出,2010 年,电信行业营业额增长最快,工业行业次之。2011 年与 2012 年,几个行业营业额增长率均有所回落,其中电力行业稍微高一些,工业行业次之,其余几个行业差不多。

总之,无论是按照不同区域进行预测还是按照不同行业进行预测,未来两年总营业额都会不断增长,只是增长的幅度与速度有差别。

第四章 环境分析

利用市场行业集中度的相关参数，对全球不同区域的市场特征进行定量分析，获得国际工程承包环境与市场的特征，在此基础上，仍然有必要结合对不同地区所面临的政治环境与经济环境进行分析的结果，方能为工程建筑企业选择目标市场国提供科学依据。

第一节 工程建筑企业国际化与全球化的影响因素

一、外部因素对市场进入方式的影响

（一）目标国环境因素

目标国的政治、经济和社会文化因素特征对选择市场进入方式有显著的影响。企业在考察了解目标国投资环境时要着眼未来。评估目标国的政治风险是企业选择市场进入方式决策过程中的首要环节，如目标国政治风险较高，则企业不宜进入或者应选择非投资性模式进入。

对于工程承包企业来说，如果企业在目标国的业务以工程管理、咨询为主，那么，只需投资必要的办公场所和办公设备就可以维持企业经营，某些设施甚至可以通过租赁方式获得，企业主要凭借人力资源和专有技术获得利润。

如果工程企业在项目承包时以投资方式进入，那么应充分关注所有权/控制权风险。比如中国石化在中东承揽的油田勘探项目，以及其他中国工程承包商在海湾国家的诸如公路、电厂等 BOT 方式的公共设施项目，需要企业投入大量的资金，企业必须慎重评估项目未来控制权的风险。

目标国环境还包括市场进入壁垒，由于各国条件的不同，政府设立的壁垒也会有较大的差异。设置进入壁垒的主要目的是为了保护本国工程企业的市场份额，或者保证工程建设质量，或者保护本国相关产业，如必须采购本国设备材料，使佣一定比例的本国劳动力资源等。

(二) 目标国市场因素

目标国市场的现期规模与未来成长性是影响国际工程市场的一个重要因素。市场的成长性影响到预期收益和公司的发展前景，从而进一步影响企业对该市场的资源投入和战略定位，进而影响到企业的市场进入方式。实际上，由于工程项目的建设周期比较长，企业通过一个项目的建设，就可以有充分的时间熟悉当地市场，从而决定长期的经营策略。

市场竞争激烈程度也是市场特征的重要构成因素。理论上，当目标国市场竞争非常激烈时，跨国公司会采取灵活性较强、资源投入较少的市场进入方式。但是事实与该理论不符，目前在海湾国家如沙特和阿联酋的建筑工程市场上，聚集着世界各地的主要工程企业，市场竞争异常激烈，但众多承包商都选择在此长期经营。这说明市场竞争的激烈程度从侧面反映了市场的盈利水平，这才是企业经营的根本目的。同时，激烈的市场竞争也会促使企业更多地采取合作性的市场进入方式。多家企业组成项目联合体，不但可以增强竞争实力，还会降低整个市场的竞争强度，同时分散项目的风险，使风险处于可控的水平，从而提高项目中标率。

目标国市场的生产要素条件也会影响到企业市场进入方式的决策。工程建设中需要大量的设备、材料、劳动力、施工机具以及专业服务公司等资源，在海湾国家，由于当地相关法律规定，许多如设备、材料要求只能在当地采购，而当地的资源供应能力又有限，因此企业以合理的成本获取这些资源存在较大的困难，从而进一步给企业经营带来更大困难，严重影响工程进度。有些地域性很强的要素，如专业服务商和劳动力资源等，也会对企业的经营产生影响，对企业长期经营不利。上述因素均会给企业进入市场的方式带来不同程度的影响。

(三) 目标国与母国关系

在国际工程市场进入模式选择的过程中，有些影响因素受着两个国家甚至多个国家（如独联体国家，部分标准与认证可以通用，如 GOST 认证等）的共同影响而产生作用，这些因素便被归纳为母国与目标国因素。母国与目标国因素包括：政治经济关系、贸易关系、文化差异。另外，应该同时关注到非洲部分国家在政治与经济上非常容易受到西方国家的影响，或者由于历史上得到过 IMF 的长期支持，具体项目上可能会存在一些制约，因此这些因素也应一并纳入目标国与母国关系综合考虑。

长期良好的外交关系可以促进国际承包商对目标国的了解，有助于进入市场的承包商处理好与当地政府的关系。双边贸易额直接反映了两国关系，贸易额越大，企业可以获得的信息越多，在作出长期进入市场的决策时更有信心。

文化差异对于市场进入模式的选择亦有着很大的影响。当目标市场国的文化与母国有巨大的差异时，进入企业往往会面对很多误解。例如：企业可能会因为某些方式无意中触犯当地政府和客户，引起当地政府与客户的不满。在某些极端的情况下，甚至会出现各种公开反对企业在当地市场经营的情况。在海湾国家，文化差异对中国公司产生的影响已经引起当地中国公司的高度重视。

对于国际工程承包领域而言,短期的市场进入模式也许不需要进入者深入了解目标国的文化背景。但对于长期的市场进入模式而言,文化差异就成为了一个需要考虑的至关重要的因素。为了与当地业主、客户、供应商和政府保持良好的合作关系,同时为了高效管理当地的员工,进入方必须深入了解当地的文化背景。

通过以上分析,可以看出:当其他变量恒定时,母国和目标国之间的文化差异越小,工程企业越倾向于采用长期的市场进入模式。

(四) 母国因素

母国因素对企业选择市场进入模式的影响是西方研究者所普遍忽视的。从现有的研究成果来看,只有少数学者研究了母国因素对选择市场进入模式的影响。一般来讲,影响选择海外市场进入模式的母国因素主要包括:①国内市场规模;②市场竞争格局;③生产成本;④对外政策;⑤文化特征;⑥汇率水平;⑦融资的可用性及其成本。结合中国工程企业的国际化实践,影响中国企业进入海外市场模式选择的母国因素主要包括母国市场吸引力、市场规模和政府产业政策因素。

企业所在母国市场的吸引力对决策起着非常大的影响。对于承包商来说,国际业务可以扩大其市场份额,但在一定程度上也会减少其对母国市场的依赖。很多工程企业已经将国际业务收入作为企业总收入的重要组成部分,其战略重要性与国内业务收入相当。然而,当企业所在的母国市场需求旺盛时,该国的企业通常倾向于在国内发展,制定致力于本国市场开发、发展国内业务的战略,其进入国际市场的动机就不会那么强烈。当国内市场萎缩时,必须寻找到稳定的国外市场才能使公司持续经营,长期性的市场进入方式就更有利于企业在国外市场获得持续稳定的业务。2006 年世界最大的国际工程承包企业德国霍克蒂夫公司(HOCHTIEF AG)是一个比较极端的案例。该企业 2006 年度共完成营业额 197.95 亿美元,其中来自海外市场的营业额就达到 175.99 亿美元,国际营业额占到了企业总收入的 90% 以上。

由于工程企业可以增加母国外汇收入、带动建材与机电产品等材料和设备的出口、增加国内就业,因此,许多国家政府制定了相应的产业政策,鼓励本国企业进入国际工程市场,并在资金、税收方面给予政策性扶持,以提高国家发展的软实力。近年来,中国金融业为中国工程承包商"走出去"提供金融信贷业务支持就是一个典型的例子。

事实上,评价市场规模对市场进入方式的影响,应综合考虑母国的经济发展水平。在经济发展水平高的西方国家,工程企业通过长期的市场竞争和优胜劣汰,规模逐步壮大,具备较高的技术和管理水平。在国际 EPC(设计—采购—施工)总承包项目中,欧美、日韩工程公司不但在技术和管理上有优势,在设备和材料供货上,也能获得本国具有丰富经验及强大竞争力的制造企业支持。与之形成对比的是,中国工程公司由于本国设备和材料的制造企业在业绩、质量以及国际化经验方面得不到国外业主的认可,只有到发达国家去采购,这样就会给企业带来成本风险和工程延期风险。因此,母国的经济发展水平和配套行业的产品竞争力也是工程企业进入国外市场的重要影响因素。

二、内部因素对进入方式的影响

内部因素是指与企业自身条件相关的因素，影响工程企业进入海外市场的主要内部因素包括两点：企业规模和海外经营经验。

企业规模决定了企业在管理、资金、技术、营销技能等方面拥有的资源能力。企业的资源越丰富，可选择的市场进入方式就会越多。关于投入度问题，K.F.Winsted 对 700 家工程企业进行了调查，发现工程企业规模与其对外投资意愿之间呈正相关关系。因此，企业规模越大越倾向于选择长期性的市场进入方式。相反，中小规模工程企业，由于企业资源和专有技术有限，难以化解市场壁垒，资金不够，所以对进入海外市场意愿不强。

企业海外经营经验被认为是一种无形的资产，其积累程度对企业海外市场进入模式的选择影响巨大。经验的积累能使企业在海外经营过程中察觉市场机会的能力大为提高，同时降低其经营过程中的不确定性。对于国际工程企业而言，自身的全球化经营经验有助于其国际化人才培养的敏感性，以及各类国际化人才的遴选，从而为进入某些特定地区或国家的工程市场奠定坚实的基础。

第二节　国际宏观投资环境分析

一、政治环境

2010 年，大国关系呈现出明显的结构变化，西方大国与新兴经济体大国之间的地位与影响呈现此消彼长的态势。2011 年，这种态势会有更突出的表现，从而进一步推动世界格局走向多极化。

近年来由于受伊拉克战争、阿富汗战争和国际金融危机的影响，美国掌控世界事务力不从心，不得不进行战略调整。2011 年，美国将继续战略调整的进程。在伊拉克，美国计划全部撤军，但绝对不会放弃付出重大代价所得到的战略利益。由于伊拉克国内安全局势一直不稳，暴力事件持续不断，2010 年议会选举后历经 9 个月才完成组建的新政府掌控局势的能力十分有限，因此美国不得不保持政治干预和经济投入。在这种情况下，伊拉克战争的"泥潭效应"仍然存在。

在阿富汗，2010 年美国增兵之后，局势并未改观。北约新年伊始承认，尽管付出巨大努力，但未能削弱塔利班。事实表明，仅依靠军事打击，美国不可能取得阿富汗战争的胜利。美国曾想"边打边谈"、两手并用，但收效甚微。从形势的发展看，美国要实施开始撤军的计划困难重重，会继续深陷在这场战争里。

据美国媒体 2011 年 5 月 5 日报道，基地组织头号人物本·拉登日前被美国特种部队击毙，本·拉登身亡并将对阿富汗的局势产生一定的影响，塔利班与基地组织究竟将会向何处发展存在诸多的不确定因素。《中国日报》2011年7月5日评论版头条文章报道,2011年6月22日,美国总统奥巴马宣布了"三步走"撤军计划:2011年7月将从阿富汗撤回1万名士兵;2012年夏季结束前撤出3.3万人;2014年底前将维护阿富汗安全的职责移交给阿安全部队。这一决定表明美国开始着手实施阿富汗"退出战略",引起了各方的关注。

与美国等西方国家影响力下降形成对比的是,新兴经济体在国际互动中的地位与作用保持上升态势。2010年12月,"金砖四国"决定接纳南非加入,进一步加强了新兴经济体的合作态势。尽管南非的国力与其他"金砖国家"相比还有较大差距,但南非作为非洲国家的代表,会扩大"金砖国家"合作机制的影响,从而在全球治理的意义上推动国际秩序的演进。

在世界格局持续调整过程中,中美互动备受关注。进入2011年,中国国家主席胡锦涛访美,为中美两国关系在新世纪第二个十年开始的新阶段奠定了基调、指明了方向。两国发表《中美联合声明》,确认中美双方将共同努力,建设相互尊重、互利共赢的中美合作伙伴关系。两国确定中美关系今后的发展方向,是基于中美在双边、地区和全球领域广泛开展合作的事实,旨在进一步推进积极合作全面的中美关系,以相互尊重的精神开展伙伴合作,妥善处理分歧,实现互利共赢,更好地造福两国和两国人民,为促进世界的和平、稳定与繁荣作出贡献。当前及今后一个时期,如何增进战略互信是中美关系的一个突出课题。《中美联合声明》体现了两国在战略层面增进了解、求同存异、加强互信的积极意愿,宣布了两国高层及机制性交流计划,相信这些举措对进一步增进两国战略互信将起到重要促进作用。

由于在新的一年里欧洲还难以摆脱债务危机,亚洲以中印为代表的新兴大国在国际事务中日趋活跃,美国把战略重点进一步转向亚洲,大国关系在世界范围内呈现出权力东移趋势,亚洲成为世界政治中心舞台。在这个过程中,中国将成为解决贸易、金融、核不扩散及气候变化问题的关键角色之一。尽管在中美之间会不时出现影响双方关系的热点和难题,但双方的互动在合作大局中会进一步走向机制化,双方有机会在日益增多的领域基于共识成为合作伙伴。

利比亚与北非、中东紧张动荡的局势,以及非洲其他地区的不稳定因素,也必将会给缓慢恢复的世界经济带来不可忽视的影响。特别是对中国企业加大步伐"走出去"的一大严峻考验,甚至有可能事关中国海外发展的方向,因为中东北非的经济格局可能面临重新洗牌。中国的工程企业在"走出去"之前对目标国的政治风险等因素应作出更加充分的考量。

二、经济环境

2010年世界经济复苏进程颠簸蹒跚,形势混沌不清,信心跌宕起伏,市场脆弱多变,金融乱象丛生,经济高度不确定。发达国家拼出口、创就业、激消费、促复苏达到登峰造极,新兴市场紧银根、压通胀、堵热钱、抑泡沫空前紧张,全球贸易战与汇率战交织频发。

尽管经历了国际金融危机的西方国家的经济开始复苏,但经济增长的前景依然黯淡。据联合国2010年12月发布的《2011年世界经济形势和展望》预测,美国2011年的经济增长率将从2010年的2.6%放缓到2.2%,欧元区的经济增长率预计为1.3%,而日本的经济增长率则在1%左右。与之形成对照的是,亚洲发展中国家的经济在中国和印度的带领下将增长强劲,预计中国2011年经济增长率为8.9%,印度为8.2%。当然,也有一些预测认为,美国经济尽管存在风险,但复苏将提速。不管怎么说,2011年新兴经济体仍将是世界经济的主要推动者。

(一) 世界经济复苏参差不齐

当前世界经济复苏步伐参差不齐,发展呈"冰火两重天",增长显"东高西低",力量似"东盛西衰",发展环境异常复杂。

首先,全球经济恢复速度超过预期。经历2010年跌宕起伏后,2011年世界经济增长面将拓宽但速度会减缓,除个别陷入债务危机的欧洲国家外,几乎所有经济体复苏势头仍将持续。据国际货币基金组织(IMF)估计,2011年世界经济增长将从2010年的4.8%放缓到4.2%,发达国家、新兴经济体和发展中国家分别由2.7%和7.1%减缓到2.2%和6.4%,恢复速度超过预期。据IMF估计,2010年全球名义GDP规模能恢复到危机前水平,达到61.963万亿美元,国际贸易将于2011年恢复到危机前水平,全球直接投资(FDI)虽然以两位数恢复性增长,但恢复到历史峰值(2007年)尚需两年时间。世界经济、国际贸易和全球FDI以如此速度恢复,超出国际机构预期,明显好于20世纪30年代大萧条时期(全球产出用7年时间才恢复到危机前水平的状态)。但是,因为世界经济仍然充满诸多不确定因素,所以任何不测事件都有可能发生。

其次,新兴经济体发展前景看好。新兴经济体以"V"形轨迹强劲复苏,成为本轮世界经济复苏的主要拉动力。2010年所有发展中地区经济增长均好于预期,未来发展趋势依然强劲。据IMF统计,按购买力平价计算,2003～2007年世界经济增长的70%来自新兴市场与发展中国家。世行近期估计,未来3年全球需求增长一半将来自发展中国家,其高劳动生产率与人口增长,将使GDP年均增长高于6%。特别是亚洲首次成为全球经济的"火车头",且主要靠内需拉动。据IMF预测,2011年全球经济将呈现"2-4-6-8"的增长态势,即发达国家经济将增2.2%,世界经济将增4.2%,新兴市场与发展中国家将增6.4%,发展中亚洲经济将增长8.4%,依然鹤立鸡群。此增势预计将持续到2015年。

新兴市场与发展中国家经济增长强劲,主要支撑因素包括:一是工业化和城市化进程尚未结束,依然是其经济社会发展的内部动力;二是全球化进程未因金融危机而中断,区域经济一体化进一步深化,全球化与区域化将是新兴市场保持经济强劲增长的外部动力,正与世界经济形成良性互动关系;三是大宗商品价格维持较合理价位,使发展中资源出口国的国际收支出现盈余,有利改善内部发展环境;四是新兴市场财富积累日益增多,中产消费群体迅速壮大,内需成为经济增长的重要支撑;五是南南合作因金融危机而加强,新兴市场驾驭和管理危机的能力增强。应该说,新兴市场具备诸多发展优势，且发展加速转型，有潜力保持经济发展，同时加大对世界经济增长的贡献率。

第三，发达经济体复苏乏力，但发展趋势可持续。发达国家经济复苏脆弱，出现"三高三低"，即高失业率、高财政赤字、高主权债务和低经济增长率、低利率、低通胀率甚至通缩。同时，发达经济体复苏的国际合作意愿有所下降，由"同舟共济"转向"各自为政"，甚至相互拆台。2011年以来美国、欧元区和日本再行量化宽松、"开闸"放钱可见一斑，"无就业"复苏使其潜在增长率普遍降低。关键是，迄今发达国家尚未找到可支撑经济强劲增长的内部因素。联合国估计，2011年美国、欧元区和日本经济将分别放缓到2.2%、1.3%和1%左右。与此同时，爱尔兰债务危机爆发，葡萄牙与西班牙等危机一触即发，英国、意大利等国也显现出卷入主权危机的迹象。危机后遗症阴霾依然笼罩发达国家，任何可预见或不可预见事件均有可能发生。发达国家潜在增长率的减缓使世界经济发展重心加速向新兴市场转移。

第四，新兴大国经济加速起飞。金融危机使中国、印度和巴西等新兴大国影响飙升，全球经济发展引擎更加多元，"金砖四国"尤其是中国与印度经济增长依然遥遥领先。联合国估计，2010年中印巴经济将分别增长10.1%、8.4%和7.6%，即使受危机严重打击的俄罗斯经济亦将增长3.9%。2011年"金砖四国"经济增速将有所放缓，但中、印经济仍可增长8.9%、8.2%。

（二）全球发展环境逐渐改善

2011年，在世界经济复苏中，市场自律性复苏迹象将渐增。预计未来国际贸易增长高于世界经济增长、全球资本流动快于国际贸易增长的发展态势应能维持。过去10余年世界经济强劲增长的主要支撑，主要是源于信息技术发展与经济全球化深化。

2011年，世界经济可能出现的特征有：

1. 国际贸易有所回落，但仍将呈恢复性高增长

本轮危机源自虚拟经济，但在经济全球化与金融化环境下，任何行业均无法幸免，国际贸易尤其如此。据IMF报告，2010年国际贸易增长11.4%，2011年将放缓到7%。不确定因素是新兴市场出口仍严重依赖发达市场，未来后者进口需求能否持续增长将直接影响新兴市场和国际贸易持续发展。

2. 全球直接投资恢复强劲增长

新兴市场成为本轮FDI恢复增长的引擎，尤其是非洲成为引资新亮点，亚洲则变为对外投资"新贵"，由此掀起一轮南南投资新高潮。联合国贸发会议认为，2010年全球FDI增长达到7.7%，2011～2012年以两位数恢复性增长，2012年将恢复到危机前水平（2007年）。这一恢复速度明显快于2000年美国网络股泡沫破灭引发的FDI调整（当时用6年才恢复到2000年水平）。全球FDI能在短短几年内迅速恢复，主要得益于新兴市场尤其是亚洲已积聚起的大量财富。

3. 大宗商品价格维持较合理水平

一方面，西方经济复苏低迷，使大宗商品价格涨幅收窄，有利于缓解全球通胀压力；

另一方面，新兴经济体增长依然强劲，进口需求持续旺盛，加之美元持续可控性走低，使大宗商品价格在合理价位窄幅震荡，发展中资源出口国的国际收支持续改善，有利于这些国家的经济发展。这是金融危机后拉美、非洲、中东、俄罗斯和中亚等经济能够迅速复苏，新兴经济体能成为世界经济"领头羊"的重要原因。

4. 周期性复苏规律不变

只要主要国家决策者不重蹈20世纪30年代大萧条时期以邻为壑的覆辙，G20机制内主要国家密切协调与合作，世界经济复苏势头就能维持。

5. 发达经济体增长速度不够，财政压力很大

对于发达经济体而言，当前首要的经济挑战在于增长速度不够。由于经济增速疲软，无法创造足够的就业岗位，失业率下降缓慢，高失业仍是主要问题，与之伴生的还有消费增长缓慢等一系列经济难题。其次，发达国家的金融系统在危机后有所恢复，银行资本充足率上升，但融资依靠货币市场的现象仍然很严重，金融不稳定的风险仍然存在。例如，欧洲银行的资产规模很大，例如在爱尔兰，本地银行和外资银行的资产总额高达其GDP的十倍之多。潜在地会产生多重风险：①银行资产规模扩张很快，但是在经济衰退期，其不良资产规模也会增大；②银行资产规模扩张会给资本金充足率带来压力；③欧洲的银行储蓄基础较弱，银行的主要负债是靠向市场融资，因而其流动性管理就会比较困难。第三，发达经济体的财政压力依然很大。2007年至2010年期间，发达经济体的政府债务占国内生产总值比例整体增长了28个百分点，这一比例非常高。特别是欧洲当前的债务规模很高并且需要向市场继续借债，因为债务量很大，所以向市场融资的成本很高，例如葡萄牙的借贷成本持续上涨，其10年期国债收益率已经上升至8.9%的高位。去年，全球各国平均财政赤字增幅约为5.2%，而发达国家达到7%，政府债务压力很大，这种债务不仅仅是短期挑战，还将长期存在。随着发达国家退休人员增多，医疗等许多财政刚性需求增加，未来几年政府债务仍会上升；如何平衡财政赤字和经济增长需求之间的关系是一个严峻的政策挑战。

6. 新兴经济体面临应对经济可能过热、通货膨胀压力加大和管理大量资本流入的挑战

危机发生后，新兴经济体大多采取了积极的经济刺激政策，经济增长恢复很快，全球的主要新兴经济体目前的经济增长基本恢复到其潜在产出水平，已经进入"可能过热"的区间。同时，由于发达国家经济增速较慢，国际资本流向新兴经济体的迹象明显。与20世纪90年代后主要是FDI流动的情况不同，现在流入新兴经济体的金融性组合投资增多。尽管新兴经济体当前经济增速较快，但是整个新兴经济体的金融资产占全球金融资产的比例仍然较小，约为19%。因而，全球金融资产正处于重新配置的过程中，金融资产大量进入新兴市场会推升新兴经济体的资产价格，催生泡沫逐渐形成。所以说，通货膨胀是新兴经济体当前面临的最大宏观经济挑战。通胀压力上升既有宏观基本面的基础，新兴经济体已经进入了一个可能会过热的阶段，这是供给方面的大前提；另外也与前几年相对宽松的货币政策有关，这是从需求方面的原因。此外，食品在印度、俄罗斯和中国等新兴经济体的CPI中所占比重都很大，全球范围的食品、能源、资源价格上涨都是新兴经济体通胀压力上升的原因。

全球经济复苏前景荆棘丛生，面临诸多风险：一是发达国家无就业复苏，资产重组与去杠杆化将长期困扰其经济发展；二是美国、欧元区和日本长期维持超低利率与量化宽松政策，将造成全球流动性严重泛滥，导致新兴市场资产泡沫风险上升；三是发达国家债务危机长期化，尤其是美国国家债务国际化，将使新兴市场债权风险加大。

第三节 国际工程市场特征分析

市场（或行业）的集中度（Concentration）和规模是市场结构的最主要内容，也是衡量某一市场（或行业）竞争程度的重要标志，并且是决定某一市场（或行业）绩效或效率的重要因素，是衡量供方数量多寡和规模分布的重要指标。

一、市场定量特征——行业集中度分析

尽管美国新工程记录 ENR 提供的数据在全面性与准确性方面存在一定的不足，但是作为研究全球工程市场环境与竞争结构还是非常具有代表性的。为此利用 2006～2009 年 ENR 发布的数据，采用体现行业集中度的贝恩指数 CR_n 来研究工程市场的竞争结构，根据式（2-9）计算出 2006～2009 年四年工程承包全行业的贝恩指数的结果如图 4-1 所示。

将图 4-1 的结果与表 2-2 给出的参数进行比较可以看出，全球化的工程市场属于低集中竞争型，2006～2009 年，按照国际收入的市场集中度降低明显，集中度比基于全球收入的略高，但是仍然属于低集中竞争型，超额利润较小。制约竞争成败的主要因素

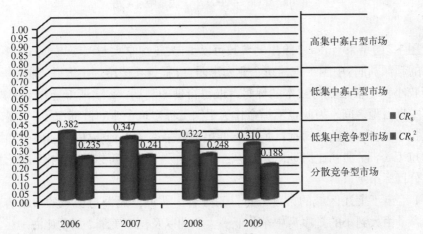

备注：CR_8^1 表示基于国际收入的市场集中度，CR_8^2 表示基于全球收入的市场集中度

图 4-1 2006～2009 年基于国际收入与全球收入的市场集中度

是规模化经营和资源优化配置带来的成本优势。图 4-1 显示的贝恩指数趋势表明市场越来越接近分散竞争型，说明竞争渐趋剧烈。

二、目标市场的选择

为了有的放矢地找到目标市场领域，需要综合考虑地区的市场容量与竞争强度。为此利用 ENR 的数据，得到了中东、亚洲、非洲、欧洲、美国、加拿大和拉丁美洲/加勒比海地区共七个区域 2006～2009 年的贝恩指数 CR_{10} 如图 4-2 所示。

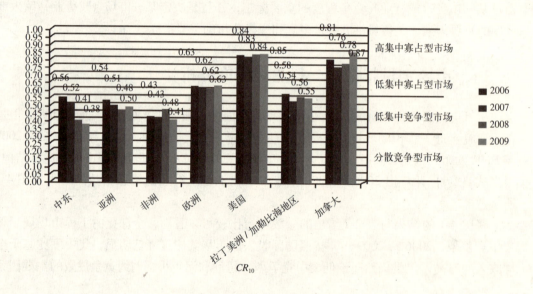

图 4-2　2006～2009 年区域集中度 CR_{10}

比较图 4-2 的结果与表 2-2 给出的参数可以得出：①加拿大与美国属于高集中寡占型，具有极高的超额利润，中国工程建筑企业属于弱者，很难在该市场上取胜，即使获得项目，由于规模较小，也很难获得成本的优势，取得合理的利润；②欧洲市场介于低集中寡占型与高集中寡占型之间，因此也不适合作为中国工程建筑企业的目标市场。中东、亚洲、非洲以及拉丁美洲/加勒比海地区均属于低集中竞争型的市场，按照竞争强度由高至低的排序为拉丁美洲/加勒比海地区、中东、亚洲以及非洲，可以作为中国工程建筑企业潜在的细分目标市场。

表 4-1 给出了上述区域的市场容量，不难看出非洲、亚洲与中东的市场容量较大，按照市场容量由大到小的排序为中东、亚洲、非洲以及拉丁美洲/加勒比海地区。

从上述综合竞争强度与市场容量的分析结果不难看出，中国工程建筑企业宜将亚洲、非洲、中东以及拉丁美洲/加勒比海地区依次作为自己的目标市场。

国际工程承包总营业额（单位：十亿美元）　　表 4-1

年份	中东	亚洲	非洲	欧洲	美国	拉丁美洲/加勒比海地区	加拿大
2009	77.6	73.2	56.8	100.8	34.9	27.1	13.4
2008	77.5	68.5	50.9	114.1	41.8	23.8	13.4
2007	62.9	55.4	28.6	96.4	36.9	21.3	8.3

第五章 竞争分析

近年来，国内工程企业积极响应国家实施的"走出去"战略，主动参与国际工程市场竞争，特别是中东、非洲和亚洲不发达国家成为中国工程企业参与的重点。随着中国工程建筑企业大量涌入非洲国家，国际工程市场竞争日益加剧，为此，首先对2009年国际承包商市场分布进行分析，然后深入探讨国际承包商前10强与全球承包商前10强的经营情况，在此基础上运用蓝契斯特法则对承包商之间的竞争状况进行分析，最后以中国石化炼化工程某企业为例，找出与其实力相当的承包商名单，并对这些承包商进行详细分析。

第一节 国际承包商225强分析

一、国际承包商225强市场分布

从表5-1中可以发现，2009年国际工程承包商225强当中上榜企业数最多的国家为中国，共54家，但54家中国承包商的海外营业额仅有505.7亿美元，占全球市场的13.2%，平均每家承包商的海外营业额为9.37亿美元，是225强平均规模的一半。而且中国工程承包商的海外市场集中在非洲、亚洲和中东地区，欧美地区的市场份额仅为3.5%[33]。

虽然上榜的225强承包商中美国企业仅有20家，与上年相比减少了5家，但20家承包商的海外营业额达到497.3亿美元，与54家中国承包商的营业份额不相上下。地理毗邻关系，美国承包商占据了加拿大近四分之三的海外承包业务，而在中东、亚洲、非洲、欧洲以及拉丁美洲的市场份额相对平均。

欧洲共有62家承包商上榜，占据了一半的海外承包市场，主要集中于欧洲和美洲。德国、法国建筑业集中度相对较高，虽各有4家和5家企业上榜，但其平均营业规模达到88.1亿美元和85.4亿美元，是中国承包商平均规模的近10倍。

土耳其也有33家承包商上榜，仅次于中国，但土耳其的承包商营业规模也不大，仅占3.7%的国际承包市场，主要集中于中东、非洲和欧洲。

2009年国际承包商225强市场分布　　　　　　　　表5-1

国家	企业数量	国际 营业额(百万美元)	国际 份额(%)	中东 营业额(百万美元)	中东 份额(%)	亚洲 营业额(百万美元)	亚洲 份额(%)	非洲 营业额(百万美元)	非洲 份额(%)	欧洲 营业额(百万美元)	欧洲 份额(%)	美国 营业额(百万美元)	美国 份额(%)	加拿大 营业额(百万美元)	加拿大 份额(%)	拉丁美洲 营业额(百万美元)	拉丁美洲 份额(%)
美国	20	49732.8	13.0	14408	19	9547	13	4307	8	7829	8	NA	NA	10387	78	3255	12
加拿大	4	3905.3	1.0	305	0	33	0	572	1	212	0	2578	7	NA	NA	207	1
欧洲	62	200013.1	52.1	26801	35	27169	37	20254	36	82254	82	24732	71	2824	21	15980	59
英国	4	12912.5	3.4	3938	5	1074	2	871	2	2585	3	4368	13	25	0	51	0
德国	4	35245.9	9.2	1327	2	17380	24	953	2	6146	6	8493	24	558	4	389	1
法国	5	42722.5	11.1	3018	4	3468	5	5663	10	23457	23	3558	10	1717	13	1841	7
意大利	22	28409.1	7.4	6025	8	3156	4	8831	16	3972	4	356	1	213	2	5856	22
荷兰	2	7849.0	2.0	740	1	517	1	194	0	6257	6	0	0	0	0	142	1
西班牙	11	28378.9	7.4	2650	3	447	1	2123	4	14313	14	2429	7	172	1	6247	23
其他	14	44495.2	11.6	9103	12	1127	2	1620	3	25525	25	5529	16	138	1	1454	5
澳大利亚	4	12011.2	3.1	1503	2	3895	5	0	0	2052	2	4436	13	126	1	0	0
日本	13	17574.1	4.6	5414	7	6936	10	1589	3	425	0	2549	7	0	0	660	2
中国	54	50573.3	13.2	8387	11	18211	25	20799	37	1609	2	176	1	47	0	1345	5
韩国	12	16343.8	4.3	9531	12	3929	5	1611	3	334	0	56	0	0	0	883	3
土耳其	33	14114.3	3.7	4258	6	1739	2	2764	5	5269	5	81	0	0	0	4	0
其他	23	19464.4	5.1	6952	9	1725	2	4916	9	822	1	271	1	0	0	4778	18
合计	225	383732.3	100.0	77557	100	73183	100	56812	100	100807	100	34878	100	13383	100	27112	100

二、国际工程市场的总体分析

基于所有工程承包行业以及炼化工程承包行业的国际收入、全球收入,采用式(2-9)、式(2-10)与式(2-11)计算得到的贝恩指数、HHI 指数以及 N 指数如表5-2、表5-3、表5-4、表5-5所示。可以直接得出国际工程市场总体分析的结果,这里不一一列出,仅以 N 指数为例,就可以获得如下四种结论[34]:

1. 基于全球收入

(1) 2006年规模实力相当的国际工程公司有70家;

(2) 2007年规模实力相当的国际工程公司有70家；
(3) 2008年规模实力相当的国际工程公司有68家；
(4) 2009年规模实力相当的国际工程公司有53家。

2. 基于国际收入

(1) 2006年规模实力相当的国际工程公司有38家；
(2) 2007年规模实力相当的国际工程公司有44家；
(3) 2008年规模实力相当的国际工程公司有49家；
(4) 2009年规模实力相当的国际工程公司有52家。

3. 基于全球收入（炼化工程）

(1) 2006年规模实力相当的国际工程公司有32家；
(2) 2007年规模实力相当的国际工程公司有33家；
(3) 2008年规模实力相当的国际工程公司有33家；
(4) 2009年规模实力相当的国际工程公司有42家。

表 5-2 基于国际收入的国际工程承包商225强（全行业）市场结构分析

	CR_4	CR_8	HHI	$N=10000/HHI$	备注
2006	0.23088	0.38248	261.935	38	
2007	0.20203	0.34714	229.174	44	
2008	0.19402	0.32214	204.310	49	
2009	0.18686	0.30967	192.608	52	

资料来源：根据《ENR新闻记录》最大225强国际工程承包商（2008～2010年）计算得到。

表 5-3 基于全球收入的国际工程承包商225强（全行业）市场结构分析

	CR_4	CR_8	HHI	$N=10000/HHI$	备注
2006	0.13929	0.23481	143.6418	70	
2007	0.14368	0.24144	142.1368	70	
2008	0.14549	0.24832	147.4308	68	
2009	0.11203	0.18841	187.6746	53	

资料来源：根据《ENR新闻记录》最大225强国际工程承包商（2008～2010年）计算得到。

表 5-4 基于国际收入的国际工程承包商225强（石油工业行业）市场结构分析

	CR_4	CR_8	HHI	$N=10000/HHI$	备注
2006	0.38253	0.51997	517.910	19	
2007	0.38158	0.53294	501.198	20	
2008	0.34749	0.47775	420.991	24	
2009	0.32656	0.49047	392.387	25	

资料来源：根据《ENR新闻记录》最大225强国际工程承包商（2008～2010年）计算得到。

基于全球收入的国际工程承包商 225 强（石油工业行业）市场结构分析　　表 5-5

	CR_4	CR_8	HHI	$N=10000/HHI$	备注
2006	0.28800	0.41301	310.199	32	
2007	0.26983	0.41375	303.213	33	
2008	0.27434	0.40664	305.4038	33	
2009	0.10047	0.20723	239.2775	42	

资料来源：根据《ENR新闻记录》最大225强国际工程承包商（2007~2010年）计算得到。

4. 基于国际收入（炼化工程）

(1) 2006 年规模实力相当的国际工程公司有 19 家；
(2) 2007 年规模实力相当的国际工程公司有 20 家；
(3) 2008 年规模实力相当的国际工程公司有 24 家；
(4) 2009 年规模实力相当的国际工程公司有 25 家。

三、国际承包商前 10 强分析

2009 年国际承包商前 10 强的位置改变不大，略有小的变动[41]（表 5-6）。国际承包商前 10 强均来自欧美国家，因欧美建筑市场遭受较严重的萎缩，这些欧洲企业的营业额都有不同幅度的下降，不过美国的两家企业柏克德和福陆的国际营业额却有小幅增长。

2009 年国际工程承包商 225 强营业额　　表 5-6

国际排名		企业名称	海外营业额(百万美元)			2009新签合同额（百万美元）
2010	2009		2008	2009	增长率	
1	1	德国豪赫蒂夫	26181.8	23769.5	−9.2%	30176.3
2	2	法国万喜	18489.3	17237.7	−6.8%	37477.7
3	3	奥地利斯特伯格	15946.1	15860.1	−0.5%	13045.0
4	5	美国柏克德	13984.0	14849.0	6.2%	19312.0
5	6	法国布伊格	13567.0	13509.0	−0.4%	33867.0
6	4	瑞典斯堪雅	15946.1	12880.0	−19.2%	16827.9
7	7	意大利塞班	11655.0	10884.7	−6.6%	12209.6
8	8	德国比尔芬格伯格	10757.0	9861.4	−8.3%	15514.8
9	11	美国福陆	9140.7	9629.4	5.3%	18500.0
10	9	法国德西尼布	10701.0	8865.0	−17.2%	9998.0

德国豪赫蒂夫的国际营业额为237.7亿美元,相比2008年虽下降了9.2%,但依然以高出第二名近66亿美元的营业额稳坐第一把交椅,这已经是豪赫蒂夫连续六年登顶国际最大承包商,2009年其海外营业额占到全部营业额的91.2%。尽管美国市场遭受较严重打击,但柏克德凭借在中东和非洲的市场增长,海外营业额实现了6.2%的增长,名次也跃升了一位;其2009年的新签合同额为193.1亿美元,增长了10.8%。另一家美国承包商福陆表现也很出色,海外营业额增长了5.3%,上升两位。海外营业额缩水最严重的是瑞典的斯堪雅集团,从2008年的159.5亿美元狂降19.2%,名次也下跌了两位。

国际承包市场上,前10强的营业额合计为1373亿美元,占225家承包商总营业额的35.8%,平均规模达到137.3亿美元/年,是225强平均规模的8倍,行业集中度比较高。

四、全球承包商前10强分析

2009年全球承包商前10强依然是2008年全球承包商前10强企业,但名次却发生了较大的变化(表5-7)。最大的变化是中国铁道建筑总公司跃身为全球最大的承包商,打破了法国万喜集团十余年的霸主地位;中国中铁紧随其后,全球承包商前三甲中国企业占其二,这是历史上中国工程建筑企业的最好成绩。

2009年全球承包商225强营业额　　　　　　表5-7

国际排名		企业名称	全球营业额(百万美元)			2009新签合同额(百万美元)
2010	2009		2008	2009	增长率	
1	4	中国铁建	32,417.1	53,990.0	66.5%	82,701.0
2	2	中国中铁	34,548.1	52,869.7	53.0%	88,111.3
3	1	法国万喜	49,901.0	45,247.1	-9.3%	37,477.7
4	3	法国布伊格	34,405.0	34,271.0	-0.4%	33,867.0
5	7	中国交通建设	25,965.9	33,462.5	28.9%	56,611.3
6	6	中国建筑	27,659.4	33,196.3	20.0%	67,268.9
7	5	德国豪赫蒂夫	29,284.4	26,068.8	-11.0%	30,176.3
8	9	中冶科工	23,314.5	25,531.7	9.5%	31,561.8
9	10	美国柏克德	21,659.0	22,637.0	4.5%	19,312.0
10	8	西班牙ACS	24,015.6	22,496.3	-6.3%	24,997.2

2009年全球承包商前10强中,中国五大央企均上榜,另有两家法国企业,西班牙、美国、德国各有一家。不难看出,全球承包商前十家企业泾渭分明地分成四个梯队:第一梯队为中国的两大铁路巨头,全球营业额超过500亿美元,增长率高达66.5%和53.0%,主要得益于2009年中国铁路6000亿元的基本建设投资;第二梯队仅有法国万喜

集团一家，2009年全球营业额为452.5亿美元，与去年相比减少了9.3%，与第二名中国中铁相比少了将近75亿美元，但与第四名的法国布伊格相比，高了将近110亿美元；第三梯队有法国布伊格和两家中国企业——中国交通建设和中国建筑，全球营业额在330亿美元左右，其中法国布伊格的全球营业额小幅下降，但两家中国企业均有20%以上的增长率；第四梯队有德国豪赫蒂夫、中冶科工、美国柏克德和西班牙ACS集团，全球营业额在220亿～260亿美元左右，比第三梯队少了近70亿美元。

全球承包商10强的总营业额合计为3497亿美元，占225家承包商总营业额的34.8%，平均规模达到349.7亿美元/年，是225强平均规模的7.8倍，行业集中度比较高。

第二节　基于蓝契斯特法则的市场竞争分析

按照蓝契斯特法则确定的竞争力分类规则，采用式（2-14）计算出2007～2009年工程承包行业基于全球收入的RSOM指标与基于国际收入的RSOM指标，对ENR的225强中涉及工业/石油工程承包行业的承包商进行分组，结果如图5-1、图5-2所示。

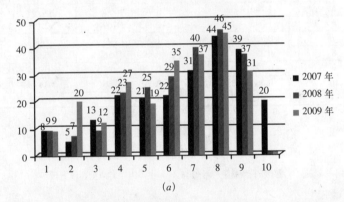

(a)

工业/石油行业承包商营业规模（基于全球收入的RSOM分组）

单位：亿美元

组	2007年	2008年	2009年
1	59.931～84.884	92.019～117.570	110.020～156.206
2	27.114～36.899	30.248～50.909	32.992～45.630
3	13.750～20.931	17.042～29.083	18.906～30.237
4	6.584 11.410	10.223～16.686	9.874～17.007
5	3.869～6.389	5.494～9.568	6.143～9.740
6	2.167～3.568	3.126～5.438	3.059～5.400
7	1.065～1.933	1.737～3.056	1.688～2.993
8	0.562～1.004	0.889～1.679	0.892～1.577
9	0.320～0.545	0.476～0.793	0.392～0.756
10	0.128～0.289	0.200～0.406	0.071～0.387
11	0.056～0.110	0.172	—

(b)

图5-1　基于国际收入的国际工程承包商RSOM分析

注：(a)中横坐标数值与(b)中"组"对应列数值一致

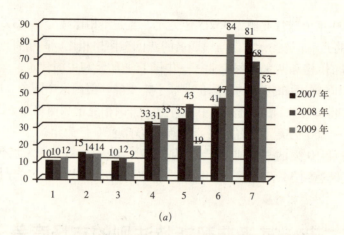

(a)

工业/石油行业承包商营业规模（基于国际收入的 RSOM 分组）

单位：亿美元

组	2007 年	2008 年	2009 年
1	31.274 ~ 80.840	69.876 ~ 113.390	85.009 ~ 114.317
2	16.612 ~ 28.771	28.450 ~ 46.060	24.083 ~ 38.809
3	8.369 ~ 13.962	14.520 ~ 24.972	12.757 ~ 21.927
4	4.111 ~ 6.499	7.473 ~ 12.421	6.637 ~ 11.516
5	2.143 ~ 3.654	4.008 ~ 6.943	3.764 ~ 6.264
6	1.095 ~ 1.965	2.193 ~ 3.709	2.131 ~ 3.593
7	0.626 ~ 1.088	1.000 ~ 1.805	1.087 ~ 1.968
8	0.291 ~ 0.577	0.538 ~ 0.956	0.517 ~ 1.046
9	0.122 ~ 0.280	0.199 ~ 0.483	0.295 ~ 0.503
10	0.064 ~ 0.120	0.065 ~ 0.166	0.113 ~ 0.245
11	0.011 ~ 0.028	0.020 ~ 0.044	0.016 ~ 0.043

(b)

图 5-2　基于全球收入的国际工程承包商 RSOM 分析

注：(a) 中横坐标数值与 (b) 中"组"对应列数值一致

从图 5-1、图 5-2 中不难看出，近三年来国际工程公司的相对位置存在细微的变化，但是基于全球收入的相对市场占有率均分为 7 组；基于国际收入的相对市场占有率 2007 年分为 10 个组，2008 年与 2009 年均分为 9 组。这说明总的竞争格局没有发生太大的变化，但是国际工程承包项目的竞争更加剧烈，特别是第 6、7、8 组的工程企业面临的竞争形势更为严峻，保持市场领先需要更大的市场规模作为保证。

第三节　主要竞争者分析

根据蓝契斯特法则，以 2009 年的 ENR 数据为例，可以得出，在炼化工程承包领域，基于国际收入与全球收入基础下的与中国石化炼化工程某企业实力相当的国际承包商名单（表 5-8），这些承包商与中国石化炼化工程某企业处于同一个射程范围内，两者之间

2009年基于国际收入与全球收入的与中国石化炼化工程某企业处于
同一射程范围内的国际工程承包商　　　　　表5-8

序号	基于国际收入			基于全球收入		
	排名	承包商	营业收入 百万美元	排名	承包商	营业收入 百万美元
1	57	JGC	1842	66	PETROFAC	3655.4
2	52	JACOBS	1801.3	69	SAMSUNG ENGINEERING	3506.7
3	58	PUNJ LLOYD	1656.3	78	SKEC	3163.3
4	61	CHIYODA	1558	94	JGC	2586
5	62	LARSEN&TOUBRO	1551.5	97	CHIYODA	2573
6	63	GS E&C	1490.1	108	HANWHA	2119.9
7	67	TOYO ENGINEERING	1321.9	109	中国石化炼化工程某企业	2114.8
8	69	中国石化炼化工程某企业	1279.8	110	SNC-LAVALIN ING	2104.9
9	73	SNC-LAVALIN INC	1198.6	122	TOYO ENGINEERING	1869.3
10	94	SKEC	788.9	125	CHINA HUANQIU E&C	1817.2
				145	CTCI	1271.7

竞争性很强，相互排名位置不稳定，具体情况如表5-8所示，从中可以看出与中国石化炼化工程某企业处在同一势力范围内的国际承包商并不多，共10家左右，基本上都是亚洲地区的一些国际承包商。

为了揭示西方优秀工程公司的特点以及韩国工程公司的优势，下面选择部分西方国际工程公司和韩国工程公司作为例子，从其基本情况、经营业绩、优劣势、组织与管理、未完成订单工作负荷等进行详细分析，以找出中国工程建筑企业目前与西方国际工程承包商相比，主要存在哪些差距，以便找出需要改进与提升的方面。同时也对台湾中鼎工程股份有限公司进行了简要剖析，以尽量多地为中国工程建筑企业提供有益的借鉴。

一、西方工程公司

（一）德国霍克蒂夫（Hochtief）公司

1. 基本情况

德国霍克蒂夫股份公司（Hochtief，以下简称"霍克蒂夫"）成立于1873年，有着130多年的历史，跨国发展80余年，从起初一个名不见经传的小建造商发展成为今天誉满全球的大型建筑企业（图5-3）。公司创建的前47年，都在德国国内发展，恰逢德国工业化发展时期,公司业绩增长稳定。1922年,公司与另一家公司进行了资本与业务的重组,通过重组,霍克蒂夫第一次走出国门,到法国开展业务。

扩大收购:霍克蒂夫在20世纪80年代早期收购了澳大利亚的雷顿集团(Leighton Group),雷顿是澳大利亚建筑市场规模最大的公司,公司一举成功进驻澳大利亚市场。1999年,霍克蒂夫收购了美国的特纳公司(Turner Corporation),该公司是美国建筑市场规模最大的公司之一。公司又成功开拓了美国市场。

上市:2001年,霍克蒂夫将核心建筑业务在法兰克福上市,有效地募集资金,提升公司的资金实力。目前,正在寻找合适的时机将公司的特许经营公司上市。

集中核心业务:2000年、2001年,霍克蒂夫出售了没有优势的业务,集中发展核心业务。其后,公司的业务多元化,并都围绕核心业务进行相关的下游业务拓展。

核心多元化:2004年公司收购了两个管理与服务公司,显示公司向下游拓展的行动,2008年公司设立了能源管理公司。目前公司的特许经营公司下属有机场与PPP Solution两个公司,2009年特许经营公司有在手订单7.8亿欧元,比2008年增长了8%。截至2010年3月,特许经营公司有32个项目,包括6个机场、7个公路、19个社会基建项目。

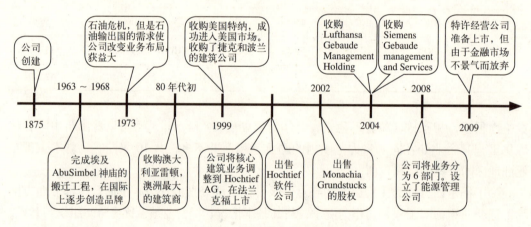

图5-3 霍克蒂夫的发展史

作为一个国际建筑服务提供商,霍克蒂夫提供设计、投资、建设和运作各种复杂的工程服务。霍克蒂夫的全球网络使其业务遍布于世界各主要市场,包括办公大楼、购物中心、机场、电站、医院、港口设施、体育场馆、高速公路和铁路等。

霍克蒂夫的服务横跨整个项目生命周期,主要分为以下四个单元:①开发,包括物业的规划、设计、投融资以及营销策划等;②建筑,包括传统的施工建筑、标准作业承包建筑、土木工程和基础设施项目等,属于霍克蒂夫的核心竞争力;③服务,包括规划建设、物流、设备管理、资产管理、保险、环境工程、建筑管理等;④特许经营,包括机场管理和特许经营的公共和私营部门的合作、承包开采部分等。霍克蒂夫业务覆盖区域主要包括德国本土市场、欧洲其他市场、美洲地区以及亚太地区。

2. 中标情况

2009年，霍克蒂夫的营业收入中的72%来自美国和澳大利亚，德国本国占12%，亚洲市场只有10%。但是Hochtief已经是国际厂商中业务分布区域较多的承包商。其中，营业收入中的92%来自建筑工程，之后分别是房地产、服务部门与特许经营，所占比例分别为4%、3%与1%，如图5-4所示（详见书后彩图）。

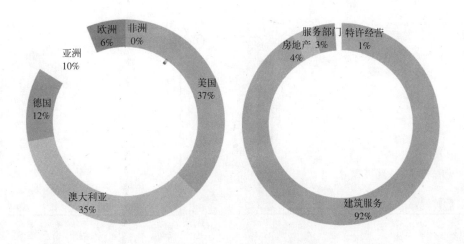

图 5-4　霍克蒂夫的业务分布

注：详见书后彩图。

从霍克蒂夫公司的国际工程收入所占比例看，毛利最低、竞争最为激烈的房屋建筑的所占比例均呈下降趋势。霍克蒂夫的房建建筑所占比例从2004年的57%下降到2009年的39%；交通工程营业收入所占比例提高，由2004年的19%提高到2009年的26%。如图5-5所示。

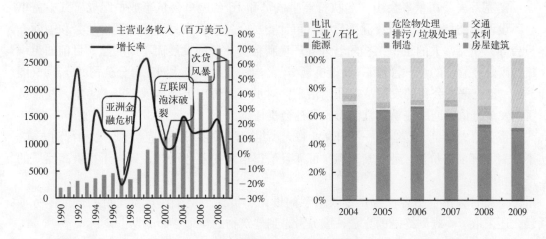

图 5-5　霍克蒂夫的业务发展历史

注：详见书后彩图。

霍克蒂夫2009年的建筑净利率是1.2%，但是特许经营（包括了PPP与特许经营）的毛利率与净利率却很高，霍克蒂夫2009年特许经营净利率达25%，特许经营由于其垫资性质，盈利水平也很高。2009年，霍克蒂夫的职工人数为66178人，其中特许经营的职工人数只有311人，这311人创造的人均净利润是15万欧元，远远高于其他业务的人均净利润。从公司的净资产收益率看，由于公司经营战略的正确，2004年以来公司的盈利水平不断提高。如图5-6所示。

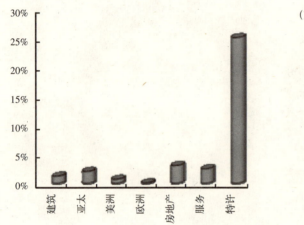 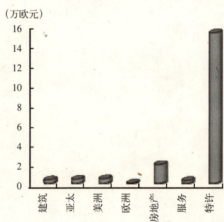

图 5-6 各种业务的盈利能力分布图

3. 优势分析

德国霍克蒂夫股份公司的发展历程是欧洲工程建筑公司发展的一个缩影，具有典型的意义。我国的工程建筑企业目前还处在一个快速发展的时期，机遇与挑战并存，学习国外标杆公司的发展过程，对我们有着重要的借鉴意义。

霍克蒂夫公司董事会由7名执行董事成员和16名监事会董事成员组成，其中监事会下设调解委员会、人力资源委员会、审计委员会，董事会另设有管理委员会和国际委员会等。霍克蒂夫的组织结构随着外界环境和自身业务的发展而不断调整。目前的组织机构则是在总部的统一管理下，分设机场、开发、美洲、亚太和欧洲五个分公司（分部）（图5-7）。霍克蒂夫公司的发展战略非常清晰，对员工的管理更是体现了以人为本，注重员工的发展升值，同时注重其社会形象和社会责任感。

霍克蒂夫立足于与客户一同开拓，将人和组织联系起来，创造新的思考和行动方式，不断为客户创造价值；渴望成为客户可靠且值得信赖的业务伙伴，致力于提供高品质的产品和服务。

霍克蒂夫不仅给客户提供令人满意的设计和贯穿于整个建筑价值链的广泛服务项目，还采取了终端到终端的方法，服务考虑到建筑物的整个生命周期。

霍克蒂夫坚持可持续性发展的原则，对自然环境和社会环境负责的态度让人钦佩。公平交易是霍克蒂夫公司一贯坚持的道德原则，同时该公司也支持机会平等，鼓励多样

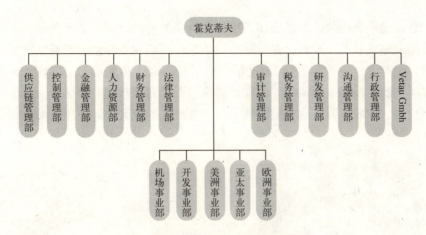

图 5-7　霍克蒂夫的组织机构图

化发展。公司推动各项措施，确保员工的健康和安全，减少事故和风险。

提高公司的价值是霍克蒂夫公司的经营目标。在战略和操作层面上，对股东利益负责；公司依靠创新获得盈利，并实现公司的可持续发展。

提高企业运营效率，提高资产周转率。霍克蒂夫 2010 年税前利润率为 3.4%，税后利润率为 2%，但净资产收益率达到了 13%。在发达国家，工程建筑市场往往呈萎缩趋势，利润率降低。针对这种情况，国际工程建筑巨头采取的措施可以分为两大类。一方面，到利润率相对高的初级市场去"淘金"；另外，改善企业运营效率，提高资产周转率，在相同利润的情况下，加快资金周转，也可以提高净资产收益率。

培养企业核心竞争力，加强核心技术研发。霍克蒂夫非常注重培养企业核心竞争力。霍克蒂夫核心竞争力来自两方面：基于全球化网络的价值链创新和风险控制。一方面，利用全球网络优势，强化产品技术和服务的研发工作；另一方面，加强对风险的控制。

抓住机遇，实现转型。霍克蒂夫的发展抓住了几次历史大机遇，包括早期德国工业化时期的原始积累，一战、二战后的大建设时期，东西德的统一等。

（二）法国万喜（Vinci）公司

1. 基本情况

万喜（Vinci）公司成立于 1899 年，已有 110 多年的历史，总部位于法国巴黎。目前拥有 2500 家分支机构，遍布全球 80 多个国家和地区，年营业额约 200 亿欧元，是全球最大的建筑工程承包商。

万喜公司按照业务性质不同分为四个子公司，由集团总公司 100% 控股，分别是建筑、特许服务、道路和能源。在近几年的经营中，建筑子公司的营业额所占比例最大，为 43% 左右，而利润所占比例最大的却是特许服务，占到集团总利润的 36%。从图 5-8 可以看出，在四大子公司中，虽然特许服务所占营业额比例最小（房地产板块由集团直管），利润比例却最大；建筑子公司利润所占比例其次；而道路和能源子公司的营业额虽大，但对万喜集团贡献的利润较少。

第五章 竞争分析

对于这样的业务组合，万喜公司高层有其自身的考虑，追求集团各业务之间的协同效应是集团战略发展的出发点。保持巨大的建筑工程承包业务量，能够维持集团公司的稳定运行，虽然其"不太赚钱"，但这是一个运营平台。在此基础上，重点开发的经营业务是推动集团发展的主要动力。因此，将承包业务和经营业务相结合，就像把底盘和发动机相结合，形成了万喜这台超级战车，两者产生的巨大协同效应推动集团公司不断向前发展。

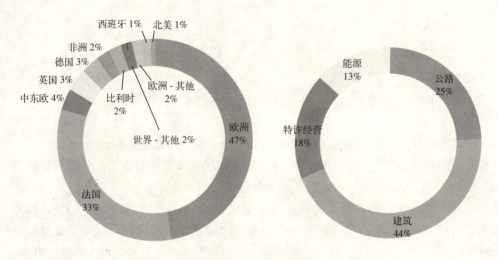

图 5-8　万喜的业务分布图
注：详见书后彩图。

2. 经营情况

2009 年，万喜公司的收入中 89% 来自欧洲发达国家，其中法国占 33%，公司业务分布很集中。但是万喜公司已经是国际承包商中业务分布区域较多的。其中，营业收入中 44% 来自建筑工程，25% 来自公路交通，之后依次是特许经营与能源，所占比例分别为 18% 与 13%。

万喜公司 2009 年的建筑工程的毛利率是 5%，但是特许经营（包括了 PPP 与特许经营）的毛利率与净利率却很高，特许经营的收入占比逐年提高，由 2003 年占比 10%，提高到 2009 年的 18%。

万喜公司的业务包括 4 个事业部门：特许经营项目、能源、公路和建设。万喜公司特许经营是欧洲领先的交通基础设施（公路、隧道、桥梁、停车场、机场和铁路）特许经营商，并是世界上最大的公路特许经营商。万喜公司实施这种特许经营＋建设的模式已经有很多年头，近来这个势头又得到快速膨胀的 PPP 市场的进一步推动。除了在法国本土特许经营市场有巨大的份额，万喜在希腊经营着一座大桥和总长为 600km 的两条公路；德国一条 45km 长公路；英国的 Dartford 大桥和一条公路；葡萄牙的桥梁；加拿大的一条公路和桥梁；美国两条公路；牙买加一条 34km 长公路；柬埔寨三座国际机场；11 个国家共计 77 万个车位的停车场；一条连接比利时安特卫普和荷兰阿姆斯特丹的铁路。如图 5-9 所示。万喜特许经营总共服务于约 6 亿的人群。

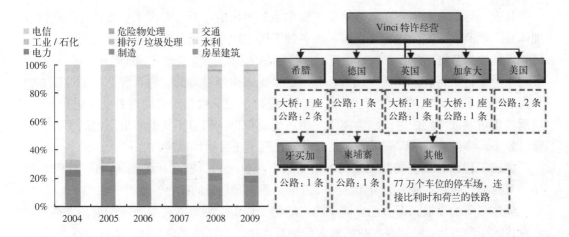

图 5-9　万喜的业务结构

注：详见书后彩图。

3. 优势分析

2005年以来，万喜公司提出了要做"世界上最赚钱的建筑工程承包商"的战略目标。为实现该目标，万喜着力提升自身三大能力，即建筑工程承包业务的风险管理能力，建筑工程承包业务的融资能力，将建筑工程承包业务和项目运营相结合的能力。如图5-10所示。万喜之所以成功，原因之一就是风险评估做得很好、风险管理得好。

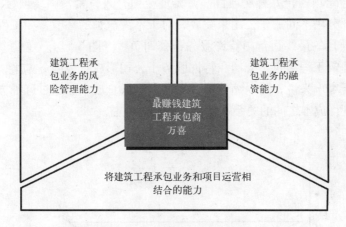

图 5-10　万喜赚钱能力结构图

首先，选择风险小、利润高的项目或项目环节。万喜加大管理和技术升级方面的投入，其竞争策略是退出传统的建筑工程运作环节，这些环节的特点是利润薄，资金占用大，风险高。万喜很早就介入到项目的过程中，从承包项目转向为自己策划项目，发展项目并引入投资。万喜把注意力集中在项目管理上，尽量减少雇佣自己的各种技能的建筑工人，而是越来越多地把低附加值的工作转移给分包商，而把精力主要集中在项目前期策划、项目运作、后续经营等利润丰厚的环节上。

其次，尽量减少项目在具体运营过程中的各种风险。万喜制定了一套特有的运营管理体系，规范整个集团的管理模式，将各种不确定因素降到最低。通过资金控制，直接将管理延伸到各机构以及各执行项目上。特别是依托信息技术建立管理系统，对各分部、机构以及项目进行管理和成本控制，利用这个庞大而强有力的管理系统，不但可以方便掌握和控制整个集团的运营情况，还可以根据此系统的数据对集团财务状况进行分析，从而找出盈利或亏损的原因，为集团的决策提供依据。信息工具的使用，提高了万喜的管理效率，降低了经营管理成本，从而有效控制了项目运作风险。

建筑工程承包业务的融资能力。近年来，项目融资（BOT）和公私合营（PPP）推动了万喜和代表资本能力的财团这两大力量基于共同利益的结合。

经过多年的发展，万喜已形成了稳定的融资渠道，融资方式也不断创新。得益于欧洲发达的金融市场，特别是发达的私人金融资本市场，以及万喜在欧洲的强大资本基础，万喜每年通过发行企业可转债券和向私人募集的资金占到总资产的 60% 以上。同时，作为上市公司，良好的经营业绩也使得它可以顺利的从股市获取资金。这些融资方式在增加公司资金实力的同时不影响公司今后的进一步融资。

将建筑工程承包业务和项目运营相结合的能力。万喜集团建造并经营的项目包括机场、收费公路、大桥、停车场、体育场等。2010 年此项业务的利润率高达 30% 以上，其利润额占到集团公司利润总额的 32%，居然超过了建筑工程业务的利润总额。这也是万喜把经营重点转向项目经营的根本原因。

对于特许运营项目，万喜从项目一开始便全面介入，紧紧围绕项目的整个价值链，将获利最大的部分由不同的子公司来完成，对于不太盈利的环节，如工程建造部分，则会将其外包，项目的最终运营由特许服务子公司负责（图 5-11）。在整个项目的获取和完成过程中，建筑工程承包子公司和特许服务子公司形成打包服务方案，两者之间实现无缝对接。对于客户来说，可以缩短项目周期、降低总成本。通过这种方式，万喜能够完美地衡量进度、成本之间的关系，从而产生协同效益。

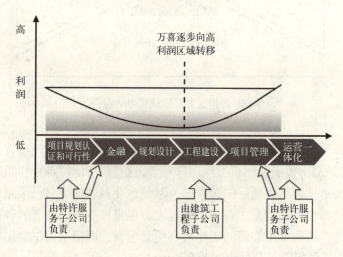

图 5-11 万喜的业务转移历程

(三) 加拿大兰万灵 (SNC-Lavalin) 公司

1. 基本情况

加拿大 SNC—LAVALIN 集团公司是一家大型的集工程设计、设备采购和建筑施工于一体的国际知名跨国公司，创立于 1911 年，总部设在加拿大魁北克省蒙特利尔市，是加拿大最大的工程咨询设计公司，在世界范围内也是工程咨询设计和建筑业中的佼佼者，该集团在基础设施的运营及管理领域中同样居世界领先地位。同时也为农业、生物技术与医药、石油化工、环保、矿业与冶金、交通运输、电力与污水处理等行业提供设计、采购、施工、项目管理与融资服务。

加拿大 SNC—LAVALIN 集团公司现有员工已从 2005 年的 1.1 万人增至 2009 年的 2.2 万人，在 30 多个国家设有常驻机构，其工程项目遍布 100 多个国家（图 5-12）。该集团的股票在多伦多股票交易所上市，是加拿大大型的建筑类上市公司，自上市以来，公司连续多年盈利。根据 2010 年工程界权威杂志美国《工程新闻记录》（ENR）的统计排名，SNC—兰万灵公司以其在 2009 年 17.2 亿美元的国际收益名列 ENR 国际工程咨询设计商第八位，该集团一直位于国际工程设计咨询业的前列。

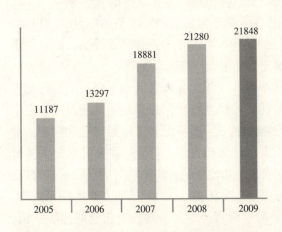

图 5-12 SNCT 兰万灵公司的雇员增长的历程

SNC—兰万灵集团卓越的成绩源于集团多年来一直遵循的营运和管理战略。该集团一直深信只有拥有世界一流的产品，建立国际营销网络，具备项目融资能力和实行全球采购，才能在国际工程承包市场上占有领先地位。公司已将其拥有的世界一流的技术专长、项目和施工管理、设备采购以及项目融资等服务，通过其强大的国际营销网络——各国的办事机构、合作伙伴、供货商，就地提供给世界各地的客户并得到认可。该集团活跃在世界各地已有四十年之久，建立了遍布五大洲的多元文化营销网络。员工与世界各地的国营和私营部门建立起了密切的联系，他们以全球战略地点为基地，从各个角落进行物料采购、督办、检验和运输。

2. 经营情况

2010 年，按照不同行业来看，公司的营业收入主要来自于基础设施及环保与运营，所占比例分别达到 28% 与 21%。之后分别是电力、石化、矿业与冶金与特许经营等，比例分别为 15%、14% 与 6%。按照不同地区来看，加拿大市场所占比例最大，为 53%，之后依次是非洲、中东、欧洲、中南美洲、美国与亚洲，比例分别为 15%、10%、9%、5%、4% 与 3%。如图 5-13 所示。

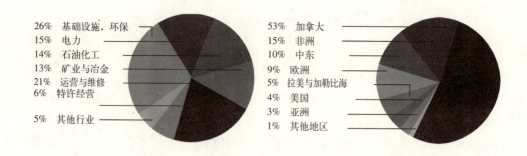

图 5-13　SNCT 兰万灵公司的业务分布图

注：详见书后彩图。

3. 优势分析

组织管理。SNC—兰万灵在组织机构上有一大特点 - 专门成立了健康、安全、环境部。该部门的主要职责是不断提高和改进建设、经营中的工作方法，以确保员工的职业安全及健康目标，并将这一目标列为工程质量标准的一部分对员工进行定期的培训，不断加强员工在工作过程中的职业安全及环保意识，负责监督公司的所有活动是否完全遵守现行的环保法律及法规，并对不符合标准的活动及时提出整改意见或撤销活动等。

在单个项目的管理上，公司主要采取以项目管理为核心的矩阵型的项目管理机制，实行项目经理负责制。这不仅便于专业人员的培养，有利于专业水平的提高，而且便于专业人员的调配，保证专业人员的工时得到充分利用，提高劳动生产率。

当然公司还拥有先进的项目管理技术和手段作支撑。如项目管理手册、项目管理程序文件、工程规定、项目管理数据库、先进的计算机系统和网络系统等，公司还开发了集成化的项目管理系统，该系统主要由以下模块构成：项目定义、计划与进度控制、费用估算、费用控制、设计管理、采购、施工管理、文档控制。每个模块下又细分出关键的控制点，这一系统能将完整的一个项目分成若干功能模块，实施适时的全程监控管理。

人力资源。大型工程公司在人员构成方面可分为两类，一类是带有自己的施工队伍，一类是没有自己的施工队伍，SNC—兰万灵属于后者。虽然公司没有自己的施工队伍，但是具有强大的施工管理能力，公司员工以设计人员为主，包括设计、采购、施工、开车、报价及项目管理等各类技术、管理人员为骨干的专家群组成。

高度重视员工的发展。SNC—兰万灵是世界工程领域的领头兵，由于没有自己的施工队伍，因此公司员工大都是各类技术人员，员工整体素质相对较高，这对公司人力资源管理也提出了更高的要求，因此公司人力资源管理的关键目标是为员工提供一个宽松、积极、适于工作的环境。具体目标包括相关人员的招聘及挽留、加强和扩大公司员工的培训及个人发展、遵循当地的商界规范及劳动法规，为来自世界多个国家的员工提供一个相对公平的薪酬水平、确保员工的福利及补偿的竞争力，以留住老员工及吸引新员工。

高度重视员工的健康与安全。公司员工在工作过程中的安全是 SNC—兰万灵的核心价值之一，董事局还专门成立了安全与健康委员会，主要负责对公司业务单位、业务分部及全资附属公司员工的职业健康与安全的监察，包括对员工进行培训，以提高他们在工作过程中的健康与安全意识，不断开发建设、经营、工作的方法，以确保员工的职业安全与健康，并将其纳入工程质量标准的一部分等。

公司愿景。 SNC—兰万灵的远景是建立在其丰富的实践经验和不断创新的基础上，保持并不断加强其在工程行业的核心竞争力，以此来满足客户和市场不断变化的需求。SNC—兰万灵将充分利用深远的国际网络和融资能力，发展世界级的产品，以保持公司持续增长的能力。目前公司上下正致力于利用公司在既定行业的竞争优势，为客户提供卓越的价值，不断加强公司在既定行业的全球声誉，维持广泛的国际营销网络，保持公司在项目管理能力的领导地位，积极参与工程项目及民营基础设施的开发，以灵活开放的态度，听取并尊重客户的意见，永远站在技术变革的前沿，发展稳定的客户群以保证有大量的回头客，保持持续稳定的利润，实现最优的增长回报股东。

核心价值观。 公司的价值观主要体现在以下几个方面：在公司全球经营过程中的首要目标是确保高水准的健康和安全，持续改善公司在环境、质量的道德守则；不断增强员工的自豪感和归属感，并赋予员工主动采取行动和勇于承担责任；在充满挑战的氛围中为员工提供多样化的岗位和公平竞争的环境；让员工知晓公司的技术发展及管理的诀窍，以确保公司能保持在工程行业的领先地位，通过分享公司股权来激励员工。

成功因素。 SNC－兰万灵的成功源于多年来公司一直遵循的运营和管理战略，公司一直坚信只有拥有世界一流的产品、建立国际化的营销网络、具备项目融资的能力、实行全球采购等战略才能在激烈的市场竞争中立于不败之地。在实际经营过程中，SNC—兰万灵将拥有的一流的技术专长、项目和施工管理、设备采购以及项目融资等服务，通过其强大的国际营销网络—各国的办事机构、合作伙伴、供货商，就地提供给世界各地的客户并得到了广泛的认可，同时，公司在国际市场已经奋斗了四十年之久，建立了遍布五大洲的多元化营销网络，员工与世界各地的国营或私营部门建立了紧密的联系。

作为国际工程设计行业的领头兵，公司的人力资源是保证公司具有持续核心竞争力的源泉，SNC－兰万灵充分发挥员工的自主性及创造性，同时尊重并保护员工的合法权益，不仅从物质上给予员工合适的补偿，还在精神层面给予员工慰藉，使公司上下形成了一股合力，积极应对未来可能发生的状况。

（四）法国德希尼布（Technip）公司

1. 基本情况

Technip 成立于 1958 年，主要的业务是承建炼油厂和其他石化设施。该公司在很早就将目光瞄准了国际市场，凭借着传统的政治经济联系，1962 年首先进驻非洲市场，随后逐步进入英国市场、东欧市场和加拿大市场，到 1990 年，Technip 公司的市场遍及世界上 80 多个国家或地区。

Technip 公司最主要的特点是专业化和国际化。公司几乎所有的业务都集中在石油、天然气领域。目前德希尼布公司是欧洲第一大、世界第五大的石油、天然气工程服务商。Technip 公司的组织结构围绕三个主要业务领域：海上作业分部、陆上与场区作业分部以及工业及其他分部。其海上作业分部的经营范围包括：海上场地开发、水下生产、水下管道与施工、水下维修、浮动式与固定式平台、停泊服务和钻探服务等。陆上与场区作业分部包括：陆上场区开发、天然气加工与液化、石油炼制、硫磺、陆上管线、石油化工以及系统工程等。工业及其他分部包括：化肥、化工和生命科学、农业、金属、发电、水泥、制造业和建筑业。该公司提供的服务范围广泛，包括可行性研究、浮动与固定式平台、海上设施设计与建造、项目管理与实施、基础设计与详细设计、采购、海底管道生产及铺设、建设施工、海底设施安装及维修、人员培训及融资等。与此同时，公司几乎所有的业务都集中在法国境外的50多个国家或地区。该公司拥有员工21000人，在美国《工程新闻记录》中长期排名国际承包商前10位。

2. 中标情况

2010年，Technip公司的运营收入为6.57亿欧元，签约未履行的合同额为75亿欧元。其中，陆上业务营业额比例为55%，海底业务营业额比例为36%，海上业务营业额比例最少，仅为9%。从所占区域来看，中东是Technip公司的重点目标市场，比例为30%。美洲次之，为24%，欧洲、俄罗斯与中亚位列第三，为22%，其余的地区所占比例不到20%。如图5-14所示。2011年4月Technip新中标巴西国家石油公司总承包交钥匙工程合同，为巴西圣保罗Cubatão州普雷西登特波那德斯炼油厂建设5个新装置。

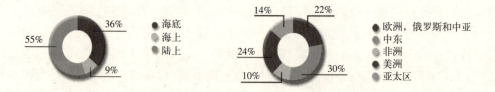

图5-14 Technip海外业绩分布图
注：详见书后彩图。

自2000年以来，Technip公司在海湾共中标炼化项目29个，总合同额约为87亿美元。其中，在沙特共承揽炼化项目13个，合同额约为42亿美元；在科威特共承揽炼化项目3个，合同额约为6.2亿美元；在阿联酋共承揽炼化项目8个，合同额约为19.7亿美元；在卡塔尔共承揽炼化项目4个，合同额约为19.3亿美元。如图5-15所示。

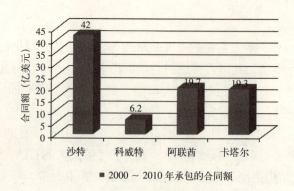

图5-15 近十年Technip在GCC地区炼化工程承包额

3. 公司优势分析

（1）EPC项目业绩丰富。以中东海湾地区为例，近十年，Technip公司在海湾共中标炼化项目29个，总合同额约为87亿美元，业绩显著，为其在该地区进一步开拓市场树立了良好的声誉。

（2）主业突出。公司包括上游的石油、天然气工程的建设和下游的如炼油、天然气液化产业的工程设施的建设与服务。上游的海洋工程建设业务又分为海上设施和海底设施的工程服务。目前，Technip公司最主要的业务——海洋深水工程的国际营业额排名225家国际承包商之首。

（3）出色的团队和先进的设备。公司具有一个非常出色的运营支持团队和先进的设备。至2010年公司拥有海上支持的大型船只17条，并自己生产工程项目所需的海底管道等材料和设备等。

（4）战略收购。近年来，Technip进行了3次战略并购，收购对象分别是世界上著名承包商Mannesmann Demag和Aker的石油、石化工程部门和Coflexip，并一跃成为世界上五大石油、天然气工程公司之一。同时加快公司在非洲、巴西和世界其他地区的海底工程领域的扩张。

（5）开拓新领域。该公司力争在重油和天然气液态烃领域获得世界领先地位，并寻求在基础设施和冶金、采矿业务领域获得增长，发展可再生能源工程领域。

（6）先进的项目执行程序。随着石油工业技术的不断发展，在许多领域，德希尼布可以承建更加复杂的项目，其许多代表工程在相应的领域具有开拓性。为了优化项目的执行，对于将要承建的项目具有一定的标准要求，只有通过集团内部审核的项目，才能参与投标及签订合同。严格的项目执行程序主要体现在以下两个方面：一是项目的选择。由于编写一套投标报价文件需要的成本较高，因此，德希尼布只对那些通过甄选审核过程的项目进行投标，而对每一个项目的评价都是建立在其自身价值的基础上，因此这一规则并不偏离市场份额和资产利用率的目标。为了达到集团建立的标准要求，实现合理的风险回报组合，在决定对一个项目是否进行投标、接受意向书以及签订合同之前，要对该项目进行审核，只有当项目满足集团所规定的适当水平标准之后，才有可能纳入集团的承包项目。二是项目审查的内部程序。在决定提交投标报价之前，德希尼布首先会通过"投标前期"（ET：Early Tender）程序对每一个具体的项目进行审查；而在决定提交投标报价之后，进入标书的编制阶段，在这期间，投标项目的所有事项及条件都会通过"投标授权"（ATT：Authorization to Tender）程序进行分析；而当完成的投标报价文件递交给客户，并被客户认可之后，通过ATT所进行的分析和风险评价会在"承诺授权"（ATC：Authorization to Commit）的过程中进行更新，德希尼布在未收到ATC过程中由管理小组提出意见之前，不会接受任何授标意向书，也不会签订任何合同。

（7）人力资源管理。德希尼布的人员管理制度的目标在于不断提高员工的能力和技能，以便提供更高水平的项目执行业绩。在德希尼布的三年计划中提出"人员无国界"，这一创新加强了员工的公司荣誉感。另外，公司拥有相关的学习机构，2008年7月成立了德希尼布大学，其目的是为了培养公司员工的专业技能、加强集团文化以及为集团的战略实现提供管理手段；2001年建立了专家网络，这也便于在集团内部进行专业知识的推广。截止2008年11月，此网络已有465位专家成员。通过此专家网络，公司的员工可以咨询解决各种技术上的问题。德希尼布设立了若干奖项来激励团体或员工的创造性。如雅克·富兰克林奖，是为了奖励团队通过创造性工作、创新的意识及合作为公司的发展所做出的贡献。在德希尼布集团里有917个子公司被提名，其中147个被授予此项奖励；另外还设立了最佳技术论文奖。2008年2月份，5名员工因发表一篇或更多的论文而为德希尼布的技术声誉做出了贡献，被授予此奖项，该奖项每年颁发一次。

为了评估员工业绩，留住人才，德希尼布对员工提供业绩奖励、补偿和各种员工福利。评估员工业绩的标准中，75%建立在可衡量的财务指标及个人目标之上，25%与管理人员对公司核心价值的贡献有关。另外，正在实施新的股票期权和免费共享的分配计划，这些创新设计能够在高级管理层建立忠诚度，并且留住顶尖人才。

（8）坚持可持续发展。德希尼布集团一直以加强与改进完善健康、安全、环保条件为公司的战略方针。德西尼布拥有整套HSE管理体系，经独立机构审计并颁发OSHA18001证书。基于2009年全球安全形势趋于紧张，公司的安全战略是：①确认风险；②对居住在有风险地区的雇员提供咨询与帮助；③保护财产与施工场地；④制定应对突发事件的计划。

（9）安全控制。2006~2008年，德希尼布的事故发生率在过去3年里得到了很好的控制，并呈持续下降的趋势，从2006年的0.34降低到2008年的0.25。德希尼布通过在公司内部培养安全文化来达到安全施工的目的。2008年推出和实施了一个新的全球性事故分析报告工具，这一新的工具能够对每一个执行现场所部署的管理系统的有效性进行实时评价，并对事故的管理进行交流反馈。2008年，德希尼布继续推行HSE战略所确定的目标，重点在于组织内的HSE氛围和文化的建立，通过对雇员一天天的安全教育来逐渐改变行为，这种文化也随之慢慢建立起来。

（10）健康保护。一是为差旅提供信息和预防措施。德希尼布的员工分散在50多个不同的国家，因此伴随而来的是与差旅相联系的健康风险。为了确定风险，德希尼布的医师设立了健康监测系统，为出差的员工通报各个地区的情况，并及时告知在特定的国家预防疾病应采取的措施等。如2008年通过24小时快讯发出了在巴西的黄热病、马来西亚的基空肯亚热以及也门发生的登革热。德希尼布还设立了一个内部网站，致力于为出差的员工通知任何与健康相关的风险和预防措施。二是搞好执行现场卫生保健。为了改进执行现场的医疗保健设施，德希尼布不断地对项目现场附近的医疗机构进行评估，该评估主要针对紧急情况下，现场的设施、设备以及运输等可能产生的任何问题。在"德希尼布事故管理系统"中，详细安排了6个安全演习以及发生事故时进行调整控制的正规化程序，通过对这个管理系统的学习，加强了员工的危机意识及管理技能。

（11）环境保护。解决能源所带来的环境问题，特别是减少温室气体的排放，是德希尼布从可行性研究、公司对装置的设计、制造到试运转的全过程中优先要考虑的问题。德希尼布集团执行ISO14001环境管理体系，目前已有95%以上的德希尼布公司获得了此认证。集团公司还制定了环境保护指南，以便更好地评价管理，减少环境问题。在对德希尼布可持续发展的环境绩效评估中，行业的平均绩效水平为 44，最高水平为 68，而德希尼布的水平为 55，高于行业的平均水平。由此可知，德希尼布虽然以石油／化工为主营业务，但经过采取各种有效手段，环境污染得到了很好控制。

4. 中东海湾 2010～2013 年未完成订单的工程承包负荷预测

根据 MEED（中东经济文摘）数据，可以看出 2010—2013 年期间，Technip 公司在该地区完成订单的工程承包负荷在 2011 年第四季度之前不断增长，并于 2011 年第三季度增长至顶峰，达到 5.3 亿美元，之后不断下跌，预计到 2013 年年底降至 2 千万美元。如图 5-16 所示。

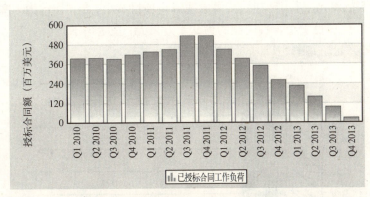

图 5-16　Technip 在 GCC 地区 2010～2013 年炼化工程承包负荷预测

数据来源：MEED（中东经济文摘数据整理）

（五）日本日挥株式会社（JGC CORP）

1. 基本情况

日本日挥株式会社成立于 1928 年 10 月 25 日，在日本工程界独占鳌头，作为日本第一家工程承包公司，公司业务已从石油天然气资源开发、石油加工、天然气处理、石油化学等领域扩展到生命科学、化工、环境等更广阔的领域。日挥株式会社在全球享有较高的知名度，目前在世界各地承揽着不同的项目，是国际工程界有实力与欧美工程企业竞争的为数不多的亚洲工程企业之一，与世界 50 多个国家进行了 2 万个以上的项目合作与投资。经过数十载的发展，至今该公司已拥有 43 个全球子公司和 17 个办事处，现有职员 20000 多人。

日本日挥株式会社用实际证明了亚洲工程公司具有与欧美工程公司竞争的实力，跻身于国际知名工程承包企业，值得中国工程建筑企业学习和借鉴。

2. 中标情况

2010 年，JGC 公司的运营收入为 6.4 亿美元，签约未履行合同为 118 亿美元。日挥株式会社是亚洲工程企业成功打入欧美市场的典范。目前日挥株式会社正在包括沙特、卡塔尔、印度尼西亚、越南以及阿尔及利亚等国开展类似业务。

日本日挥株式会社和大阪燃气，于 2008 年度开始受理利用天然气生产石油替代品"GTL（Gas-to-Liquid，气变油）"的商业设备订单。由于原油价格居高不下，GTL 在全球日益引起关注。英荷皇家壳牌石油公司（Royal Dutch Shell）等海外厂商在商业化应用领域已经领先一步，而新日本石油等6家日本公司也已决定建设实验设备，涉足这一领域。GTL是利用天然气生产煤油、轻油和粗汽油等产品的技术。由于这些产品不同于液化天然气（LNG），能够在常温下运输，因此运输费用低，而且可用于汽车燃料等。先将天然气分解成一氧化碳和氢气的混合气体，而后利用催化剂等合成石油产品。日挥和大阪燃气开发出了在生产混合气体的工程中，可省去用大型燃烧器进行高温加热等工序的技术。实验设备已运行了1000个小时，证实已经达到实用化水平。

以中东海湾地区为例，自2000年以来，JGC公司在海湾共中标炼化项目12个，总合同额约为119.5亿美元。其中，在沙特共承揽炼化项目9个，合同额约为102.6亿美元；在阿联酋共承揽炼化项目1个，合同额约为9千万美元；在卡塔尔共承揽炼化项目1个，合同额约为16亿美元。如图5-17所示。

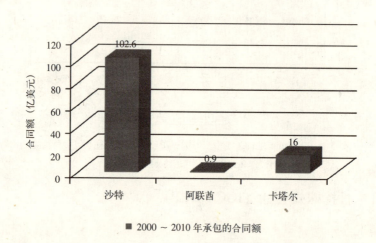

图5-17　近十年JGC在GCC地区炼化工程承包额

3. 公司优势分析

作为杰出的日本建筑施工企业，日挥公司的发展道路，尤其是其国际化发展道路，对于正积极开拓国际市场，面临许多国际化困惑的中国工程建筑企业具有相当的借鉴意义。

（1）战略性开拓区域国际市场。纵观日挥公司的国际业务发展历史，不难发现，伴随其国际业务高速增长的并不是一片大好的经济形势，而是一次次的经济危机、石油危机。但日挥公司总能化"危"为"机"，战略性开拓区域国际市场，从而分散宏观经济发展带来的风险。

1975年石油危机，日挥公司的国际业务当年取得了50%以上的增长速度；1985年日元升值，日本国内市场萎缩，日挥公司明确了国际化发展的目标，取得了较好的业绩；1997年亚洲金融危机，次年日挥公司的销售额增长率高达50.28%。

从图5-18可以清晰的看出，1997年、1998年日挥公司的业务都有较大幅度的亏损，而1998年的销售情况却有较大幅度的增长（考虑到工程建设周期，投资回报有所延迟），这与日挥公司当时大量增加了在南美、中东、独联体等地区的业务开发有直接关系。

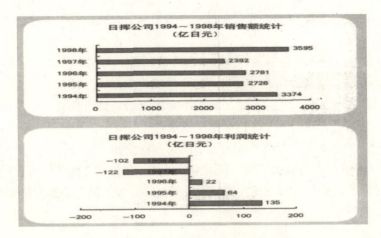

图 5-18　JGC 1994～1998 销售金额

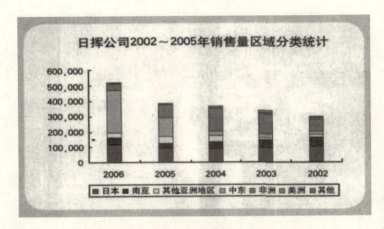

图 5-19　JGC 2002～2005 销售量区域分类统计
注：详见书后彩图。

对于各个区域国际市场各有侧重的开发，再加上对于世界各国经济发展的敏锐见解，在 2002 年以后，日挥得以取得了快速稳定的发展（图 5-19 给出了 2002～2005 年的销售额分布示意图），在国际工程市场上的影响力也逐年提升。

(2) 高度重视技术与施工经验的积累。日挥公司高度重视技术的积累和开发，积极主动地去了解行业发展的最新趋势并满足客户的需求。

纵观日挥公司的发展历史，不管是依靠施工能力实现快速扩张，还是依靠技术与资金实力抢占国际市场，又或是近年来通过对新技术、新能源的开发取得了稳定的发展，无不体现了日挥公司对技术能力的执着追求及施工经验的深厚积累。

日挥公司在石油炼制加工工艺、石化产品加工工艺、施工方法、信息技术等方面拥有一大批技术专利，且每年日挥公司还会将大量资金投入到位于横滨等地的 JGC 设计研发中心，从事先进技术、材料、施工方法、生产工艺等的开发研究。近年来，日挥公司还提出了"人类生活质量工程"的口号，加大了对新能源、清洁能源的研究和开发。这对于增加公司的技术实力、扩大公司在行业内的影响力、拓展公司未来的业务发展空间起到了举足轻重的作用。

（3）建立适合国际化项目的运作模式。日挥公司是一个以海外业务为主的工程公司，在国际业务的开展、增强公司在国际市场的竞争能力方面，日挥公司积累了大量的宝贵经验。从 20 世纪 80 年代开始，日挥公司就不断推进公司管理模式的改革，使得公司的国际竞争力不断增强，对国际业务的运作也越来越得心应手。

为了加强海外事业部等分支机构的竞争能力和应变能力，日挥公司调整了其组织结构，如图 5-20 所示。公司引入了执行官体系，对总部和分部之间的权力责任进行了清晰的界定，同时赋予各分支机构以较大的自主权限，此举大大强化了公司整体的执行能力，并大大减少了海外项目管理带来的不便。

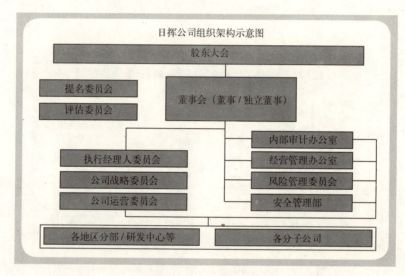

图 5-20　JGC 组织结构图

同时，日挥公司还设置了执行经理人委员会，每月定期召开会议，用于监督强化各分支机构对总部经营方针的执行情况，以及分享各地区的经济信息、管理经验，增加相互之间的交流和学习机会。

在项目管理上，日挥公司高度重视对先进管理方法和信息技术的学习和推广，敢于积极尝试最新的管理模式和方法。在 1980 年前后，日挥公司在科威特某项目中推行了现代化的项目管理制度，并大获成功。日挥公司对信息系统的掌握也居于同行业最先进水平，他们甚至成立了专门的子公司来开发信息技术，并取得了不小的收益。1997 年前后，日挥公司开始引入全球采购系统，提高了其在 EPC 工程承包项目上的快速响应能力及竞争力。

日挥公司持续不断地推进公司内部变革，使得公司的组织结构、管理模式乃至管理方法都能够契合国际化项目的运作要求，最终大幅度降低了海外项目的运营成本，提高了公司在国际市场上的竞争能力，公司经营也得以进入一个不断自我强化的循环过程。

4. 中东海湾2010～2013年未完成订单的工程承包负荷预测

根据MEED（中东经济文摘）数据，可以看出2011～2013年期间，JGC公司在该地区的工程承包负荷在2010年第三季度达到顶峰，达到8.8亿美元，之后不断下跌，预计到2013年年底降至2千万美元，如图5-21所示。

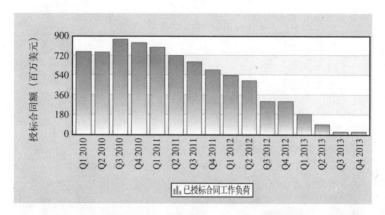

图5-21　JGC在GCC地区2010～2013年炼化工程承包负荷预测

数据来源：MEED（中东经济文摘数据整理）

（六）日本千代田化工建设（Chiyoda）公司

1. 基本情况

该公司成立于1948年1月，在日本化学工业建设的过程中，千代田化工建设公司一直领先，发挥着骨干作用，现已经发展成日本规模最大、经验最丰富、技术水平最高的综合化学工程技术服务公司。不但在日本国内获得好评，而且也博得了国外较高的评价。

该公司的业务范围主要包括：石油炼油厂、液化天然气/液化石油气工厂、石油化工厂、化肥厂、合成纤维厂以及合成橡胶厂等。近几十年来，公司在科威特、沙特、阿联酋、伊朗、伊拉克、约旦、阿尔及利亚、卡塔尔、土耳其、尼日利亚、澳大利亚、新西兰、荷兰、埃及、俄罗斯、厄瓜多尔、印度、马来西亚、韩国、泰国、墨西哥、中国、巴基斯坦、新加坡、印尼、缅甸、美国、巴西等国执行过石油炼油或化工总承包项目多达100多个。千代田在液化天然气工厂的建设市场上居于统治地位，并在卡塔尔运营着全球最大的液化天然气工厂。但是，卡塔尔高昂的劳动力成本和不断下降的生产率，促使千代田公司在亚洲和拉丁美洲寻求新合同。公司注册资本为434亿日元，在全球范围内拥有的专门工程技术人员共约6500人。根据情况需要，公司还可以及时动员相关配合单位的上10万名的工程技术人员与技术工人参与工作，其在海外分公司达16家。

2. 中标情况

2010年，Chiyoda公司的运营收入为2.3亿美元。2010年，公司在全球共签署合同9个，其中FFED合同3个，EPC合同5个，还有新加坡炼油厂FCC装置EPC合同，工作量饱和。见表5-9所示。

Chiyoda 2010 年承揽项目情况　　　　表 5-9

项目类型	工厂	装置类型	用户	规模	国家	项目所在地	工作范围	完工日期
Gas Processing Plants and LNG/LPG Terminals	Gas Processing Plants	Gas Pre-treating Plant	ExxonMobil Middle East Gas Marketing Ltd.	1,500 MM SCFD	Qatar	Ras Laffan, Qatar	E.P.C.	2010
Gas Processing Plants and LNG/LPG Terminals	Gas Processing Plants	Gas Processing Plant	ExxonMobil Barzan Limited	950 MM SCFD × 2 (T/Y)	Qatar	Ras Laffan, Qatar	FEED	2010
Gas Processing Plants and LNG/LPG Terminals	LNG Plant (FEED/PS)	Ichthys Gas Field Development Onshore Facilities	Inpex Browse Ltd.	4.2 × 2 (MMTY)	Australia	Darwin, Northern Territory, Australia	FEED	2010
Gas Processing Plants and LNG/LPG Terminals	LNG Plant (FEED/PS)	FLNG	Petrobras Netherlands B.V.	2.7(MMTY)	Brazil	Santos Basin Brazil	FEED	2010
Gas Processing Plants and LNG/LPG Terminals	LNG Plant (EPC)	Train 6	Qatar Liquefied Gas Co.,Ltd. (3) (QATARGAS 3)	7.8(MMTY)	Qatar	Ras Laffan,Qatar	E.P.C.	2010
Gas Processing Plants and LNG/LPG Terminals	LNG Plant (EPC)	Train 7	Qatar Liquefied Gas Co.,Ltd. (4) (QATARGAS 4)	7.8(MMTY)	Qatar	Ras Laffan,Qatar	E.P.C.	2010
Gas Processing Plants and LNG/LPG Terminals	Acid Gas Removal	Ucarsol	ExxonMobil Middle East Gas Marketing Ltd.		Qatar	Ras Laffan, Qatar	E.P.C.	2010
Petroleum Refineries	Fluid Catalytic Cracking Units		Shell Eastern Petroleum Pte. Ltd. (SEPL)	37,400 (from 34,300) (for Residue Oil) (BPSD)	Singapore	Pulau Bukom, Singapore	B.E.P.CS	2010
Petroleum Refineries	Fluid Catalytic Cracking Units		Taiyo Oil Co., Ltd.	25,000 (for Residue Oil) (BPSD)	Japan	Kikuma, Japan	E.P.C.	2010

Chiyoda 公司的业绩丰富，以海湾地区为例，自 2000 年以来，Chiyoda 公司在海湾共中标炼化项目 8 个，总合同额约为 38.38 亿美元。其中，在沙特共承揽炼化项目 2 个，合同额约为 7.5 亿美元；在卡塔尔共承揽炼化项目 5 个，合同额约为 30 亿美元。如图 5-22 所示。

3. 中东海湾 2010～2013 年未履约订单的工程承包负荷预测

根据 MEED（中东经济文摘）数据，可以看出 2011～2013 年期间，Chiyoda 公司在该地区的工程承包负荷在 2011 年第三季度之前一直处于高位，都在 2 亿美元以上，之后不断下跌，预计到 2013 年年底降至最低，如图 5-23 所示。

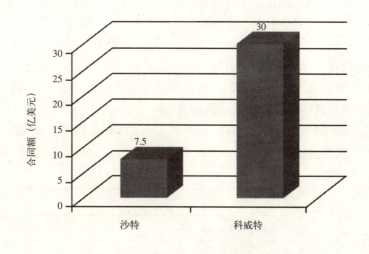

图 5-22　近十年 Chiyoda 在 GCC 地区炼化工程承包额

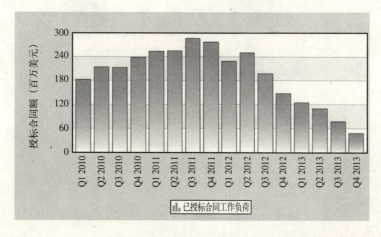

图 5-23　Chiyoda 在 GCC 地区 2010～2013 年炼化工程承包负荷预测

数据来源：MEED（中东经济文摘数据整理）

(七) 西班牙联合技术（TR）公司

1. 基本情况

西班牙 TR 联合技术公司是西班牙领先的工程公司，主要从事工业项目的设计和建造。TR 公司在它创建迄今的 40 年中，作为总承包商在全世界已经设计并建造了 900 多个工业项目。TR 公司的主要经营范围包括：炼油和天然气、石化工业、化肥工业、湿法冶金、发电、环境保护和基础设施。

2. 中标情况

2000～2010 年，TR 公司在全球承揽炼化、天然气、电力、基础设施项目众多。其中，炼化项目 23 个，主要在秘鲁、沙特、土耳其、欧洲、阿联酋、墨西哥、越南等地区；天然气项目 16 个，主要在智利、沙特、欧洲、土耳其等地区；电力项目 10 个，主要在欧洲与沙特；基础设施项目 25 个，包括厂房、写字楼、机场等，主要在西班牙。以海外地区炼化项目为例，自 2000 年以来，TR 公司在海湾共中标炼化项目 11 个，总合同额约为 67.49 亿美元。其中，在沙特共承揽炼化项目 8 个，合同额约为 52.14 亿美元；在阿联酋共承揽炼化项目 1 个，合同额约为 13.9 亿美元；在科威特共承揽炼化项目 2 个，合同额约为 1.45 亿美元。如图 5-24 所示。

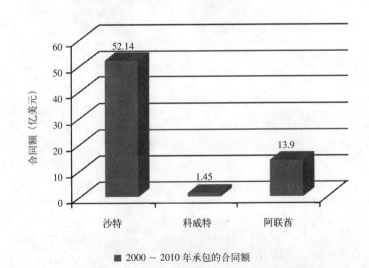

图 5-24　近十年 TR 在 GCC 地区炼化工程承包金额

3. 公司优势分析

（1）EPC 项目业绩丰富。近些年，TR 公司承揽项目将近 80 个，为公司创造了很多营业收入。以海湾地区为例，近十年，TR 公司在海湾共中标炼化项目 11 个，总合同额约为 67.49 亿美元。

（2）新业务突出。TR 公司较早认识到在工程建设时保护环境的重要性，在公司建立之初就成立了专门从事环境保护业务开发的部门，拥有一支在该业务领域卓有建树的团队。

(3) 雄厚的海外市场家底。西班牙的基础设施、教育、工业基础和出口能力，在过去二十年中打下了厚实的基础，在未来两到三年内西班牙经济一定会逐步复苏。尽管西班牙的信用评级连番遭到美国一些评级机构下调，但对 TR 公司国际化经营并没有太大影响。

4. 中东海湾 2010 ~ 2013 年未履约订单的工程承包负荷预测

根据 MEED（中东经济文摘）数据，可以看出 2011 ~ 2013 年期间，TR 公司在该地区的工程承包负荷在 2011 年第三季度达到顶峰，约为 3.8 亿美元左右，之后逐渐减少，预计到 2013 年年底降至 7 千万美元。如图 5-25 所示。

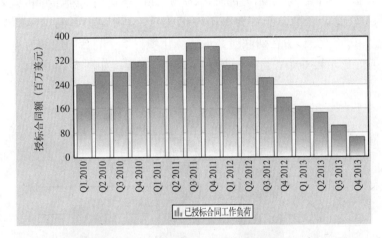

图 5-25　TR 在 GCC 地区 2010 ~ 2013 年炼化工程承包负荷预测

数据来源：MEED（中东经济文摘数据整理）

（八）塞班（Saipem）公司

1. 基本情况

塞班（Saipem）于 20 世纪 50 年代开始运营，最初作为埃尼集团的一个部门，之后单独运营，最终在 1969 年独立出来。塞班从 20 世纪 60 年代初开始为埃尼集团之外的客户提供服务，并逐步扩大其客户群至包括几乎所有的石油巨头、主要的石油企业以及世界各地的私人石油和天然气公司。塞班公司 1984 年在米兰证券交易所上市（之前作为埃尼公司的全资子公司），埃尼公司目前拥有塞班的大约 43% 的股份。塞班的主要投资领域包括深水钻井、油田开发、管道铺设、租用浮式生产储油船（FPSO）和海底机器人等。Saipem 是世界上在油气行业最好的工程总承包商之一，该公司业务主要包括陆上油气工程、海洋油气工程以及钻井工程。该公司最擅长深水油气田 EPC 作业，业务范围不仅包括本国市场，而且在西北非、中亚、中东、东南亚都有其业务。

2001 年，公司开始通过收购加强其工程项目管理能力，以适应向大型 EPIC（Engineering, Procurement, Installation, Construction）项目转换的重要市场趋势。2002 年收购布依格近海公司，该项收购是欧洲石油服务部门最大的跨国收购，成为了强大的国际 EPC 承包商。2006 年，收购了 Snamprogetti 公司，使得该集团成为石油和天然气行业目前规模最大、功能最强、最国际化和最全面（上下游）的交钥匙承包商。

塞班现有员工 35000 人，来自于世界上 100 多个国家，除了人员本土化之外，该公司招聘很多印尼人、印度人等作为廉价劳动力从事现场施工作业，进一步节约成本，同时 Saipem 非常注重自身的 HSE 建设，关注员工健康。

2. 中标情况

Saipem 近期承揽几个最著名的大型项目，主要包括 Hoover Diana 项目、蓝鲸项目、Andrew 项目、Sleipner Vest SLT 项目、哥伦比亚管线项目、Gibraltar 项目与马来西亚项目，为公司创造了大量的利润。以中东海湾地区为例，自 2000 年以来，Saipem 公司在海湾共中标炼化项目 21 个，合同总额约为 120.44 亿美元。其中，在沙特共承揽炼化项目 10 个，合同额约为 40.58 亿美元；在阿联酋共承揽炼化项目 5 个，合同额约为 40.58 亿美元；在卡塔尔共承揽炼化项目 6 个，合同额约为 39.28 亿美元。如图 5-26 所示。

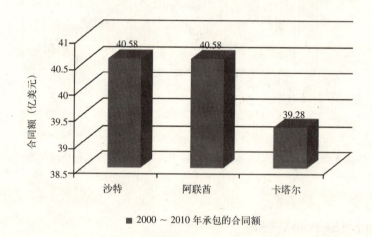

图 5-26　近十年 Saipem 在海湾地区炼化工程承包金额

3. 公司优势分析

（1）业务分析。塞班提供石油和天然气领域的各类服务，包括专业化的服务和维修、改装和运营。在向石油行业提供陆上和近海 EPIC/EPC 服务方面具有优越的竞争地位，尤其侧重于最复杂和最具挑战性的项目，如边远地区、深水、天然气、重油项目。其钻井服务继续保持独特性，在许多石油和天然气行业的"热点"方面运营，经常协同集团各方面的资源开展陆上和近海活动。

陆上业务。随着 2006 年收购 Snamprogetti 公司，为传统的面向全世界并且已经具有相当大规模的塞班陆上活动，提供了很好的补充。现在，合并后的新公司提供完整的自项目定义阶段开始直至项目实施阶段的服务，从可行性研究和前端工程设计（FEED：Front End Engineering Designs）到设计、管理、采购和现场施工（EPC）。因此，新的塞班集团是一个一站式的承建世界上最复杂、规模最大的陆上项目的企业。陆上业务范围主要包括：上游石油和天然气的生产和加工、液化天然气的开采、陆上管道的铺设、石油炼制、天然气化工、电力、基础设施和环境项目。覆盖了陆上石油和天然气行业的各个方面。

近海业务。塞班是该领域真正的创新者之一，其近海业务已经建立了全球性声誉。从早期的项目，如铺设水下深618m从突尼斯到意大利的510km的Transmed天然气管道，到复杂的墨西哥湾深水J型铺设的黛安娜-胡佛项目和埃克森美孚的安哥拉KizombaA项目和B项目，塞班不断应对近海业务日趋变化的需求。在过去的10年里，塞班公司以一个综合承包商的角色完成了大约120个近海建设项目，包括模块化平台钻井和生产平台、综合甲板平台、井口平台、住宿平台和浮式生产储油船等。

塞班集团注重积累工程和项目管理的知识，旨在提高本集团执行EPIC合同的能力，公司也通过一些收购提高了这方面的能力，最重要的是2002年对布依格近海公司的收购，以及2006年对Snamprogetti公司的收购。通过这些收购，塞班公司扩大了其近海工程和项目管理资源。

钻井业务。作为一个陆上和近海环境从事经营活动并具有较强意争力的国际钻井承包商，塞班目前与石油巨头公司签订合同，在欧洲、独联体地区、北非、西非、中东、远东和美洲从事重要的钻井项目。按照公司寻求客户满意并使用先进技术的方针，为石油企业和政府机构提供服务，并获得了国际的资质认证。钻井服务还将继续在许多石油和天然气行业的"热点"方面运营，并协同集团的其他资源开展陆上和近海的业务活动。

塞班管理陆上钻井作业的丰富经验与适当的技术和业务水平，已逐步拓展了公司的新能力。过去数十年来，塞班公司钻探了6400座油井，其中1600座为近海油井，共计总深度约16000km。仅在印度西北部，自1989年以来该公司就完成了近100座油井的建设。在意大利，塞班公司在过去20年中，完成了40多座深度超过6000m的陆上高温高压油井的建设。1999年该公司已经在马耳他的戈佐岛，实现了水下深度达到8012m的钻井深度。

塞班公司使用升降式和半潜艇装置从事浅水和深水项目。依靠本公司的钻井船舰队（包括2001年在加蓬近海钻探水深2791m的超深水钻井船塞班10000和第四代半潜式钻井装置Scarabeo 5）及其经验丰富的工作人员,在每个实施的项目中都满足三个关键目标：即零事故、无损伤和卓越的业绩。

(2) 经营之道。作为世界前225家国际承包商的新秀，从埃尼集团的全资子公司到现在独立经营的全球领先的石油和天然气行业承包商，塞班集团经过数十年的发展和运营，其经营方式和经营理念中有很多独到之处。

全球化经营。自20世纪60年代末，塞班公司稳步提高了其作为石油和天然气行业领先的创新者的全球声誉。多年来，塞班越来越多地参与世界各地的陆上和近海项目的建造。特别是其近海部门，已逐步具备了作为EPC承包商的能力。

塞班是一个真正的国际公司，其项目覆盖世界57个国家和地区，在世界39个国家拥有98个事业部,遍及北美、南美、欧洲、独联体国家、中东、东南亚、非洲和澳大利亚。除了强大的欧洲部分,其大部分人力资源来自于发展中国家,塞班的30000员工有100多种国籍。该公司从最具成本效益的发展中国家雇用了大量的员工用于船舶和现场施工,还在印度、克罗地亚、罗马尼亚和印度尼西亚建有大规模的服务中心。

重视本土化。在塞班的运营过程中,集团反复强调本土化。所有塞班工厂的位置具有共同的特征:即战略性地定位于三个大陆的石油产出地,显然,这样做是为了在每一个区域都可以做永久的当地承包商。塞班经营战略的关键是:在偏远的、最重要的石油和天然气区域具备开发项目的能力。

塞班项目的本土化是通过一个项目支持网络实现的,且其活动建立在三个核心能力上:①与项目所在地政府和工程项目建立强有力联系的能力;②人员、资产和项目材料的全球物流支持能力;③因地制宜地应对在发展中国家环境中必将面临的挑战的能力。

这种本土化的战略使得塞班成为大项目/深水项目中其他公司强大的竞争对手,在边远地区扮演着重要角色,长期存在于传统石油区域中,并成为在天然气市场中近海管道、液化天然气领域的领导者。

QHSE管理。塞班集团的理念是:客户和员工特别是他们的健康和安全,是所有塞班活动的首要重点。塞班公司具有独特的健康与安全环境管理体系,并且它的质量管理体系已获得劳氏船级社认证颁发的ISO9001:2000认证。集团也通过其专业的QHSE(Quality Health Safety Environment)管理体系实践着集团的质量、健康、安全和环境理念。

塞班集团的质量、健康、安全和环境管理系统已利用一套综合手段实现了高水平的发展,并且社会责任和经济责任也成为新的系统分支。所有这些因素都是管理系统的组成部分,侧重于塞班活动的不同方面,但这些系统方法和工具都有助于实现综合管理。综合管理系统按照一定的目标,基于特定的模型,通过持续改进的方式来达到卓越的效果。公司管理和项目管理之间的关系基于对任务、政策和目标的明确的相互理解。此外,尽管塞班业务以国际性和复杂性的项目为特点,但也可以通过有效、可靠与成熟的多级管理系统实现高效管理,使之达到同样的质量标准。该管理系统主要基于3个层次确保每一项活动达到较高的绩效水平:一是企业层面,制定政策、指导方针和所有塞班运营公司的标准;二是运营公司层面,制定方针、目标、组织、标准和采用的程序;三是项目层面,制订计划和程序。

4. 中东海湾2010~2013年未履约订单的工程承包负荷预测

根据MEED(中东经济文摘)数据,可以看出2010~2013年期间,Saipem公司在中东海湾地区的工程承包负荷在2012年第一季度达到顶峰,约为7.8亿美元左右,之后逐渐下降,预计到2013年年底可以完成所有已签订单的工作。如图5-27所示。

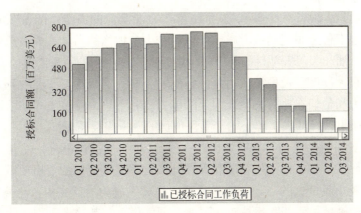

图 5-27　Saipem 在 GCC 地区 2010～2013 年炼化工程承包负荷预测

数据来源：MEED（中东经济文摘数据整理）

二、韩国部分国际工程承包商

在对韩国工程公司进行详细分析之前，需要说明的是：几大韩国工程公司近期的战略目标国主要集中在中东海湾与北非地区，在其他地区的国际工程承包业务相对较少，因此在此仅仅分析这些企业在中东海湾与北非地区的经营情况，以此来验证韩国工程公司的整体实力[42]。

在过去的五年里，韩国工程设计、采购和施工（EPC）承包商在中东海湾与北非地区取得了举世瞩目的成功。目前，他们签订的总合同额远远超过世界上任何一个国家的承包商，在中东海湾地区当前已签工程项目承包合同额的前 15 位中，韩国承包商占了 6 位。近期，这个地区最成功的五家总承包商四家都是韩国公司。如果总投资达 150 亿美元的科威特 Al-Zour 炼油厂项目没有取消，这些数字还将更大，因为该项目的所有装置的中标方均为韩国工程公司。

目前，在韩国工程公司的竞争力和逐渐增加的业绩帮助下，韩国工程公司成为了 GCC 地区工程承包的统治性力量。历史上，韩国工程公司在科威特和伊朗很强势；现在，他们又已经牢牢地在阿联酋和沙特站住了脚，并且在阿尔及利亚和利比亚发展壮大，这两个北非地区的国家具有很强的工程市场潜力。

（一）整体分析

1. 历史背景

2000 年左右，韩国承包商的崛起与其先前情况形成鲜明的对比。韩国承包商最先进入中东地区是在 20 世纪 70 年代，包括利比亚、伊拉克和沙特，主要业务是土建施工项目，如：100 亿美金的人造河工程、10 亿美金的 Jubail 工业港和 7.3 亿美金的 Al-Mussaib 热电厂，这些项目迅速的在竞争性和效率上为他们赢得了声誉。由于来自政治上比较中立的国家，他们在这个地区的国家中能够在政治关系中占得先机。

但是在20世纪80年代中期到20世纪末，石油工业的下滑伴随着东亚经济的蓬勃发展，许多韩国工程公司退出或者减少了他们在中东地区的活动。大多数韩国工程公司都抱怨在一些石油和天然气项目的实际招标中，业主和他们的竞争者对他们都有偏见。

这是因为很大程度上他们被认为是土建施工公司。这个地区主要的业主都质疑他们的工程设计能力和他们在执行大型合同上的能力。私下里，许多美国和欧洲的承包商都向业主介绍，如果选择韩国工程公司，工程项目的质量需要质疑。

结果，许多韩国工程公司发现他们在一些GCC市场被边缘化，尤其是沙特和阿布扎比，阿布扎比甚至在一些大型石油和天然气项目上拒绝他们的资格预审。于是，他们被迫转移到比较小且偏远的市场，像科威特，并最终成为他们在中东海湾的根据地；转移到政治上比较敏感的伊朗和伊拉克，这两个国家由于制裁或者工作环境太差导致大多数国际工程承包商不愿去。

从2003年起，随着石油工业的繁荣，事情开始出现转机。随着EPC的价格开始上涨和欧美及日本承包商看到他们的合同订单迅速膨胀，变得不再那么具有竞争性。结果，业主开始从更远的地方寻找满足他们合同规定的承包商。韩国工程公司成为了很明显的选择，慢慢的开始被邀请参加投标。

突破来自中标阿布扎比Adma-Opco 16亿美金的Umm Shaif天然气喷射设施项目，标志着韩国工程公司在阿联酋五年空白业绩的结束。2008年初，GS中标的10亿美元的Takreer Ruwais绿色柴油厂项目进一步巩固了这一点。从那时起，韩国企业再也没有回头，到2009年末韩国承包商赢得了Takreer Ruwais炼厂的所有主要工艺装置包的工程承包合同，合同额共约100亿美元，达到了顶峰。

2. 竞争优势

众所周知，韩国工程公司在EPC总承包领域取胜的原因包括低廉的报价、愿意承受价格所带来的风险、韩国政府政策的大力支持等。具体情况如下：

（1）中东海湾炼化工程总承包项目承揽业绩丰富。近十年来，在GCC地区从事炼化工程总承包的5家主要韩国工程公司在该地区共中标炼化工程项目56个，总合同金额约为361亿美元。近十年来GCC四国所有炼化工程项目总合同金额约为5159亿美元，这5家企业近十年的市场份额约为7.03%，2005年之前韩国工程公司在GCC地区市场份额很低，在炼化工程总承包市场没有作为。从2006年开始，韩国工程公司以低廉的价格、政府支持等开始大量进入GCC地区，特别是近三年来韩国工程公司横扫GCC地区，市场份额已经达到40%左右。

（2）韩国政府政治上的支持不可低估。韩国政府在1976年成立"海外建设协会"，隶属于韩国交通部，依据1999年出台的"海外建设促进法"对海外工程建设市场进行统一管理。目前，韩国工程公司几乎都是该协会会员。

韩国政府是韩国工程公司坚定的后方，给他们提供很多公开的或者暗地的支持。韩国承包商还获得韩国贸易促进委员会和韩国国际承包商联合会的支持。

有时，政治上的支持至关重要。比如，人们认为阿布扎比国家石油公司（Adnoc）在重新招标的Bab压缩机项目上，是接到政治上很高层的命令被迫在资格预审名单里增加了韩国承包商,并最终由 SK 以接近原本 16 亿美元预算一半的价格赢得该项目,尽管是处于 EPC 价格的低价期,但从市场的角度来看,该低价中标的决定还是非常明智的决定。

韩国工程公司的成功表现被视为一个国家努力的一部分,并且被视为一种国家荣耀。据传闻(但是尚未被证实),韩国工程公司在某些招标过程中关于投标策略,事先有策划或者达成协议(在政府或者没有政府的促使下),以确保他们的成功。这类指控在 KNPC Al-Zour 炼油厂和 Takreer Ruwais 炼油厂项目上非常普遍,因为韩国工程公司在这两个项目上中标了所有的工艺装置包。

韩国政府自身很清楚在 GCC 地区有一定的分量。最好的例证是 2009 年年底,阿联酋 4 个核反应堆的项目被由韩国牵头的财团中标,当时的竞争非常激烈,其他两个参与竞标的财团分别来自美国和法国,在竞标过程中韩国牵头的财团甚至极力运用韩国政府的政治力量。

(3) 韩国政府在金融领域的大力支持。韩国政府通过成立韩国进出口银行,加大对海外工程承包企业的金融支援。一是将韩国进出口银行的资本由 3.4 万亿韩元扩充至 3.9 万亿韩元,以提高银行信用等级,扩大出口金融支持;二是引入信贷限额制。规定工程承包企业的贷款限额为企业资本的 20%~40%;三是加强对中小企业的支持。如放宽信贷限额,2005 年中小企业的贷款金额由 2001 年的 1.3 万亿韩元增至 3.7 万亿韩元。此外,承包海外工程的中小企业购买国内建筑材料时,向其提供合同金额 15% 的银行贷款;四是利用韩国进出口银行各海外办事处,向项目投资公司出具出资许可证明;五是改变优秀海外工程承包企业的评定办法,完善奖励机制。

灵活运用对外经济合作基金。增加对外经济合作基金预算,降低对外经济合作基金发放利息(目前为 1%~5%),简化基金申请程序,以加强与发展中国家的经济合作,增加企业获得海外订单的机会。

制定世界级水平的建设产业制度,提高中小企业竞争力。改善招标、合同制度,制定建设业统一的方案;开发成套设备产业管理标准模式及标准化设备技术;开发并普及风险管理系统。

韩国出口保险会社向企业开发资源及开拓工程市场提供保险。

加强国内外有关机构间的相互联系,构建韩国进出口银行和韩国出口保险会社间的信息交换机制,与国外出口信用机构签订业务协作合同,加强与外国金融机构及投资银行的联系。

改善国内支持环境。引导韩国电力会社、土地会社、石油会社等投资机构与工程承包企业联手,以获得更多的海外工程订单。加强项目可行性调查、增加市场开拓预算,加强订单动向分析,建立系统化的支持网络。

扩充对外工程承包信息网络,培养专业人才,实现先进的海外建设管理。如加大信息服务,构筑中小企业专用数据库及海外工程承包企业采购国内原材料的专用数据库,对工程承包有关人才进行培训等。

引导国内有关闲散资金投入到对外工程承包领域。如发行进出口金额债券及利益分红债券(Structured Bond)。

扩大旨在承揽更多海外工程订单的"建设外交"。扩大市场开拓资金预算，邀请目标国高层人士及技术人员来访，与有关国家签订"建设合作"协定，建立论坛、座谈会等定期对话机制，并派遣实务代表团回访。

（4）投标价格低廉。虽然价格低廉，但是在投标报价的时候都考虑了项目的风险管理，对于固定价格 EPC 项目，加大对项目整个风险的控制与管理，而这些都是欧美公司所不愿做的。不可否认，其他承包商很难与韩国工程公司竞争，据阿联酋核反应堆项目被报道出来的标底，韩国工程公司的价格比其他工程公司的最低价格还要低 40%。一些承包商现在私下里声称，如果某项目韩国承包商也被邀请参加投标，他们将不参与该项目的投标，因为他们不可能赢得该项目。

同时，韩国振兴对外工程承包的过程带动了本国机械制造与钢材行业的发展，"韩国制造"得到世界尤其中东地区普遍的认可。设备制造方面也节省不少。许多韩国承包商都属于较大企业集团的一部分，这些集团自身能生产如钢材和钢筋等基本施工材料。还有一些可以制造石油和天然气装置通用的工艺设备，例如压缩机、反应器和控制设备，这都帮助韩国工程公司节省了转包这项工作的成本开支。

（5）满足客户的需求。韩国工程公司的成功还有其他一些比较抽象的因素。韩国承包商努力了解客户的需求，并做好一些合同模式发生变化时宜采取的承包策略。在政府和贸易委员会的帮助下，可以获得良好的商业情报，使他们对未来项目有充分的准备。最后，重要的是要了解韩国工程公司赢得胜利和成功的动力。从自上而下的方面来看，每一个员工致力于帮助企业取得成功，对公司有很强的忠诚度，这种忠诚度也是员工致力于促使公司取得成功的基础。

举一个例子，三星工程公司 2009 年提出了一项新的规定，指出，所有员工必须在工作场所使用英语，包括在日常交谈中、电子邮件和会议。即使是在公司的电梯也要适应自韩语到英语的转变。这样做的目的是因为作为一家国际公司，公司的领导想要提高员工的英语沟通技巧。他们认识到，为了与世界上一流的工程公司 Fluor、Bechtel 和 Technip 竞争，他们不得不采取一切可能的措施与步骤，尽可能提升他们的竞争力。

（6）适应中东地区政策的变化。中东地区石油石化企业希望本土的工程建设企业更多地参与到大型项目的建设行列中，也希望国际工程公司能够雇佣更多的当地员工，促进就业，同时不断地对当地员工进行培训，提高员工技能。韩国工程公司认识到了这一点，不仅与当地的设计公司成立了合资公司，而且还成立了培训中心，不断提高当地员工的技能。

（7）善于使用汇率的变化。因为韩国货币汇率波动比较大，而欧洲与美国汇率基本固定不变，韩国工程公司善于使用该类汇率变化获得利润，并打败欧美企业。除了对价格和利润的调整，韩国承包商还利用韩元的波动性增加竞争力。承包商有时赌货币贬值，这将使项目更加有利可图。200 年，在科威特的一个实例，韩国承包商提交标书时，1 美元兑 1490 韩元，而合同签订时，1 美元兑 1345 韩元，这使得承包商节省了分包和设备部分的费用，从而使得项目的成本大幅度降低。

3. 弱点

韩国工程公司很强大,但是他们也不是不可战胜的。阿联酋的 Petrofac 和意大利的 Saipem 在科威特都以递交更低的投标价格战胜过韩国工程公司。在阿联酋,当地的国家石油建设公司(NPCC)赢得了 Adco 的两个项目合同,很多观察者认为 SKEC 公司对这两个项目合同感兴趣。

韩国工程公司目前最成功的是交钥匙(LSTK)项目,绝大多数都选择固定总价的模式,这样他们承担所有的风险并递交最有竞争力的价格。他们不热衷于可转换的 LSTK 的合同模式,也不关注工程项目最后转变成固定总价合同模式。在转换固定总价合同模式失败后,三星和 SKEC 分别从沙特 Kayan 胺项目和 KNPC 第四条气体分离项目 FGTP 中退出。

这种偏好也源于韩国工程公司的投标策略。很明显,很多时候韩国工程公司的投标策略就是提供最好的价格。有时,这会影响到他们的利润率,据估计在部分项目上利润率低至 2%~3%。但是一般而言,比较低的利润率被看成为了赢得在市场上立足和积累工程经验所必须且有效的办法,对于该类项目,积累工程经验更加重要。韩国工程公司承认他们的施工和采购已经与任何一家世界知名的承包商一样优秀,仅仅在工程设计方面与知名承包商的差距较大,主要是由于他们无法在韩国本土获得相应的工程经验。例如,当大量年轻的韩国工程师进入到配管设计中时,就需要花一定的时间让他们获得一定的也是必要的经验。

(二)详细分析

1. 三星工程公司(Samsung Engineering)

(1) 基本情况

该公司总部位于韩国首都首尔,成立于 1970 年。公司拥有 2000 名雇员,业务领域涵盖石油天然气、炼油、石化、化工、电子、环保、电力能源、生物制药及各类工业项目以及体育场馆、高速铁路、民用建筑等领域,服务范围包括提供项目规划、技术引进、融资、设计、采购、施工、试车、监理及人员培训等工程总承包服务。

三星工程公司是韩国最大的工程公司,也是世界著名的国际工程承包商之一。该公司于 1992 年进入中国市场,1995 年设立北京代表处,2001 年设立上海代表处和上海分公司,并由上海分公司负责管理中国的业务。

10 年来,三星工程公司以 EPC 总承包等方式在中国成功建设了 20 个工程项目,其中包括上海巴斯夫安固力项目、吉林吉化乙烯/乙二醇项目、嘉兴韩泰轮胎、广东 GE 塑料项目、上海/天津/深圳/苏州电子项目等。三星工程公司是上市公司,隶属于韩国三星集团。三星集团是韩国最大的集团公司之一。

三星工程公司在 2003 年才算进入 GCC 地区 EPC 领域,在过去 6 年里已成功中标接近 70 亿美元的合同。在进入 GCC 地区之前,三星工程公司的策略是仔细研究该地区动态,以确保当开始投标的时候就能成功。三星工程公司优先考虑的目标市场是沙特和阿联酋市场,并没有在阿曼、卡塔尔和科威特进行投标。阿尔及利亚也是其早期市场。

进入中东地区之前,三星工程公司在南美洲建立了一系列良好的业绩,有助于向客户证明,它已经准备好了进入该地区并获得成功。

(2) 中标情况

自2000年以来,三星工程公司在GCC地区共中标炼化工程项目17个,总合同额约为94.8亿美元。其中,在沙特共承揽炼化工程项目10个,合同额约为47.2亿美元;在阿联酋共承揽炼化工程项目4个,合同额约为45.8亿美元;在卡塔尔共承揽炼化项目2个,合同额约为1.9亿美元。如图5-28所示。

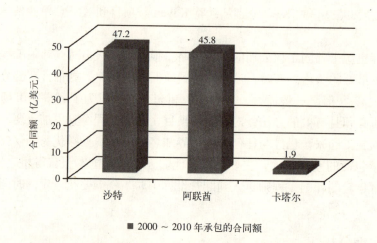

图5-28 近十年Samsung在海湾地区炼化工程承包金额

(3) SWOT分析

优势:拥有优秀的市场知识,高中标率,很强的石化背景,良好的业绩,已与Uhde和Linde建立了很好的关系。

劣势:目标市场限于少数国家与地区,并且相互之间不具有互补性;在GCC地区石油和天然气业绩比较少;不能采用可转换LSTK合同。

机会:尚未进入科威特、卡塔尔和阿曼市场,与Linde很好的关系使之成为乙烯裂解最强大挑战者,烯烃转化单元(OCU:Olefin Conversion Unit)的技术越来越受欢迎。

威胁:GCC地区的工程市场竞争异常剧烈,中国、印度及其他国家的工程公司在该地区的竞争力不断增强。项目规模日益增大,需要形成联合体方能承接,三星工程公司独特的市场战略全面实施受到极大的挑战。

(4) 中东海湾2010~2013年未履约订单的工程承包负荷预测

根据MEED(中东经济文摘)数据,可以看出2011~2013年期间,三星工程公司在该地区的工程承包负荷在2011年第三、四季度达到顶峰,约为12亿美元左右,之后逐渐下降,预计到2013年年底可以完成所有已签订单的工作。如图5-29所示。

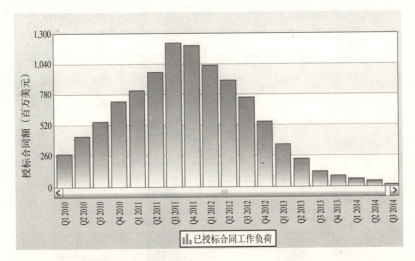

图 5-29　三星工程公司在海湾地区 2010～2013 年炼化工程承包负荷预测

数据来源：MEED（中东经济文摘数据整理）

2. 现代工程建筑（HDEC）公司

（1）基本情况

该公司为上市公司，总部位于韩国首都首尔，成立于 1947 年，服务范围包括为石油石化、天然气、电子通信、环保工程、高速公路、交通设施、铁路、水资源处理、智能建筑、市政工程、核电、发电等领域提供设计、采购、施工总承包等服务。该公司本部现拥有员工 3913 人。

自 2000 年以来公司发展较快，近期完成了沙特延布液化天然气工厂和终端项目、马来西亚气体工程项目、卡塔尔气体循环工厂项目、阿联酋气体开发项目等项目，被国际市场看作是最好的工程设计和施工承包商之一。HDEC 现在重点开拓交钥匙（LSTK）工程和一体化服务工程的市场。

（2）中标情况

自 2000 年以来，HDEC 工程公司在 GCC 地区共中标炼化工程项目 6 个，总合同额约为 57.62 亿美元。其中，在沙特共承揽炼化工程项目 1 个，合同额约为 13 亿美元；在阿联酋共承揽炼化工程项目 2 个，合同额约为 26.37 亿美元；在卡塔尔共承揽炼化工程项目 1 个，合同额约为 11 亿美元；在科威特共承揽炼化工程项目 2 个，合同额约为 7.25 亿美元。如图 5-30 所示。

（3）SWOT 分析

优势：有巨大的可利用的人力和设备资源，在 GCC 地区有丰富的经验，市场区域分布很广泛，可以获得母公司和 HHI（Hyundai Heavy Industries）的支持，2009 年与意大利 Saipem 共同合作，在化肥项目方面取得了较好的业绩。

劣势：没有特定的目标市场，在石化方面缺乏经验。

机会：电力和水方面的项目仍在增长，特别是以北非为基地进行壮大的机会较好。

威胁：GCC 地区未来化肥项目很少，面对日益激烈的竞争，缺少核心业务的危害是显而易见的。

（4）中东海湾 2010～2013 年未履约订单的工程承包负荷预测

根据 MEED（中东经济文摘）数据，可以看出 2010～2013 年期间，HDEC 公司在 GCC 地区的工程承包负荷在 2010 年第三季度达到顶峰，约为 6.8 亿美元左右，之后逐渐下降，预计到 2013 年年底仅剩下 2 千万美元。如图 5-31 所示。

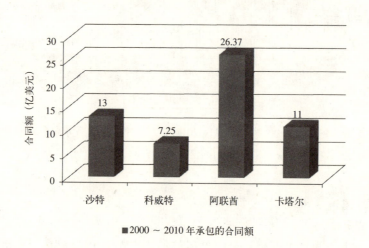

图 5-30　近十年 HDEC 在海湾地区炼化工程承包金额

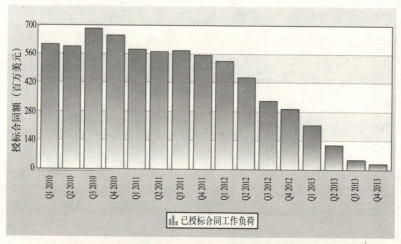

图 5-31　HDEC 在 GCC 地区 2010～2013 年炼化工程承包负荷预测

数据来源：MEED（中东经济文摘数据整理）

3. SKEC 建设公司

（1）基本情况

SK 建设公司是 SK 集团的全资子公司，于 1977 年创立，隶属于韩国 SK 集团（韩国第三大跨国企业），其业务范围涵盖住宅、建筑、土木、无线通信设备、环保型焚烧炉和核电站等。除了立足于国内，SK建设还致力于进军海外市场的建筑领域。SK建设曾承接的主要工程项目包括：韩国内陆高速公路2工区的建设，仁川大学迁移及桃花地区PF开发事业项目，土耳其及伊斯坦布尔海峡隧道公路建设工程等。2010年3月，SK建设、GS建设、三星工程和大宇建设4家企业分别承揽了阿联酋鲁韦斯（Ruwais）炼油厂扩建项目中的5个工艺装置包（工程总额为96.52亿美元）。

（2）中标情况

自2000年以来，SKEC工程公司在GCC地区共中标炼化工程项目13个，总合同额约为82.83亿美元。其中，在沙特共承揽炼化工程项目2个，合同额约为12.06亿美元；在阿联酋共承揽炼化工程项目4个，合同额约为34.91亿美元；在科威特共承揽炼化工程项目7个，合同额约为35.86亿美元。如图5-32所示。

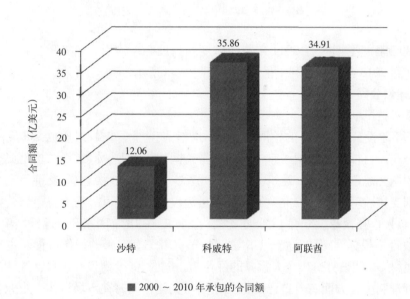

图5-32　近十年SKEC在海湾地区炼化工程承包金额

（3）SWOT分析

优势：在科威特有良好的业绩，特别是在炼油工程项目方面业绩较好，与其他韩国工程承包商不一样，拥有良好的上游项目业绩。

劣势：未能在KNPC第4分离系统项目中成功地转换LSTK合同模式，在阿布扎比含硫的气体处理项目上开展工作仍有困难，仍然依赖科威特的工程承包市场。

威胁：科威特日益增强的竞争态势，在GCC地区没有真正的石化方面的业绩。

机会：业务范围宽泛，上游业绩明显领先于其他业务的业绩。

（4）中东海湾2010～2013年未履约订单的工程承包负荷预测

根据MEED（中东经济文摘）数据，可以看出2010～2013年期间，SKEC公司在

第五章 竞争分析

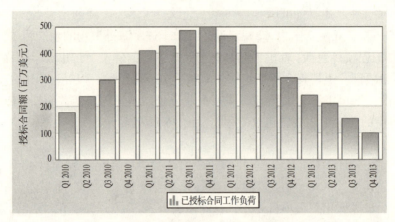

图 5-33　SKEC 在 GCC 地区 2010～2013 年炼化工程承包负荷预测

数据来源：MEED（中东经济文摘数据整理）

GCC 地区的工程承包负荷在 2011 年第四季度达到顶峰，约为 5 亿美元左右，之后逐渐下降，预计到 2013 年年底达到 1 亿美元。如图 5-33 所示。

4. GS 建设公司

（1）基本情况

韩国 GS 建设公司是 GS 的控股公司（大型家族企业，前身隶属原 LG 集团）下属的一个子公司，目前已是韩国一家知名的大型跨国建筑企业。其组织结构是典型的大总部小项目团队，总部由土木、建筑、环境、开发、住宅、技术、业务支持等十大事业部组成，分别支持着对不同结构类型的工程项目建设的管理、服务与支持。该公司现拥有员工 6000 余人，在全球设立有 13 个分支机构，同时在 18 个国家开展建设，项目达 300 多个。从项目招投标到正式运行，GS 建设公司有着一套完善的工作流程，也有着严谨的态度，使得 GS 建设打造出令人钦佩的好业绩。同时，GS 建设在工作、生活环境，以及详细的管理制度等方面有着自己的企业氛围与文化，同时在市场运作、企业管理、产品结构与区域结构合理化、执行能力方面都很优秀。

（2）中标情况

自 2000 年以来，GS 工程公司在海湾共中标炼化工程项目 10 个，总合同额约为 72.59 亿美元。其中，在沙特共承揽炼化工程项目 2 个，合同额约为 6.07 亿美元；在阿联酋共承揽炼化工程项目 4 个，合同额约为 58.49 亿美元；在卡塔尔共承揽炼化工程项目 2 个，合同额约为 5.75 亿美元；在科威特共承揽炼化工程项目 2 个，合同额约为 2.28 亿美元。如图 5-34 所示。

（3）SWOT 分析

优势：不断增加的良好业绩，母公司的支持，完善的管理与支持服务体系，核心业务炼油相关工程项目业绩突出。

劣势：在卡塔尔存在历史遗留问题，一段时间内，在 GCC 地区没有真正的下游化工项目的经验，缺少固定价总承包（LSTK）的经验。

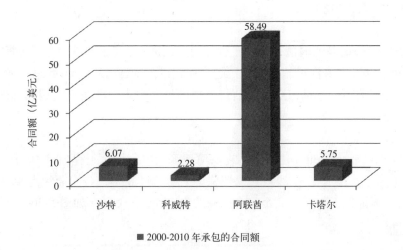

图 5-34　近十年 GS 在 GCC 地区炼化工程承包金额

机会：2008 年，在 KNPC Al-Zour 炼油厂取消之前，GS 已经中标了常减压单元的项目包。目前在阿尔及利亚和利比亚还不是很活跃，北非地区可能会成为 GS 未来的目标市场。

威胁：2009 年左右承接的项目较多，可能会觉得难以应付，在 GCC 地区内的工程项目负荷太重，可能会不堪重负。

(4) 中东海湾 2010～2013 年未履约订单的工程承包负荷预测

根据 MEED（中东经济文摘）数据，可以看出 2010～2013 年期间，GS 公司在该地区的工程承包负荷在 2011 年第四季度达到顶峰，约为 6.5 亿美元左右，之后逐渐下降，预计到 2013 年年底会达到 1.3 亿美元。如图 5-35 所示。

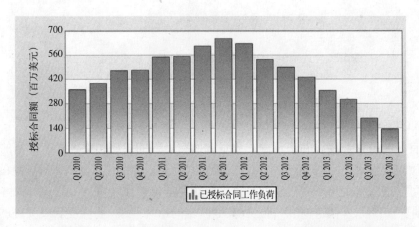

图 5-35　GS 在 GCC 地区 2010～2013 年炼化工程承包负荷预测

数据来源：MEED（中东经济文摘数据整理）

5. Daelim 建设公司

（1）基本情况

Daelim 建设公司是韩国最著名的工程建设公司之一，其业务范围主要包括商业大楼、居民住宅、桥梁、隧道、海洋设施与石化厂的工程建设。该公司从 1960 年就开始走到海外，目前在亚洲、北美与中东都有业务。值得一提的是，中东地区是该公司在海外市场中最重要的一部分。

（2）中标情况

自 2000 年以来，Daelim 建设公司在海湾地区共中标炼化工程项目 10 个，总合同额约为 52.86 亿美元。其中，在沙特共承揽炼化工程项目 8 个，合同额约为 44.45 亿美元；在科威特共承揽炼化工程项目 2 个，合同额约为 11.46 亿美元。如图 5-36 所示。

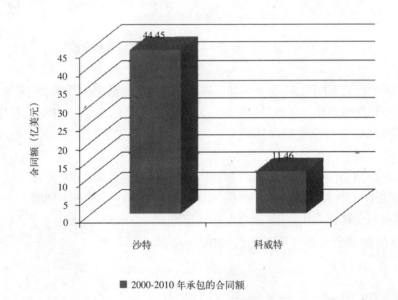

图 5-36 近十年 Daelim 在海湾地区炼化工程承包金额

（3）SWOT 分析

优势：良好的石化业绩，在市场中，质量方面有良好的口碑，在伊朗有丰富的业绩。

劣势：不像其他韩国企业拥有很强的资源能力，在 GCC 地区依赖沙特和科威特的市场。

机会：可以进入多个市场，潜在的是进入伊拉克的形势比较好。

威胁：缺少在沙特、科威特和伊朗之外其他区域的市场业绩，将会受到毁灭性的打击。

（4）中东海湾 2010～2013 年未履约订单的工程承包负荷预测

根据 MEED（中东经济文摘）数据，可以看出 2010～2013 年期间，Daelim 公司在该地区的工程承包负荷在 2012 年第二季度达到顶峰，约为 6 亿美元左右，之后逐渐下降，预计到 2013 年年底可达到 1.6 亿美元。如图 5-37 所示。

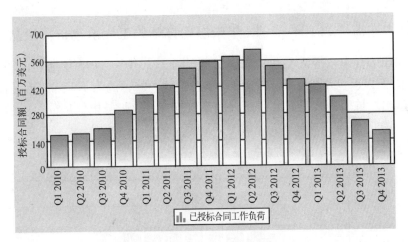

图 5-37　Daelim 在 GCC 地区 2010～2013 年炼化工程承包负荷预测

数据来源：MEED（中东经济文摘数据整理）

三、中国台湾中鼎工程公司（CTCI）

（一）基本情况

中鼎工程股份有限公司创立于公元 1979 年，总部设立在台北市。数十年来，以丰富的技术经验、稳健的财务与管理制度、精实整齐的人力资源以及卓越的品质口碑，执台湾工程业界之牛耳，同时享誉国际。秉持专业、诚信、团队、创新的企业文化精神，中鼎公司不断蓄积能量，强化体质，致力将业务拓展至全球市场，缔造斐然佳绩。目前在全球共设立 30 多家关系企业，集团员工总数达 7000 人。随着业务的迅速扩展，办理过多次增资，资本额由创立时新台币一亿元扩增至 2010 年 11 月的新台币 69 亿 3111 万元。

中鼎公司是台湾最大也是唯一自工程项目规划、设计、采购、制造、建造施工、监理到试车操作都能胜任的一体化的工程公司，可以承揽重大国际工程。业务范围除原有炼油、石化、化工等服务范围外，新增加了国际先进的电力、钢铁、储运、交通、焚化炉、公共设施及环境工程等领域。成功地将国际先进的工程技术在台湾生根，并成为国际知名工程公司指定的合作伙伴。近年来，更积极地朝向国际化与多元化的经营目标迈进，业务稳定成长。

（二）中标情况

自 2000 年以来，CTCI 公司在海湾地区共中标炼化工程项目 4 个，总合同额约为 17.5 亿美元，中标的 3 个总承包项目都位于沙特朱拜尔工业城，分别是卡杨石化 EO/EG 项目、卡杨氨项目以及与 Technip 组成联合体新中标的朱拜尔出口炼厂中的装置与公用工程的系统管廊、火炬与电仪项目，另一个总承包项目在延布，为 Ibn Rushd PTA 与芳烃项目。

（三）中东海湾 2010～2013 年未履约订单的工程承包负荷预测

根据 MEED（中东经济文摘）数据，可以看出 2010～2013 年期间，CTCI 公司在 GCC 地区的工程承包负荷在 2011 年第三季度达到顶峰，约为 1.9 亿美元左右，主要是建设朱拜尔出口炼厂的装置与公用工程的系统管廊、火炬与电仪部分，以后逐渐下降，预计到 2013 年年底为一千万美元。如图 5-38 所示。

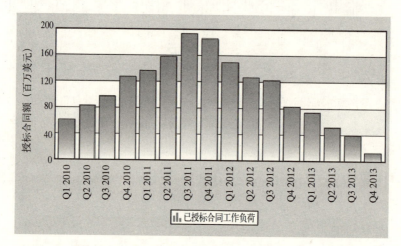

图 5-38　CTCI 在 GCC 地区 2010～2013 年炼化工程承包负荷预测

数据来源：MEED（中东经济文摘数据整理）

总之，欧洲国际工程公司与韩国工程公司在全球承揽项目众多，优势明显。如果中国工程建筑企业想进一步扩大在全球工程建筑承包市场中的份额，就有必要向这些实力雄厚、理念先进的总承包商学习技术与管理，优化市场开发策略，争取有更大的突破。台湾中鼎工程股份有限公司的经验也非常值得中国的工程建筑企业借鉴。

第六章 公共安全风险分析

近年来，中国工程建筑企业积极参与国际市场竞争，取得了较好的业绩。但是国际工程市场不可控因素不断增加，项目的规模也越来越大，风险因素也越来越复杂，从事国际工程承包的企业应重视国际工程市场的公共安全风险管理。

目前，中国工程建筑企业国际工程主要分布在中东、非洲和亚洲国家，这些国家多数正处在政治、经济转轨期间，其政治体制、经济政策存在许多不稳定性，项目实施存在巨大的变动风险。另外税务、法律风险也是中国工程企业必须关注的重点。现在我国在国外承包的项目大多数是EPC（交钥匙工程）总承包模式，由于这些处于经济转轨期间的国家，税收、法律方面相关规定不太完善，双方签订合同中往往也不容易明确约定双方在税收方面的责任和义务，一旦对方严格规范管理，中国工程建筑企业将面临着巨大风险[52]。

第一节 政治与法规风险

最常见的政治风险包括没收、征用、国有化[35]，形象一点来说，就是指政府突然改变了之前的一个规则，将企业的资产没收或者由国家接管。此外，还包括开采权许可和租约的取消，比如政府突然将开采权收回，或者将合约取消。

当然，还有政治暴力，它是指某个国家突然发生了一些动乱，在内乱中造成企业的一些财产损失。企业的营业中断也应包括在这种政治风险保险中，因为在这些事件当中，企业受损失的不只是它的财产，而且包括失去这些财产以后，整个营业收入的中断。

2011年，由于非洲地区有近20个国家将要举行总统大选，地区局势比较紧张，发生武装冲突的潜在风险较大，武装冲突的数量可能与上一年度基本持平，更有可能发生的是有多个国家参与的跨国武装冲突和国内武装冲突。包括巴以冲突和阿富汗战争，利比亚以及科特迪瓦的冲突。冲突发生和持续的原因包括分离主义、意识形态、宗教和民族矛盾等，非常复杂。大多数冲突已持续多年，短期内形势难以改观。

一、中东北非

最近，中东北非伊斯兰国家的紧张政治局势有愈演愈烈的态势。自反政府的冲突从突尼斯爆发以来，目前已经蔓延到了北非国家利比亚。埃及总统穆巴拉克的下台，对整个中东地区产生了相当大的震动。受其影响,阿尔及利亚、伊朗、巴林和利比亚等国近日也发生了反政府游行。巴林和利比亚所发生的冲突说明,阿拉伯国家政治动荡的严重程度大幅升级。如图6-1所示。

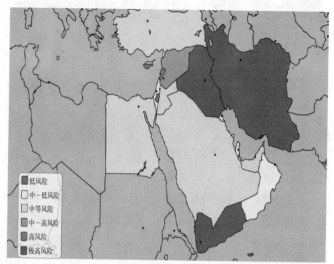

图6-1 2011年中东北非政治风险布局

中东北非政局动荡的主要原因包括:近些年经济增长缓慢,失业率和通胀率都比较高;普遍缺乏民主,统治者独裁,政府腐败;各国的人口均相对年轻,青年失业率高等。

最近中东北非紧张局势继续扩散,包括利比亚在内诸国的混乱政局推动国际原油价格大幅飙升。布伦特原油超过110美元,WTI原油超过100美元,创2008年10月金融危机以来的最高水平。国际油价上演"一日疯狂"。

从数据看来,OPEC三大主要石油出口国沙特、阿联酋、科威特尚未受到蔓延的政治危机影响。实际上,沙特能在几天之内以剩余产能每日新增开采原油100万~150万桶,完全有能力在几周后将额外的400万~500万桶原油推向市场。因而,即使利比亚政局全面崩溃也不会导致石油供应短缺。总而言之,从突尼斯到埃及再到利比亚的一连串政治危机产生了国际石油价格的大幅飙涨,及国际金融市场动荡的"蝴蝶效应",目前总体(时间、范围)影响还比较有限。

2011年上半年利比亚动乱以及中东局势的动荡无疑对渴望在境外取得长足发展的中国工程建筑企业来说是当头一棒。除了企业人员的生命和财产受到一定威胁外,项目被迫暂停,工程款一时无法收回,设备材料也不得不由于项目暂停而被迫放弃,将会给相关企业造成很大损失。在利比亚局势发生变化前,葛洲坝集团在利比亚签订的7300套房建项目,合同金额8.29亿美元;利比亚局势恶化后,上述项目营地遭受了数次冲击,造成工程全面停工,部分设备被抢走或被砸坏。中国水利水电建设集团在利比亚有在建项目6个,合同总额17.88亿美元;中交集团在利比亚有5个项目;中建总公司在利比亚班加西有一个2万套住宅的项目;上述项目不同程度受到当地局势的影响。另外安置和撤离工作人员仍要紧急投入大笔资金。同时进一步影响了各大集团的股票价格,中国建筑和中国铁建股票均出现不同程度的下跌。

利比亚局势动荡是对中国企业加大步伐"走出去"的一大严峻考验,甚至有可能事关中国海外发展的方向,因为中东北非的经济格局可能面临重新洗牌。中国相关部门和企业应该从利比亚事件中汲取经验教训,在"走出去"之前对目的国的政治风险等因素做出更加充分的考量。尽管当前利比亚局势不明朗,相关部门和企业也有责任尽最大努力保全在利财产、挽回损失。

二、中/南非

2011年,非洲撒哈拉以南地区多数国家局势更趋稳定,政治更加成熟;经济复苏稳健,整体形势向好;经济一体化进展显著,意义深远。与此同时,个别国家的局势依然十分脆弱,安全形势更趋严峻复杂,经济发展遭遇瓶颈困难。如图6-2所示。

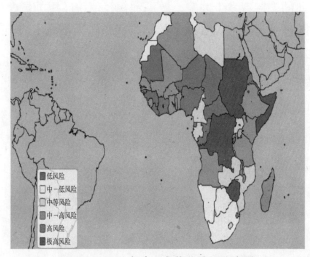

图6-2 2011年中/南非政治风险布局

苏丹进入一个关键历史时刻。苏丹达尔富尔的和平进程取得了明显进展。2010年2月23日,达尔富尔和平会谈特别会议在多哈举行,苏丹政府与反对派"正义与平等运动"签署了停火协议。2010年7月10日,苏丹南北部主要政党领导人正式启动苏丹南部公投会谈。2010年7月14日,苏丹前反政府组织、南部地区主要政党苏丹人民解放运动表示,将全面参与苏丹政府与达尔富尔反政府武装的调解工作。

不过,达尔富尔地区仍有数支武装组织在互相斗争,实现持久和平还存在变数。2011年1月9日,苏丹就南部是否独立问题举行全民公决,苏丹进入了一个关键的历史时刻。结果表明苏丹南部独立,依然有可能爆发新的武装冲突。苏丹的安全形势不会因一次全民公决迅速而彻底地扭转过来。

索马里青年党比海盗更危险。索马里是当今非洲最动荡的国家之一,很有可能成为未来非洲的恐怖之源。索马里的危险其实并非来源于索马里海盗,而是来自于索马里青年党这支与"基地"组织有密切联系的反政府武装。该组织誓言效忠"基地"组织和本·拉登,并主张严格按照伊斯兰教法统治索马里。国际社会对索马里青年党动向的关注度在不断加深。

近年来,索马里青年党趁索马里内乱之机迅速扩张势力,2009年曾一度几乎攻占首都摩加迪沙,被击退后仍然控制全国大部分地区。2010年以来,该组织除继续与索政府军作战外,还将恐怖触角延伸至邻国乌干达,并于7月11日在乌干达首都坎帕拉市郊制造了两起爆炸事件。为了应对索马里愈演愈烈的恐怖主义威胁,非洲国家建立了一些不同层次的反恐机制,美国也在非洲实施了多项反恐地区安全计划,包括跨撒哈拉反恐计划和东非国家计划等,但这些机制目前尚无能力有效应对索马里危机。索马里青年党势力在2011年可能进一步壮大,并与政府军展开更激烈的争夺。

2011年,非洲需要举行选举的国家有17个之多,中非、乍得、贝宁、尼日尔、埃及、津巴布韦、刚果(金)、尼日利亚、马达加斯加等国,都要进行总统、立法、市政之类的选举达30多起。而2010年12月初,科特迪瓦公布选举结果后,出乎意料地产生了两位总统,导致彼此的支持者发生冲突,政局动荡。值得欣慰的是,该国政局目前已经稳定下来。因此,2011年非洲进行如此多的选举导致政局不稳定的可能在一定的程度上还是存在的。

三、亚洲

近期,亚洲地区的政治风险主要集中在中亚地区,即阿富汗与巴基斯坦的恐怖主义运动,人身财产安全风险较高。如图6-3所示。

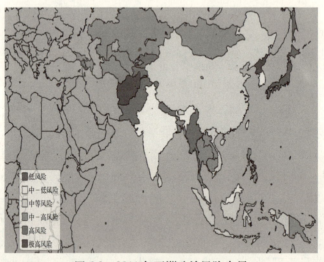

图6-3 2011年亚洲政治风险布局

(一)美国增兵阿富汗不等于塔利班失败

美国作战部队撤出伊拉克是将反恐精力和资源更集中于阿富汗战争。2009年年底,奥巴马政府批准了打击塔利班的新战略计划,并为此增兵3万人。该计划的特点是不强调反恐,而是强调反叛乱,即减少追踪塔利班战斗人员的行动,更努力地向当地居民提供安全保障,以削弱塔利班的生存基础。一年来,驻阿联军展开多轮围剿行动,取得了一定成果,但自身伤亡也急剧上升。2010 年驻阿联军共有 711 人阵亡,是 2001 年阿富汗战争爆发以来阵亡人数最多的一年。2010 年 12 月 16 日,美国有关阿富汗战争的进展报告认为,联军取得了重大进展,但战争仍旧"十分困难"。奥巴马政府继续坚持从 2011 年 7 月开始部分撤出美军,并向阿富汗安全部队逐步移交安保责任,最终实现"阿人治阿"。虽然西方国家希望尽快扔掉阿富汗这块"烫手山芋",但是阿富汗政府能否自挑重担仍有很大的不确定性,一旦 2011 年年中联军开始撤出,塔利班势力很可能卷土重来。

(二) 巴基斯坦反恐任务依然艰巨

巴基斯坦 2010 年的安全形势有所好转。政府军 2010 年击毙恐怖分子 5170 人,自己则有 469 人阵亡,平民死亡人数为 1796 人,这 3 项数字比 2009 年都有较大幅度的下降。巴基斯坦塔利班现在是巴政府的头号反恐目标,其实力近年来迅速上升,对巴国内安全局势造成越来越大的影响,甚至连巴陆、海军总部、高级法院等要地都成为其袭击目标。2010 年 7 月,美国宣布向巴提供总值 5 亿美元的援助计划,旨在帮助巴基斯坦发展经济,缓和巴民间反美情绪。这使巴基斯坦政府处于两难选择之中:如果狠打塔利班,会激起国内一片反对之声。如果轻打塔利班,又会被美国指责为"拿钱不办事"。2011 年,巴基斯坦的恐怖组织将会继续制造多起恐怖暴力活动,巴政府的反恐任务仍然艰巨。

2010 年是中国海外投资一个高潮年,海外投资为 590 亿美元,未来 5~10 年这一数字可能会超过中国每年吸收外资的数量(2010 年中国吸收外资超过千亿美元)。西亚北非地区是中国在海外投资"走出去"的重要地区。

中国和西亚北非地区有比较完善的经贸合作机制和相应的工作机制,中方会通过这些机制来降低中资企业在西亚北非地区受到的影响。中国企业在参与海外工程项目的过程中,应建立有效的"走出去"的安全保障体系。

四、应对政治风险宜采取的措施

为了避免上述政治风险,首先事先要充分了解项目所在国的政治、经济情况,对于政治经济不稳定的国家,要在合同中约定双方的责任义务,必须时可以购买国际保险;其次对于设备投入量较大的项目,施工企业必须有相近的其他项目为依托,通过合理调整,解决人员、设备的窝工和停滞;第三,要安排专人研究所在国的税法、法律等问题,甚至聘请当地专家对工程给予指导,合理规避税务与法律法规风险;第四,事后及时与业主沟通,采取补救措施,争取从业主方得到一定的补偿。

另一方面值得考虑的是政治风险保险。与普通的财产险不同,政治风险保险是一个非常专业的险种,主要针对一些不利的政府行为,或者政治暴力造成的一些负面的影响向企业提供财务保护,范围涉及资产投资、股权投资以及向海外进行原材料供给的货款货物。

第二节 经济风险

2011年的世界经济形势有喜有忧。2010年,发达国家和新兴经济体都不同程度地出现了经济回暖迹象。但另一方面,各国为刺激经济增长而实施的扩张性政策导致政府债台高筑。根据世界经济论坛的数据,二十国集团成员财政赤字占国内生产总值的平均比例已近8%。2010财政年度美国财政赤字达创纪录的1.3万亿美元,2011财政年度的财政赤字将进一步恶化。日本的财政状况也不容乐观,政府债务规模是GDP的200%,消费者物价指数连续20个月下降,深陷通缩泥潭。中国和印度等亚洲主要国家经济复苏强劲,但面临物价上涨、经济过热的风险,并且可能将风险传导给亚洲其他国家。

总之,2011年将是世界经济艰难前行的一年,源于金融危机刺激政策的副作用:①货币贬值;②通货膨胀;③经济过热;④资产泡沫,开始显现,但在世界经济还没有恢复元气的时候,贸然采取紧缩政策又会釜底抽薪,打击实体经济,加剧社会矛盾。

一、中东北非政局对投资的影响

中东北非地区局势动荡正成为全球经济的新震源,动荡不仅引发国际能源、金融与大宗商品市场的异常波动,而且也为"后金融危机时期"世界经济稳定复苏增添新的不确定性。中东北非地区占全球石油储量的57%和全球石油出口量的70%,随着危机扩散到主要石油输出国,将进一步推高油价,而这或为全球脆弱的复苏带来新的不可预知的冲击,对中国经济、能源安全以及海外业务的影响不容小视。

(一)政治动乱阻断投资

利比亚骚乱正在给诸多在当地实施项目的企业带来困扰,遇袭、遭抢、营业被迫中断甚至是债权无法回收,正大踏步走向海外的中国企业开始面对始料未及的政治风险。继来自欧美等国的经济安全审查之后,非洲、中东地区的政治动乱正成为中国企业海外投资的新壁垒、新风险。

不只是利比亚,在非洲和中东的广大地区,如北非的突尼斯、埃及,西非的尼日尔等于2010~2011年都在没有任何预警的情况下发生了政治动乱。值得注意的是,这些地区丰富的自然资源,吸引了大量中国公司在当地投资,从资源开发、工程承包到基础设施,到处可见中国公司的身影。

在政局动荡国家开展运营的企业面临着各种风险损失,例如营业中断、财产被盗或损毁、采购和供应合同受到威胁、对现金流具有潜在危害的支付延误以及员工紧急疏散等。避险方式的设计与避险工具的选择正成为国际工程承包企业不可回避的重要问题。

（二）不利的政治事件还会导致贸易中断

当债务人为国家主权实体时，合同可能因为政府一些行为而无法履行，或者是之前因为有一些争议，进行了仲裁，但是可能由于政府的一些行为，这些仲裁都无法执行和进行裁决。一些贸易企业还可能遇到银行出具的一些信用证和债券，但是由于政府的一些命令或者行为，导致这些债券或者是信用证被错误地收回。

2011年初，利比亚政局的动荡确实对中资企业造成了相当大的影响。中国撤回3万余名中国员工、合同搁浅、项目停止等给中国企业带来的损失显而易见。相关专家保守地估计，中国200亿美元资金在利比亚利益洗牌中有可能"打水漂"。

从2007年开始，中国公司大规模进入利比亚。截至2011年初，有75个中国企业在利比亚有50个工程承包项目，涉及金额188亿美元。

利比亚出现局势动荡以来，中国各大公司在利比亚方的总部及各项工程基础设施、设备、材料完全处于失控状态，中国在利比亚的企业所承担的项目一部分来自利比亚方的投资，还有很大一部分来自国家开发银行的融资，所以损失也很大。如果形势发展不利，中国损失的资金可能不止200亿美元。其中有13家央企在利比亚的项目全部暂停，这些投资主要集中在基建、电信领域。中国政府从利比亚撤侨后，部分企业的损失情况陆续浮出水面。例如：中国铁建股份有限公司在利比亚有3个工程总承包项目，合同总额42.37亿美元，目前已完成6.86亿美元，其余的只能暂时停止，包括不能运走的全部原材料和设备设施。中国建筑工程总公司2007年进入利比亚从事工程承包项目，目前在建工程均为政府国民住宅项目，工程规模为2万套，累计合同额约合26.1亿美元，工期40个月，项目已完成工程量近半，此项投资不知最后能否收回。葛洲坝公司在利比亚有7300套房建工程施工项目，合同金额约合55.4亿美元。截至2011年2月18日，累计完成合同工程量16.8%。如表6-1所示。

中资企业在利比亚工程承包情况　　　　　表6-1

投资方	合同金额（亿美元）	已完成投资（亿美元）
中国铁建	42.37	6.86
中国建筑	26.1	近半
葛洲坝国际工程公司	55.4	9.3
中交建设	48	未知
中工国际	40	未知
中石油	3.8	未知

数据来源：商务部

截至2011年2月底，已有中国中冶、中国建筑等四家大型央企上市公司发布公告，累计停工的合同金额达到410.35亿元。中国铁建未完成合同额达233.95亿元，占一半多。但据报道，400多亿元的未完成合同不会对这些大型央企的业绩产生太大的负面影响。如中国建筑去年三季度的营业收入为2466.33亿元，利比亚未完成的合同仅占收入的3%左右。

二、国际油价将持续高位震荡

国际油价的影响分为两个方面：①对石油供给的影响。根据英国《金融时报》的数据，2010～2011年所有抗议活动最为密集的国家（突尼斯、也门、埃及、利比亚和巴林）的原油总产量仅占全球供应量的3.4%。作为OPEC第八大石油生产国，利比亚日均产油160万桶左右，占全球产量的2%，这与占全球供应量40%的OPEC相比，还不足以对全球供应造成影响，但高盛研究报告也指出，如果动乱持续下去，布伦特原油期货价格就可能升至105～110美元/桶之间；②对全球石油运输的影响。中东地区的石油供应是世界经济的生命线。埃及的苏伊士运河更是世界贸易的动脉与咽喉，通过苏伊士运河的航运吨位占世界石油贸易量的90%以上。资料显示，苏伊士至地中海管道将原油从红海输送到地中海，日均输油能力约240万桶。IEA预计，如果局势升级导致管道关闭，将需要使用油轮绕道非洲运输，使运输时间延长，并占用油轮运力，有可能推高目前全球运费率。

近期国际能源机构覆盖的28个石油消费国以及中国、印度和巴西等新兴经济体召开会议探讨国际油价波动问题，尽管OPEC成员国表示，要建立新的全球机制稳定能源市场，改善石油供应以及石油库存量，以满足市场需求。从供求平衡角度看，OPEC在2010年年底决定继续维持产量目标不变，2011年上半年原油产量难以大幅增长，来自非OPEC国家的原油供应每日大约增加20万桶，而包括伊拉克产量在内的OPEC常规石油日产量预计将增加80万桶，使总日产量上升至3050万桶。综合来看，原油供应增量低于消费增量，再加上局势的动荡，国际油价将持续高位震荡。

三、全球经济复苏依然存在不确定性

欧洲希腊、爱尔兰、葡萄牙甚至英国、意大利均陷入了国家债务危机、美国经济仍在低谷中徘徊，全球通胀与经济复苏依然存在许多不确定性。

（一）通胀总水平进一步升高

2011年，全球各类基础商品价格在流动性、供给失衡以及突发因素等多重因素影响下加速上涨，通胀有由发展中国家向发达国家蔓延的趋势，全球整体性通胀的特征愈发明显。IMF数据显示，目前新兴经济体平均通胀率提升到6%以上，并有向发达经济体蔓延的趋势。2011年1月份，欧元区通胀率同比上升2.4%，高于2010年12月份的2.2%，增幅创下27个月新高，美国虽不及欧洲通胀压力大，但CPI环比上涨0.4%，同比上涨1.6%，也为7个月以来的新高，就连长期受通缩困扰的日本，通胀也有抬头的迹象。因此，原油作为重要的基本原材料，其价格的飙升会把成本压力传导至产业链的中下游，导致生产成本大幅上升，使各国输入型通胀压力进一步加大。

（二）高油价损害全球经济复苏

根据国际能源署 IEA 的测算，2010 年，OECD 34 个工业化成员国，石油进口成本激增 2000 亿～7900 亿美元，由此带来的收入损失，相当于 OECD 成员国的国内生产总值（GDP）下降约 0.5%。IEA 预计，如果油价持续在每桶 100 美元以上，可能会对全球经济造成沉重负担。就以目前的油价来说，全球在石油上的支出可能会让 GDP 减少 5%，或使全球所有产品和服务的总价值有所降低，会对脆弱的经济复苏造成伤害。对于发达国家而言，其实本身经济低迷，再加上本身失业率高企以及石油价格的高企，发达国家存在陷入"滞胀"的风险。

四、非洲经济稳健，东非共同体市场意义重大

在世界经济缓慢复苏的时期，非洲经济却走得格外稳健，以不俗的表现成为全球新亮点。根据国际货币基金组织发布的报告《非洲撒哈拉以南地区经济展望2010》，该地区国家 2011 年综合经济增长率有望达到 5%，2011 年增长率有望进一步攀升至 5.5%。如果这一预测能变成现实，将意味着非洲经济成功走出全球金融危机阴影。国际货币基金组织认为，非洲经济的良好表现得益于危机前各国经济基础的稳步提升，包括相对稳定的增长、低通胀、外汇储备增加以及债务的逐渐减少等。

尽管整体经济形势向好，但各国之间因经济实力悬殊、产业发展各异而面临着不一样的未来。在撒哈拉以南 47 个非洲国家中，南非、尼日利亚、安哥拉、埃塞俄比亚和肯尼亚经济实力较强，五国经济实力之和占了区域总量的 2/3。相对于这些区域强国来说，博茨瓦纳、津巴布韦、乍得、厄立特里亚等经济基础相对薄弱的国家在经济复苏道路上的困难与不确定因素更多。

整体上，落后的基础设施已成为制约非洲经济可持续发展的最大瓶颈，年久失修的机场、港口、公路和铁路已与经济发展速度不相称。此外，交通、电力、通信等关键设施不到位，以及政府办事效率总体偏低等，制约了海外对非洲的投资。

东非共同体成员国肯尼亚、坦桑尼亚、乌干达、卢旺达和布隆迪于 2010 年 7 月正式启动共同市场，东非 5 国从此形成了一个拥有人口过亿的单一市场。这是继 2008 年 8 月南部非洲发展共同体成立自由贸易区后，非洲经济一体化进程上又一重要的历史性事件。

在共同市场下，东非共同体五个成员国将采取一系列措施整合市场，包括继续完善关税同盟，逐步取消关税壁垒、非关税贸易壁垒及技术性贸易壁垒，允许商品、服务、资本和人员的跨境自由流动，实行统一对外关税，采用统一商品质量标准，协调金融、贸易、货币、教育、就业和劳务政策等。

共同市场的建立将使东非地区进入新的发展阶段，进一步促进区域贸易，提升整体投资吸引力和经济竞争力，有利于该地区参与全球经济事务。

非洲经济一体化 2010 年取得的重大进展还表现在：东非共同体和东南非共同市场已就缩短货物在两组织成员国之间的过境时间达成一致，两区域组织的成员国将安装统一

的过境监控系统。该系统能使海关官员提前获取关于过境货物的车辆和商品信息,从而减少货物在这些国家边境等候的时间,大大加快货物的流动速度;东非共同体、南部非洲发展共同体和东南非共同市场还于 2010 年 10 月底在肯尼亚内罗毕召开三方首脑会议,就逐步取消边界贸易关卡实现一站式贸易、协调基础设施规划与建设等达成了一致。

五、汇率风险

在国际工程市场开发过程中,汇率风险是普遍的、不可回避的风险,也越来越受到承包方的关注。特别是 2005 年 7 月我国汇率形成机制改革以来,人民币不断升值。人民币升值使国际工程承包项目的利润空间越来越小,给国际工程承包商带来巨大压力。为此,可以采用一系列措施合理避免汇率损失,如将部分汇率风险转嫁给分包商,即与分包商签署分包合同时,结算货币采用对外合同同种货币,在这种方式下可以将部分收入与成本的汇率绑定,汇率波动只对外币净利润部分产生影响,最大限度地规避汇率风险。

第三节　市场风险

随着大量中国工程建筑公司涌入非洲国家[43],市场风险也随之而来。一方面,工程项目是有限的,除了与国外其他承包商的竞争之外,中国工程建筑公司之间的互相竞争也日趋激烈。中国工程建筑公司之间为了自身利益,很快就会陷入无序的恶性竞争中。另一方面,进入国外市场的中国工程建筑公司良莠不齐,有些存在严重不合理分包、转包情况,再有少数中国工程建筑公司不负责任地追求经济效益而忽视工程质量和社会效益,一旦出现工程质量事故,砸掉的就是中国工程建筑公司的整体品牌。

为此,一方面要发挥我国驻所在国使馆商务主管部门的协调作用,避免中国工程建筑公司恶性竞争,同时维护中国工程建筑企业的良好形象;二是要充分发挥工程所在国中国企业商会的作用,促进行业自律,保证合理竞争和工程质量;三是各企业要培养自己的核心竞争力,做别人所不能做的,提高竞争优势。

第四节　社会与健康风险

国际工程项目的实施需要调动多种资源共同完成,其中最基本、最重要、最具有创造性的资源就是人力资源。在国际工程承包过程中,国内派出人员时往往是根据其以往的经历和能力进行选拔的,是基于一定条件做出的价值判断。在选拔作业人员时可能条件相仿,劳动技能水平相当;选拔的管理人员可能适应他们以前所处的环境,能胜任各岗位的职责。但在国外不同的社会、自然条件下,派遣出境的管理人员、技术人员以及作业人员能否适应国外环境,能否满足工作需要,只有通过实践才能确认,这就是国际工程市场的人力资源风险。因此，国际工程管理人员出境前应严格把关，精心挑选，到达国外后，根据情况合理调整岗位安排，把他们安排到能发挥他们最大优势的岗位上，或让他们离开使他们陷于最大劣势的岗位，实现资源的合理优化配置。

非洲多数国家境内主要流行的疾病有疟疾、艾滋病、麻风病、昏睡病、脑膜炎、霍乱、肺结核、黄热病等。这些疾病的主要传染源来源于蚊子和水，而且当地医疗设施很差，特别是疟疾的发生非常普遍，严重的可以导致人员死亡。如何预防和治疗疾病，保证务工人员的健康是国际工程承包商必须面对的风险挑战。目前中国大型工程建筑公司在非洲承建施工时，都自备了医生和药品，一旦感染疾病，立即抓紧治疗；同时也应注意改善施工和居住环境，切断疾病源；另一方面中国援非医疗队力量的不断增强，也改善了当地的医疗水平。

面对国际工程市场的机遇和挑战，中国工程建筑公司在"走出去"从事国际工程承包的过程中，应改善和加强企业防风险能力，探索建立适应国际新趋势的管理制度，从而在国际工程承包的竞争中提升核心竞争力，立足国际市场，创建企业品牌，为国际承包市场可持续发展打下坚实的基础。

第七章 中国工程建筑企业竞争力与战略

分析了中国工程建筑企业 2009 年在海外国际化经营的现状,并结合分析结果对中国工程建筑企业自身的优劣势和外部环境的机会与挑战进行梳理与归纳,找出了中国工程建筑企业制定国际化经营战略的基础,并在此基础上分析了中国工程建筑企业拟可以采取的战略。

第一节 中国工程建筑企业海外工程承包市场现状

2009 年,中国工程建筑企业承包商在国内市场和海外市场均有不俗的表现[2],如表 7-1、图 7-1 所示,共有 54 家企业入围国际承包商 225 强,37 家企业入围全球承包商 225 强,尤其是中国铁道建筑总公司以 539.9 亿美元的营业额一举超越行业老大法国万喜公司,跃身为全球最大的承包商;中国中铁以 528.7 亿美元的总营业额紧随其后;而且中国交通建设集团有限公司以 74.8 亿美元的海外营业额跻身国际承包商第 13 名,创造了中国工程建筑企业在 ENR 的排名记录。

如表 7-2 所示,从营业收入来看,中国工程建筑企业排名有所上升,表现较佳[38]。但从净利润、营业收入增长率、利润率等指标来看,中国工程建筑企业还远远落后于西

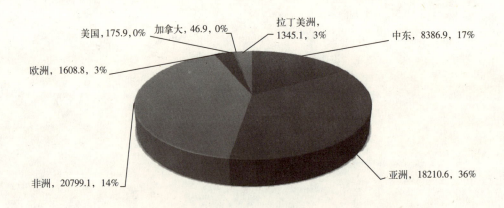

图 7-1 我国 54 家海外承包商业务地区分布(单位:百万美元)

入围 2009 年国际承包商 225 强的中国工程建筑企业

（单位：百万美元） 表 7-1

排名 2010	排名 2009	公司名称	国际营业额	排名 2010	排名 2009	公司名称	国际营业额
13	17	中国交通建设集团有限公司	7477.8	80	80	中国东方电气集团公司	1011
22	25	中国建筑股份有限公司	4185	84	99	中国葛洲坝集团股份有限公司	932.5
25	51	中国铁建股份有限公司	3542	86	72	中国土木工程集团有限公司	911.2
26	28	中国机械工业集团公司	3422.3	89	103	上海建工(集团)总公司	840.5
31	61	中国冶金科工集团公司	2965	101	123	山东电力基本建设总公司	712.7
32	59	中信建设有限责任公司	2941.5	106	142	中国地质工程集团公司	653.6
41	56	中国水利水电建设集团公司	2233.2	108	137	哈尔滨电站工程有限责任公司	620.9
46	100	中国石油工程建设公司	2092.9	117	140	北京建工集团有限责任公司	563.7
53	62	中国中铁股份有限公司	1781.4	119	147	中国江苏国际经济技术合作公司	540.4
69	94	中国石化工程建设公司	1279.8	123	112	中原石油勘探局工程建设总公司	510.5
76	120	中国石油天然气管道局	1052.8	124	90	中国化学工程集团公司	504.9
78	83	上海电气集团股份有限公司	1042	125	122	中国水利电力对外公司	504.6
79	95	山东电力建设第三工程公司	1013	128	131	中地海外建设集团有限公司	468.8

续表

排名		公司名称	国际营业额	排名		公司名称	国际营业额
2010	2009			2010	2009		
130	141	中国海外工程有限责任公司	456.5	184	222	中国武夷实业股份有限公司	190.6
133	143	青建集团股份公司	425	185	192	中国江西国际经济技术合作公司	187.9
135	109	中国技术进出口总公司	410.1	186	175	中国中原对外工程公司	183.5
137	145	合肥水泥设计研究院	397.3	188	193	中钢设备有限公司	178.8
140	153	中国万宝工程公司	349.3	197	**	南通建工集团股份有限公司	169.1
141	172	中国大连国际经济合作集团有限公司	348.8	200	**	江苏南通三建集团有限公司	167.4
149	202	上海城建(集团)公司	316.9	201	194	中国有色金属股份有限公司	167
151	189	中国寰球工程公司	314.5	206	199	威海国际经济技术合作股份有限公司	153.3
157	168	安徽建工集团有限公司	290	207	220	中鼎国际工程有限责任公司	152.6
159	165	中国河南国际合作集团有限公司	281	208	**	云南建工集团有限公司	151.4
160	185	中国机械进出口(集团)有限公司	276.6	215	**	上海隧道工程股份有限公司	138
162	**	泛华建设集团有限公司	263.6	217	**	浙江省建设投资集团有限公司	135.4
169	191	新疆北新建设工程(集团)有限责任公司	237.2	221	**	江苏南通六建集团有限公司	123.6
179	212	安徽省外经建设(集团)有限公司	207.4	224	224	中国成套设备进出口(集团)总公司	114.5

注：**表示企业该年度未参加或未入选国际承包商225强。

方建筑企业，如法国万喜、布依格集团等，说明中国工程建筑企业在技术、企业管理、项目管理、项目执行能力等方面与西方建筑企业还存在着很大差距。

2010年财富世界500强15家承包商经营数据　　　　　　　　表7-2

序号	2010排名	2009排名	公司名称	2009营业收入（百万美元）	2009净利润（百万美元）	营业收入增长率(%)	利润率(%)	比上年利润率增减(%)
1	133	252	中国铁道建设总公司	52044	960	59.9	1.8	0.2
2	137	242	中国中铁股份有限公司	50704	1008	50.2	2.0	1.5
3	162	150	法国万喜集团	44378	2218	-9.4	5.0	0.2
4	168	156	法国布伊格集团	43579	1833	-9.0	4.2	-0.4
5	187	292	中国建筑集团总公司	38117	839	27.9	2.2	1.0
6	224	341	中国交通建设集团有限公司	33465	704	28.8	2.1	-0.2
7	315	380	中国冶金科工集团公司	25868	412	8.8	1.6	-0.1
8	322	319	德国豪赫蒂夫公司	25563	271	-8.6	1.1	0.1
9	346	241	西班牙ACS集团	24245	2712	-28.3	11.2	3.4
10	393	412	美国福陆公司	21990	685	-1.5	3.1	-0.1
11	476	424	瑞典斯堪雅集团	17887	474	-17.9	2.6	0.5
12	480	451	西班牙营建集团	17652	427	-14.0	2.4	0.0
13	481	478	日本鹿岛建设公司	17635	142	-9.1	0.8	1.1
14	486	*	奥地利斯特伯格集团	17447	224	—	1.3	—
15	497	491	日本清水株式会社	17117	-74	-8.9	-0.4	-0.8

从表7-3所示的海外营业额比重来看，中国工程建筑企业同样远远落后于西方工程建筑企业，即使营业额比重最低的西方建筑企业——西班牙ACS集团，也达到了26.1%，中国交通建设集团公司比重最高，也仅仅为22.3%，说明中国工程建筑企业的国际化程度目前还远远落后于西方工程建筑企业，导致中国工程建筑企业排名大幅上扬的主要原因是我国近期加大了对基础设施建设的投资力度。

2009年入围国际承包商225强的中国工程建筑企业与上年相比均有较大幅度的上升，尤其是中国水利水电建设集团公司和上海城建（集团）公司分别上升54个与53个名次，仅有8家企业名次有所下滑，另有三家企业退出国际承包商225强，分别为中昊海外建设工程有限公司、中国水电工程顾问集团和江苏建设集团公司。

表 7-3 2010 年 15 家财富 500 强 15 家承包商 2010 年 ENR 排名

序号	国际承包商排名	全球承包商排名	公司名称	2009海外营业收入（百万美元）	2009净利润（百万美元）	海外营业额比重（%）	新签合同额（百万美元）
1	25	1	中国铁道建设总公司	3.542.0	53.990.0	6.6	82701.0
2	53	2	中国中铁股份有限公司	1.781.4	52.869.7	3.4	88111.3
3	2	3	法国万喜集团	17.237.7	45.247.1	38.1	37477.7
4	5	4	法国布伊格集团	13.509.0	34.271.0	39.4	33867.0
5	22	6	中国建筑集团总公司	4.185.0	33.196.3	12.6	67268.9
6	13	5	中国交通建设集团有限公司	7.477.8	33.462.5	22.3	56611.3
7	31	8	中国冶金科工集团公司	2.965.0	25.531.7	11.6	31561.8
8	1	7	德国豪赫蒂夫公司	23.769.5	26.068.8	91.2	30176.3
9	18	10	西班牙ACS集团	5.863.5	22.496.4	26.1	24997.2
10	9	14	美国福陆公司	9.629.4	17.235.8	55.9	18500.0
11	6	15	瑞典斯堪雅集团	12.880.0	16.322+0	78.9	16827.9
12	11	13	西班牙营建集团	7.847.0	17.713.4	44.3	26165.3
13	33	17	日本鹿岛建设公司	2.896.7	16.154.4	17.9	12653.5
14	3	11	奥地利斯特伯格集团	15.860.1	18.706.0	84.8	13045.0
15	55	18	日本清水株式会社	1.733.7	15.570.5	11.1	6064.0

2009 年 54 家建筑企业上榜国际承包商 225 强，增加了 4 家；实现海外营业额为 505.7 亿美元，增长 17.1%；占全球市场份额从 2008 年的 11.1% 增长至 13.2%。但中国承包商的海外市场集中在非洲、亚洲和中东地区，这三地的营业额达到 474.0 亿美元，占中国承包商全球营业额的 93.7%；而在欧美国家市场的营业额仅为 17.8 亿美元，占全部营业额的 3.5%。此外，我国建筑企业的海外承包在国际市场中层次较低，一般是施工承包或劳务承包的中低端市场，即使在亚洲、非洲、中东市场，不少项目也是我国经济援助项目或政府贷款支持项目，国际竞争力有待进一步提升。

第二节 中国工程建筑企业国际化竞争力分析

中国工程建筑企业会面临着各种不同的 SWOT 因素，下面只就其在国际化经营的背景下，自身的优势与弱点以及所面临的外在环境机遇和挑战进行分析[11]。

一、优势分析（Strengths）

（一）成本优势（S_1）

我国劳动力资源丰富，有庞大的劳动力供给潜力，劳动力资源保障能力要比西方发达国家强，劳动力的技术与技能总体上处于中等偏上的水平，与此同时，成本相对来讲比美、英、日本等国建筑业的人工成本要低得多，如 2002 年，美国建筑业从业人员年平均工资为 29000 美元，日本建筑业从业人员年平均工资为 48000 美元，而中国建筑业从业人员在 2005 年的年平均工资只有相当于 1600 美元[1]。管理成本和劳务支出相对较低，存在价格竞争优势。

（二）良好的外交关系（S_2）

亚太地区国家在地理位置上是我国的邻国，与我国有着千丝万缕的联系，对我国建筑企业开拓亚洲市场是个绝好的优势。长期以来，由于历史和现实的因素，我国在非洲许多国家开展多种形式的经济合作，中国工程建筑企业普遍尊重非洲当地文化，心理距离相对较小，和非洲国家建立了良好的关系，成为我国建筑企业在非洲进一步扩大发展的优势。另外，我国与中东国家的市场存在互补性，可以进一步从国家层面扩大合作，从而进一步打开中东地区的工程市场的通道[39]。

（三）丰富的专业化工程项目技术背景（S_3）

我国建筑业长期以来一直处于计划经济的框架下运行，专业化分工特别明显，通过国内工程业务的锻炼，特别是近十年的工程建设积累了丰富的专业化工程技术与项目实施的经验。与此同时，我国建筑企业从 20 世纪 70 年代开始，已逐步参与国际竞争，尤其是改革开放以来，在国际竞争中取得了一定的成绩，许多专业化工程项目技术已经在国际工程承包项目上得以实践，并取得成功。成为国际建筑市场上一支重要的力量。这为今后在国际市场上进一步大有作为奠定了基础。

（四）政府的大力支持与本国建筑业发展（S_4）

只有政府的大力支持、培育和鼓励，工程建筑企业才能健康发展，才能大踏步"走出去"。中国政府提出了"走出去"的发展战略，并指出对外投资、工程承包和劳务合作是实施走出去战略的良好形式。国家也出台了一系列措施，特别是基于买方信贷的融资支持政策，极大地提高了我国建筑企业参与国际市场的能力，增大了高端业务中标的机会。同时，近期中国经济持续高速增长，带动了建筑业的蓬勃发展。中国的建筑市场已经成为世界建筑市场中最具吸引力的市场之一。我国市场的迅猛发展，为中国建筑业走向世界提供了良好的基础。

二、劣势分析（Weaknesses）

（一）缺乏高素质的国际型管理人才，项目管理能力不强（W_1）

国际化人才缺乏一直是影响我国对外工程承包的主要问题，也是我国工程建筑企业与国际大承包商之间存在较大差距的重要原因。目前，我国企业十分缺乏的国际化人才有：①富有经验的国际工程项目经理；②设计、采购、施工各阶段核心管理人员；③通晓国际工程法律的人员；④项目风险评估人员；⑤国际工程合同管理人员；⑥国际工程财务人员；⑦国际工程融资（从金融机构贷款）人员；⑧国际工程造价估算和报价人员；⑨物流与保险管理人员等。此外，语言障碍也是一个突出问题；由于语言沟通上存在障碍，我国工程建筑企业的技术、管理人员良好的技术管理素质难以在国外工程承包中得以发挥，甚至还影响到工作的正常开展。同时，我国工程建筑企业相较于国际大型承包商普遍缺乏国际通行的项目管理经验。项目管理的标准化和精细化程度不高。

另一方面，在现行的全球经济一体化的格局下，属地资源最大化已经成为国际工程市场广为采用的规则，使具有竞争优势的国际化人才的国际化流动存在壁垒。

随着国际市场竞争的升级，类似低薪水、低技术含量的初级生产要素，如劳动力资源的流动受到非常严格的限制，在国际工程市场中的作用受到严峻的挑战，依靠这种优势进入市场的企业会因此衰退。因此国际化的高素质人才的培养应树立资源全球化的概念，在这方面中国的工程建筑企业的差距更大。

（二）融资管理与协同能力较弱（W_2）

融资管理与协同能力一直是困扰我国对外工程承包企业扩大业务的"瓶颈"。具体表现在以下几个方面：一是企业利用各种金融工具化解与降低工程承包项目中的风险的管理与协同能力较差，同时，中国的银行保函和保险支持体系不完善，加大了企业的经营风险；中国工程建筑企业在国际竞争中缺乏金融、保险方面的职能部门，在银行保函、工程保险等方面专业化支持的力度不够，影响满足企业适应市场竞争的特殊需求能力；三是企业将市场开发与融资管理协同整合在一起的能力较差，难以形成滚动良性循环开发的优势。

（三）缺乏应对国际建筑市场竞争新趋势的能力（W_3）

国际工程市场的竞争呈现新的趋势，开始经历巨大变革，承包方式改革，又引起新的交付系统变革；PMC（项目管理总承包）、EPC（一揽子钥匙工程）、BOT（建设—经营—转让）、PPP（公共部门与私人企业合作模式）等带资承包方式，成为国际大型工程项目广为采用的模式。虽然近几年来，我国建筑企业在国际建筑市场上开始承担一些总承包工程，但总的来说我国建筑企业对国际工程市场竞争出现的新趋势还缺乏应对经验。

(四) 信息管理技术、技术水平和创新能力相对较弱 (W_4)

信息管理技术的不足体现在多个方面：首先是市场信息和情报的收集不够，不能迅速了解国际上出现的新趋势；自身机构庞大，信息化程度不高。中国工程承包商内部组织层次较多，组织机构繁杂，信息在不同层级之间传递时会产生缺失；另外，中国工程总承包商对国际上各种先进软件的应用都比较晚，应用深度和熟练程度与国际上先进的总承包商还有一定差距。

我国建筑企业缺乏国际领先水平的技术，专利技术少，而且技术应用层次不高，科技含量普遍偏低，特别是在新技术、新材料的开发和应用方面，都处于相对较低层次。我国建筑业的科技贡献份额只占生产总量的 25%～35%，而发达国家为 75%～85%，研究开发投资不到 0.3%（占国内生产总值），而发达国家为 3%，相差 10 倍以上。

三、机会分析（Opportunities）

(一) 国际建筑市场蓬勃发展 (O_1)

世界经济总体复苏，带动国际建筑市场蓬勃发展。2009 年国际工程的整体情况要比全球经济的整体情况好，主要是非洲、拉丁美洲、中国市场的增长。中东市场值得期待，但是 2009 年中东市场保持了平稳的状态。这些市场的增长是由于发展的进度低于发达国家，有大量的基础设施建设需求。另一方面在金融危机之后，各国出台一系列的经济刺激方案，主要集中在政府支出的基础设施建设。

根据英国国际商业建材机构 BMI 在线的预测，全球建筑市场将于 2010 年企稳回升，非洲、中东、亚洲是自 2010～2013 年建筑市场增速最快的地区。亚太（包括澳大利亚）地区以中国的增速最快，其次是印度、澳大利亚。考虑到我国工程承包企业的市场集中在亚洲、非洲、中东，所以从我国政策鼓励进入的市场中选择了 4 个国家（印度、沙特、苏丹、巴西），采用 IMF 预测的 GDP 增速看，这几个国家在 2010 年都处于高速增长，其后两年仍将维持相对高速的增长，整体市场情况乐观。如图 7-2 所示。

这些发展客观上为中国的工程建筑企业实施"走出去"战略、参与国际大竞争提供了广阔的舞台。

(二) 国际建筑市场开放度提高 (O_2)

投资和贸易自由化，使资本、技术、货物和包括劳动力在内的服务等各种生产要素出现跨国流动趋势，工程承包作为服务贸易的重要行业，得到促进和发展，尤其世贸组织《政府采购协议》的生效，各缔约方政府项目的工程市场将更加开放。

(三) 中国在海外直接投资逐步增多 (O_3)

据商务部统计，截至 2010 年底，中国对外直接投资额超过 2500 亿美元，境外中资企业超过 1.3 万家，中国海外直接投资的地区与国家达到 177 个，居全球前五位，在发展中国家排名第一位。海外直接投资的增加必将采购更多建筑产品，而采购建筑产品也必然先选择心理距离较近的我国建筑企业。因此中国在海外直接投资的增加，将促进我国建筑企业参与国际化竞争。

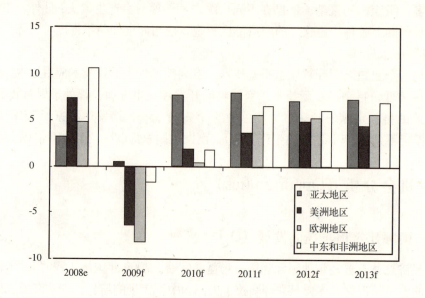

图 7-2　全球建筑市场 2008～2013 年增长率预测

数据来源：英国 BMI 在线

四、威胁分析（Threats）

（一）国际工程市场竞争激烈（T_1）

国际工程市场上，大型跨国建筑企业运用信息技术和现代管理手段，能够以比传统管理手段更高的效率和更低的成本实现全球资源的配置，从而在国际市场上具有较强的竞争力。与此同时，尽管近些年中国的工程建筑企业在市场份额上有较大幅度的提高，但是国际化尚处于较低的水平，在国际工程市场上面临的竞争还很激烈，这一点也可以从第五章第三节的分析结果得到验证。

（二）技术和其他非关税壁垒逐渐增高（T_2）

虽然随着经济全球化进程的加速的影响，国际建筑市场进一步开放，关税壁垒已经大大降低；但各国仍通过采用技术或者其他非关税壁垒，加强对国内建筑市场的保护，而且这一趋势日益明显，我国建筑企业进入国际市场，尤其是欧美发达国家的工程市场的障碍更为隐蔽和难以逾越。

（三）技术和管理日益先进（T_3）

建筑工程逐步由劳动密集型产业向技术密集型、管理密集型和投资密集型产业转变。这种转变本身不是一项威胁，是国际建筑业发展的必然趋势。但对中国工程建筑企业而言，企业管理和技术水平与国际大型工程承包企业相比有较大差距，因此技术和管理的日益先进给中国工程建筑企业带来的壁垒是一项威胁。

（四）提供整体建造服务方案的趋势更加明显（T_4）

当前国际国内工程市场的承发包方式开始经历巨大变革，一个很明显的趋势就是业主偏向于承包商向其提供整体的服务方案，比如PMC、EPC、LSTK、BOT、PPP等，不仅要求承包商有很强的建设能力、管理能力，还要求有很强的融资支持与协同能力。国际市场竞争整体来说是综合素质的竞争，而这方面，我国企业显得相对落后。

（五）人才严重流失（T_5）

中国工程建筑企业面临着严重的人才流失问题。随着中国经济持续快速发展，除了国际承包商之外，国际上不同行业的企业都会加大对中国市场的开拓。跨国公司经营管理队伍的本土化，是其成功的一个主要原因，他们迫切需要人才，因此这些国际化企业都会以优厚的福利待遇及良好的发展空间来吸引我国的人才。由于建筑行业的特点是企业边际利润较低，员工福利待遇不高，而劳动强度——无论是体力上和精力上的耗费都较大，所以对综合素质较高的人才吸引力不大。

第三节 中国工程建筑企业国际化发展战略

从前面的分析不难看出：工程企业已经从单纯的"项目驱动型"转化为"市场（项目）驱动、资源（人才与设备材料）驱动、技术（工程与工艺技术、管理技术）驱动以及资金驱动"等综合实力的竞争，竞争也由常规的优胜劣汰即淘汰经营管理不善的弱者，转换为即使经营管理很好的小公司也会陷入规模较小而带来的困境,甚至被淘汰。为了进一步明晰当今国际工程市场竞争的态势，有必要建立如表7-4所示的SWOT分析矩阵[46]。

从表7-4可以看出，为了寻求提升综合竞争能力的发展模式，中国工程建筑企业发展策略明显表现出"规模化、国际化、资本化、集约化"的趋势。

一、规模化

现代建筑业是高财务杠杆、先进技术引领的行业。大型承包商凭借规模实力获得信用优势、资源优势、资金优势与业绩优势，综合竞争实力得到不断提升，市场占有率不

中国工程建筑企业国际化经营 SWOT 分析　　　　　　　　表 7-4

	优势-(S) 1.成本优势（S_1） 2.良好的外交关系（S_2） 3.项目承揽经验丰富（S_3） 4.政府的大力支持与本国建筑业发展（S_4）	劣势-(W) 1.缺乏素质高的国际性管理人才，项目管理能力不强（W_1） 2.融资管理与协同能力较弱（W_2） 3.缺乏应对国际建筑市场竞争新趋势的能力（W_3） 4.信息管理技术、技术水平和创新能力相对较弱（W_4）
机会-(O) 1.国际建筑市场蓬勃发展（O_1） 2.中国在海外直接投资逐步增多（O_3） 3.国际建筑市场开放度提高（O_2）	SO战略 规模化经营	WO战略 国际化经营
威胁-(T) 1.国际工程市场竞争激烈（T_1） 2.技术和其他非关税壁垒逐渐增高（T_2） 3.科技和管理日益先进（T_3） 4.提供整体建造服务方案的趋势更加明显（T_4） 5.人才严重流失（T_5）	ST战略 资本化经营	WT战略 集约化经营

断扩大。2008年金融危机对于国际建筑市场上规模较小、资金能力较差的承包商造成的影响最大，银行收紧信贷政策可能导致其退回到原有水平甚至退出工程建设市场。

为此，作为中国的工程建筑企业，应明确先承包国内的涉外工程项目。国内的涉外工程项目是指外商在国内投资的项目的总称。涉外工程项目的种类较多，涉及面较广，投资已经广泛涉及制造业、房地产业以及基础设施等其他行业。由于外商投资企业在我国的子公司一般都是按照国际的标准和相应的技术规范设计，并结合中国的强制标准与最佳实践，与国内一般企业相比，其对技术要求较高，管理上也较复杂。可以说，国内涉外项目的建设水平代表着国际一般项目的建设水平。因此，国内的工程企业应在承包国内一般项目的基础上，注意承包国内涉外工程，以积累承包国际一般项目的技术和管理经验。对于第一次承包国内涉外工程的企业来说，报价相当重要，承包商不要过多在意项目的盈利，原则上应在有盈利的情况下设法中标，拿到项目合同。另外，项目的成功实施可为今后承包同类国际工程项目提供信誉上的支持。

与此同时，注意承包国内的重点工程项目，以扩大业务的规模。国内的重点建设项目一般为列入国家重点建设规划的项目和基础设施项目。我国经济在经济危机与国际政治动荡的环境下，仍能保持稳步、持续发展的态势，这对于吸引外资提供了更加有利的宏观经济环境。预计吸引外资的数额仍将逐年增大，吸引外资的方向也将由制造业转向基础设施产业，我国在未来十年乃至几十年内的重点投资领域仍将是铁路、高速公路、港口、机场、能源、水利及电子通信等基础设施项目，这些项目属于国家重点投资项目，所需资金量大、建设周期长，并较易获得世界银行和其他开发银行的贷款支持，一方面为利用外资提供了机遇，另一方面也为国内工程企业承包国内基础设施重点项目提供了良好的机遇。这类项目由于易获得国际金融机构的贷款，且其招标、投标全过程均按国际惯例执行，项目建设全过程也均实行严格的合同管理制，所需技术标准高、管理也较复杂，虽属国内工程，但从技术和管理要求来说，与国际大型工程项目也相差无几。因此，若能争取到国内一流的大型项目，并成功执行，则承包商无疑也就具备了相当的承包国际大型项目的管理经验和技术经验。中国工程建筑企业利用中国经济快速、持续发展的机遇，做大做强国内高标准的工程承包业务，是实现规模化发展的有效途径。

二、国际化

按照 ENR 发布的行业数据，国际 225 强的工程企业占全球 225 强工程企业的比例为 69%，也就是说，要想成为全球领先的工程企业，国际化应该成为工程企业必然的战略之一。中国工程企业已经开始大规模加快国际化步伐，入选美国《工程新闻记录》(ENR) 的中国对外承包工程企业数量逐年增多，在 225 强中的份额大幅提升。2009 年中国对外承包工程业务完成营业额 777 亿美元，新签合同额 1262 亿美元，延续了近 10 年来迅猛发展的势头。在 2009 年 ENR 225 强排名中，50 家中国工程企业入选，市场份额上升到 9% 以上，位居美国、法国、德国之后，上升到第 4 位。

国际承包商日益重视兼并收购、合资合作，并充分运用建立全球网络等手段，实现跨国化经营，提高抵御市场风险的能力。如：世界 500 强企业之一的英国 AECOM 技术公司为把握全球机遇、扩大全球业务，于 2010 年 7 月 14 日以 2.45 亿美元收购了美国蒂什曼（Tishman）建筑公司；日本千代田、东洋工程和 Ebara 公司、Mitsui 公司联合成立合资公司以发展环保市场；韩国大宇工程与意大利 Tecnimont 公司联合投标卡塔尔化学公司二期项目；韩国三星工程致力于建立全球范围内的资源网络和合作系统，在亚洲、中东、欧洲、美洲设立子公司、EPC 中心、施工中心和采购办公室。

另外，国际化可以实现将局部区域的差异化优势扩张到国际市场，以带来更大的竞争优势。

承包国外工程与承包国内涉外工程、国内重点工程相比，突出优点是能够带动许多中国制造的设备和材料的出口及相关的民航、保险、银行、海运等业务的发展；还能带动劳动力的就业和出口。因此，有条件的建筑企业应在积累了相当的专业技术经验后，在不放弃国内的涉外工程和国内大型项目原则下，努力开拓海外市场。在开拓海外市场时，一般应先争取小项目，再争取中型及大型项目，但不应放弃直接争取大型项目的机会。

三、资本化

在知识经济时代，知识与经济的结合日益密切，传统的以设计为龙头的工程承包模式已经受到极大的挑战。无论是将知识转化为技术，还是进一步将技术转化为行业的生产力，均需要资本的支持。也就是说，以技术为先导的工程企业发展必须与资本密切结合，才能胜任作为行业或产业先锋的角色，成为工程建筑企业发展的亮点；才能不断提升综合竞争实力，获取更大的国内与国际的工程承包市场份额。

随着国际工程市场竞争日趋激烈，融资承包已经成为趋势。国际知名工程公司通过上市融资，或与金融资本结合，具有较宽的多层次的融资能力与资金实力，可以有效地防范工程建设市场的大幅波动造成经营不稳定。借鉴绝大多数国际承包商进入资本市场的成功发展模式，国内承包商纷纷加快资源整合力度，加快上市步伐，以拓宽融资渠道、改善公司治理、优化业务结构、兼并收购拓展海外业务。原化工部第三设计院(东华科技)、中国化学工程、中国建筑等分别在2007年、2008年、2009年先后成为上市公司，为企业的发展准备了必要的融资平台。

四、集约化

集约经营，降低成本，提高效率成为承包商降本增效，提高抗风险能力、扩张规模的重要手段。经济全球化的日益深化，使得工程承包行业的竞争成为全球范围内的竞争。各行各业规模经济的发展使得项目的规模日益大型化，大型工程企业往往也很难单独承揽，多个工程企业的多个项目执行中心协同工作，实现资源优化的集中经营模式已经成为大型工程项目的必由之路。

如中国化学工程集团公司作为集约经营的平台，在新汶集团新疆的煤化工项目（项目一期投资规模为100亿人民币）上实现了集约经营，直接将项目从无序的竞标带入议标状态，提高了议价能力和市场开发的效率，降低了开发成本，提升了业绩的规模。

TECHNIP法国与TECHNIP意大利是国际工程公司在炼化工程承包方面的行业大腕，在全球范围内有许多执行中心与分子公司、合资公司，在经营上实现以资本为纽带、成本核算为中心的利润共享风险共担的集约经营模式，市场经营份额的增长率始终处于两位数，并确保每个分子公司均盈利。例如，在沙特市场上，统一采用TECHNIP的品牌获取项目，获得项目后以TECHNIP意大利为主执行项目，不足的资源由TECHNIP法国按照约定的成本补足，或者寻求第三方分包，但是TECHNIP法国以资产（不取决于工作量）为纽带享有30%的利益（或风险）[48]。

国内与国际的例子均已证明，集约化经营一方面可以改变传统的工程市场竞争格局，降低竞标的风险，减少市场开发的成本；另一方面，集约化经营有利于扩大规模，通过提高议价能力，可将利润率控制在具有良好可操作性的水平，确保项目顺利实施。

第八章　中东（海湾）炼化工程市场分析案例

为了验证提出方法的实用性，选择对海湾地区炼化工程市场潜力、重点项目、市场环境与主要竞争状况以及竞争力几方面进行详细分析。首先，对近几年来沙特、阿联酋、科威特与卡塔尔的现有炼油厂、计划新建或扩建炼厂、油气生产、石油化工等炼化工程市场的授标情况与发展趋势进行统计分析。对近四年海湾各国炼化工程总承包合同额进行 Monte-Carlo 模拟仿真，得出一定置信区间下的合同金额范围及其概率分布。在此基础上，对 2011～2012 年海湾地区的炼化工程市场预算投资额分别按照国别与行业进行短期预测。

需要说明的是，由于巴林与阿曼这两个国家经济规模相对较小，炼化工程承包项目不多，近期政局不太稳定，故未对这两个国家的炼化工程市场进行分析。

为此，结合对沙特与阿联酋近期几个重点炼化工程项目的详细分析，侧重于中东海湾炼化工程市场环境、在中东市场上活跃的主要国际工程承包商、中国石化炼化工程的国际竞争力三个方面对中东海湾地区炼化工程市场进行了详细分析，并结合分析的结果，推荐宜采取的市场开发战略。

第一节　中东（海湾）炼化工程市场潜力分析

中东（海湾）炼化工程市场是行业内主要竞争者需要重点关注的市场，该地区的市场波动、市场潜力大小对从事炼化工程承包的主要承包商的资源配置以及市场开发策略均具有重大影响。

一、市场容量分析及短期预测

2009 年，225 家国际工程承包商的全球工程建设市场总营业额为 3837.82 亿美元。其中，中东地区的营业额为 775.57 亿美元，占全球总营业额的 20.2%。而该地区 2008 年的营业额为 774.71 亿美元，市场份额为 19.9%，2009 年与 2008 年该地区营业额基本持平。从图 8-1 可以看出，中东地区占全球工程建设营业额的市场份额在 1994～2001 年间基本保持平稳，在 10% 左右小幅波动；从 2001 年开始，市场份额不断增长，即使在2008年的全球金融危机期间，市场份额也基本保持在20%左右，说明近期中东地区工程建设承包市场受全球金融危机影响不大，较为平稳，适合承包商进入该市场。

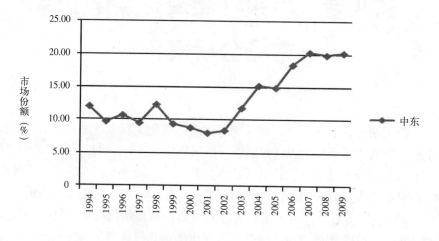

图8-1　1994～2009年中东工程建设项目市场份额

从市场营业额年增长率来看，如图8-2所示，1999～2001年期间，中东地区营业额不断减少，年增长率在-15%左右徘徊，主要原因是受亚洲金融危机的影响。从2002年开始，市场营业额不断增长，特别是2002年、2003年、2006年与2007年，市场营业额增长率都在50%以上，该市场非常繁荣。近两年由于受全球金融危机与经济衰退的影响，市场营业额增长率相对放缓，但也保持在10%以上，进一步说明，中东地区工程建设市场的利润空间很大。

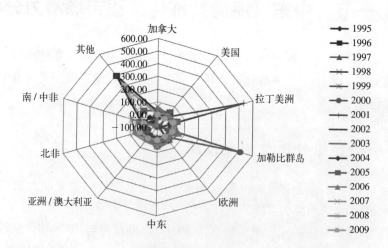

图8-2　1994～2009年中东工程建设项目市场营业额增长率
注：详见书后彩图。

尽管近期美国经济走势尚未明晰，但绝大多数发展中国家的经济已经逐渐从全球性金融危机中恢复过来，并保持一定的增长。同时，国际原油与天然气需求不断增长，国际原油价格重新恢复到 100 美元以上，中东北非政局不稳，可能会推动油价继续攀升，从而进一步推进产油国上马一些新的炼化工程项目。

OPEC 成员国预测世界原油需求量将会从 2010 年的 85500 千万桶/天增加至 2011 年的 86500 千万桶/天，2014 年达到 89900 千万桶/天。未来几年世界天然气需求量也以每年 1.8% 的速度在增长，而其中 75% 的增长量来自于发展中国家。这些预测不仅给 OPEC 成员国、也给非 OPEC 成员国，如俄罗斯、澳大利亚、哈萨克斯坦等国家开发或扩建一些炼化工程项目带来希望。但需要说明的是，尽管油气行业开始恢复，但不可能像 2005 年、2006 年和 2007 年那么强劲。

在这种大环境下，对海湾地区炼化工程市场容量进行详细分析，并进行短期预测就变得更加有现实意义。据 MEED（中东经济文摘）数据统计，如图 8-3 所示，2010～2011 年，海湾国家炼化 EPC 项目总计约 95 个，投资额约 1112.6 亿美元。其中，沙特炼化项目 54 个，投资额约 467.5 亿美元，已授标炼化项目 14 个，授标额约 91.7 亿美元；科威特炼化项目 11 个，投资额约 39.5 亿美元，已授标炼化项目 6 个，授标额约 26.4 亿美元；阿联酋炼化项目 26 个，投资额约 117.4 亿美元，已授标炼化项目 12 个，授标额 47.3 亿美元；卡塔尔炼化项目 4 个，投资额约 112.9 亿美元，已授标炼化项目 1 个，授标额 2000 万美元。由此可见，GCC 国家的炼化工程建设项目众多，市场潜力巨大。

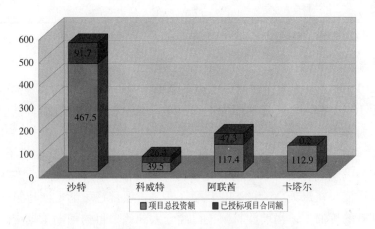

图 8-3　2010～2011 年海湾炼化工程市场情况
数据来源：MEED（中东经济文摘数据整理）

（一）沙特阿拉伯

1. 统计数据

沙特阿拉伯拥有世界最大的石油储量，其估算储量为 2642 亿桶，其中 25 亿桶在沙特和科威特的中间地带。且沙特阿拉伯在世界石油生产能力的排名上也仍占首位,它具有每天提供1050万~1100万桶的生产能力。根据欧佩克组织提供的数据,沙特原油平均日产865万桶,为保持其领袖地位和以石油作为国家经济发展的主要资源,沙特对其数个项目的生产能力进行了升级改造,以使2009年日产原油达到1250万桶的水平。在2007~2012年期间,新建和改造项目投资资金总计为5610亿美元,其中2480亿美元将用于石油、天然气和石化工业,占其全部投资的44%。

沙特有7个大型炼油厂,其生产能力详见表8-1。

沙特现有炼油厂及生产能力　　　　　表8-1

国家	炼油厂名称	生产能力		合计生产能力	
		万桶/日	万吨/年	千桶/日	万吨/年
沙特	拉斯坦努拉	55	2750	2100	10500
	拉比格	40	2000		
	延布	23	1150		
	利雅得	12	600		
	吉达	8.5	425		
	赛姆拉夫	40	2000		
	赛斯拉夫	30.5	1525		

资料来源:全球炼化工程市场现状与发展研究,麦肯锡咨询报告

2011~2015年,沙特还计划投资新建4座2000万t/年左右的大炼油厂项目,新增炼油能力每天160万桶,每天炼油能力达到370万桶的总体生产规模。其中具有代表性的项目包括朱拜尔和延布的两个出口型炼油厂项目,生产规模将在每天40万桶(2000万t/年),每个炼油厂的投资额达到100亿美元左右;拉斯坦努拉炼油化工一体化项目,包括炼油及下游的精细化工等长尾的石化项目,投资额达到150亿美元左右;吉赞炼油厂项目,生产规模将在每天25万~40万桶之间,该项目将可能是沙特第一家私有与国有公司共同拥有的炼油厂,当前沙特阿美已经介入到该项目的前期策划中,有助于促进该项目的实施,投资预计会达到120亿~150亿美元,详见表8-2。

2006~2010年,沙特炼化工程市场共授标913.42亿美元,其中石化行业最多,共授标276.49亿美元,占市场份额的31%;其次是油气生产行业,共授标250.66亿美元,占市场份额的27%;之后是炼油行业,共授标200.38亿美元,占市场份额的22%;随后分别是管道、油气加工与化肥,授标额分别是83.44亿、64.31亿与38.14亿美元,占市场总额的比例依次分别为9%、7%与4%。详见图8-4。

沙特计划新建炼油厂及生产能力　　　　　　　　表8-2

国家	项目名称	生产规模		投资合作方	预计投资（亿美元）	预计投产日期（年）
		万桶/日	万t/年			
沙特	吉赞	25~40	1250~2000	私有和国有公司	120~150	2012
	朱拜尔	40	2000	沙特阿美—道达尔	100	2012~2013
	延布	40	2000	沙特阿美—中国石化	100	2012~2013
	拉斯塔努拉	40	2000	沙特阿美-道化学	150	2012

资料来源：全球炼化工程市场现状与发展研究，麦肯锡咨询报告

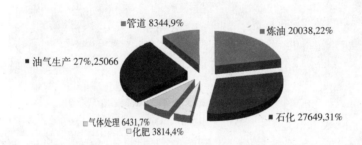

图8-4　2006~2010年沙特按照行业的市场份额图（按照金额）

2006~2010年，沙特炼化工程市场不同行业均受到了国际金融危机的影响。合同承包额从最初的219.29亿美元不断下滑，2008年滑至谷底，降至73.26亿美元，之后随着全球经济不断复苏，2009年合同承包额不断上涨，2010年涨至波峰，合同承包额最多，达到277.91亿美元。

（1）2006~2010年，石化行业从2006年的98.57亿美元降至2008年的4亿美元，之后迅速恢复，2010年合同额达到83.5亿美元；

（2）2006~2010年，前三年该国炼油项目不多，也经历从最初的9.5亿美元逐渐降至2008年的1.4亿美元，之后涨至2009年的109.92亿美元，2010年为71.76亿美元；

（3）2006~2010年，化肥行业经历了国际金融危机后，一直没有恢复过来，2007年合同额为14.5亿美元，2008年没有合同额，之后开始恢复，但到2010年仅为

10亿美元；

（4）2006～2010年，管道行业承包额从2006年的18.95亿美元降至2008年的5.93亿美元，2009年经济复苏后涨至高峰，达到28.5亿美元；

（5）2006～2010年，油气生产行业承包额从2006年的77.84亿美元降至2008年的56.84亿美元，虽然2009年全球经济开始复苏，但该行业承包额仍在下降，降至17.33亿美元，但是2010年开始快速上升，增至64.5亿美元，几乎达到近五年的巅峰；

（6）2006～2010年，油气加工行业在2006～2008年之间承包额很少，2009年开始大幅上涨，这种趋势从2006年的1.8亿美元一直涨至2010年的40.4亿美元。

详细的情况如图8-5所示。从图8-5中不难看出，2008年之前，沙特的石化行业承包额最大，从2009年开始，炼油行业承包额成为最大，说明沙特的炼化工程市场在近年来还是呈强劲增长的趋势。

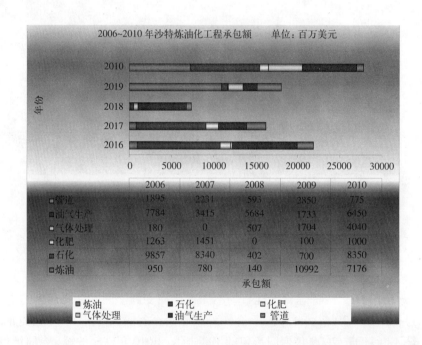

图8-5　2006～2010年沙特工程市场分布图
注：详见书后彩图。

2. Monte-Carlo 模拟仿真分析

采用上述历史数据，利用风险定量模拟分析软件模拟得到[37]：

（1）2007年，沙特炼化工程总承包合同总金额平均为148.47亿美元，90%的可能性位于113.78亿美元到188.54亿美元之间。如图8-6所示，总承包金额服从于贝塔概率分布。

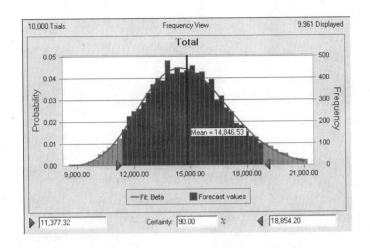

图 8-6　2007 年沙特炼化工程总承包金额模拟概率分布图

(2) 2008 年，沙特炼化工程总承包合同总金额平均为 101.84 亿美元，90% 的可能性位于 69.58 亿美元到 139.06 亿美元之间。如图 8-7 所示，总承包金额服从于贝塔概率分布。

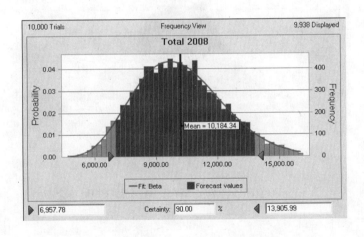

图 8-7　2008 年沙特炼化工程总承包金额模拟概率分布图

(3) 2009 年，沙特炼化工程总承包合同总金额平均为 186.04 亿美元，90% 的可能性位于 153.31 亿美元到 222.19 亿美元之间。如图 8-8 所示，总承包金额服从于贝塔概率分布。

(4) 2010 年，沙特炼化工程总承包合同总金额平均为 166.32 亿美元，90% 的可能性位于 126.86 亿美元到 209.5 亿美元之间。如图 8-9 所示，总承包金额服从于贝塔概率分布。

通过以上模拟仿真，可以推断出未来沙特炼化工程总承包市场总额将服从于贝塔概率分布，便于下阶段将市场容量看做贝塔分布来进行精确预测。

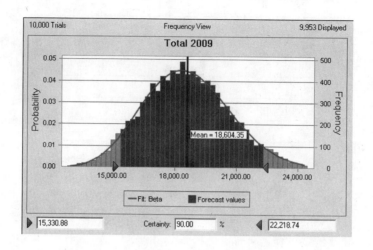

图 8-8　2009 年沙特炼化工程总承包金额模拟概率分布图

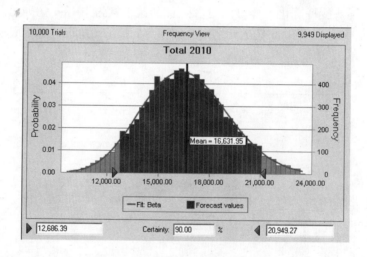

图 8-9　2010 年沙特炼化工程总承包金额模拟概率分布图

（二）阿联酋

1. 统计数据

阿拉伯联合酋长国拥有原油储量 978 亿桶，占世界石油储量的 8.1%，阿联酋是名列世界石油生产第八位的国家，在中东地区排名第三。根据欧佩克的统计数据表明，阿联酋 2007 年平均日产原油 250 万桶。阿联酋还与其他海湾国家一起，致力于提升生产能力和保持市场稳定的各种原油生产的扩建项目。

阿联酋现有 5 座大型炼油厂，其生产能力详见表 8-3。

虽然由于成本上升的原因，孔库费勒巴斯公司撤出了富查伊拉炼油厂的项目，该炼油厂预计的建设成本达到 120 亿美元，为此，阿联酋政府不得不降低该炼油厂的生产规模，由原来的每天 50 万桶降到 20 万桶。与此同时,预计国有的炼油公司还将投资鲁韦斯炼油厂项目,该项目生产能力将达到每天 40 万桶。详细情况见表 8-4。

阿联酋现有炼油厂及生产能力　　　　　表 8-3

国家	炼油厂名称	生产能力		合计生产能力	
		万桶/日	万t/年	千桶/日	万t/年
阿联酋	阿布扎比	8.8	440	795	3975
	鲁韦斯	42.5	2125		
	ENOC	12	600		
	富查伊拉	9	450		
	沙迦	7.1	355		

资料来源:全球炼化工程市场现状与发展研究,麦肯锡咨询报告

阿联酋计划新建炼油厂及生产能力　　　　　表 8-4

国家	项目名称	生产规模		投资合作方	投产日期(年)
		万桶/日	万t/年		
阿联酋	鲁韦斯	40	1500	泰克里尔	2012
	富查伊拉	20~50	1000~2500	国家石油投资公司	2013~2014

资料来源:全球炼化工程市场现状与发展研究,麦肯锡咨询报告

2006~2010 年,阿联酋炼化工程市场共授标 819.53 亿美元,其中油气生产行业最多,共授标 246.56 亿美元,占市场份额的 31%;其次是油气加工行业,共授标 225.03 亿美元,占市场份额的 27%;之后是炼油行业,共授标 125.29 亿美元,占市场份额的 15%;随后分别是管线与化肥,授标额分别是 116.37 亿与 15.72 亿美元,占市场总额的比例依次分别为 14% 与 2%。详见图 8-10。

阿联酋炼化工程市场受 2008 年国际金融危机的影响不大。2006~2010 年期间,合同承包额从最初的 46.55 亿美元小幅度降至 2008 年的 25.55 亿美元,之后随着全球经济不断地复苏,2009 年合同承包额迅速上涨,合同承包额最多达到 339.7 亿美元,2010 年也达到了 330.57 亿美元。

(1) 2006~2010 年,石化行业从 2006 年的 13 亿美元升至 2007 年的 35.57 亿美元,

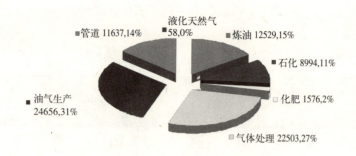

图 8-10 2006～2010 年阿联酋按照行业的市场份额图（按照金额）

2008 年没有投资，之后迅速恢复，2010 年合同额达到 25.87 亿美元；

（2）2006～2010 年，炼油行业投资高峰期分别在 2007 年与 2009 年，合同承包额分别为 15.36 亿美元与 99.51 亿美元，2010 年有所回落，为 9.5 亿美元；

（3）2006～2010 年，化肥行业投资规模较小，2006 年合同承包额为 2 亿美元，2008 年没有投资，2009 年投资增加，当年合同承包额为 12 亿美元，2010 年没有投资；

（4）2006～2010 年，管线行业承包额从 2006 年的 8.5 亿美元升至 2008 年的 17.5 亿美元，2009 年经济复苏后迅速增长，为 44.57 亿美元，2010 年达到了 42.88 亿美元；

（5）2006～2010 年，油气生产行业承包额从 2006 年的 18.28 亿美元降至 2008 年的 3.3 亿美元，受全球金融危机影响很大，从 2009 年开始迅速复苏，2010 年到达顶峰，达到 155.69 亿美元，为近五年的巅峰；

（6）2006～2010 年，油气加工行业在 2006～2008 年之间承包额很少，2009 年开始大幅上涨，这种趋势从 2006 年的 4.6 亿美元一直涨至 2009 年的 111.2 亿美元，2010 年稍有回落，为 96.63 亿美元。

详细的情况如图 8-11 所示。从图 8-11 中不难看出，2008 年之前，该国石化行业承包额最大，从 2009 年开始，气体加工行业承包额最大。炼化工程承包的市场还是呈强劲增长的趋势。

2. Monte-Carlo 模拟仿真分析

采用上述历史数据，利用风险定量模拟分析软件模拟得到：

（1）2007 年，阿联酋炼化工程总承包合同总金额平均为 117.48 亿美元，90% 的可能性位于 80.37 亿美元到 159.13 亿美元之间。如图 8-12 所示，总承包金额服从于贝塔概率分布。

（2）2008 年，阿联酋炼化工程总承包合同总金额平均为 30.2 亿美元，90% 的可能性位于 24.4 亿美元到 36.54 亿美元之间。如图 8-13 所示，总承包金额服从于贝塔概率分布。

(3) 2009 年，阿联酋炼化工程总承包合同总金额平均为 293.57 亿美元，90% 的可能性位于 252.74 亿美元到 338.82 亿美元之间。如图 8-14 所示，总承包金额服从于贝塔概率分布。

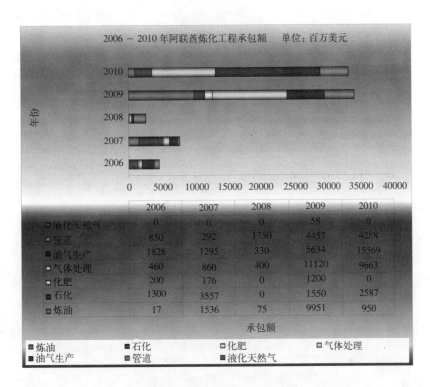

图 8-11　2006～2010 年阿联酋工程市场分布图
注：详见书后彩图。

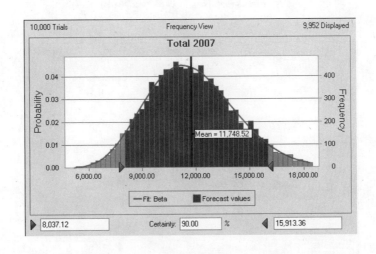

图 8-12　2007 年阿联酋炼化工程总承包金额模拟概率分布图

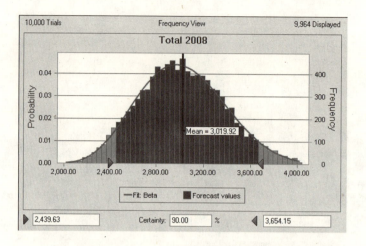

图 8-13　2008 年阿联酋炼化工程总承包金额模拟概率分布图

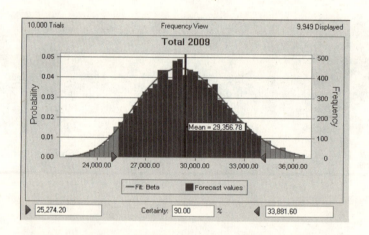

图 8-14　2009 年阿联酋炼化工程总承包金额模拟概率分布图

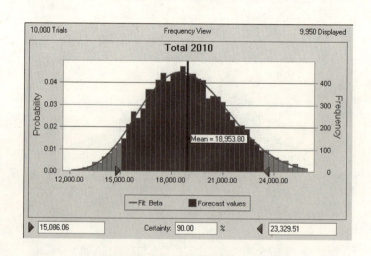

图 8-15　2010 年阿联酋炼化工程总承包金额模拟概率分布图

(4) 2010年，阿联酋炼化工程总承包合同总金额平均为189.54亿美元，90%的可能性位于150.86亿美元到233.3亿美元之间。如图8-15所示，总承包金额服从于贝塔概率分布。

通过以上模拟仿真，可以推断出未来阿联酋炼化工程总承包市场总额将服从于贝塔概率分布，便于下阶段将市场容量看做贝塔分布来进行精确预测。

（三）科威特

1. 统计数据

科威特占有世界石油储量的第四位，预计达到1015亿桶，占世界总储量的8.5%，据欧佩克统计，2007年科威特原油平均日产量为247万桶。科威特石油公司曾经宣布，已经开始了国家原油生产能力的提升项目，计划到2010年日产原油300万桶，2020年日产原油350万桶。详细的炼油厂及其生产能力情况见表8-5。

科威特现有炼油厂及生产能力　　表8-5

国家	炼油厂名称	生产能力		合计生产能力	
		万桶/日	万t/年	万桶/日	万t/年
科威特	艾哈迈迪港	46.6	2330	93.6	4680
	舒艾巴	20	1000		
	阿布杜拉港	27	1350		

资料来源：全球炼化工程市场现状与发展研究，麦肯锡咨询报告

科威特致力于使炼油厂拥有石油衍生产品脱硫的生产能力，将建设一个新炼油厂，即佐尔港炼油厂，已经于2008年完成了第一次的竞标，该炼油厂的生产能力将达到每天61.5万桶。由于国会的介入，预计该炼油厂将于2011年重新开始相应的竞标程序。同时，科威特正在计划阿布杜拉港和艾哈迈迪港炼油厂进行清洁燃料项目新技术的改造，该项目预计于2011年正式启动，将投入80亿~100亿美元的建设成本，见表8-6。

科威特计划新建炼油厂及生产能力　　表8-6

国家	项目名称	生产规模		投资合作方	预计投产日期（年）
		万桶/日	万t/年		
科威特	佐尔港炼油厂	61.5	3575	科威特石油公司	2012~2013
	阿布杜拉港和艾哈迈迪港清洁炼油厂	—	—	科威特石油公司	2012~2013

资料来源：全球炼化工程市场现状与发展研究，麦肯锡咨询报告

2006～2010 年，科威特炼化工程市场共授标 158.05 亿美元，其中油气生产行业最多，共授标 83.86 亿美元，占市场份额的 49%；其次是管线行业，共授标 45.05 亿美元，占市场份额的 27%；之后是石化行业，共授标 16.83 亿美元，占市场份额的 10%；随后分别是炼油与油气加工，授标额分别是 11.46 亿与 10.8 亿美元，占市场总额的比例依次分别为 7% 与 6%；最后是 LNG 行业，共授标 1.5 亿美元。如图 8-16 所示。

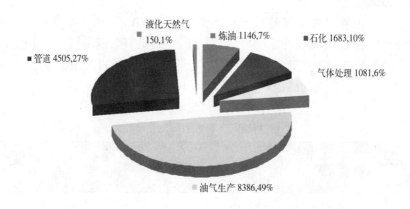

图 8-16　2006～2010 年科威特按照行业的市场份额图（按照金额）

科威特炼化工程市场基本没受到 2008 年国际金融危机的影响，但是受到国内相关的政治因素的影响较大，使其炼化工程承包项目的推进速度极大地放缓，特别是 2009 年其炼油工程建设市场的份额为零，极大地影响到了其整个工程市场，呈现出较大幅度下滑。2006～2010 年期间，合同承包额从最初的 26.99 亿美元小幅度降至 2008 年的 24.61 亿美元，之后随着全球经济不断地复苏，2010 年合同承包额迅速上涨，达到 78.15 亿美元。

（1）2006～2010 年，石化行业只有在 2006 年有投资承包额，为 16.83 亿美元。2006～2008 年，从最初的 1.4 亿美元逐渐涨至 1.71 亿美元，2009 年没有投资承包额，2010 年投资承包额为 6 亿美元；

（2）2006～2010 年，管线行业承包额从 2006 年的 3.82 亿美元升至 2008 年的 5.71 亿美元，2009 年经济复苏后迅速增长，2010 年涨至 28.91 亿美元；

（3）2006～2010 年，油气生产行业承包额从 2006 年的 6.34 亿美元升至 2008 年的 16.68 亿美元，受全球金融危机反向影响很大，2010 年到达顶峰，为 40.38 亿美元，为近五年的巅峰；

（4）2006～2010 年，油气加工行业在 2006～2007 年之间没有承包额，2008～2010 年，投资承包额从最初的 7000 万美元涨至最近的 8.86 亿美元。

详细的情况如图 8-17 所示。从图 8-17 中不难看出,自 2006～2010 年五年期间油气生产行业投资承包额最大。炼化工程承包的份额在 2009 年最低,2010 年迅速涨至最高,由于其市场的变化主要不是由于金融危机造成的,因此随着政治因素近期趋向利好,该市场预计将于 2011 年和 2012 年迅速放量,该地区的市场前景将会呈现出极好的发展势头。

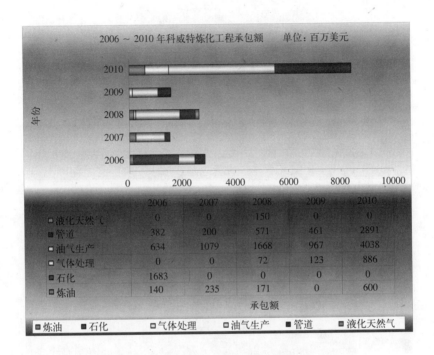

图 8-17 2006～2010 年科威特工程市场分布图
注:详见书后彩图。

2. Monte-Carlo 模拟仿真分析

采用上述历史数据,利用风险定量模拟分析软件模拟得到:

(1) 2007 年,科威特炼化工程总承包合同总金额平均为 18.1 亿美元,90% 的可能性位于 12.44 亿美元到 25 亿美元之间。如图 8-18 所示,总承包金额服从于贝塔概率分布。

(2) 2008 年,科威特炼化工程总承包合同总金额平均为 31.5 亿美元,90% 的可能性位于 20.2 亿美元到 44.67 亿美元之间。如图 8-19 所示,总承包金额服从于贝塔概率分布。

(3) 2009 年,科威特炼化工程总承包合同总金额平均为 29.08 亿美元,90% 的可能性位于 17.74 亿美元到 42.44 亿美元之间。如图 8-20 所示,总承包金额服从于贝塔概率分布。

(4) 2010 年,科威特炼化工程总承包合同总金额平均为 60.8 亿美元,90% 的可能性位于 46.4 亿美元到 77.08 亿美元之间。如图 8-21 所示,总承包金额服从于贝塔概率分布。

通过以上模拟仿真,可以看出科威特炼化工程总承包市场总额主要服从于贝塔概率分布,便于下阶段将市场容量看做贝塔分布来进行精确预测。

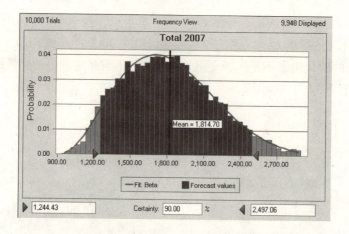

图 8-18　2007 年科威特炼化工程总承包金额模拟概率分布图

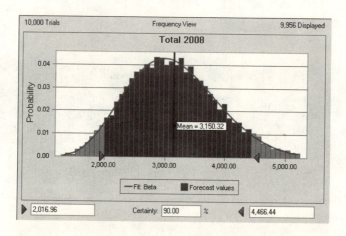

图 8-19　2008 年科威特炼化工程总承包金额模拟概率分布图

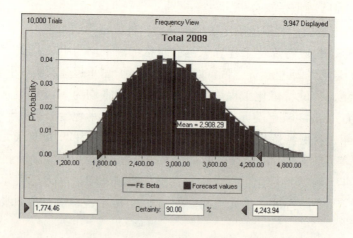

图 8-20　2009 年科威特炼化工程总承包金额模拟概率分布图

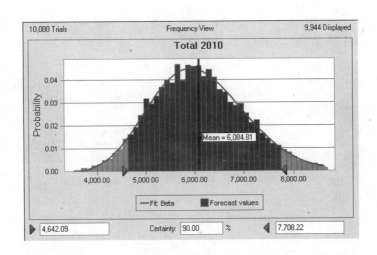

图 8-21　2010 年科威特炼化工程总承包金额模拟概率分布图

(四) 卡塔尔

1. 统计数据

卡塔尔石油储量为 152 亿桶，在海湾国家石油储量位居第四位，据欧佩克统计数据表明，2007 年卡塔尔原油平均日产量为 81 万桶。目前，卡塔尔正致力于旨在经济发展的数个扩建项目。此外，鉴于亚洲石油需求的增加和石油价格的提高，卡塔尔计划对其多个石油领域投资 800 亿～1000 亿美元，其中大部分将与世界能源大公司合作共同实施。卡塔尔现有炼油厂及其生产能力如表 8-7 所示。

卡塔尔现有炼油厂及生产能力　　　　表 8-7

国家	炼油厂名称	生产能力		合计生产能力	
		万桶/日	万t/年	万桶/日	万t/年
卡塔尔	乌姆赛义德港	20	1000	20	1000

资料来源：全球炼化工程市场现状与发展研究，麦肯锡咨询报告

卡塔尔计划到 2013 年在莫赛伊德地区新建一座炼油厂，生产能力预计将达到每天 25 万桶，其全部建设费用接近 50 亿美元。至于拉斯拉凡提炼油厂仍处于在建过程之中，预计工程建设完成后，其生产能力将达到每天 14.6 万桶，详见表 8-8。

2006～2010 年，卡塔尔炼化工程市场共授标 393.49 亿美元，其中炼油行业最多，共授标 111.27 亿美元，占市场份额的 28%；其次是油气加工行业，共授标 94.09 亿美元，占市场份额的 24%；之后是油气生产行业，共授标 79.56 亿美元，占市场份额的 20%；随后分别是 LNG 与化肥行业，授标额分别是 41.5 亿与 38.1 亿美元，占市场总额的比例

依次分别为11%与10%；最后是管线与石化行业，分别授标19.2亿与9.8亿美元，占市场总额的比例分别为5%与2%，详见图8-22。

卡塔尔计划新建炼油厂及生产能力　　　　　　　　　　　　　　　表8-8

国家	项目名称	生产规模		投资合作方	预计投产日期
		万桶/日	万t/年		
卡塔尔	莫赛伊德	25	1250	卡塔尔石油公司	2013
	拉斯拉凡	14.5	725	拉斯拉凡公司	2008年4季度

资料来源：全球炼化工程市场现状与发展研究，麦肯锡咨询报告

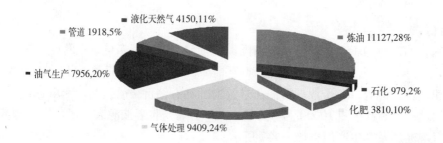

图8-22　2006～2010年卡塔尔按照行业的市场份额图（按照金额）

卡塔尔炼化工程市场受到国际金融危机的影响很大。2006～2010年期间，合同承包额从最初的138.76亿美元大幅度降至2008年的14.13亿美元，之后随着全球经济不断地复苏，2010年合同承包额迅速上涨，达到177.07亿美元。

（1）2006～2010年，石化行业只有在2006年与2009年有投资承包额，分别为4.2亿与5.59亿美元；

（2）2006～2010年，炼油行业从2009年开始有投资承包额，从最初的8500万美元迅速涨至2010年的110亿美元。

（3）2006～2010年，化肥行业只有在2007年与2009年有投资承包额，不过受金融危机的影响很大，从最初的32亿美元降至6.1亿美元；

（4）2006～2010年，LNG只有2006年有投资承包额，为41.5亿美元；

（5）2006～2010年，管线行业承包额从2006年的2.26亿美元升至2008年的11.58亿美元，2009年经济复苏后反而下降，2010年降至8000万美元；

(6) 2006～2010 年，油气生产行业承包额 2006 年为 22.31 亿美元，2008～2009 年没有投资承包额，2010 年投资承包额达到顶峰，为 45.77 亿美元；

(7) 2006～2010 年，油气加工行业受金融危机影响很大，从 2006 年的 68.07 亿美元降至 2008 年的 2.55 亿美元，2009 年继续受金融危机的影响，投资承包额继续下降至 8000 万美元，2010 年迅速增长，涨至 20.5 亿美元，是 2007～2010 年这四年期间投资承包额最多的一年。

详细情况如图 8-23 所示。从图 8-23 中不难看出，2006 年气体处理行业投资承包额最大。受国际金融危机的影响，炼化工程承包的份额在 2009 年最低，但是随着原油价格的攀升，2010 年其工程市场迅速放量，达到最高，其中炼油工程项目的市场增长较快。随着原油价格升高至 100 美元/桶时，预计该市场其他行业的承包总量也将会于 2011 年和 2012 年迅速放量，该地区的市场前景将会呈现出极好的发展势头。

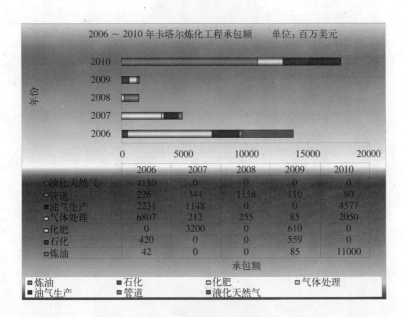

图 8-23　2006～2010 年卡塔尔工程市场分布图
注：详见书后彩图。

2. Monte-Carlo 模拟仿真分析

采用上述历史数据，利用风险定量模拟分析软件模拟得到：

(1) 2007 年，卡塔尔炼化工程总承包合同总金额平均为 44.06 亿美元，90% 的可能性位于 26.9 亿美元到 63.56 亿美元之间。如图 8-24 所示，总承包金额服从于贝塔概率分布。

(2) 2008 年，卡塔尔炼化工程总承包合同总金额平均为 13 亿美元，90% 的可能性位于 7.5 亿美元到 19.9 亿美元之间。如图 8-25 所示，总承包金额服从于贝塔概率分布。

(3) 2009 年，卡塔尔炼化工程总承包合同总金额平均为 33 亿美元，90% 的可能性位于 17 亿美元到 51 亿美元之间。如图 8-26 所示，总承包金额服从于贝塔概率分布。

(4) 2010 年，卡塔尔炼化工程总承包合同总金额平均为 24 亿美元，90% 的可能性位于 21 亿美元到 27 亿美元之间。如图 8-27 所示，总承包金额服从于 Gamma 概率分布。

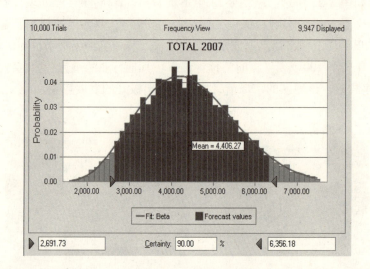

图 8-24　2007 年卡塔尔炼化工程总承包金额模拟概率分布图

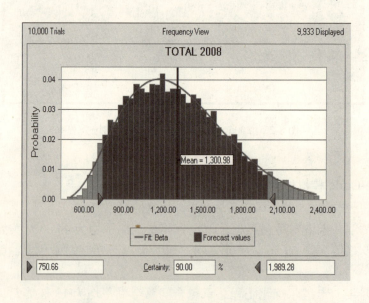

图 8-25　2008 年卡塔尔炼化工程总承包金额模拟概率分布图

第一节 中东（海湾）炼化工程市场潜力分析

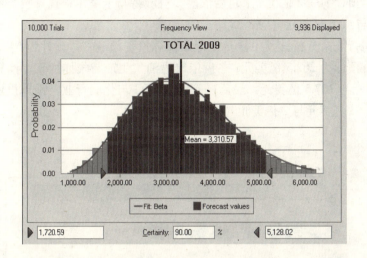

图 8-26　2009 年卡塔尔炼化工程总承包金额模拟概率分布图

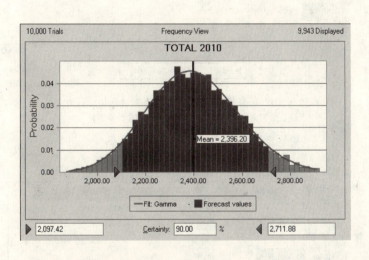

图 8-27　2010 年卡塔尔炼化工程总承包金额模拟概率分布图

通过以上模拟仿真，可以看出卡塔尔炼化工程总承包市场总额主要服从于贝塔概率分布，便于下阶段将市场容量看做贝塔分布来进行精确预测。

（五）2011～2012 年中东海湾地区炼化工程市场容量短期预测

根据上面分析，可以看出近期 GCC 地区炼化工程市场容量较大，商机较多，分别按国别与行业对未来两年该地区的市场进行短期预测，为了指导承包商更好地进入该市场，据 MEED（中东经济文摘）预测，2011 年 GCC 炼化工程市场预算投资额预计达到 1171.4 亿美元。按照国别来分析，其中，沙特预算投资额最多，预计为 549.4 亿美元；

阿联酋次之，预计为 332 亿美元；之后依次为科威特与卡塔尔，预算投资额预计分别为 241.4 亿美元与 48.5 亿美元（图 8-28）。

按照不同行业来分析，其中，石化行业预算投资额最多，预计为 640.4 亿美元；炼油行业次之，预计为 262.5 亿美元；之后依次为油气生产与气体加工，预算值预计分别为 122.9 亿美元与 107.5 亿美元，最后是管线、LNG 与化肥行业，预算投资额预计分别为 23 亿美元、3 亿美元与 2 亿美元（图 8-29）。

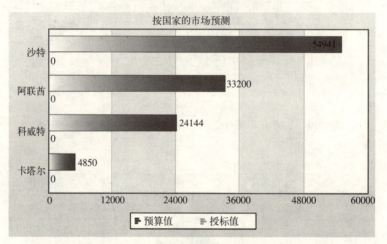

图 8-28　2011 年海湾炼化工程市场预测（单位：百万美元）
数据来源：MEED（中东经济文摘数据整理）

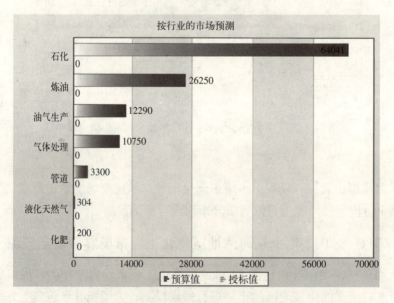

图 8-29　2011 年海湾不同行业炼化工程市场预测（单位：百万美元）
数据来源：MEED（中东经济文摘数据整理）

2012年海湾炼化工程市场预算投资额预计达到1701.5亿美元。按照国别来分析,其中,沙特预算投资额最多,预计为683.4亿美元;阿联酋次之,预计为506.2亿美元;之后依次为科威特与卡塔尔,预算投资额预计分别为321.44亿美元与190.5亿美元(图8-30)。

按照不同行业来分析,其中,石化行业预算投资额最多,预计为708亿美元;油气生产行业次之,预计为302.6亿美元;之后依次为炼油与气体加工,预算值预计分别为242亿美元与137亿美元,最后是管线、LNG与化肥行业,预算投资额预计分别为33亿美元、11亿美元与7亿美元(图8-31)。

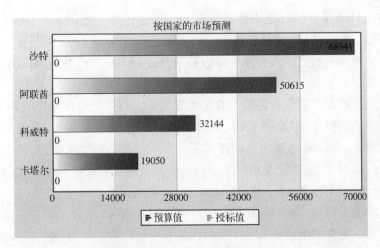

图8-30　2012年海湾不同行业炼化工程市场预测(单位:百万美元)
数据来源:MEED(中东经济文摘数据整理)

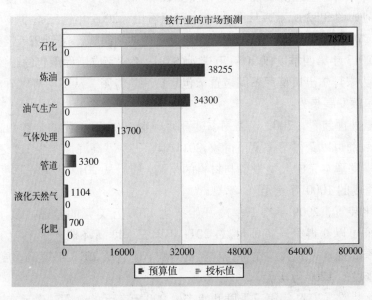

图8-31　2012年海湾不同行业炼化工程市场预测(单位:百万美元)
数据来源:MEED(中东经济文摘数据整理)

可以看出，未来几年沙特仍是炼化工程投资额最多的国家，石化行业是投资额最多的行业。目前，中国石化炼化工程企业在沙特承揽很多炼化工程承包项目，但沙特市场竞争也非常激烈，机遇与挑战并存。

二、2011～2012年海湾重点炼化工程项目分析

（一）朱拜尔出口炼厂

朱拜尔出口炼油厂项目是由沙特阿美和法国道达尔（各占50%）共同投资兴建的2000万t/年出口型炼油厂。该炼厂位于沙特东部，濒临波斯湾，加工沙特阿拉伯重质原油，生产汽油、柴油、石油焦、燃料油、液态硫及芳烃类产品。产品以出口国外为主，国内消费为辅。

朱拜尔出口炼油厂总投资额约170亿美元，意大利德希尼布承揽了FEED，PMC由业主自行组织。该项目以LSTK OOK和IK的形式招标，共分为14个包，分别为：1.常减压及加氢精制；2A.催化裂化原油深加工；2B.硫/胺/酸性水处理；3.芳烃；4.焦化；5A.全厂连接、火炬、控制系统及电气系统；5B.全厂公用工程；5C.装置辅助公用工程；6.厂区罐区；7.永久建筑物；8.管道及界区外设施；9.码头罐区；10.全厂电信；11.临时设施。该项目计划实施工期自2009年9月至2013年6月，共45个月。业主在2009年6月已授出所有的包，主要中标商如表8-9所示，从表中可以看出，韩国工程公司与西方工程公司是主要的承包商，目前中国石化五建公司与南京工程公司已先后中标加氢处理装置与转换装置的施工包。

根据MEED（中东经济文摘），可以得到该炼油厂按计划实施的工程建设承包额负荷的发展趋势如图8-32所示，从图8-32中可以看出，2009年第三季度该项目建设的负荷真正开始，2011年第三季度与第四季度建设负荷达到高峰，达到927亿美元，之后不断下降，于2013年第四季度以9000万美元的建设负荷完成工程承包的履约。

图8-33为朱拜尔出口炼厂不同装置承包额负荷趋势图。从图中可以看出每个装置不同时期的承包额发展趋势：

（1）加氢处理装置，2009年第三季度开始产生1000万美元的金额，表示在这个季度EPC总承包商可以获得第一笔预付款；2011年第三季度高峰期产生1.2亿美元的金额，表示在这个季度基本完成大型设备与材料的采购；最后从2013年第三季度的4000万美元降至第四季度的1000万美元。

（2）转化装置，2009年第三季度开始产生1700万美元的金额，表示在这个季度EPC总承包商可以获得第一笔预付款；2011年第三季度高峰期产生1.7亿美元的金额，表示在这个季度基本完成大型设备与材料的采购；最后从2013年第三季度的4000万美元降至第四季度的1200万美元。

（3）焦化装置，2009年第三季度开始产生900万美元的金额，表示在这个季度EPC总承包商可以获得第一笔预付款；2011年第三季度高峰期产生8500万美元的金额，表

朱拜尔出口炼厂投标信息　　表 8-9

序号	说明	EPC资审	EPC投标商	EPC承包商
1	芳烃	Tecnimont	Tecnimont	Samsung Engineering
		SK Engineering &	SK Engineering & Construction	
		Stone & Webster	Stone & Webster	
		Daelim	Daelim	
		Hyundai Engineering &	Hyundai Engineering &	
		Samsung Engineering	Samsung Engineering	
		Tecnicas Reunidas	Tecnicas Reunidas	
		Chiyoda Corporation	Chiyoda Corporation	
2	焦化	JGC Corporation	JGC Corporation	Samsung Engineering
		Snamprogetti (now part of	Snamprogetti(now part of Saipem)	
		Foster Wheeler	Foster Wheeler	
		Daelim	Daelim	Chiyoda Corporation
		Samsung Engineering	Samsung Engineering	
		Chiyoda Corporation	Chiyoda Corporation	
3	加氢精制	SK Engineering &	SK Engineering & Construction	Tecnicas Reunidas
		Snamprogetti (now part of	Snamprogetti(now part of Saipem)	
		Technip	Technip	
		JGC Corporation	JGC Corporation	
		Tecnicas Reunidas	Tecnicas Reunidas	
4	转化包	Chiyoda Corporation	Snamprogetti(now part of Saipem)	Technip
		Snamprogetti (now part of	Technip	
		Technip	JGC Corporation	
		JGC Corporation		
		Samsung Engineerin		
5	炼厂罐区	Sinopec Service	Sinopec Service	Petrosteel
		Larsen & Toubro Limited	Saipem S.p.A.	
		Saipem S.p.A.	Engineering for the Petroleum &	
		Engineering for the	Hyundai Heavy Industries (HHI)	
		Hyundai Heavy Industries	Petrosteel	
		Petrosteel	Chicago Bridge & Iron Company	
		Chicago Bridge & Iron		
6	辅助公用工程	MR al-Khathlan for	MR al-Khathlan for Contracting	MR al-Khathlan for Contracting
		Saudi Binladin Group	Saudi Binladin Group	
		Chicago Bridge & Iron	Chicago Bridge & Iron Company	
		Mohammad al- Mojil	Mohammad al-Mojil Group	
		SA Kentz	SA Kentz	
		Gulf Consolidated	Gulf Consolidated Contractors Co	
		Saipem S.p.A.	Saipem S.p.A.	
		Sinopec Service	Sinopec Service	

续表

序号	说明	EPC资审	EPC投标商	EPC承包商
7	工厂辅助设施	China Technical	China Technical Consultants	SK Engineering& Construiction(SKEC)
		Techint Group	Techint Group	
		Engineering for the	Engineering for the Petroleum &	
		Saipem S.p.A.	Saipem S.p.A.	
		SK Engineering &	SK Engineering& Construction	
8	管廊、火炬、电气	CTCI	CTCI	CTCI
		Techint Group	Techint Group	
		SNC Lavalin Europe B.V.		Techint Group
		Bechtel Corporation		
		Fluor Corporation		
		Foster Wheeler		
9	硫磺、胺、酸性水	Larsen & Toubro Limited	Larsen & Toubro Limited	Daelim
		Daelim	Daelim	
		Hyundai Engineering &	Hyundai Engineering &	
		Tecnicas Reunidas	Tecnicas Reunidas	
		Techint Group	Techint Group	
		China Technical	China Technical Consultants	

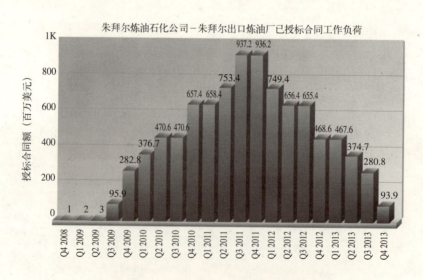

图 8-32 朱拜尔出口炼厂承包负荷趋势图
数据来源：MEED（中东经济文摘数据整理）

示在这个季度基本完成大型设备与材料的采购;最后从 2013 年第三季度的 4000 万美元降至第四季度的 900 万美元。

(4) 芳烃装置,2009 年第三季度开始产生 700 万美元的金额,表示在这个季度 EPC 总承包商可以获得第一笔预付款;2011 年第三季度高峰期产生 4000 万美元的金额,表示在这个季度基本完成大型设备与材料的采购;最后从 2013 年第三季度的 4000 万美元降至第四季度的 700 万美元。

(5) 厂内公用工程,2009 年第三季度开始产生 700 万美元的金额,表示在这个季度 EPC 总承包商可以获得第一笔预付款;2011 年第三季度高峰期产生 7000 万美元的金额,表示在这个季度基本完成大型设备与材料的采购;最后从 2013 年第三季度的 4000 万美元降至第四季度的 700 万美元。

(6) 连接、火炬、电仪,2009 年第三季度开始产生 1300 万美元的金额,表示在这个季度 EPC 总承包商可以获得第一笔预付款;2011 年第三季度高峰期产生 1.3 亿美元的金额,表示在这个季度基本完成大型设备与材料的采购;最后从 2013 年第三季度的 4000 万美元降至第四季度的 1300 万美元。

(7) 其他未做统计。

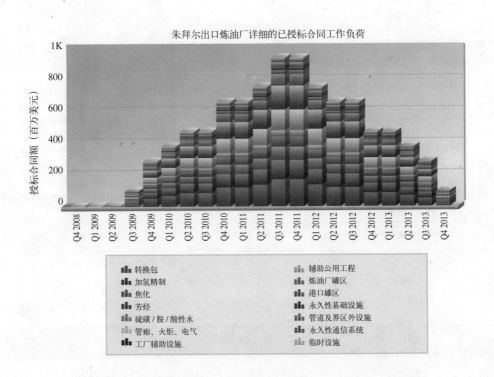

图 8-33　朱拜尔出口炼厂不同装置承包负荷趋势图
数据来源:MEED(中东经济文摘数据整理)
注:详见书后彩图。

综上分析，该项目虽然已授标完毕，但投资额较大，其中施工约占总合同金额的 25%～30%，即使按保守估计，施工合同金额也会达到 20 亿美元以上。几个大装置的总承包商基本都是与中国石化炼化工程企业合作关系较好的欧洲与韩国工程公司，因此，在该项目各装置的施工招标中，中国石化炼化工程企业有机会承揽到一部分施工项目的合同，而实际上 TR 已经将加氢裂化的施工包授给五建公司，中国石化南京工程公司也已经承揽到 Technip 中标的转换包的施工部分，两个施工包的合同金额约 2.6 亿美元。

（二）延布出口炼厂

由沙特阿美和中国石化共同投资红海炼油公司，在沙特延布工业城建设一座世界级深度加工炼油厂项目，股权比例分别为 62.5% 与 37.5%，投资金额约 170 亿美元。项目主要由 4 个 ISBL 包，即焦化包、常减压包、汽油包和加氢裂化包外加公用工程和固体处理包构成，以 LSTK 形式进行联合招标。项目计划使用沙特阿拉伯重油为原料，出口国际市场，项目合同将以 IK 和 OOK 形式签订。表 8-10、表 8-11、表 8-12 分别给出了其中焦化包、常减压包、汽油包参与投标的承包商名单，最终的中标承包商分别为西班牙 TR、韩国 SKEC 与 Daelim 公司。

焦化包　　　　　　　　　　　　　　　　表 8-10

No.	OOK承包商清单	E&P办公室	IK（附属）承包商清单
1	千代田、三星工程联合体	横滨	千代田石油之星、三星沙特公司联合体
2	JGC公司	横滨	JGC阿拉伯公司或JGC海湾国际公司
3	塞班、中国石化炼化工程公司联合体	米兰	Snamprogetti沙特公司、中国石化中东公司联合体
4	Technip（德西尼布）公司	巴黎或罗马	Technip沙特公司
5	TR延布炼化	马德里	TR海湾有限公司
6	现代工程&建设公司	首尔	中东工程&开发公司

常减压包　　　　　　　　　　　　　　　　表 8-11

No.	OOK承包商清单	E&P办公室	IK（附属）承包商清单
1	SK工程建设公司	首尔	SK工程建设分公司
2	大林工业公司	首尔	大林沙特公司
3	GS工程建设	首尔	GS阿拉伯建设公司

续表

No.	OOK承包商清单	E&P办公室	IK（附属）承包商清单
4	塞班、中鼎联合体	米兰	Snamprogetti沙特公司、中鼎联合体
5	现代工程建设公司	首尔	中东工程建设公司
6	中国石化炼化工程公司	北京	中国石化中东公司
7	千代田公司	横滨	千代田石油之星
8	三星工程公司	首尔	三星沙特公司
9	泰克尼蒙特	米兰	泰克尼蒙特阿拉伯公司

汽油包　　　　　　　　　　　　　　　　　　　　　表 8-12

No.	OOK承包商清单	E&P办公室	IK（附属）承包商清单
1	JGC公司	横滨	JGC阿拉伯公司或JGC海湾国际
2	塞班、中国石化炼化工程公司联合体	米兰	Snamprogetti沙特公司、中国石化中东公司联合体
3	Technip（德西尼布）公司	巴黎或罗马	Technip沙特公司
4	GS工程建设	首尔	GS阿拉伯建设公司
5	大林工业公司	首尔	大林沙特公司
6	三星工程公司	首尔	三星沙特公司
7	TR延布炼化	马德里	TR海湾有限公司

根据 MEED（中东经济文摘），可以得到该炼油厂工程建设承包负荷的发展趋势如图 8-34 所示，从图中可以看出，2009 年第三季度该项目的建设负荷真正开始，并于 2012 年第三季度达到高峰期，建设负荷达到 9.05 亿美元，之后不断下降，于 2014 年第四季度以 3000 万美元的建设负荷完成工程承包的履约。

图 8-35 为延布出口炼厂不同装置承包负荷趋势图。从图中可以看出每个装置不同时期的承包负荷发展趋势：

（1）焦化装置，2010 年第三季度开始产生 6000 万美元的金额，表示在这个季度 EPC 总承包商可以获得第一笔预付款；2012 年第二季度高峰期产生 2.5 亿美元的金额，表示在这个季度基本完成大型设备与材料的采购；最后以 2014 年第一季度的 7000 万美元结束。

图 8-34　延布出口炼厂承包负荷趋势图

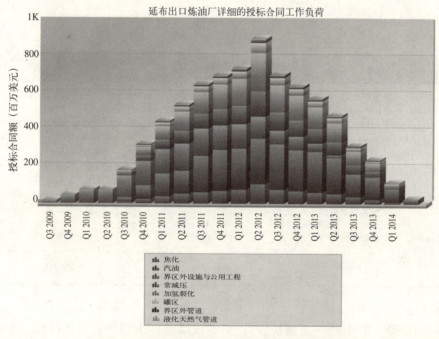

图 8-35　延布出口炼厂不同装置承包额负荷趋势图
数据来源：MEED（中东经济文摘数据整理）
注：详见书后彩图。

(2) 汽油装置，2010 年第三季度开始产生 3000 万美元的金额，表示在这个季度 EPC 总承包商可以获得第一笔预付款；2012 年第一季度高峰期产生 2.25 亿美元的金额，表示在这个季度基本完成大型设备与材料的采购；最后以 2014 年第二季度的 3000 万美元结束。

(3) 公用工程，2009 年第三季度开始产生 1500 万美元的金额，表示在这个季度 EPC 总承包商可以获得第一笔预付款；2012 年第一季度高峰期产生 1.35 亿美元的金额，表示在这个季度基本完成大型设备与材料的采购;最后以2013年第二季度的1500万美元结束。

(4) 常减压装置,2010年第三季度开始产生1000万美元的金额,表示在这个季度EPC总承包商可以获得第一笔预付款;2012年第二季度高峰期产生1.4亿美元的金额,表示在这个季度基本完成大型设备与材料的采购;最后以2014年第一季度的1000万美元结束。

(5) 加氢裂化装置,2010年第三季度开始产生1500万美元的金额,表示在这个季度EPC总承包商可以获得第一笔预付款;2012年第二季度高峰期产生2.1亿美元的金额,表示在这个季度基本完成大型设备与材料的采购;最后以2014年第一季度的1500万美元结束。

(6) 其他未做统计。

综上分析,该项目虽然已授标完毕,施工包还有许多尚未授标。一方面,中国石化已经参与该新建炼油厂的投资。另一方面,目前各包的主承包商都是与中国石化有过良好合作关系的西方工程公司与韩国工程公司。因此,在该项目各装置的施工招标中,中国石化炼化工程企业有机会承揽到一部分施工项目的合同,中国石化南京工程公司也已经承揽到加氢裂化装置的施工分包,合同金额约8000万美元。

(三) Ras Tanura 炼油化工一体化项目

RAS TANURA 炼油化工一体化项目由阿美和道化学共同投资兴建2000万吨/年炼油装置及相关化工装置,总投资约150亿美元。RAS TANURA 位于沙特东部沿海地区,距离Jubail约30km。该标为EPC LSTK合同形式,属邀请招标,炼油部分总投资约100亿美元,分为5个装置,分别为:①常减压/管廊;②柴油加氢/连续重整;③硫磺回收/酸性气/酸性水/火炬;④公用工程/沥青装置;⑤罐区。就炼油部分,业主原计划于2009年11月份授标。道化学虽在炼油部分融资到位,但在化工部分融资存在问题。由于该项目炼油和化工需配套实施,道化学和阿美决定暂缓该项目资格预审文件的审核。预计该项目于2011年完成相应的资格预审,并全面开始招标。

化工部分共分为7个包,将于2011年开始并完成主要装置的招标。

从第三方获得部分工艺装置的预算信息如表8-13。

(四) 拉比格二期项目

该项目位于沙特西部红海边的小镇拉比格,由沙特阿美石油公司与日本住友化学公司以50%:50%比例投资扩建,投资额50亿美元。全球经济已经开始恢复,日本住友化学公司计划对现有的乙烷裂化装置与芳烃装置的产能进行扩建,将市场增值产品出口给中国、印度与欧洲。该项目主要包括如下几个包:

(1) EPC-1:

石脑油 → 芳烃 → 对二甲苯 + 苯

乙烷裂解 → 乙烯

Ras Tanura 各装置基本信息　　　表 8-13

工艺包	预算(百万美元)	工艺包	预算(百万美元)
石脑油蒸汽裂解	1400	盐酸	400
低密度聚乙烯(LDPE)	1300	乙醇胺/乙烯胺/甲基二醇醚	361
甲苯-2异氰酸酯（TDI）工厂	750	多元醇/PG/共享系统	307
环氧乙烷	704	单硝基苯甲醛苯胺	230
环氧丙烷	640	氯碱装置	220
双酚A/环氧树脂	560	芳烃装置	180
甲基二苯二异氰酸酯（MDI）工厂	537	合计	8089
二硝基甲苯—硝酸、硫酸浓缩	500		

(2) EPC-2：

苯 + 丙烯 → 异丙基苯 → 氢化氧化枯烯 → 丙酮 + 苯酚

苯酚 → 环己酮

(3) EPC-3：

环己酮 + 氨气 + 氧气 → 己内酰胺 → 尼龙 -6

(4) EPC-4：

乙烯 + 丙烯 + 二烯烃 + 氢气 → 乙丙橡胶

乙丙橡胶 + 聚丙烯 + 聚乙烯 → 三元乙丙橡胶

乙烯 + 乙烯基醋酸酯 → LDPE+ 乙烯 - 醋酸乙烯共聚物

(5) EPC-5：

混合 C4+ 甲醇 → MTBE → 异丁烯

异丁烯氧化 → 甲基丙烯酸

甲基丙烯酸 + 甲醇 → 甲基丙烯酸甲酯

甲基丙烯酸甲酯 → 聚甲基丙烯酸甲酯

丙烯氧化 → 丙烯酸 + 氢氧化钠 → 高吸水树脂

C4 残液 → 聚合级丙烯

（五）Tarkeer Ruwais 扩建炼油厂

阿联酋阿布扎比炼油公司计划将 Ruwais 炼厂炼油能力在 2010 年提升至每年 4000 万吨，投资预算额约 100 亿美元，主要包括渣油催化裂化装置、常减压装置、加氢脱硫装置、芳烃装置、公用工程、罐区、海港设施等。Tarkeer 计划用这些产品来生产无铅汽油、航空煤油、LPG、PP、柴油、汽油等。目前，此项目已经完成各包的招标工作，具体信息如表 8-14 所示。

第一节 中东（海湾）炼化工程市场潜力分析

Tarkeer Ruwais 炼油厂中标情况　　　　　　　　　　　表 8-14

序号	单元	承包商	预算额（百万美元）
1	包1：CDU常减压	SKEC	2100
2	包2：RFCC催化裂化装置	GS	3109
3	包3：U&O公用工程	Samsung Engineering	2700
4	包4：罐区	Daewoo	1200
5	包5：现场准备	Dredging international	342
6	包7：港口设施	GS	500

根据 MEED（中东经济文摘），可以得到该炼油厂工程建设承包额的发展趋势图，从图 8-36 中可以看出，2009 年第二季度该项目真正开始建设，发生承包负荷 1000 万美元，并于 2011 年第四季度达到高峰，承包负荷达到 9.78 亿美元，之后不断下降，于 2014 年第一季度以 6000 万美元的建设负荷完成工程承包的履约。

图 8-37 为每个装置不同时期的承包负荷发展趋势图，从图中可以看出每个装置不同时期的承包负荷发展趋势：

（1）CDU 装置，2009 年第四季度开始产生 2000 万美元的金额，表示在这个季度 EPC 总承包商可以获得第一笔预付款；2011 年第四季度高峰期产生 3.1 亿美元的金额，表示在这个季度基本完成大型设备与材料的采购；最后以 2014 年第一季度的 2000 万美元结束。

（2）RFCC 装置，2009 年第四季度开始产生 3000 万美元的金额，表示在这个季度 EPC 总承包商可以获得第一笔预付款；2011 年第四季度高峰期产生 3 亿美元的金额，表示在这个季度基本完成大型设备与材料的采购；最后以 2014 年第一季度的 3000 万美元结束。

（3）公用工程，2009 年第四季度开始产生 3000 万美元的金额，表示在这个季度 EPC 总承包商可以获得第一笔预付款；2011 年第三季度高峰期产生 3.8 亿美元的金额，表示在这个季度基本完成大型设备与材料的采购；最后以 2013 年第二季度的 2700 万美元结束。

（4）罐区，2009 年第四季度开始产生 2700 万美元的金额，表示在这个季度 EPC 总承包商可以获得第一笔预付款；2011 年第四季度高峰期产生 1.2 亿美元的金额，表示在这个季度基本完成大型设备与材料的采购；最后以 2014 年第一季度的 1200 万美元结束。

（5）其他未做统计。

综上分析，该项目虽然已授标完毕，但其中施工约占总合同金额的 25%～30%，几个装置的总承包商基本都是韩国工程公司,因此,在该项目各装置的施工招标中,中国石化炼化工程企业有机会承揽到一部分施工项目的合同,目前,五建公司已经承揽到常减压装置的分包,合同金额约 8000 万美元。

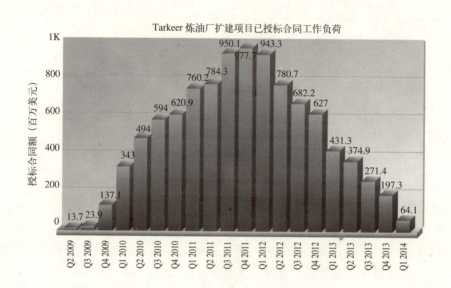

图 8-36　Tarkeer 出口炼厂承包负荷趋势图

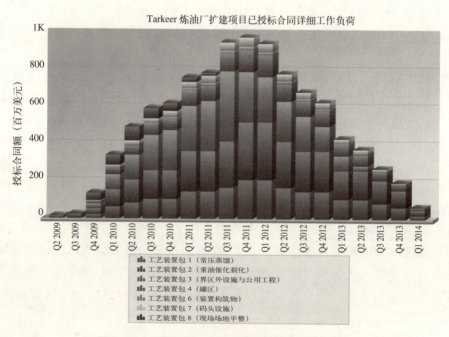

图 8-37　Tarkeer 出口炼厂不同装置承包负荷趋势图
注:详见书后彩图。

(六) Borouge 3 扩建乙烯厂

Borouge 计划在 2014 年将其生产能力增加至 450 万 t/年，Borouge 3 项目包括乙烷裂解装置、PP、LDPE、公用工程与港口设施，总投资约 62.5 亿美元。咨询商是美国的 Bechtel 公司。承包商如表 8-15 所示。

Borouge3 乙烯厂中标情况　　　　　　　　　　　　　表 8-15

序号	项目名称	合同额（百万美元）	EPC 资审名单	EPC 投标商名单	EPC 承包商
1	Borouge-Borouge3:Ruwais Ethane Cracker Expansion	1500			Consolidated Contractors Company；Linde AG
2	Borouge-Borouge3:Ruwais Poiyolefins Expansion	1250	Petrofac Emirates，Daelim Industrial Company Limited；Tecnimont；Uhde GmbH；Samsung Engineering；CTCI Corporation；Hyundai Engineenrig & Construction；GS Engineering & Construction Corporation [formerly LG（E&C）]	Petrofac Emirates，Daelim Industrial Company Lirnited；Tecnimont，UhdeGmbH；Samsung Engineering；CTCICorporation	Tecnimont；Samsung Engineering
3	BorougeBorouge 3:RuwaisLDPE Expansion	400	Saipem SpA；Simon Carves；Daelim industrial Company Limited；Tecnimont；Uhde GmbH；Samsung Engineering；CTCI Corporationt；GS Engineering & Construction Corporation [formerly LG（E&C）]	Daelim Industrial Ctmpany Limied，Tecnimont，Uhde GmbH；Samsung Engineering；CTCI Corporation	Tecnimont；Samsung Engineering
4	Borouge-Borouge3:Ruwais Offsites & Utilities Expansion	937	Saipem SpA，SK Engineering & Construction（SKEC）；Daelim Industrial Company Limited，Tecnimont；Hyundai Heavy industries（HHI）；Uhde GmbH；Samsung Engineering，Tecnicas Reunidas，The Techint Group，CTCI Corporation；Hyundai Engineering & Construction；Technip；GS Eng	Saipem SpA，Daelim Industrial Company Limited，Tecnimont；Samsung Engineering，Tecnicas Reunidas，The Techint Group；CTCI Corporation，Hyundai Engineering & Construction，GS Engineering & Construction Corporation [formerly LG(E&C)]，Linde AG；Fluor Corporationt；Pet	Hyundai Engineering & Construction

根据 MEED（中东经济文摘），可以得到该乙烯厂工程建设承包负荷的发展趋势图，从图 8-38 中可以看出，2009 年第三季度该项目真正开始建设，发生承包负荷 1500 万美元，并于 2011 年第四季度达到高峰期，承包负荷达到 4.57 亿美元，之后不断下降，于 2014 年第一季度以 600 万美元的工程建设负荷完成总承包的履约。

图 8-39 为每个装置不同时期的承包额发展趋势图，从图中可以看出每个装置不同时期的承包额发展趋势。

(1) 聚乙烯装置，2010 年第二季度开始产生 7500 万美元的金额，表示在这个季度 EPC 总承包商可以获得第一笔预付款；2011 年第四季度高峰期产生 1.75 亿美元的金额，表示在这个季度基本完成大型设备与材料的采购；最后以 2013 年第二季度的 2500 万美

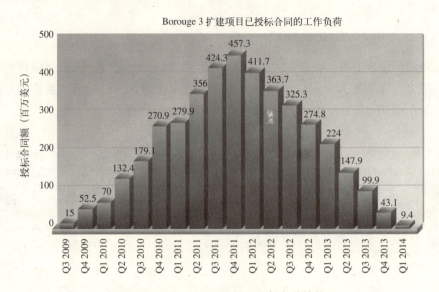

图 8-38 Borouge 3 乙烯厂承包负荷趋势图

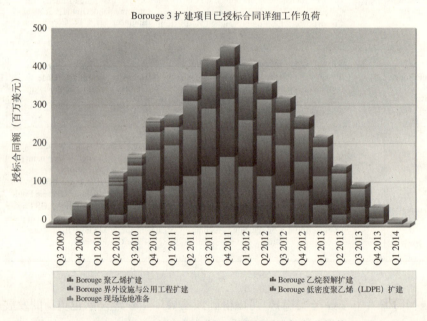

图 8-39 Borouge 3 乙烯厂不同装置承包负荷趋势图

注：详见书后彩图。

元结束。

（2）乙烷裂解装置，2009 年第三季度开始产生 1500 万美元的金额，表示在这个季度 EPC 总承包商可以获得第一笔预付款；2011 年第四季度高峰期产生 1.5 亿美元的金额，表示在这个季度基本完成大型设备与材料的采购；最后以 2013 年第四季度的 1500 万美元结束。

(3) 公用工程，2010 年第二季度开始产生 900 万美元的金额，表示在这个季度 EPC 总承包商可以获得第一笔预付款；2012 年第一季度高峰期产生 9000 万美元的金额，表示在这个季度基本完成大型设备与材料的采购；最后以 2014 年第一季度的 900 万美元结束。

(4) LDPE 装置，2010 年第二季度开始产生 800 万美元的金额，表示在这个季度 EPC 总承包商可以获得第一笔预付款；2012 年第一季度高峰期产生 5000 万美元的金额，表示在这个季度基本完成大型设备与材料的采购；最后以 2013 年第三季度的 1200 万美元结束。

(5) 其他未做统计。

总之，该项目已经授标完毕，承包商主要是与中国石化炼化工程企业合作较少的韩国工程公司与当地公司，因此中国石化炼化工程企业获得此项目的施工分包可能性不大。

（七）主要承包商近期工作负荷分析

综合上述分析，不难得到主要工程承包商在海湾地区未来几年的项目工作负荷，具体分析结果如下。

1. JGC

根据 2010 年 ENR 统计数据，2009 年 JGC 营业收入为 25.96 亿美元，其中国际营业收入为 18.42 亿美元，工业与石化工程占营业收入的 100%。2011～2013 年，JGC 在海湾地区承揽的实际有效合同总金额为 35.26 亿美元，如表 8-16 所示。

JGC 公司负荷情况　　　　　　　　　表 8-16

合同额项目\季度	2011Q1	2011Q2	2011Q3	2011Q4	2012Q1	2012Q2	2012Q3	2012Q4	2013Q1	2013Q2	2013Q3	2013Q4
1	141.7	141.7	141.7	141.7	141.7	141.7	141.7	141.7	141.7	141.7	141.7	141.7
2	10	10	10	10	10	10	10					
3	7.8											
4	133.3	133.3										
5	133.3	133.3										
6	117.5	117.5	117.5	117.5	117.5	117.5	117.5	117.5	117.5	117.5		
7												
8	20.8	20.8										
9	1.9	1.9	1.9	1.9								
10												
合计	566.3	558.5	271.1	271.1	269.2	269.2	259.2	259.2	259.2	259.2	141.7	141.7
总计	3526											

与2009年相比，JGC当前工作负荷已经饱和，同时，JGC规划从2010～2015年要成为PMC与投资商，加上2006～2010年JGC在海湾地区EPC领域一直表现平平，2009年ENR中依据国际营业排名为51名，依据全球营业收入排名为94名，相对于2008年的排名均在下滑，说明该公司EPC能力在下降，因此可以认为短期内JGC对海湾地区炼化工程市场侵略性不强。如图8-40所示。

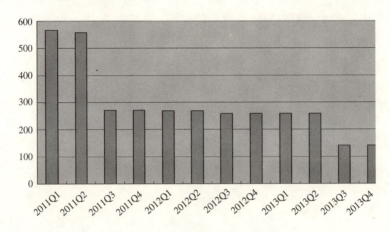

图8-40　JGC季度平均负荷额（单位：百万美元）

2. GS

根据2010年ENR统计数据，2009年GS营业收入为63.98亿美元，其中国际营业收入为14.9亿美元，工业与石化工程占营业收入的88%，仍是GS营业收入创造的主要来源。2011～2013年，GS在海湾地区承揽的实际有效合同总金额为45.92亿美元，如表8-17所示。

与2009年相比，GS当前工作负荷已经饱和，2009年ENR中依据国际营业排名为53名，依据全球营业收入排名为36名，相对于2008年的排名均在上升，说明该公司EPC能力在不断加强，同时韩国工程公司一直将北非海湾地区作为其主要战略市场，近几年GS由于在海湾地区承揽到一些大型炼化工程EPC项目，为其在该地区树立了良好的声誉，加上近期韩元不断贬值，因此可以认为短期内GS对海湾地区炼化工程市场侵略性仍存在，而且仍会在大型炼化工程项目招标中见到他的身影，但由于人力、物力的限制，在近期的项目招标中，未必会很容易以低价中标，可能存在高价投标的情况。如图8-41所示。

3. Samsung Engineering

根据2010年ENR统计数据，2009年Samsung Engineering营业收入为35.07亿美元，其中国际营业收入为26.18亿美元，工业与石化工程占营业收入的97%，仍是Samsung Engineering营业收入创造的主要来源。2011～2013年，Samsung Engineering在海湾地区承揽的实际有效合同总金额为57.06亿美元，如表8-18所示。

与2009年相比，Samsung Engineering当前工作负荷已经饱和，2009年ENR中依

GS 公司负荷情况　　　　　　　　　　　　　　　　　　表 8-17

季度\合同额\项目	2011Q1	2011Q2	2011Q3	2011Q4	2012Q1	2012Q2	2012Q3	2012Q4	2013Q1	2013Q2	2013Q3	2013Q4	2014Q1
1	71	71	71	71	71	71	71	71	71	71	71		
2	8	8	8	8	8								
3	23	23	23	23	23	23	23	23	23	23	23	23	
4	76	76											
5	28	28	28	28	28	28	28	28	28	28	28	28	28
6	173	173	173	173	173	173	173	173	173	173	173	173	173
7	73	73	73	73	73	73	73	73	73	73			
8													
合计	452	452	376	376	376	368	368	368	368	368	295	224	201
总计	4592												

Samsung 公司负荷情况　　　　　　　　　　　　　　　　表 8-18

季度\合同额\项目	2011Q1	2011Q2	2011Q3	2011Q4	2012Q1	2012Q2	2012Q3	2012Q4	2013Q1	2013Q2	2013Q3	2013Q4
1												
2	55	55	55	55	55	55	55	55	55	55		
3	17	17	17									
4	36	36	36	36	36	36	36	36	36	36	36	36
5	24	24	24	24	24	24	24	24	24	24	24	24
6	180	180	180	180	180	180	180	180	180	180		
7	83	83	83	83	83	83	83	83	83	83	83	83
8	14	14	14	14	14	14	14	14	14	14	14	
9	48	48	48	48	48	48	48	48	48	48		
10												
11	31											
12	75	75	75	75	75	75	75	75	75			
合计	563	532	532	515	515	515	515	515	515	440	157	143
总计	5706											

第八章 中东（海湾）炼化工程市场分析案例

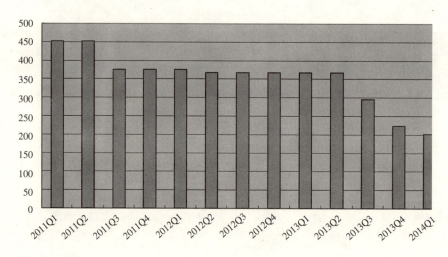

图 8-41 GS 季度平均负荷额（单位：百万美元）

据国际营业排名为 35 名，依据全球营业收入排名为 69 名，相对于 2008 年的排名均在大幅度上升，说明该公司 EPC 能力在不断加强，同时韩国工程公司一直将北非海湾地区作为其主要战略市场，近几年 Samsung Engineering 由于在海湾地区承揽到一些大型炼化工程 EPC 项目，为其在该地区树立了良好的声誉，因此可以认为短期内 Samsung Engineering 对海湾地区炼化工程市场侵略性仍存在，特别是 2012 年底，该公司工作负荷大幅度降低，这样会有大量的人力、物力富余，因此在大型炼化工程项目招标中仍旧会见到他的身影，但由于 2012 年底之前人力、物力的限制，近期开工的项目招标中，高价投标的情况还是存在的。但两年后开工的项目，该公司侵略性较强，以低价中标的可能性较高。如图 8-42 所示。

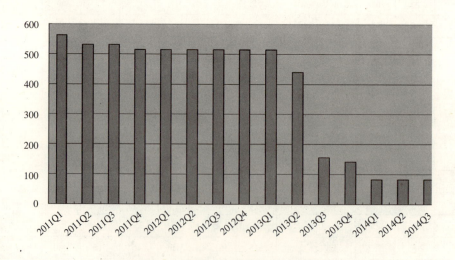

图 8-42 Samsung Engineering 季度平均负荷额（单位：百万美元）

4. Technip

根据2010年ENR统计数据，2009年Technip营业收入为85.95亿美元，其中国际营业收入为88.65亿美元，工业与石化工程占营业收入的100%。2011～2013年，Technip在海湾地区承揽的实际有效合同总金额为21.44亿美元，如表8-19所示。

Technip公司负荷情况　　　　　　　　　表8-19

季度 合同额 项目	2011Q1	2011Q2	2011Q3	2011Q4	2012Q1	2012Q2	2012Q3	2012Q4	2013Q1	2013Q2	2013Q3	2013Q4
1	42.9	42.9	42.9	42.9	42.9	42.9	42.9	42.9	42.9	42.9		
2												
3	0.8	0.8	0.8	0.8	0.8							
4	94.4	94.4	94.4	94.4	94.4	94.4	94.4	94.4	94.4	94.4	94.4	94.4
5												
6	90.9											
7	40.6	40.6	40.6	40.6	40.6	40.6	40.6	40.6	40.6	40.6	40.6	40.6
8												
9												
合计	269.6	178.7	178.7	178.7	178.7	177.9	177.9	177.9	177.9	177.9	135	135
总计	2144											

与2009年相比，Technip当前工作负荷严重不足，2009年ENR中依据国际营业排名为10名，依据全球营业收入排名为30名，相对于2008年的排名均基本持平，说明该公司EPC能力基本持平，2000～2010年十年间Technip在海湾地区承揽到很多大型炼化工程EPC项目，但由于近期韩国工程公司的渗透，Technip在海湾地区EPC领域实力相对减弱。不过Technip有大量极具竞争力的富裕人力、物力，因此可以认为短期内Technip对海湾地区炼化工程市场侵略性很强，近期在竞标海湾地区炼化工程总承包项目的时候，中国石化炼化工程企业与其竞争或合作的机会还很多。如图8-43所示。

5. HDEC

根据2010年ENR统计数据，2009年HDEC营业收入为79.47亿美元，其中国际营业收入为37亿美元，工业与石化工程占营业收入的11%。2011～2013年，HDEC在海湾地区承揽的实际有效合同总金额为30.44亿美元，如表8-20所示。

与2009年相比，HDEC当前工作负荷尚未饱和，2009年ENR中依据国际营业排名为23名，依据全球营业收入排名为33名，相对于2008年的排名均在大幅度上升，说明该公司EPC能力在不断加强，近几年HDEC由于在海湾地区承揽到一些大型炼化工程EPC项目，为其在该地区树立了良好的声誉，加上近期韩元不断贬值，因此可以

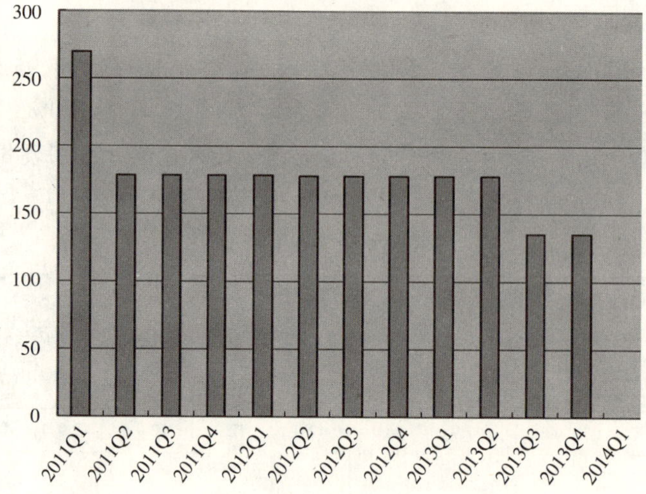

图 8-43　Technip 季度平均负荷额（单位：百万美元）

HDEC 公司负荷情况　　表 8-20

项目＼合同额＼季度	2011Q1	2011Q2	2011Q3	2011Q4	2012Q1	2012Q2	2012Q3	2012Q4	2013Q1	2013Q2	2013Q3	2013Q4	2014Q1
1													
2													
3	100	100	100	100	100	100	100	100	100	100	100		
4													
5													
6													
7	65	65											
8	18	18	18	18	18	18	18	18	18	18	18	18	
9	100	100	100	100	100								
10	34	34	34	34									
11	17	17	17	17	17	17	17	17	17				
12	6	6	6	6									
13	4												
14													
15													
16	59	59	59	59	59	59	59	59	59	59	59	59	59
17													
18													
19													
20													
21													
22													
合计	403	399	334	334	294	194	194	194	194	177	177	77	59
总计	3030												

认为短期内 HDEC 对海湾地区炼化工程市场侵略性仍很强，仍有大量的人力、物力富余，因此可以认为近期大型项目竞标中，以低价中标的可能性仍较高。但值得说明的是，HDEC 营业收入中电力建设行业占 60%，因此 HDEC 也会加大对电力工程建设市场的竞标。如图 8-44 所示。

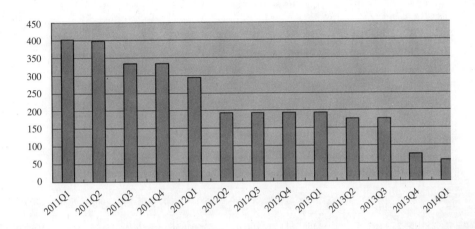

图 8-44　HDEC 季度平均负荷额（单位：百万美元）

6. Daelim

根据 2010 年 ENR 统计数据，2009 年 Daelim 营业收入为 56 亿美元，其中国际营业收入为 22.25 亿美元，工业与石化工程占营业收入的 94%。2011～2013 年，Daelim 承揽的实际有效合同总金额为 53.2 亿美元，如表 8-21 所示。

与 2009 年相比，Daelim 在海湾地区当前工作负荷基本已经饱和，2009 年 ENR 中依据国际营业排名为 42 名，依据全球营业收入排名为 41 名，相对于 2008 年的排名均在大幅度上升，说明该公司 EPC 能力在不断加强，同时将北非海湾地区作为其主要战略市场，2006～2010 年 Daelim 在海湾地区承揽到一些大型炼化工程 EPC 项目，业绩显著，因此可以认为短期内 Daelim 对海湾地区炼化工程市场侵略性仍存在，而且仍会在大型炼化工程项目招标中见到他的身影，但由于人力、物力的限制，在近期的项目招标中，未必很容易以低价中标，高价投标的情况也是存在的。如图 8-45 所示。

7. TR

根据 2010 年 ENR 统计数据，2009 年 TR 营业收入为 39.5 亿美元，其中国际营业收入为 30.9 亿美元，工业与石化工程占营业收入的 89%，是其营业收入的主要来源。2011～2013 年，TR 在海湾地区承揽的实际有效合同总金额为 10.5 亿美元，如表 8-22 所示。

与 2009 年相比，TR 当前工作负荷远没有饱和，2009 年 ENR 中依据国际营业排名为 29 名，依据全球营业收入排名为 61 名，相对于 2008 年的排名均在大幅度上升，说明该公司 EPC 能力在不断加强，2000～2010 年近十年间，TR 在海湾地区承揽到一些大型炼化工程 EPC 项目，为其在该地区树立了良好的声誉，由于 TR 有大量富裕的人力、

Daelim 公司负荷情况　　　　　　　　　　　　　　　　　表 8-21

合同额项目＼季度	2011Q1	2011Q2	2011Q3	2011Q4	2012Q1	2012Q2	2012Q3	2012Q4	2013Q1	2013Q2	2013Q3	2013Q4	2014Q1	2014Q2
1	8.42	8.42	8.42											
2	68.6													
3	33.3	33.3	33.3	33.3	33.3	33.3	33.3							
4	13.16	13.16	13.16											
5	33.2	33.2	33.2	33.2	33.2	33.2	33.2	33.2	33.2					
6	7.81													
7	23.08	23.08	23.08	23.08	23.08	23.08	23.08							
8	59.07	59.07	59.07	59.07	59.07	59.07	59.07	59.07	59.07	59.07	59.07			
9	100	100	100	100	100	100	100	100	100	100	100			
10	156.25	156.25	156.25	156.25	156.25	156.25	156.25	156.25	156.25	156.25	156.25	156.25	156.25	156.25
11	22.22	22.22	22.22	22.22	22.22	22.22	22.22	22.22	22.22	22.22	22.22	22.22		
合计	525.11	448.7	448.7	427.12	427.12	427.12	427.12	393.82	370.74	337.54	337.54	337.54	256.25	156.25
总计	5320.67													

TR 公司负荷情况　　　　　　　　　　　　　　　　　表 8-22

合同额项目＼季度	2011Q1	2011Q2	2011Q3	2011Q4	2012Q1	2012Q2	2012Q3	2012Q4	2013Q1	2013Q2	2013Q3	2013Q4	2014Q1	2014Q2	2014Q3
1	7.8	7.8	7.8	7.8	7.8	7.8	7.8	7.8	7.8	7.8	7.8	7.8	7.8	7.8	7.8
2	51.3	51.3	51.3	51.3	51.3	51.3	51.3	51.3	51.3	51.3	51.3	51.3			
3	12.9	12.9	12.9	12.9	12.9	12.9	12.9	12.9	12.9	12.9	12.9	12.9	12.9	12.9	12.9
4	3														
5	70.6														
6															
7															
合计	145.6	72	72	72	72	72	72	72	72	72	72	72	20.7	20.7	
总计	1051														

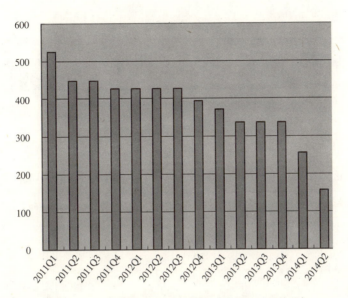

图 8-45　Daelim 季度平均负荷额（单位：百万美元）

物力存在，因此可以认为短期内 TR 对海湾地区炼化工程市场侵略性很强，中国石化炼化工程企业与其在海湾地区竞标近期总承包项目的合作或竞争的机会很多。如图 8-46 所示。

8. SKEC

根据 2010 年 ENR 统计数据，2009 年 SKEC 营业收入为 31.6 亿美元，其中国际营业收入为 7.88 亿美元，工业与石化工程占营业收入的 97%，是其营业收入的主要来源。2011～2013 年，SKEC 在海湾地区承揽的实际有效合同总金额为 33.3 亿美元，如表 8-23 所示。

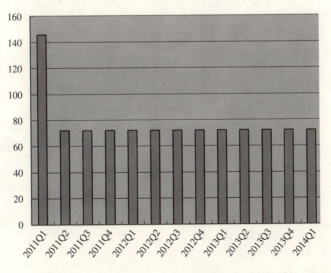

图 8-46　TR 季度平均负荷额（单位：百万美元）

SK 公司负荷情况

表 8-23

合同额\季度项目	2011Q1	2011Q2	2011Q3	2011Q4	2012Q1	2012Q2	2012Q3	2012Q4	2013Q1	2013Q2	2013Q3	2013Q4	2014Q1	2014Q2
1														
2														
3	38.9	38.9	38.9	38.9	38.9	38.9	38.9	38.9	38.9	38.9				
4	116.7	116.7	116.7	116.7	116.7	116.7	116.7	116.7	116.7	116.7	116.7	116.7	116.7	
5	66.7	66.7	66.7	66.7	66.7	66.7	66.7	66.7	66.7	66.7	66.7	66.7		
6														
7	92.9	92.9	92.9	92.9	92.9	92.9								
8														
9														
合计	315.2	315.2	315.2	315.2	315.2	315.2	222.3	222.3	222.3	222.3	183.4	183.4	183.4	
总计	3330.6													

与 2009 年相比，SKEC 当前工作负荷基本已经饱和，2009 年 ENR 中依据国际营业排名为 94 名，依据全球营业收入排名为 78 名，相对于 2008 年的排名均基本未变，同时一直将北非海湾地区作为其主要战略市场，2005～2010 年 SKEC 在海湾地区承揽到一些大型炼化工程 EPC 项目，为其在该地区树立了良好的声誉，加上近期韩元不断贬值，因此可以认为短期内 SKEC 对海湾地区炼化工程市场侵略性仍存在，而且仍会在大型炼化工程项目招标中见到他的身影，但由于人力、物力的限制，在近期的项目招标中，未必很容易以低价中标，高价投标的情况也是存在的。如图 8-47 所示。

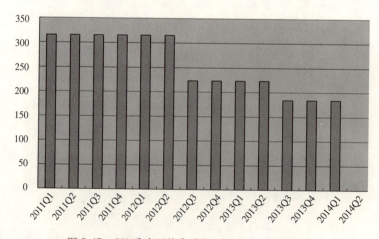

图 8-47 SK 季度平均负荷额（单位：百万美元）

9. Saipem

根据 2010 年 ENR 统计数据，2009 年 Saipem 营业收入为 117 亿美元，其中国际营业收入为 108.8 亿美元，工业与石化工程占营业收入的 99%，是其营业收入创造的主要来源。2011～2013 年，Saipem 在海湾地区承揽的实际有效合同总金额为 34.2 亿美元，如表 8-24 所示。

Saipem 公司负荷情况　　　　表 8-24

合同额\项目\季度	2011Q1	2011Q2	2011Q3	2011Q4	2012Q1	2012Q2	2012Q3	2012Q4	2013Q1	2013Q2	2013Q3	2013Q4	2014Q1	2014Q2	2014Q3
1	6	6	6	6											
2	11	11	11	11	11	11									
3															
4	81	81	81	81	81	81	81	81	81	81	81	81	81	81	81
5	106	106	106	106	106	106	106	106	106	106	106	106	106	106	106
6	5														
7															
8	18	18	18	18	18	18	18	18	18	18	18	18			
9															
10	148	148													
11															
12															
13	2	2													
14															
15															
合计	377	372	222	222	216	216	205	205	205	205	205	205	187	187	187
总计	3416														

与 2009 年相比，Saipem 当前工作负荷远没有饱和，2009 年 ENR 中依据国际营业排名为 10 名，依据全球营业收入排名为 24 名，相对于 2008 年的排名基本不变，但排名非常靠前，说明该公司 EPC 能力非常强，2000～2010 年 Saipem 在海湾地区承揽到很多大型炼化工程 EPC 项目，尤其在卡塔尔承揽几个大型项目，为其在该地区树立了良好的声誉，由于 Saipem 有大量富裕的有竞争力的人力、物力，因此可以认为短期内 Saipem 对海湾地区炼化工程市场侵略性非常强，中国石化炼化工程企业与其在海湾地区竞标近期总承包项目的合作或竞争的机会很多。如图 8-48 所示。

10. CTCI

根据 2010 年 ENR 统计数据，2009 年 CTCI 营业收入为 12.72 亿美元，其中国际营业收入为 8.18 亿美元，工业与石化工程占营业收入的 79%，是其营业收入创造的主要来源。2011～2013 年，CTCI 在海湾地区承揽的实际有效合同总金额为 16.35 亿美元，如表 8-25 所示。

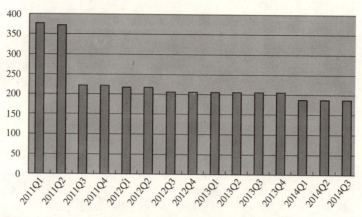

图 8-48　Saipem 季度平均负荷额（单位：百万美元）

CTCI 公司负荷情况　　表 8-25

合同额项目\季度	2011Q1	2011Q2	2011Q3	2011Q4	2012Q1	2012Q2	2012Q3	2012Q4	2013Q1	2013Q2	2013Q3	2013Q4
1	44	44	44	44	44	44	44	44				
2	67	67	67	67	67	67	67	67				
3	35	35	35	35	35	35	35	35	35			
4	36	36	36	36	36	36	36	36	36	36	36	36
合计	182	182	182	182	182	182	182	182	71	36	36	36
总计	1635											

与 2009 年相比，CTCI 当前工作负荷基本饱和，2009 年 ENR 中依据国际营业排名为 92 名，依据全球营业收入排名为 145 名，相对于 2008 年的排名在下滑，说明该公司 EPC 能力一般，近几年 CTCI 在海湾沙特承揽到 4 个炼化工程 EPC 项目，总合同金额约 17.5 亿美元，该企业与中国石化炼化工程一样，属于后起之秀，通过几个项目的执行，为其在该地区建立了一定的声誉，但由于 CTCI 近几年刚刚进入海湾市场，而且仅仅在沙特市场上立住了脚，因此未来 CTCI 将会继续加大对海湾地区的市场开发力度。如图 8-49 所示。

11. Chiyoda

根据 2010 年 ENR 统计数据，2009 年 Chiyoda 营业收入为 25.73 亿美元，其中国际营业收入为 15.58 亿美元，工业与石化工程占营业收入的 100%，是其营业收入的主要来源。2011～2013 年，Chiyoda 在海湾地区承揽的实际有效合同总金额为 8.97 亿美元，如表 8-26 所示。

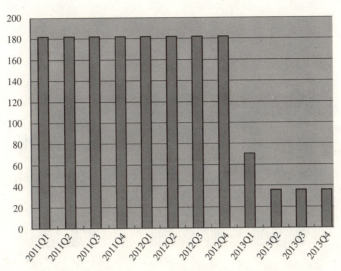

图 8-49 CTCI 季度平均负荷额（单位：百万美元）

Chiyoda 公司负荷情况　　　　表 8-26

季度\合同额\项目	2011Q1	2011Q2	2011Q3	2011Q4	2012Q1	2012Q2	2012Q3	2012Q4	2013Q1	2013Q2	2013Q3	2013Q4
1	42.9	42.9	42.9	42.9	42.9	42.9	42.9	42.9	42.9	42.9		
2	95.2											
3	45	45										
4	23.6	23.6	23.6	23.6	23.6	23.6	23.6	23.6	23.6	23.6	23.6	23.6
合计	206.7	111.5	66.5	66.5	66.5	66.5	66.5	66.5	66.5	66.5	23.6	23.6
总计	897											

与 2009 年相比，CTCI 当前工作负荷远远没有饱和，2009 年 ENR 中依据国际营业排名为 61 名，依据全球营业收入排名为 97 名，相对于 2008 年的排名在大幅度下滑，说明该公司近期 EPC 能力不强，近几年 Chiyoda 在海湾地区表现不佳，因此未来几年该公司会在海湾地区加大开发力度，独自或与韩国工程公司联合竞标炼化工程 EPC 项目，侵略性会不断加强。如图 8-50 所示。

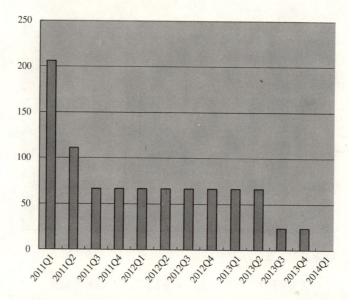

图 8-50　Chiyoda 季度平均负荷额（单位：百万美元）

综上所述，未来几年，欧洲与日本大型国际工程公司由于工作负荷远未饱和，同时自身 EPC 竞争能力非常强，因此极可能会对海湾炼化工程市场采取侵略性的态势，通过独立投标或者联合投标的方式参与市场竞争。韩国工程公司由于工作负荷满载，自身 EPC 能力不如欧洲与日本大型国际工程公司，加上人力、物力的缺乏，未来几年整体上对市场侵略性有限，但局部地区部分项目仍会采取侵略性模式，对大型项目的竞标采取侵略性态势的概率极高，但仅仅依靠自身以低价中标的策略独自投标而取胜的几率在不断下降，因此与中国石化炼化工程企业或日本工程公司合作竞标将会成为双赢的一种竞标模式。日本工程公司近期在海湾地区表现一般，加上战略转型或市场竞争力减弱，会通过联合的方式参与炼化工程总承包项目的竞标，提高中标率。在这种市场的大环境下，中国石化炼化工程企业就可以通过与一些国际工程公司合作，互利共赢，争取在海湾地区获取更大的市场份额。

第二节　海湾炼化工程市场环境分析

为了分析海湾地区炼化工程市场环境，有必要采用定性分析与定量分析的方法提取市场特征。首先，结合海湾四国的宏观经济环境对海湾地区整个市场特征进行定性分析，并按照行业细分市场与区域细分市场对近四年的市场特征进行详细分析。然后，根据产业经济学中行业集中度概念的两种指标进行计算分析，并对其进行 Monte-Carlo 模拟仿真分析，得出一定置信区间下两种指标的累积概率分布。最后，依据这些结论对沙特、阿联酋、科威特与卡塔尔炼化工程总承包的市场特征进行分别分析，最后指出近几年各国炼化工程市场不稳定的外部影响因素。

一、海湾四国宏观投资环境分析

2010年,在世界经济回暖的大背景下,经受国际金融危机洗礼的海湾国家经济呈现出全面复苏态势。得益于高位运行的国际油价与有效到位的宏观调控政策,海湾各国成功克服了迪拜世界集团债务风波与欧洲主权债务危机的干扰,基本摆脱了2008年以来的增长颓势,显现出健康的发展前景。据国际货币基金组织报告,2010年海湾经济增速达到4.5%,海湾合作委员会(海合会)6个成员国的GDP总量超过10090亿美元。

海湾各国经济能取得超出预期的复苏成效与国际能源市场利好行情密不可分。2010年,国际油价长期在70~90美元这一对海湾产油国极为有利的区间波动,平均价格较2009年提升了27.1%,丰厚的石油收益成为拉动该地区经济增长的有力引擎。稳步攀升的油气价格走势使当地能源板块投资热情高涨。据统计,2010年海湾各国能源类及相关产业项目投资总额高达2300亿美元,较2009年激增142%,区域能源板块显现出旺盛的发展势头。得益于明显好转的出口态势,海湾地区6个主要产油国2010年石油收入预计高达4650亿美元,比2009年增长15.6%;各国政府财政盈余增长显著,占GDP总量比例超过8.8%。按照目前的发展速度,2011年各国外汇资产总量预计将突破1.35万亿美元。显著改观的收支状况使各国政府财政预算支出信心猛增,公共建设开支重新增长,地区金融市场信心明显恢复,流动性回升,各项宏观经济数据均有较大起色。

在海湾各国中,经济发展形势最好的是卡塔尔。随着世界范围内对天然气需求的日益增长,凭借得天独厚的气田资源优势,卡塔尔经济有望实现强劲增长:2010年经济总量将超过1200亿美元,GDP增长速度将会达到16%,并借此迈入全球成长最快的经济体行列。液化天然气如今已经成为推动该国经济增长的核心产业,得益于223.4亿美元的天然气收入预期,2010年卡塔尔政府预算盈余至少为26.7亿美元。卡塔尔政府财政预算的43%将用于基础设施项目投资,促使当地大型工程建设市场保持活力。卡塔尔政府乐观评估,如果2011年国际油价继续保持在每桶70美元以上,天然气领域的新增产能将会促使该国经济增速达到21%这一历史新高。当然,卡塔尔政府对本地区严峻的金融形势一直保持高度警惕,并采取措施保持国内金融形势的总体稳定。

(一)沙特

沙特是名副其实的"石油王国",石油储量和产量均居世界首位。沙特是世界上最大的海水淡化生产国,其海水淡化量占世界总量的21%左右。沙特实行自由经济政策,石油和石化工业是沙特的经济命脉,也是沙特经济的主要支柱,为世界最大石油输出国。近年来,沙特受益于国际油价攀升,石油出口收入丰厚,经济保持较快增长。政府大力建设和改造国内基础和生产设施,继续推进经济结构多元化、劳动力沙特化和经济私有化,努力扩大采矿和轻工业等非石油产业,鼓励发展农业、渔业和畜牧业,积极吸引外资,保护民族经济,约一半人口从事游牧,放养骆驼、绵羊、山羊、马。1/4人口从事农业,耕地不到全国面积的1%,散布在各绿洲中。农产品有椰枣、小麦、大麦、蔬菜、水果。

工业有石油炼制、石油化工、钢铁、纺织、水泥等部门。国家政治、经济重心为利雅得与哈萨区。汉志为第二重心，有行政中心吉达与伊斯兰教圣地麦加、麦地那，近年正加速建设红海沿岸的石油化工业。两个重心区之间有公路以及长距离油管、液化气管相通。出口主要为石油及其制品，占出口额的90%，是世界上最大的石油输出国，还出口椰枣、畜产品；输入主要为粮食、糖、茶和纺织品等。从达兰至黎巴嫩的赛达，建有中东最长的输油管（长1770km），另外从东岸石油区到西岸也修建了油管与液化气管道。

1. 自然地理

位于阿拉伯半岛（图8-51）。东濒波斯湾，西临红海，同约旦、伊拉克、科威特、阿联酋、阿曼、也门等国接壤。海岸线长2437km。地势西高东低。西部高原属地中海气候，其他地区属亚热带沙漠气候。夏季炎热干燥，最高气温可达50℃以上；冬季气候温和。年平均降雨不超过200mm。全境大部为高原。西部红海沿岸为狭长平原，以东为赛拉特山。山地以东地势逐渐下降，直至东部平原。沙漠广布，其北部有大内夫得沙漠，南部有鲁卜哈利沙漠。有金、银、铜、铁、铝土、磷等矿藏。东部波斯湾沿岸陆上与近海的石油和天然气藏量极丰。鲁卜哈利沙漠东部的布赖米绿洲为沙特阿拉伯、阿拉伯联合酋长国、阿曼三国争议地区。

图8-51 沙特地图

2. 政治环境

（1）政治

沙特是君主制王国，禁止政党活动。无宪法，《古兰经》和穆罕默德的圣训是国家执法的依据。国王亦称"真主的仆人"。国王行使最高行政权和司法权，有权任命、解散或改组内阁，有权力废王储，解散政治协商会议，有权批准和否决内阁会议决议及与外国签订的条约、协议。1992年3月1日，法赫德国王颁布治国基本法，规定沙特阿拉伯王国由其缔造者阿卜杜勒－阿齐兹·拉赫曼·费萨尔·沙特国王的子孙中的优秀者出任国王。2010年全年，沙特政局总体平稳，经济保持快速增长，安全形势持续好转。

（2）议会

政治协商会议是由王族、贵族、大资本家和中产阶级组成的咨询机构，于2001年规定为法定立法机关。沙特政治协商会议于1993年12月29日正式成立，是国家政治咨询机构，下设12个专门委员会。政治协商会议由主席和150名委员组成，由国王任命，任期4年，可连任。2002年2月，法赫德国王任命萨利赫·阿卜杜拉·哈米德（Saleh Abdullah Homaid）为政治协商会议主席，2005年4月连任。

除政治协商会议外，沙特还有包括立法委员会、公民委员会、贵族委员会在内的10

余个立法机关,但是立法大权几乎完全掌控在沙特国王手中。

(3) 政府

政府最高机构称为部长会议或大臣委员会,部长会议一般均由王族及贵族组成,本届部长会议于2003年5月组成,现由29名成员组成,主要成员是:沙特现任国王阿卜杜拉·本·阿卜杜勒·阿齐兹·沙特,2005年8月1日登基,兼任国家首相及武装部队总司令。王储兼副首相、国防航空大臣、军队总监苏尔坦·本·阿卜杜勒－阿齐兹(Sultan Bin Abdul-Aziz),内政大臣纳伊夫·本·阿卜杜勒－阿齐兹(Naif Bin Abdul-Aziz),外交大臣沙特·本·费萨尔·本·阿卜杜勒－阿齐兹(Saud Bin Faisal Bin Abdul-Aziz),石油、矿产大臣阿里·易卜拉欣·纳伊米(Ali Ibrahim Naimi),财政大臣易卜拉欣·本·阿卜杜勒·阿齐兹·阿萨夫(Ibrahim Bin Abdul-Aziz Asaf)。

(4) 司法机构

以《古兰经》和《圣训》为执法依据。设有高等法庭和普通法庭。高等法庭设在麦加、吉达和麦地那。特别上诉法庭设在利雅得和麦加。另有普通法庭处理一般案件和贝都因部落事务,该类法庭由宗教法裁判官主持。司法机构隶属司法部。

(5) 行政区域

全国分为13个地区:利雅得地区、麦加地区、麦地那地区、东部地区、卡西姆地区、哈伊勒地区、阿西尔地区、巴哈地区、塔布克地区、北部边疆地区、季赞地区、纳季兰地区、朱夫地区。地区下设一级县和二级县,县下设一级乡和二级乡。

3. 经济环境

作为海湾地区规模最大的经济体,沙特虽受到国际金融危机冲击,但自始至终保持着国民经济平稳增长。其原油出口收益一直高居海湾国家榜首。受惠于此,2010年沙特GDP增速达到3.4%,2011年有望进一步提升至4.5%。值得一提的是,除了传统能源、石化产业,沙特旅游业在2010年也取得了较为突出的发展业绩。据沙特旅游总局报告,2010年旅游业收入达到180亿美元,同比增长7.4%。旅游业的繁荣对相关产业发展起到了明显带动作用,当地餐饮业和交通业2010年收入预计分别超过96亿美元和80亿美元,同比增幅分别达到9.6%和8%。

4. 社会文化环境

(1) 人口分布

沙特人口2537万(2009年),其中沙特公民1852万,约占73%;外籍人约683万,占27%。沙特的城市人口已占总人口的85.7%。

(2) 民族

阿拉伯族。逊尼派穆斯林占人口大多数,分布在全国各地。什叶派人数极少,约占全国人口的10%,主要居住在东部地区。此外,还有少量贝都因人。

(3) 语言

官方语言为阿拉伯语。商界通行英语。

(4) 宗教

伊斯兰教为国教。禁止在公共场所从事除伊斯兰教之外的宗教活动。沙特一年有两个重大的宗教节日,即开斋节和宰牲节。开斋节休假七天,宰牲节长达两星期。每年伊斯兰教历的 9 月为斋月。在斋月的 30 天内,除病人、孕妇、喂奶的妇女和日出前踏上旅途的人以外,人们从日出到日落禁止饮水、进食。宰牲节在伊斯兰教历 12 月 10 日。宰牲节也是朝觐的日子,从 12 月 9~12 日,数百万世界各国的穆斯林涌向沙特,到圣城麦加和麦地那朝觐。

(5) 习俗

沙特人待人热情真诚,乐于助人。饮食习惯喜好甜食。沙特妇女始终保持着伊斯兰教的传统习惯,不接触陌生男人,外出活动穿黑袍、蒙面纱。青年男女的婚姻由父母决定。

沙特人衣着朴素。男人穿白色长袍,头戴白头巾,用黑色绳圈压着。许多人喜欢戴红色格子的头巾。社会地位高的人士,在白袍外边穿一件黑色或金黄色镶金边的纱袍,王室成员和大酋长们都穿这种纱袍。夏季,一律赤足穿拖鞋。冬季有人穿皮鞋。

5. 贸易投资环境(与工程承包有关)

(1) 管理体制

沙特负责贸易投资管理的机构为商业与工业部和投资总署。商业与工业部负责管理对外贸易,其职能主要包括:制定贸易法律法规,并实施贸易政策;与其他国家和国际经济贸易组织进行多双边磋商等。投资总署是投资管理机构,其职责为:对外国投资申请做出是否同意的决定;监督和评估本国和外国投资的实施,并定期提出报告;对禁止外国投资的领域提出建议清单等。

沙特与贸易投资有关的法律主要包括:《进口许可指南程序》、《外国投资法》、《禁止外商投资目录》、《贸易信息法》、《外商投资法执行条例》、《税法》和《房地产法》等。其中,与承包工程相关的主要法律有《劳动与劳工法》、《外国投资法》、《外国投资法执行条例》、《政府采购和招标法》等。

(2) 税收政策

在沙特阿拉伯,无论是沙特人、外国人,还是外国人和沙特人合伙拥有的经营机构,每年都必须缴纳所得税或宗教税,并获取完税证明。宗教税是基于宗教原因而设立的税种,它的征收对象是本国承包商或商行。对于外国公司或个人,只缴纳从经营中获取利润的所得税,不缴宗教税。

公司税。沙特税务总局对外国与沙特或海湾国家公民投资的企业,外方股份所得利润部分征收所得税,而对沙特方或海湾国家公民的股份所得利润部分则征收宗教税。企业(不包括石油、天然气和石化领域)所得税税率为 20%。在天然气领域投资的企业的起征税率为 30%,如内部收益率超过 8%,将根据收益率采取分段征税办法。在石油和石化领域投资的企业所得税税率为 85%。

个人所得税。沙特对本国个人不征所得税,沙特国家税务局只对外国公司和个人征收所得税,个人所得税率为 20%。而对沙特或海湾国家的公民,则根据其股份所得部分征收宗教税,宗教税税率为 2.5%。

关税。沙特进口分为临时进口和永久进口两种,临时进口施工所需要的设备及机具等,需预交设备估价 5% 的关税抵押保函或现金,待项目完工,设备机具再出口后再返还。标准关税为5%，如承担政府项目，需直接从第三国进口施工机械和设备可申请保税，但项目完成后，未承揽到新工程，设备必需清关，运出沙特。如需在当地处理，则需补交5%的关税。

(3) 优惠政策

外国投资者的优惠政策。2004年1月起，为吸引外资，沙特政府大幅削减了外国公司和个人在沙特经营所得的最高所得税税率，并对外资企业提供不少税收优惠。如新税法规定，外方投资若达到75%的工农业生产项目，则自投产之日起10年内免除所得税；其他项目则自投产之日起5年内免除所得税。

凡到沙特投资的外国公司均可以享受与沙特公民一样的国民待遇，投资者可以自由地将资金投入或撤出沙特。允许外资投资的范围扩大，工业工程、农业工程、医疗设施项目、公共服务工程、环保运输、兴建商业中心、承包工程中的土建、电力、机械等均可投资。

其他优惠政策。为吸引国内外的投资，沙特新颁布的《外国投资法》，首次允许外国投资者拥有100%的不动产所有权和100%的工程所有权。此外沙特批准17项协议以改善投资环境，包括提高效率，减少国内外投资者投资申请和商业注册的时间，办理特殊入境签证手续，特别是对大规模投资者，简化入境签证手续。对在沙特不发达地区的投资者给予鼓励措施等。

(4) 外汇管理

沙特当地货币为沙特里亚尔，除了禁止与以色列进行交易外，沙特在资本项下不论是对本国居民还是非本国居民都没有外汇管制，各种货币可以在沙特自由兑换，各种资金、利润及外籍人员的收入可以自由汇入汇出。

(5) 服务贸易壁垒

市场准入。2005年12月，沙特正式加入世界贸易组织。2007年，沙特将禁止外国投资的领域减少到13个，但是，有关石油的勘探、开采、设备和器械的生产、陆路运输等领域仍然没有向外资开放。沙特政府给予本国国有海运公司有特别优惠，将超过40%的与政府有关的货物交由这些公司进行运输。根据沙特阿拉伯有关规定，沙特阿拉伯国有海运公司和联合阿拉伯海运公司享受该优惠政策。

劳务政策和劳工签证。外国公司必须保证公司内部至少有25%的沙特公民，有些地区在具体实施过程中人为地增加至30%以上，否则不给外籍人员工作签证，甚至一些办事机构不允许非沙特人前往办理公务，从而造成公司费用增加，效率下降。沙特的签证时间较长，需15天至2个月。沙特在工作签证上的随意性较大，对司机、厨师、普通劳工等一般工种的工作签证限制尤为严格。

(二) 阿联酋

阿拉伯联合酋长国一般简称阿联酋，俗称沙漠中的花朵，是一个以产油著称的中东沙漠国家。面积83600km^2。人口423万（2004年），外籍人占3/4，主要来自印度、巴基斯坦等国。阿拉伯语为官方语言，通用英语。居民大多信奉伊斯兰教，多数属逊尼派；

在迪拜，什叶派占多数。阿布扎比是首都。

1. 自然地理

位于阿拉伯半岛东部，北濒波斯湾，海岸线长734km。西北与卡塔尔为邻，西和南与沙特阿拉伯交界，东和东北与阿曼毗连如图8-52所示。属热带沙漠气候，夏季炎热潮湿（5～10月），气温40.6～48.2℃，冬季（11月～翌年4月）气温7～20℃，偶有沙暴。平均降水量约100mm，多集中于1～2月间。

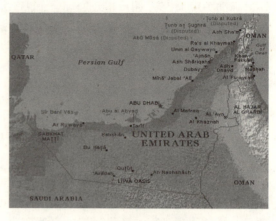

图8-52　阿联酋地图

2. 政治环境

（1）政治体制

联邦最高酋长院由7个酋长国的酋长及当地世袭贵族和富商组成，是最高权力机构。国内外重大政策问题均由酋长院讨论决定，制定国家政策，审核联邦预算，批准法律与条约。阿联酋酋长院最高长官从酋长院成员中选举产生，任期5年。阿联酋酋长院最高长官同时兼任武装部队总司令。除外交和国防相对统一外，各酋长国拥有相当的独立性和自主权。联邦经费基本上由阿布扎比和迪拜两个酋长国承担。阿联酋最高委员会由7个酋长国的酋长组成，选举产生总统和副总统，并选举内阁议会来管理国家。有40名从各个部落来的成员组成联邦国家会议复审被提议的法案。阿联酋有1个5个酋长国参加（迪拜和拉斯海玛除外）的联邦法庭系统，所有酋长部落还有自己的世俗和伊斯兰教的法律，用于民事、刑事和高等法院。

（2）宪法

1971年7月18日，联邦最高酋长院通过临时宪法，并于1971年12月3日宣布临时宪法生效。1996年12月，酋长院通过决议，把持续了25年的临时宪法变成永久宪法，并确定阿布扎比为阿联酋永久首都，允许宪法审议委员会工作延长1年，对永久宪法提出补充修改意见。

（3）议会

联邦国民议会，亦称全国协商议会，成立于1972年，是咨询机构，每届任期2年。议会职权是审议联邦政府提出的法律草案，并有权提出修改意见或予以否决，有权对联邦政府缔结的条约和协定提出质询。议会由40名议员组成，议员分别由各酋长国酋长提名，酋长院最高长官任命。议长、副议长由议会选举产生。1997年12月14日，穆罕默德·本·哈利法·哈卜图尔（Mohammed Bin Khalifa Al-Habtour）当选为第11届议会议长，2000年1月31日连任。2003年2月18日，赛义迪·穆罕默德·肯迪（Saeed Mohammed Al Kindi）当选为第13届议会议长。

（4）政府

本届政府于2006年2月9日组成，共23人。主要成员：总理兼国防部长穆罕默德·本·拉希德·阿勒马克图姆（Mohammed Bin Rashid Al Maktoum），副总理苏尔坦·本·

扎耶德·阿勒纳哈扬（Sultan Bin Zayed Al Nahyan），副总理哈姆丹·本·扎耶德·阿勒纳哈扬（Hamdan Bin Zayed Al Nahyan），财政工业部长哈姆丹·本·拉希德·阿勒马克图姆（Hamdan Bin Rashid Al Maktoum），外交部长阿卜杜拉·本·扎耶德·阿勒纳哈扬（Abudullah Bin Zayed Al Nahyan）。

(5) 外交

奉行中立、不结盟的外交政策。坚持睦邻友好的和平外交政策，主张通过和平协商解决争端，维护世界和平。在密切同美国等西方国家关系的同时，重视发展与阿拉伯、伊斯兰、不结盟等第三世界国家的友好合作关系。主张加强海湾合作委员会国家的团结与合作。目前，阿联酋已同 146 个国家建立了外交关系。

(6) 行政划分

由 7 个酋长国组成：阿布扎比（Abu Dhabi）、迪拜（Dubai）、沙迦（ash-Shariqah 或 Sharjah）、哈伊马角（Ras Al Khaimah）、阿治曼（Ajman）、富查伊拉（Fujairah）、乌姆盖万（Umm-al-Qaiwain）。

3. 经济环境

海湾第二大经济体阿联酋 2010 年的发展相对比较平缓，虽然增速与国际金融危机之前相比仍显落后，但已基本扭转了 2009 年的颓势，步入复苏上行轨道。2009 年年底爆发的迪拜世界集团债务危机对阿联酋特别是迪拜等北部酋长国经济产生了严重冲击。在阿联酋政府的积极援助下，债务危机波及范围目前已得到有效控制，迪拜世界集团进入协议重组阶段，对当地以及全球市场的不利影响正逐渐消退，投资者信心得到恢复。据国际货币基金组织报告，2010 年阿联酋经济增速达到 2.4%，较 2009 年高出近 1 倍，GDP 产值突破 1 万亿迪拉姆大关（约合 2740 亿美元），经常项目收支余额占 GDP 比重亦从 2009 年的 4% 提升至 2010 年的 5.4%。按照目前的发展势头，2011 年该国有望实现 3.2% 的加速增长。

4. 社会文化环境

(1) 人口分布

阿联酋人口 750 万（2010 年），其中阿拉伯人仅占 1/3，其他为外籍人，其中印度人、巴基斯坦人、孟加拉人、斯里兰卡人和伊朗人约占阿联酋人口的 60% 左右。

(2) 民族

阿拉伯族，居民大多信奉伊斯兰教。逊尼派穆斯林占人口大多数，在迪拜什叶派人数占多数。

(3) 语言

官方语言为阿拉伯语，通行英语。

(4) 教育

国家重视发展教育事业和培养本国的科技人才，实行免费教育制。国家致力于扫盲工作，已建成 110 个扫盲中心。现有公立学校 761 所，各类私立学校 420 所，在校学生 57.5 万人，教师 2.4 万余人。在校大学生 34213 人，其中阿联酋大学 17000 人，扎耶德大学 2124 人，高等技术学院 15089 人。

(5) 习俗

阿联酋是伊斯兰国家，禁止穆斯林吃猪肉和饮酒，外国人可在指定的宾馆、商店购酒自饮。红茶、椰枣茶和薄荷茶是风行阿联酋的三大饮料。每个穆斯林每天必须做5次礼拜，穆斯林做礼拜是一件十分严肃的事情，旁人不得与其谈话，更不得开玩笑。

5. 贸易投资环境（与工程承包有关）

(1) 管理体制

阿联酋对外贸易体制总体上较为开放自由。阿联酋是中东和北非地区重要的转口贸易区，迪拜是该地区的贸易中心。阿联酋中央政府负责对外贸易管理的部门为经济贸易部、财政工业部和外交部。经济贸易部的职能主要包括：制定经济贸易政策及实施措施；制定规范经济贸易活动的法律法规；协调政府部门和企业间的联系；开展政府间的贸易谈判。财政工业部负责政府间避免双重征税和投资保护协定等方面的工作。外交部负责与经济有关的外交事务。

除以上政府部门外，阿联酋商工会在对外贸易促进与协调中也发挥着重要作用。阿联酋商工会是半官方机构，由7个酋长国的商工会组成，主要负责执行国家有关工商业的政策，为会员提供经济贸易和产品等方面的信息，介绍客户。所有的本国企业都必须到所在酋长国商工会登记注册，否则不能营业。

阿联酋现行有关贸易的法律有：《公司法》、《商业代理法》、《商标法》、《保险法》、《审计法》及《商业交易法》等。与投资有关的法律主要有《公司法》。

(2) 税收政策

阿联酋政府对企业和个人基本上实施无税政策，税收收入仅占GDP的1.7%，是世界上最低的。但各酋长国均允许不同程度地对企业征收"公司税"，征税对象主要集中于外国银行和外国石油公司。对某些商品及服务业也征收一些"间接税"，包括房租、诊所、旅馆和娱乐场所。此外，外国银行在汇出利润时要按利润的20%交税。

阿联酋于2003年1月1日正式实施海合会国家关税联盟。根据联盟规定，除53种免税商品外，其余1236种商品统一征收5%的关税。此外，所有进口海合会国家的货物，在该货物抵达第一个海合会国家港口时征收5%的关税，而后转运至其他海合会国家时不再征收关税。对于某些商品，如香烟、烟草制品和各种酒精饮料，实行特殊关税，如酒精饮料税率为50%，对烟草征收100%的关税，并保留征收附加进口税的权力，且须获得进口许可批准。在特殊情况下，海合会国家还根据实际情况对某些特定产品制定相关的税收政策，如为了缓解国内建筑原材料水泥及钢材的紧缺，从2004年8月28日起，对于承包商协会会员企业自用水泥实行零关税进口。

(3) 优惠政策

外国资本持股比例不受限制。阿联酋政府对外国资本在阿联酋投资成立公司所占比率有明确规定，外资公司不可以成立独资公司，本国投资者投资需超过51%，但是，如果选择在阿联酋各酋长国的自由区内设立公司，则不受该投资比例的限制，也不需要找当地人做担保和支付担保费。

税收优惠。阿联酋在联邦层面对企业和个人基本上实施无税收政策，即无所得税、增值税、消费税和中间环节的各种税收，从法律上讲，外国合资、独资企业与当地企业待遇相同。阿联酋实行 5% 的低关税，如在该国设立工厂或产品，当地加工率达到 30%，即可以取得原产地证书，转口到其他海湾合作委员会国家可免除关税，出口到其他阿拉伯国家则享受优惠关税。

自由贸易区政策。除阿布扎比酋长国外，其余 6 个酋长国都设有各自的自由区。阿布扎比酋长国只设有工业区，没有设自由区。目前在阿联酋共有 14 个比较活跃的贸易自由区。其中，迪拜酋长国有 8 个自由区，沙迦酋长国有两个自由区，其他 4 个酋长国各有 1 个自由区。

自由区向投资者提供如下优惠鼓励措施：①外资可 100% 独资，不受阿联酋公司法中规定的内资 51% 条款的限制。②外国公司享受 15 年免除所得税，期满后可再延长 15 年的免税期。③资本和利润可自由汇出，不受任何限制。④无个人所得税。⑤进口完全免税。⑥货币可自由兑换，不受限制。⑦无繁琐的官僚办事程序。⑧注册手续简便。⑨自由区内有现代化的高效通信设施。⑩有较好的基础设施。⑪源供应充足。⑫优美舒适的工作环境。我国从 2005 年开始与阿联酋进行自由贸易区谈判。

其他优惠政策。阿联酋经济自由度较高。《世界经济自由度 2007 年度报告》显示，阿联酋经济自由度在世界排名中居第 15 位，综合评估指数为 717 分，是阿拉伯国家中经济自由度最高的国家。这有利于外国资本的进入与经营。

(4) 外汇政策

阿联酋实施自由经济政策，对外贸易进出口自由，基本没有外汇管制。本国货币迪拉姆直接与美元挂钩，并可双向自由兑换；地方银行或商业银行提供外汇贷款不必经过央行批准；外国公司或个人可随意将红利、利息、工资收入、营业利润等汇出境外；商人进口用汇没有任何限制；出入境人员携带外汇，不需申报。政府对各酋长国一般消费品和机械设备等进口没有限制。政府大型项目采购则由政府统一招标进口。

(5) 服务贸易壁垒

市场准入。在阿联酋从事贸易、投资、工程承包、劳务等业务的外国人均须遵守《公司法》、《商业代理法》和《劳动法》的规定，必须按注册指南办理公司注册。

《阿联酋商业公司法》规定，除阿联酋公民所从事的商业活动外，外资成立公司须有一个或多个阿联酋籍合伙人，而且其在公司资本中所占股份不少于 51%，外国公司所有权被限制在 49% 以内。在自由贸易区经营的公司，或是与联邦政府或酋长国政府达成"特别协定"的公司不受此限制。

阿联酋政府对其国内公司一直实行保护政策，如《阿联酋商业代理法》规定，外国公司和商人不得直接在阿联酋市场上销售产品，须通过当地代理才能进口和销售。阿联酋政府规定，外国公司在阿联酋承包工程不能享受工程预付款，须带资承包。从而加大了外国承包商固定资产和流动资金投入量，延长了回收期。同时外国公司在购置工程用大型机械设备上受到某些限制，以及面临指定材料供应商等问题。

如果外国公司要建立分支机构，也必须寻找本地"代理"。此外，有关政策还规定，不允许外国个人及公司拥有土地。

劳务政策。近年来，鉴于本国居民就业问题，阿联酋开始逐渐减少外籍劳工数量，并拟对外籍劳工征收工资所得税。政府还规定，凡在阿联酋注册的外国公司，必须向劳动就业部提交空缺半年以上岗位的名单，以便安排当地人补缺。

海关报关手续及通关壁垒。阿联酋于1996年加入世贸组织，2005年主要过渡期结束。其现在尚有多项规章制度与世贸规则不符，目前政府仍在研究对一些法律规定进行修改的问题，但对于有些规定的修改，阿联酋必须与其他海湾国家协调后才能决定。

（三）科威特

科威特是一个位于西南亚的君主制国家。科威特拥有丰富的石油储藏。首都是科威特城。

1. 自然地理

面积 17818 km^2（包括阿拉伯半岛的东北角及其附近的布比延、费莱凯等岛屿）。位于亚洲西部阿拉伯半岛东北部，波斯湾西北岸，西、北与伊拉克为邻，南部与沙特阿拉伯交界，东濒波斯湾，如图 8-53 所示。海岸线长 213km。全境为一波状起伏的荒漠，西南部的杜卜迪伯高平原海拔 275m，为全国地势最高的地方。北部有山地，西部有莱亚哈丘陵。东北部为冲积平原，其余为沙漠平原，一些丘陵穿插其间。地势西高东低。无常年有水的河流和湖泊。地下水资源丰富，但淡水极少，饮水主要来自伊拉克及淡化海水。有布比延、法拉卡等10多个岛屿。热带沙漠气候，炎热干燥，年降水量 25～170mm。

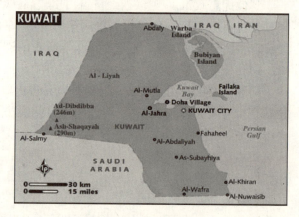

图 8-53　科威特地图

2. 政治体制

科威特是君主世袭制酋长国，埃米尔是国家元首兼武装部队最高统帅，一切法律以及与外国签订的条约和协定均由埃米尔批准后才能生效，国内禁止一切政党活动，内阁重要职务由王室成员担任。科威特是一个完全独立的阿拉伯国家，伊斯兰教为国教，其教义是立法的基础，埃米尔接任者必须由穆巴拉克·萨巴赫后裔世袭。立法权由埃米尔和议会行使，埃米尔有权解散议会和推迟议会会期；行政权由埃米尔、首相和内阁大臣行使，司法权由法院在宪法规定范围内以埃米尔名义行使；王储的任命由埃米尔提名，议会通过；埃米尔任免首相，并根据首相提名任免内阁大臣等。议会为两院制，下院为国民议会为立法机构。其主要职能有：制定和通过国家的各项法令和法规；监督国家财政执行情况；行使各项政治权力，国民议会由50名经全国选举产生的议员和现任内阁大臣组成，每届任期四年。最高委员会为上院，是最高权力机关，对法律有审议权和修改权，且具有提议任免内阁的权利，埃米尔兼任全国委员会主席，政府由王储兼首相和内阁大臣组成，负责执行国家的内外政策,向埃米尔负责。科威特内阁批准赋予妇女选举权和被选举权的法律修正案。

3. 经济环境

科威特2010年各个领域的经济状况表明,按固定价格计算,经济增长为3%,由于国际原油需求增加,石油领域年增长1.4%;非石油领域增长4%。但伴随着经济的增长,市场价格也随之上涨,2010年通货膨胀指数为4.2%。2009~2010财年科威特政府财政盈余为210亿美元,这也是科威特财政连续12年盈余,将为科威特政府顺利实施5年计划中需承建的大型项目提供充足的财力保证,大型项目总额的50%由政府承担。

4. 社会文化环境

（1）人口分布

尽管受全球经济衰退影响,部分外籍人口离开科威特,截至2009年6月底,科威特人口仍然稳定在340万,同2008年年底持平。其中,科威特籍人口110万,外籍人口230万。外籍人口主要来自印度、埃及、孟加拉、叙利亚、巴基斯坦、菲律宾、斯里兰卡等。同2008年年底相比,科籍人口上升15000人,外籍人口下降14000人。至2010年年底,科威特人口共348万人,其中科籍人口111.9万人,外籍人口为236.1万人。外籍人口比2009年6月底多了6.1万人。

（2）民族

阿拉伯族,居民大多信奉伊斯兰教。居民中95%信奉伊斯兰教,其中约70%属逊尼派,30%为什叶派。

（3）语言

官方语言为阿拉伯语,通行英语。

（4）习俗

科威特人属阿拉伯人,信仰伊斯兰教,许多风俗习惯如禁食猪肉、禁酒、妇女外出要披黑袍等与宗教有关,科威特目前仍浓厚地保持着阿拉伯民族及伊斯兰文化的传统和习惯。因系回教国家,男士则多着白色（冬季为深色）长袍。由于每日祷告5次,故男士常穿凉鞋,以便脱鞋洗足进入寺院祷告。斋月期间,回教徒在日出后至日落前停止吃、喝及吸烟,非回教徒亦不可在公众场合吸烟及吃喝。由于禁食之故,公私机构员工工作效率很低,多半仅工作半天。商店仅上午营业,直到太阳下山后再营业至午夜。通常以红茶或咖啡招待客人,宜饮用以表示对主人的尊重。尊重女性,在公共场合中,对妇女不得有轻佻之举。

（四）卡塔尔

卡塔尔是亚洲西南部的一个阿拉伯国家,位于波斯湾西南岸的卡塔尔半岛上,与阿联酋和沙特阿拉伯接壤。

1. 自然地理

卡塔尔位于阿拉伯湾（波斯湾）西海岸的中部,国土面积11572km²;地理位置为北纬24°27′~26°10′,东经50°45′~51°40′。卡塔尔东、北、西三面环海,海岸线全长563km;南部陆地与沙特阿拉伯接壤,陆地边界约60km。卡塔尔全国地势低平,最高海拔仅 103m，多为沙漠或岩石戈壁。如图 8-54 所示。

卡塔尔属温和沙漠气候，全年分夏冬两季，夏季从 5 月至 10 月，天气炎热潮湿，气温一般在 25～46℃，最高时可达 50℃ 以上；冬季从 11 月至来年 4 月，天气温和少雨，气温一般在 10～30℃，最低时为 7℃。年平均降雨量为 80mm。

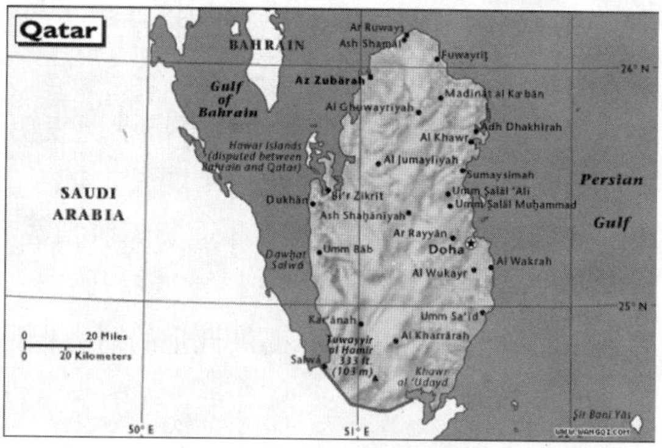

图 8-54　卡塔尔地图

2. 政治环境

(1) 政治体制

卡塔尔系君主立宪制的酋长国。埃米尔为国家元首和武装部队最高司令，掌握国家最高权力，由阿勒萨尼家族世袭。卡塔尔禁止任何政党活动。卡塔尔政局稳定，埃米尔继续深化政治、经济改革，外交较为活跃。

(2) 宪法

1970 年颁布第一部宪法并规定：卡塔尔为独立的主权国家；伊斯兰教为国教；埃米尔在内阁和协商会议的协助下行使权力。宪法承认法官的独立性。1972 年对临时宪法进行修宪。2003 年 4 月，卡塔尔全民公投通过"永久宪法"，2005 年 6 月 7 日正式生效。

(3) 协商会议

1972 年成立，由 35 名成员组成，系咨询机构，职能是协助埃米尔行使统治权力，有权审议立法和向内阁提出政策建议。会议成员全部由埃米尔任命，内阁大臣为协商会议法定成员。协商会议成员任期 6 年，可以延长。协商会议下设秘书处和立法、财经、公共服务、内政外交 4 个委员会。现任会议主席穆罕默德·穆巴拉克·胡莱菲(Mohammed Mubarak Al-Khulaifi) 于 1995 年 3 月 27 日任职。

(4) 政府

现任内阁于 1996 年 10 月 30 日组成，大部分成员为王室成员，进行过多次改组。2007 年 4 月，内阁再次调整。现主要成员：政府首脑哈马德·本·贾西姆·本·贾布尔·阿勒萨尼 (Hamad Bin Jassim Bin Jabor Al-Thani)、副首相兼能源、工业大臣阿卜杜拉·本·哈马德·阿蒂亚 (Abdullah Bin Hamad Al-Attiyah)、内政大臣阿卜杜拉·本·哈立德·阿勒萨尼(Abdullah Bin Khaled Al-Thani)、财政大臣兼代理经济贸易大臣尤素夫·侯赛因·卡迈勒（Yussef Hussein Kamal）。

3. 经济环境

石油、天然气是卡塔尔的经济支柱。近年来，政府大力投资开发天然气，将其作为经济发展的重中之重，制定了开发天然气的中长期发展规划。卡塔尔还将发展非石油、天然气工业作为实现国民收入多元化和摆脱对石油依赖的主要途径，同时，卡塔尔还拥有世界上最大的液化天然气出口码头，大力发展石油天然气远洋运输船队。

此外，卡塔尔还注意实施经济多元化战略。注重吸引外资和技术，对外开放证券市场，陆续出台多项法律法规，改善投资环境，吸引外国投资和技术；鼓励发展农业，免费向农民提供种子、化肥和农业机械，号召植树造林，扩大耕地面积。

卡塔尔于1994年成为关贸总协定第121个成员国，1995年成为世界贸易组织成员。第三届世界经济论坛阿拉伯国家2007年经济竞争力评估大会报告显示，卡塔尔竞争力位居阿拉伯国家第二，仅次于阿联酋。

4. 社会文化环境

(1) 人口

全国人口约90万。外籍人约占人口总数的87%，主要来自印度、巴基斯坦和东南亚国家。

(2) 民族

居民大多信奉伊斯兰教，多数属逊尼派中的瓦哈比教派，什叶派占全国人口的16%。但占卡塔尔人口大多数的外籍居民中既有其他国家的阿拉伯人，也有大批伊朗人、印巴人（包括印度、巴基斯坦、孟加拉、斯里兰卡、尼泊尔等国）和东南亚国家的居民。

(3) 语言

官方语言为阿拉伯语，通行英语。

(4) 教育

政府重视发展教育事业，实行免费教育，为成绩优异的学生提供留学深造机会，并发给奖学金。目前全国共有学校197所，另有阿拉伯、外国私人学校48所。有中小学生90498人，中小学教师4000多名。1977年建成的卡塔尔大学是一所配有现代化设备的综合性大学，也是卡塔尔唯一的一所高等学府，下设8个学院，在校学生近6500名，教师500多名。此外，每年还有约500多名学生进入专业技术培训学校学习。

5. 贸易投资环境（与工程承包有关）

(1) 管理体制

卡塔尔主要贸易投资管理部门包括：经济贸易部、贸易司和政府内阁。这些部门的职能包括制定外贸政策、参与外贸法规的制定、划分进出口产品管理类别、进口许可证的申请管理、指定进口商和分派配额、参与解决贸易纠纷及反倾销事务等。此外还有卡塔尔工商会，始建于1963年，最初为一个政府机构，直到1990年发布90[11]号令重组后成为了一个独立的公益性机构，代表卡塔尔国内工、农、商各业的私营经济经营者的利益。

卡塔尔与贸易有关的法律是《贸易代理法》、《产权法》；与投资有关的法律主要有《投资法》、《外资投资法》、《组织贸易代理商行为法》、《环保法》、《出入境法》等；与劳动有关的法律是《劳动法》。

(2) 税收政策

卡塔尔的税收管理法主要包括所得税法以及相关的关税规定。

企业所得税。所得税法只管辖外国人在卡塔尔的总公司及分公司等业务活动中取得的利润。而卡塔尔人拥有的业务或业务份额不受该法管辖。所得税法规定纳税人在每个税收年度在卡塔尔参与以下活动的收入将被征税,这些活动包括:①在卡塔尔执行合同的纯利润;②资本利润;③在卡塔尔境内或境外发生的代理或商业调解等取得的佣金;④咨询服务、仲裁、鉴定或类似活动的收费;⑤出租收入;⑥从销售、发放许可或授权他人使用或利用任何商标设计、专利或版权的所得;⑦恢复以前已销账的坏账;⑧清算所得纯利;⑨来自境外和境内纳税人的利息和利润。

应纳税的所得应是所得扣除为实现所得而产生的支出和成本,其中包括:①为在卡塔尔完成项目所需的贷款利息;②已付租金;③工资及工人合同期满时的补偿金等有关支出;④所得税以外的税金;⑤经所得税局批准的坏账;⑥不动产的维护,机械、工具、设备和备件的更新和修理;⑦由固定资产出售引起的损失;⑧固定资产折旧;⑨向卡塔尔政府出资资助的慈善、人道主义、科学、文化机构、运动会以及其他,公共机关或公司提供的转让、赠送、赞助等。但不能超过该纳税年度内应纳税纯利润的5%。

卡塔尔所得税率如表8-27所示。

卡塔尔所得税率一览表　　　　　　　　　　　　　　　表8-27

里亚尔	美元	税率(%)
<100000	<27473	0
100001~500000	27473~137363	10
500001~1000000	137364~274725	15
1000001~1500000	274726~412088	20
1500001~2500000	412089~686813	25
2500001~5000000	686814~1,373626	30
>5000001	>1373627	35

数据来源:根据相关资料整理

个人所得税。卡塔尔不征收个人所得税。

关税。卡塔尔的关税税则采取的是协调商品名称和编码制度。关税的征收是以大多数物品的到岸价确定的。2003年1月1日海湾六国宣布正式建立关税同盟。六国域内已经成为一个关税地区,成员国之间没有关税;对域外实行统一的关税和海关政策。2005年年底前的三年被称为是过渡期,此期间海湾六国仍可继续执行各自的关税保护清单,2005年后,将根据对世贸组织的承诺,执行统一的关税保护清单。

(3) 优惠政策

外国投资者在卡塔尔投资一般可享受下列优惠待遇:

1) 豁免公司所得税和外籍雇员个人收入税若干年。
2) 信贷优惠,给予投资者低息或无息贷款。
3) 提供完备的基础设施和低价水电,土地租金亦给予优惠。

4) 豁免原料和设备进口关税。
5) 自由汇兑制度，货币兑换和利润汇出不受限制。
6) 政府优先采购本地产品。
7) 卡塔尔产品可免关税进入其他海湾合作委员会成员国的市场，条件是该产品应在其国内增值 40% 以上，而且加工该产品的企业产权的 51% 以上应归卡塔尔公民所有。
8) 承包建筑工程所需的机械设备可免税进口，工程结束后不需重新运出境外，一旦出售这些免税进口并使用过的机械设备，则须补缴进口关税。一般而言，工程承包合同都规定，优先购买当地可以生产的建筑材料。

(4) 外汇管理

外汇管理机构。外汇和贸易系统由卡塔尔中央银行、货币局、投资管理局、经济贸易部和海关当局负责管理。

外汇制度。卡塔尔采取自由汇兑制度，不实行外汇管制。投资资金、贷款资金和个人所得可以自由汇出境外。在卡塔尔，外国人和外国（合资）企业均可持担保人出具的信函在卡塔尔银行开设外汇账户。卡塔尔法律规定，如国外与卡塔尔股份合资公司要将其在卡塔尔所得的年利润全部汇往国外，该合资公司必须将相当于其年利润的 10% 存入一个合法的储蓄户头，直至该账户金额至少达到其投资资金的 50%。这是卡塔尔对外国合资公司往国外汇款的唯一限制。

(5) 服务贸易壁垒

卡塔尔的服务贸易壁垒主要体现在其市场准入政策上。卡塔尔对本国及海湾地区企业采取保护政策，外国公司进入卡塔尔市场，成本较高，按其投资法，注册公司时，外资一般不得超过 49%，超过的将收取一定的费用。

2004 年卡塔尔修改了其外资投资法，修改后的投资法禁止外国投资银行、保险、商业代理和购买房地产。

在卡塔尔做生意的外国公司都需要有当地代理或代理处。代理人必须雇卡塔尔本国人。代理商可以是进出口代理，也可以是承包工程项目代理。经营进出口贸易的公司，除了在海湾合作委员会成员国之间无须设立代理处外，同其他国家做进出口贸易都必须经过卡塔尔代理人。经营进出口贸易还须申请许可证。

在建筑工程市场上，政府部门建筑工程一般都采用公开招标方式。外国公司如想参加招标，应先到指定的政府有关部门注册，通过资格预审。根据卡塔尔的有关法律和规定，外国承包商在当地承包工程一般需通过当地代理商，代理商可以由外国公司在当地聘用，也可以是合资公司中的当地一方。应在注册前完成代理商的聘用，而且是注册的先决条件之一。

然而，由于卡塔尔对本国建筑承包公司采取保护政策，即使报价稍高于外国公司，也会优先中标。

此外，中东国际工程市场上业主对承包商的要求越来越高，要求承包商提供从设计、采购到建设、管理、运营等全程服务，承包方式相应地也发生了很大的变化：EPC（设计、采购、施工)、信贷项目、BOT(建设、运营、转让)、BOO(建设、拥有、经营)、BOOT(建设、拥有、经营、转让)等方式被普遍采用,但一般不采用"交钥匙"的全包方式。带资承包方式已在中东工程市场上占据越来越重要的地位,是否拥有雄厚的资金和很强的融资能力已成为能否在中东工程市场上赢得工程项目的重要因素。

综上所述,2011年,尽管发达经济体预计仍将处于增长乏力的低迷状态,但海湾国家经济发展前景总体还是比较乐观的。目前看来,虽然全球经济复苏出现放缓迹象,但整体能源需求仍在不断上涨。据国际能源机构预测,2011年全球原油日需求量预期将较目前小幅上调119万桶至8851万桶。2011年国际油价波动的不确定性较大,但总体仍会在100美元左右的高位区间波动,全年石油均价将较2010年有8%以上的增长。因此,海湾国家有望继续依靠油气资源出口获得丰厚利润,这对于推动海湾各国经济发展和保障政府财政收入均有重要意义。预计海湾各国政府在2011年仍将坚持扩张性财政政策,对基础设施升级改造以及教育、卫生、妇幼保健等公益事业的投入均将持续增长。

二、市场特征定性分析

(一)总体市场特征分析

由于国际原油价格持续高位,海湾国家建筑市场规模不断膨胀,市场增速迅猛。2009年,全球金融危机过后,海湾石油及相关石化行业业绩出现下滑,但原油与石化产品出口依然是推动该地区经济发展的核心动力,待建石化项目数量众多,市场竞争异常激烈[32]。

目前,海湾地区的国际承包商主要来自欧、美、日、韩、中国及其他一些地区。在咨询设计行业,欧洲与美国公司处于领先地位。韩国工程公司依靠政府政策的大力支持、价格低廉、抗风险能力强,在项目总承包上占有绝对优势。日本工程公司在该领域也占有一席之地。施工分包主要由当地公司与发展中家的公司完成,中国石化炼化工程企业在该领域也已初具规模。

纵观海湾各国的建筑工程市场,可归纳为以下几个共同点,这些特点相对于其他市场和常规项目操作经验而言,就是在这个市场上将面临的挑战和必须充分处理好的问题。

(1) 程建设项目规模大,单个项目涉及领域一般较广,造价较高,资格预审严格。投标企业除了有雄厚和良好的财务能力之外,还需要有较强的综合技术能力和相关业绩。而大部分的中国承包商业务侧重某个专业领域,综合能力相对较弱。与西方公司相比,不同领域的中国大承包商间的强强联合是增强竞争实力的理智选择。

(2) 承包方式日趋多样化,EPC、PMC、BOT和PPP等承包方式不断更新。海湾国家的现实情况,使得项目业主对承包商提出的服务需求的深度和广度越来越高,要求承包商不仅承担项目的施工建设,还要负责项目的开发、规划、设计,甚至是运行管理、融资等。而我国企业大部分长于施工建设,因此,进入海湾地区的中国承包商,必须充分审视自己的实力、特长和市场进入方式和模式。与有实力的规划院、设计院所甚至是金融机构组成联合体，是战略选择之一。

(3) 技术标准高，管理严格。在海湾，普遍采用英美标准规范，而且，项目从开工建设到竣工验收，从施工详图（车间制造与组装图）到永久材料、设备的采购，自始至终都是由国际知名公司监理控制和管理，监理的内容和深度孜孜以求，特别是执行过程的施工技术管理，必须准确到位。与此相适应，承包商必须在投标阶段准确定位投标和项目的策略，并在授标后立即建立起严格的技术管理制度。

(4) 当地环保要求高，政府机构的工作风格和当地社会的风俗习惯，特色明显。海湾国家由于普遍采用英美标准，对安全环保要求很高，比如开挖施工的降水、弃渣，涉及部门多，手续繁琐，而且要一事一申请，而政府主管部门并不是合同的一方，工作时间短，办事效率低。当地的宗教性公共假日很多，特别是斋月更是如此，据不完全统计，全年的有效工作时间只有一半。

(5) 当地法律法规相对完善，但是地域特征明显。比如当地对于本地雇员的保护很强，不能随便解雇，尽管当地雇员的技能不高；劳动法对于劳工的保护也是很严格，不能强制要求加班。晚上10点以后，除非特殊情况下经过批准，否则，不允许加班作业。因此，必须制订与此相适应的劳动力计划和进度计划。另一方面，当地的法律，使得通过诉讼解决争议不总是对承包商有利，也不总是一个有效的选择。对此，承包商必须加强人力资源管理和合同管理的技术和技巧。

(6) 海湾各国对外国承包商有着特殊的法律规定。比如科威特的"反投资法"，要求获取政府合同的承包商在科威特投资新项目；阿曼要求雇员当地化比例很高，不满足，就不能给予承包商进口劳务的许可；有些国家对女性雇员不能给予长期签证，必须经常飞赴其他国家，再申请进入，叫做"躲签证"；海湾国家不允许外国企业或个人拥有当地房产和土地，只能租赁，临时设施成本高等。承包商在投标阶段就必须对这些地方的特殊要求了解清楚，人力成本预算务求清楚，项目执行过程中，要进行有针对性的管理。有的国家规定，必须在当地注册公司，而有的则要求，必须有当地担保公司。对这些要求，承包商亦必须了解清楚，并入预算，同时，以合同管理角度，作出审慎的应对策略。

(7) 当地公司代理制。几乎所有政府承包工程项目都实行公开招标，在项目投标过程中，普遍采用当地公司代理制。与代理公司的合作关系要定位明确，并纳入合同成本和合同管理。

(8) 采购支付方式。海湾国家的供货商比较习惯信用证支付，对于大额度采购，甚至都要求全额滚动式信用证，这将增大项目资金账户的流动资金占用，加大了合同执行成本。

(9) 合同支付周期长。合同额大，而业主的工程款支付周期长，需要对项目资金流作出详细恰当的安排，财务成本必须计算得当，在项目执行前期，必须对资金缺口作出恰当安排等。

总之，海湾工程市场机会无限，市场广阔。但是，只有在市场开拓上制定连续有效的开发规划，积累经验，广聚人才（尤其是懂技术、能管理、通外语的复合型人才），加大海湾地区工程市场开拓力度，认真研究项目所在国的法律法规，深入了解市场环境以及民俗习惯，准确定位市场，选择当地有实力的合作伙伴或代理公司，充分做好市场切入的准备工作，授标后加强项目中的技术、人员和财务管理，制订周密科学的项目实施计划、人力资源计划和现金流计划，以计划统帅执行全局，提高效率和保证质量，提高服务意识、品牌意识和整体项目执行能力，使企业更具竞争力，才能逐步了解和渗透到海湾这个广阔市场，在海湾市场上进得来、站得住、打得赢。

（二）行业细分市场分析

从海湾炼化工程市场行业结构来看，炼油行业投资承包额在2006～2008年保持平稳变化趋势，2009年迅速增长，2010年稍微有些回落。下面对各行业的具体情况进行简要分析。

（1）石化行业投资承包额受国际金融危机的影响较大，从2006年开始投资承包额不断下降，2008年几乎没有投资承包额，之后不断回升。

（2）化肥行业自2006～2010年投资承包额本身就不大，同时又受到了2008年全球金融危机的影响，2008年几乎没有投资承包额，从2009年开始逐步回升。

（3）油气加工行业从2006年开始，小幅度不断下降，从2009年开始迅速增长，到2010年其投资承包额仅次于炼油与油气生产行业。

（4）油气生产行业受国际金融危机影响不大，从2006年开始投资承包额稳步增长，2010年涨至巅峰，是今年投资承包额最多的行业。

（5）管道行业自2006～2010年稳步下降，但变化幅度不大。

（6）LNG行业从2006年开始稳步下降，2008年也受到了金融危机的影响，从2008年开始该行业几乎没有投资承包额。

详见图8-55。

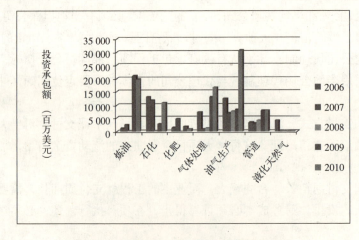

图8-55 海湾炼化工程行业市场结构趋势图
数据来源：MEED网站整理。
注：详见书后彩图。

从海湾炼化工程市场不同行业所占市场份额看，炼油行业市场份额从 2006 年的 2.66% 缓慢增长至 2007 年的 8.4%，之后降至 2006～2010 年这五年的最低点－2.22%，2009 年开始大幅度增长至 38.2%，2010 年降至 22.68%，值得说明的是 2006 年炼油行业占当年炼化工程市场总额的市场份额最低，2009 年所占的市场份额最高。

（1）石化行业市场份额在 2006～2007 年间稳步增长，从 30.62% 涨至 39.2%，2008 年受金融危机影响很大，迅速降至 2.9%，之后缓慢回升，2009 年与 2010 年分别为 5.1% 与 12.58%，2006～2007 年，占当年整个炼化工程市场总行业的市场份额最多。

（2）化肥行业市场份额从 2006 年的 3.38% 增加至 2007 年的 15.9%，从 2008 年开始，该行业市场份额非常低。

（3）油气加工行业市场份额从 2006 年的 17.2% 降至 2007 年的 3.53%，之后稳定增加，2009 年达到 23.67%，2010 年稍微回落。

（4）油气生产行业从 2006 年的 28.82% 开始不断增加，2008 年涨至 55.16%，占当年整个炼化工程市场总行业比例最多，基本没有受到金融危机的影响，从 2009 年开始有所回落，但所占比例仍非常高，2010 年为 35.23%，仍占当年整个炼化工程市场总行业比例最多。

（5）管道行业市场份额从 2006～2008 年稳步增加，之后稳步回落。

（6）LNG 行业市场份额 2006 年最多，为 9.58%，近四年该行业所占的市场比例极低，可以忽略不计。

图 8-56 为海湾炼化工程市场不同行业所占市场份额的结构图，从图中不难看出，各行业所占份额的波动情况。

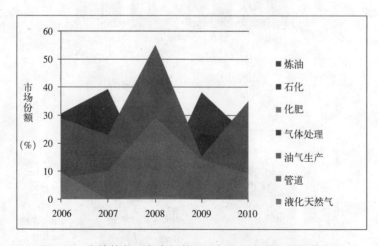

图 8-56　海湾炼化工程市场的不同行业所占市场份额结构图
注：详见书后彩图。

（三）区域市场分析

从海湾不同区域市场结构看，沙特在 2006～2008 年期间炼化工程市场投资承包额稳步下降，但沙特这三年市场投资承包额在海湾地区最大，从 2009 年开始，稳步回升，但投资承包额落后于阿联酋,位列海湾地区第二位。阿联酋炼化工程市场投资承包额从2006年~2007年小幅度增长,2008年稍有回落,2009~2010年大幅回升,阿联酋这两年的市场投资承包额在海湾地区位居第一。科威特炼化工程市场投资承包额这五年基本保持稳定。卡塔尔在2006~2009年期间炼化工程市场投资承包额不断下降,2010年才开始回升。如图8-57所示。

从海湾不同区域市场份额结构看,沙特在2006~2008年期间炼化工程市场份额保持稳定,为50%左右,在海湾地区一直占有最大的比例,从2009年开始逐渐下降,每年维持在32%左右。阿联酋炼化工程市场份额从2006~2007年有一定的增长,2008年稍微回落,2009年大幅增长,增至61.7%,在当年海湾地区所占比例最大,2010年有所回落,降至38.27%左右。科威特炼化工程市场份额在2008年最多,为18%左右,其余年份相对稳定,变化不大。卡塔尔炼化工程市场份额从2006年的32.15%降至2009年的2.62%,2010年有所回升,迅速升至20.5%。如图8-58所示。

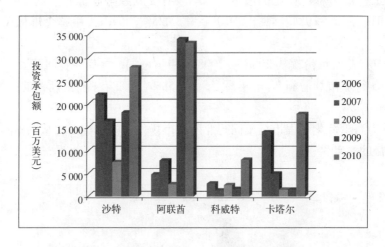

图 8-57 海湾炼化工程市场不同国家的趋势图

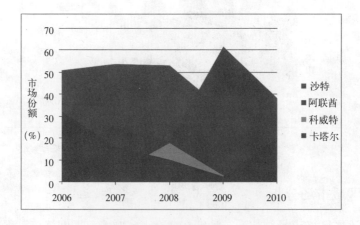

图 8-58 海湾炼化工程市场的不同国家所占市场份额结构图

注:详见书后彩图。

三、市场定量特征——行业集中度的分析

规模经济是决定市场结构的重要因素之一。规模经济既是竞争的起点又是竞争的结果,它涉及是否应该允许和鼓励大规模的企业存在,或者说什么是最低经济规模,规模与效率之间以及最低经济规模与企业实际规模之间的关系如何。实际上也从一定程度上决定了参与市场竞争各方在不同市场资源投入的驱动力,以及可以预期的投入与产出的关系、生产效率及效益。

(一)行业集中度分析

市场(或行业)的集中度(Concentration)和规模是市场结构的最主要内容,也是衡量某一市场(或行业)竞争程度的重要标志,并且是决定某一市场(或行业)绩效或效率的重要因素,是衡量供方数量多寡和规模分布的重要指标。

尽管美国《工程新闻记录》ENR 提供的数据在全面性与准确性方面存在一定的不足,但是作为研究全球工程市场的竞争结构还是非常具有代表性的。为此利用 2007~2010 年四年的 ENR 数据,采用体现行业集中度的贝恩指数 CRn 来研究工程市场的竞争结构。

按照式(2-9)贝恩指数计算公式计算出 2007~2010 年四年工程承包全行业的贝恩指数,结果如图 8-59 所示。

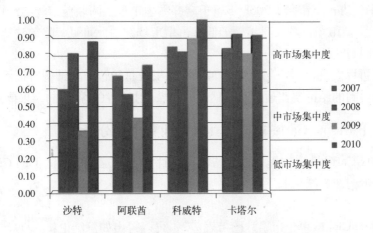

图 8-59　2007~2010 年海湾各国行业集中度 CR_4

从图 8-59 不难看出,2007~2010 年期间,科威特与卡塔尔属于高市场集中寡占型,具有极高的超额利润。沙特市场介于高集中寡占型与中寡占型之间,适合作为中国石化炼化工程的目标市场。阿联酋市场也介于高集中寡占型与中寡占型之间,仅次于沙特,适合作为中国石化炼化工程的目标市场。同时,从图 8-59 中也可以看出,海湾四国炼化

工程建设市场集中程度非常高，竞争异常激烈。

赫芬达尔-赫希曼HHI指数能区别以市场占有率为基础的市场结构。按照式(2-10)HHI计算公式得出2007～2010年四年工程承包全行业的HHI指数，结果如图8-60所示。

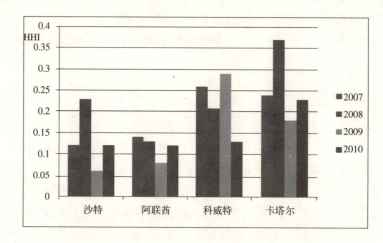

图8-60　2007～2010年海湾各国行业集中度HHI

结合图8-60与表2-3不难得到，2007～2010年期间，科威特与卡塔尔几乎都属于高寡占型市场，具有极高的超额利润。沙特市场只有2009年属于竞争型市场，2007年与2010年属于低寡占型市场，2008年属于高寡占型市场。阿联酋市场与沙特基本相似，2009年属于竞争型市场，其余三年属于低寡占型市场。由此可见，目前沙特与阿联酋比较适合作为中国石化炼化工程的目标市场。

通过比较可以发现，对于判断海湾四国炼化工程总承包市场结构特征而言，通过行业集中度判断得到的结论要比通过赫芬达尔—赫希曼指数判断得到的结果要乐观一些。

（二）基于Monte-Carlo模拟仿真的行业集中度分析

通过Monte-Carlo模拟仿真分析方法，可以计算出一定置信区间下的CR_n指标取值范围及其趋势走向图。结果如下：

1. 沙特

从图8-61的CR_8概率分布累计图与表2-2，可以得出如下结论：

（1）2007年，沙特炼化工程总承包市场行业集中度指标CR_8低于0.7的概率只有30%，70%的概率大于0.7，表明2007年沙特市场介于低集中寡占型到高寡占型之间。

（2）2008年，沙特炼化工程总承包市场行业集中度指标$CR_8$100%的概率大于0.7，表明2008年沙特市场属于高寡占型市场。

（3）2009年，沙特炼化工程总承包市场行业集中度指标CR_8低于0.4的概率不到10%，介于0.4～0.7之间的概率达到90%，表明2009年沙特市场属于低集中寡占型市场。

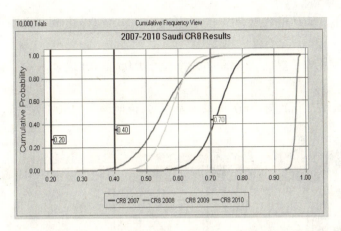

图 8-61　2007～2010 年沙特行业集中度 CR_8 累积概率分布图

(4) 2010 年，沙特炼化工程总承包市场行业集中度指标 CR_8 低于 0.4 的概率不到 10%，介于 0.4～0.7 之间的概率达到 90%，表明 2010 年沙特市场属于低集中寡占型市场。

从图 8-62 中可以看出，2008 年 CR_8 确定性的带宽最窄，表明该市场 2008 年最稳定，受外界环境影响较小。2010 年 CR_8 确定性的带宽最宽，表明该市场 2010 年最不稳定，受到外界环境影响较大，比如国际原油价格波动、欧洲主权债务危机、北非政治局势、世界范围内的结构性通胀、当年的欧元与美元汇率变化、财税制度等对市场影响较大。

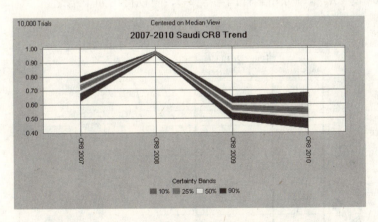

图 8-62　2007～2010 年沙特行业集中度 CR_8 趋势图
注：详见书后彩图。

从图 8-63 的累计图以及表 2-3 可以得到，沙特炼化工程总承包市场行业集中度基于另外一种综合指数 HHI 指数的判断结果：

(1) 2007 年以 50% 的概率介于 0.05 至 0.1 之间，以 50% 的概率介于 0.1 至 0.14 之间，前者说明该市场属于竞争 I 型市场，后者说明此市场属于低寡占类型市场。

(2) 2008 年，HHI 指数以 90% 的概率位于 0.18 至 0.3 之间，说明该市场属于高度寡占市场。

(3) 2009 年，HHI 指数以 95% 的概率位于 0.05 至 0.1 之间，说明该市场属于竞争 I 型市场。

(4) 2010 年，HHI 指数与 2007 年基本差不多，说明该年的市场类型与 2007 年也相似。

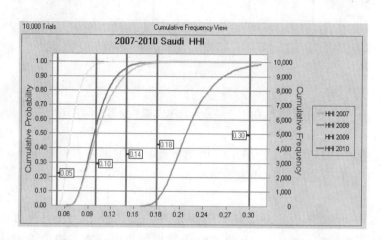

图 8-63　2007 ~ 2010 年沙特行业集中度 HHI 累积概率分布图

2. 阿联酋

从图 8-64 的 CR_8 概率分布累计图与表 2-2，可以得出如下结论：

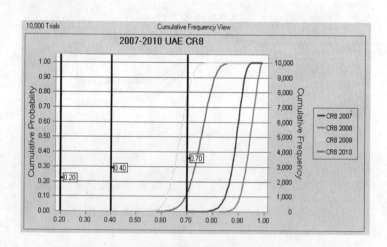

图 8-64　2007 ~ 2010 年阿联酋行业集中度 CR_8 累积概率分布图

(1) 2007 年，阿联酋炼化工程总承包市场行业集中度指标 CR_8 有 100% 的概率大于 0.7，表明 2007 年该市场介于高寡占型市场。

(2) 2008 年，阿联酋炼化工程总承包市场行业集中度指标 CR_8 有 100% 的概率大于 0.7，表明 2008 年该市场介于高寡占型市场。

(3) 2009 年，阿联酋炼化工程总承包市场行业集中度指标 CR_8 以 80% 的概率介于 0.4 至 0.7 之间，表明 2009 年阿联酋市场主要属于低寡占型市场。

(4) 2010 年，阿联酋炼化工程总承包市场行业集中度指标 CR_8 以 90% 的概率高于 0.7，表明 2010 年该市场介于高寡占型市场。

从图 8-65 中可以看出，2007 年 CR_8 确定性的带宽最窄，表明该市场 2007 年最稳定，受外界环境影响较小。2010 年 CR_8 确定性的带宽最宽，表明该市场 2010 年最不稳定，受到外界环境影响较大，比如国际原油价格波动、欧洲主权债务危机、北非政治局势、世界范围内的结构性通胀、当年的欧元与美元汇率变化、财税制度等对市场影响较大。

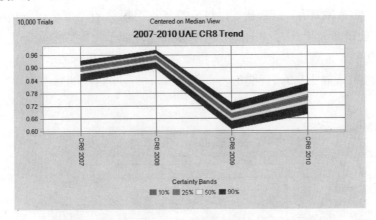

图 8-65　2007～2010 年阿联酋行业集中度 CR_8 趋势图
注：详见书后彩图。

从图 8-66 的累计图与表 2-3 可以得到，阿联酋炼化工程总承包市场行业集中度基于另外一种综合指数 HHI 指数的判断结果：

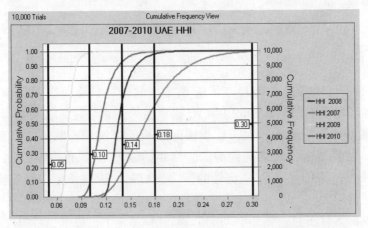

图 8-66　2007～2010 年阿联酋行业集中度 HHI 累积概率分布图
注：详见书后彩图。

(1) 在 2007 年以 20% 的概率介于 0.1 至 0.14 之间,以 40% 的概率介于 0.14 至 0.18 之间,然后以 40% 的概率介于 0.18 至 0.3 之间,说明该国市场属于低寡占类型向高寡占型市场过渡。

(2) 2008 年,HHI 指数以 70% 的概率位于 0.1 至 0.14 之间,说明该市场属于低寡占市场。

(3) 2009 年,HHI 指数以 100% 的概率位于 0.05 至 0.1 之间,说明该市场属于竞争型市场。

(4) 2010 年,HHI 指数以 80% 的置信区间位于 0.1 至 0.14 之间,说明该市场属于低寡占市场。

3. 科威特

从图 8-67 的 CR_4 概率分布累计图与表 2-2,可以得出如下结论:

(1) 2007 年、2008 年与 2010 年,科威特炼化工程总承包市场行业集中度指标 CR_4 以几乎 100% 的概率大于 0.3,表明这三年科威特市场属于高度寡占型市场。

(2) 2009 年,科威特炼化工程总承包市场行业集中度指标 CR_4 只有 10% 的概率低于 0.3,90% 的概率高于 0.3,说明这一年科威特市场几乎是高度寡占市场。

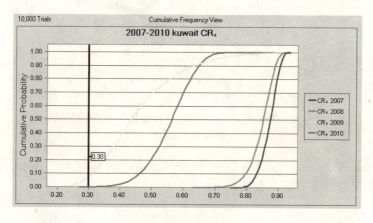

图 8-67　2007～2010 年科威特行业集中度 CR_4 累积概率分布图
注:详见书后彩图。

从图 8-68 中可以看出,2007 年 CR_4 确定性的带宽最窄,表明该市场 2007 年最稳定,受外界环境影响较小。2009 年 CR_4 确定性的带宽最宽,表明该市场 2009 年最不稳定,受到外界环境影响较大,比如国际原油价格波动、欧洲主权债务危机、北非政治局势、世界范围内的结构性通胀、当年的欧元与美元汇率变化、财税制度等对市场影响较大。2010 年 CR_4 确定性的带宽也较宽,表明该年市场受上面提及的外界环境影响还比较大。

从图 8-69 的累计图与表 2-3 可以得到,科威特炼化工程总承包市场行业集中度综合指数 HHI 指数的判断结果:

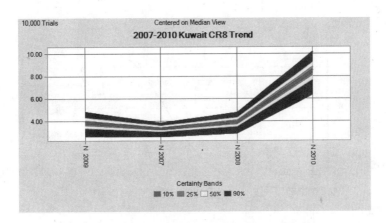

图 8-68 2007～2010 年科威特行业集中度 CR_4 趋势图
注:详见书后彩图。

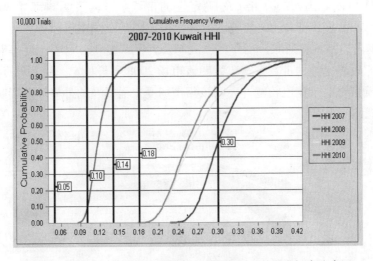

图 8-69 2007～2010 年科威特行业集中度 HHI 累积概率分布图
注:详见书后彩图。

(1) 2007 年以 80% 的概率介于 0.1 至 0.14 之间,以 10% 的概率介于 0.14 至 0.18 之间,说明该市场属于低寡占Ⅰ、Ⅱ类型市场。

(2) 2008 年与 2009 年,HHI 指数以 80% 的概率位于 0.18 至 0.3 之间,以 20% 的概率高于 0.3,说明该市场属于高度寡占市场。

(3) 2010 年,HHI 指数以 50% 的概率位于 0.24 至 0.3 之间,以 50% 的概率高于 0.3,说明该市场属于高寡占Ⅰ、Ⅱ类型市场。

4. 卡塔尔

从图 8-70 的 CR_4 概率分布累计图与表 2-2,可以得出如下结论:2007 年、2008 年、2009 年与 2010 年,卡塔尔炼化工程总承包市场行业集中度指标 CR_4 以几乎 100% 的概率大于 0.3,表明这四年卡塔尔市场属于高度寡占型市场。

第八章　中东（海湾）炼化工程市场分析案例

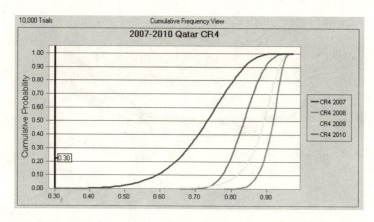

图 8-70　2007～2010 年卡塔尔行业集中度 CR_4 累积概率分布图
注：详见书后彩图。

从图 8-71 可以看出，2007 年 CR_4 确定性的带宽最宽，表明该市场 2009 年最不稳定，受到外界环境影响较大，比如国际原油价格波动、欧洲主权债务危机、北非政治局势、世界范围内的结构性通胀、当年的欧元与美元汇率变化、财税制度等对市场影响较大。2008 年 CR_4 确定性的带宽最窄，表明该市场 2008 年最稳定，受外界环境影响较小。2010 年 CR_4 确定性的带宽也较宽，表明该年市场受上面提及的外界环境影响还比较大。

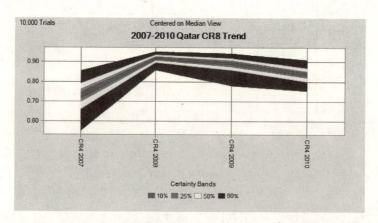

图 8-71　2007～2010 年卡塔尔行业集中度 CR_4 趋势图
注：详见书后彩图。

从图 8-72 的累计图与表 2-3 可以得到，卡塔尔炼化工程总承包市场行业集中度综合指数 HHI 指数这四年几乎都大于 0.18，表明该国炼化工程总承包市场基本属于高寡占 Ⅰ、Ⅱ 类型市场。

综上所述，近期沙特与阿联酋炼化工程市场介于分散型竞争与低集中寡占之间，而科威特与卡塔尔相应的市场基本属于寡占市场，主要因为前两者炼化工程市场容量较大，市场竞争激烈，利润相对后者要低，后两者炼化工程市场容量相对较小，市场基本被几家大型国际工程公司所垄断，中国石化炼化工程企业进入科威特与卡塔尔市场难度相对较大。同时,还应看到国际原油价格波动、欧洲主权债务危机、北非政治局势、世界范围内的结构性通胀、货币汇率的变化对各国的炼化工程市场特征影响较大。

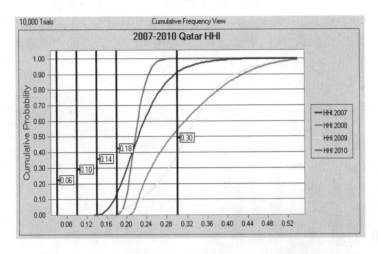

图 8-72　2007～2010 年卡塔尔行业集中度 HHI 累积概率分布图
注：详见书后彩图。

第三节　市场竞争状况与主要竞争者分析

下面根据 Lanchester 法则与 HHI 指数对全球炼化工程市场竞争状况进行定量分析,然后对海湾各国的炼化工程市场竞争状况进行定量分析,以得出各国在炼化工程市场上实力相当的承包商数目,并根据 Lancaster 射程理论对承包商进行分组分析。并利用基于 MEED 的历史数据计算得到的 N 指数,采用 Monte-Carlo 模拟分析方法,得到敏感性分析图,找出对 N 指数影响较大的承包商名单。同时利用 MEED 的历史数据,计算出市场占有率,并采 Monte-Carlo 模拟分析方法,得到了相关的二维相图,以及相关系数矩阵,并依据相关系数矩阵构建了中国石化炼化工程企业与选中的国际工程承包商之间的竞合关系分析模型。最后,对海湾地区的客户需求特征进行了分析,并有针对性地给出了提高市场开发有效性的建设措施。

一、市场竞争状况定量分析

(一) 全球炼化工程市场竞争状况定量分析

结合蓝契斯特法则 (Lanchester's Law) 的射程距离理论,按照竞争力分类规则,根据式 (2-17) 计算出近三年炼化工程承包行业全球收入 RSOM 指数与国际收入 RSOM 指数,对 ENR 的 225 强中涉及炼化工程承包行业的承包商进行分组,结果如图 8-73 与

图 8-74 所示。从图中不难看出，按照全球市场占有率分组，则 2007 年分为 11 个组，2008 年与 2009 年均分为 10 组；基于国际市场占有率则均分为 10 个组。这说明近三年来国际工程公司在炼化工程国际市场总的竞争格局没有发生太大的变化，但相对位置存在细微的变化，特别是位于第 3～第 8 组的承包商面临的竞争形势更加严峻。国际工程承包项目的竞争也受到其在国内市场竞争实力的影响，全球范围内的资源优化能力是保持国际市场竞争力处于领先地位的保障。

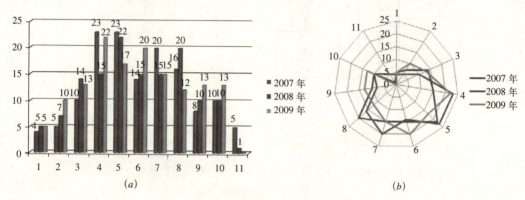

图 8-73　基于全球收入的炼化行业承包商 RSOM 分析

注：详见书后彩图。

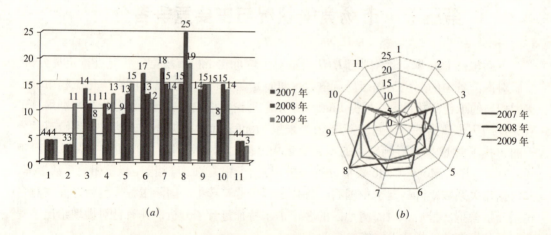

图 8-74　基于国际收入的炼化行业承包商 RSOM 分析

注：详见书后彩图。

为了更好地说明中国石化炼化工程企业在国际竞争环境中面临的形势，下面以国内某炼化工程企业 A 为例，进行相关的分析。图 8-74 为国际承包商 225 强相对于企业 A 的 RSOM 雷达图。从图 8-74(a) 可以看出，企业 A 在 2008 年面临的竞争压力明显低于 2007 年。从图 8-74(b) 可以看出近三年来，企业 A 在国际工程竞争环境中综合竞争能力所处的位置，2007 年所处的竞争位置相对比较恶劣；尽管 2008 年，企业 A 的综合竞争位置获得了较大的改善，RSOM 值比企业 A 大 3 倍以上的承包商锐减，但是居于 1.7～3 倍之间的承包商有所增加，说明企业 A 处于跨越式发展的临界阶段，面临的市场竞争环境迫切要求其提高综合竞争能力，同时实现规模化经营会给企业的发展带来更大的优势。

图 8-75 为涉足炼化行业国际承包商相对于企业 A 的 RSOM 雷达图。无论从国际收入，还是全球收入来看，企业 A 在炼化承包行业的竞争能力均有所提升。从图中可以看出，2008 年 RSOM 值比企业 A 大 3 倍以上的承包商锐减，RSOM 值居于 1.7～3 倍之间的承包商数亦有所减少，说明企业 A 的综合竞争能力有明显提高。

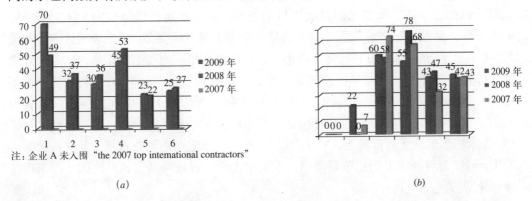

注：企业 A 未入围 "the 2007 top international contractors"

(a) (b)

图 8-75　国际承包商 225 强相对于企业 A 的 RSOM 分析

(a) 基于国际收入；(b) 基于全球收入

注：图 (a)、(b) 中横坐标数值分别代表：1: $RSOM_i^A < \frac{1}{3}$ ；2: $RSOM_i^A \in [\frac{1}{3} \sim \frac{1}{\sqrt{3}})$ ；

3: $RSOM_i^A \in [\frac{1}{\sqrt{3}} \sim 1)$ ；4: $RSOM_i^A \in [1 \sim \sqrt{3})$ ；5: $RSOM_i^A \in [\sqrt{3} \sim 3)$ ；6: $RSOM_i^A \geq 3$

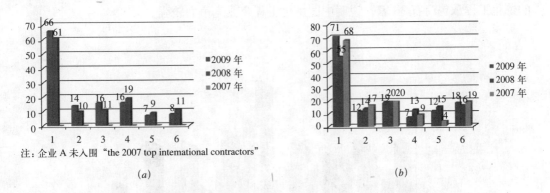

注：企业 A 未入围 "the 2007 top international contractors"

(a) (b)

图 8-76　涉足炼化行业国际承包商相对于企业 A 的 RSOM 分析

(a) 基于国际收入；(b) 基于全球收入

注：图 (a)、(b) 中横坐标数值分别代表：1: $RSOM_i^A < \frac{1}{3}$ ；2: $RSOM_i^A \in [\frac{1}{3} \sim \frac{1}{\sqrt{3}})$ ；

3: $RSOM_i^A \in [\frac{1}{\sqrt{3}} \sim 1)$ ；4: $RSOM_i^A \in [1 \sim \sqrt{3})$ ；5: $RSOM_i^A \in [\sqrt{3} \sim 3)$ ；6: $RSOM_i^A \geq 3$

从图 8-75 与图 8-76 也不难看出，企业 A 的市场受到主要市场以及国际市场环境变化的影响较大，说明其国际化的程度尚未达到抵御外界环境变化的影响，以保持可持续发展。

（二）海湾炼化工程市场竞争状况定量分析

根据蓝契斯特法则（Lanchester's Law）的射程距离理论，2007～2010 年期间，国际工程承包商在沙特、阿联酋、科威特与卡塔尔的最大市场份额分别为 14.6%、11%、23% 与 19%，都没有达到该规则要求的市场占有率下限目标值 26.1%。表明这四个海湾国家的炼化工程市场都属于分散竞争型市场，各承包商相互均在射程距离内，竞争异常激烈，排名变动很大。根据 N 指数理论，可以得出如下结论：目前，在沙特炼化工程市场上，有 16 家实力相当的承包商占据该市场；在阿联酋炼化工程市场上，有 17 家实力相当的承包商占据该市场；在科威特炼化工程市场上，有 8 家实力相当的承包商占据该市场；在卡塔尔炼化工程市场上，有 10 家实力相当的承包商占据该市场。从这些数据可以看出：阿联酋与沙特市场竞争最激烈，卡塔尔次之，科威特最次，但这四个国家市场竞争均异常激烈。

通过 Lanchester 射程理论分组分析不难看出，按照海湾市场占有率分组，则沙特分为 8 组；阿联酋分为 9 组；科威特分为 7 组；卡塔尔分为 5 组。从图 8-77 中可以看出，沙特、阿联酋与科威特第五组承包商数目明显高于其他组，在沙特，中国石化位于第六组第一名，说明在该国与中国石化实力相当的企业数量众多。

图 8-78 为涉足炼化工程板块国际承包商相对于中国炼化工程企业的 RSOM 雷达图。在沙特，RSOM 值比中国炼化工程企业大 3 倍以上的炼化工程承包商有 24 家，说明中国炼化工程企业竞争力明显不强。在阿联酋，RSOM 值比中国炼化工程企业小 3 倍以上的炼化工程承包商有 30 家，说明中国炼化工程企业竞争力较强。

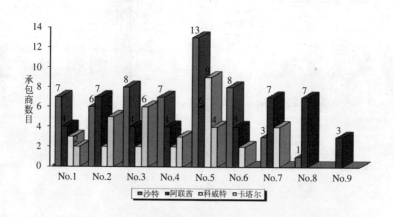

图 8-77　基于海湾炼化工程总承包市场占有率的承包商 RSOM 分析

注：详见书后彩图。

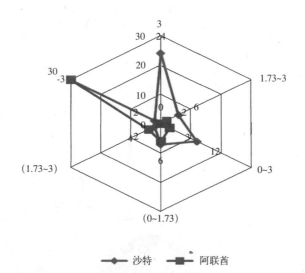

图 8-78　基于沙特与阿联酋炼化工程总承包市场占有率的中国炼化工程企业 RSOM 分析
注：详见书后彩图。

综上所述，近期沙特与阿联酋炼化工程市场竞争非常激烈，相对而言，科威特与卡塔尔市场竞争程度要相对低一些。同时，中国炼化工程企业在该地区的竞争力也在不断加强。

（三）基于 Monte-Carlo 模拟仿真技术的海湾市场竞争分析

在承揽大型炼化工程承包项目的时候，各个项目的承包金额存在着一定的随机性，满足使用 Monte-Carlo 模拟技术来进行深入分析的条件，为此利用 MEED 提供的历史数据对海湾地区炼化工程承包的市场竞争环境进行 Monte-Carlo 模拟分析。

1. 概率分布函数的确定

设第 i 个承包商的项目承包金额为 Q_i，根据统计学理论，第 i 个承包商的项目承包金额 Q_i 服从正态分布函数，即 $Q_i \sim N(\mu_i, \sigma_i^2)$，$\mu_i$ 为承包商的项目承包金额 Q_i 的均值，σ_i 为承包商的项目承包金额 Q_i 的标准差。根据"3σ 准则"，Q_i 的值几乎一定落在区间($\mu_i - 3\sigma_i$, $\mu_i + 3\sigma_i$) 内，由于第 i 个承包商的项目承包金额 Q_i 一定大于零，而 $\mu_i - 3\sigma_i < 0$，故 Q_i 概率分布函数的左边截断点取在零点位置，建立如图 8-79 形状的截断正态概率分布函数，其中承包商是韩国 Daelim 公司。

2. 模拟分析

使用风险分析软件对各种指标进行 10000 次模拟，得出下面一系列指标的模拟分析结果。

（1）沙特

利用式(2-10)计算出 HHI 指数，对应地求得 N 指数的概率分布累计图如图 8-80 所示，可以得出如下结论：

1）2007 年，沙特炼化工程市场规模实力相当的承包商数目以 90% 的概率位于 7 家到 13 家。

2) 2008 年,沙特炼化工程市场规模实力相当的承包商数目以 90% 的概率位于 4 家到 5 家。

3) 2009 年,沙特炼化工程市场规模实力相当的承包商数目以 90% 的概率位于 11 家到 18 家。

4) 2010 年,沙特炼化工程市场规模实力相当的承包商数目以 90% 的概率位于 7 家到 13 家。

可以看出,2007 年与 2010 年市场竞争状况对应的实力相当承包商数目非常相似。

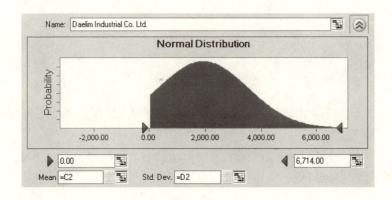

图 8-79 2007～2010 年沙特炼化工程承包商承包金额概率分布函数

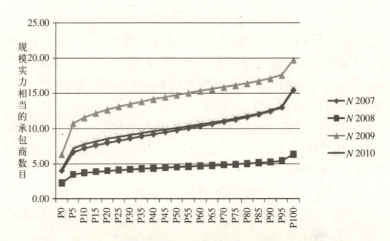

图 8-80 2007～2010 年沙特 N 指数累积概率分布
注:详见书后彩图。

从图 8-81 的敏感性分析图可以看出,对 2007 年沙特炼化工程承包市场竞争影响最大的承包商是日本 JGC 公司,影响程度达到 64.4%;其次是韩国 Daelim 公司,影响程度为 32.1%,其他的承包商对市场竞争的影响非常小,可以忽略不计。进一步表明,2007 年该市场对上述两家工程承包商属于非常敏感的市场。

从图 8-82 的敏感性分析可以看出,对 2008 年沙特炼化工程承包市场竞争影响最大的承包商是日本 JGC 公司,影响程度达到 33.9%;其次是韩国 GS 公司,影响程度为

28.5%；西班牙 TR 公司对市场竞争影响位于第三位，影响程度为 16.6%；其他的承包商对市场竞争的影响非常小，可以忽略不计。进一步表明，2008 年该市场对这三家工程承包商属于非常敏感的市场。

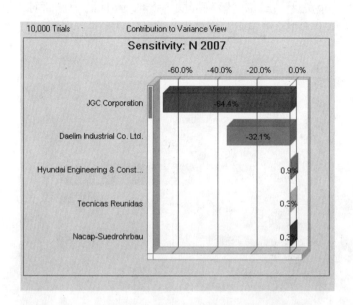

图 8-81　2007 年沙特规模实力相当的承包商敏感性分析

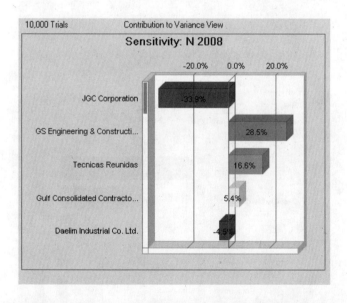

图 8-82　2008 年沙特规模实力相当的承包商敏感性分析

从图 8-83 的敏感性分析可以看出，对 2009 年沙特炼化工程承包市场竞争影响最大的承包商是韩国 Daelim 公司，影响程度达到 71.6%；其次是法国 Technip 公司，影响程度为 21.5%；其他的承包商对市场竞争的影响非常小，可以忽略不计。进一步表明，

2009年该市场对这两家工程承包商属于非常敏感的市场。

从图8-84的敏感性分析可以看出，对2010年沙特炼化工程承包市场竞争影响最大的承包商是日本JGC公司，影响程度达到60.4%；其次是韩国Daelim公司，影响程度为27.2%；法国Technip处于第三位，影响程度为5%，其他的承包商对市场竞争的影响非常小，可以忽略不计。进一步表明，2010年该市场对于上述三家工程承包商属于非常敏感的市场。

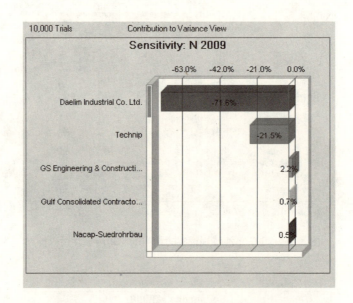

图8-83　2009年沙特规模实力相当的承包商敏感性分析

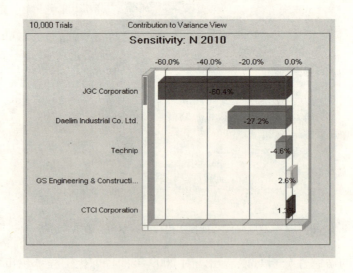

图8-84　2010年沙特规模实力相当的承包商敏感性分析

(2) 阿联酋

利用式 (2-10) 计算出 HHI 指数,对应地求得 N 指数概率分布累计图如图 8-85 所示,可以得出如下结论:

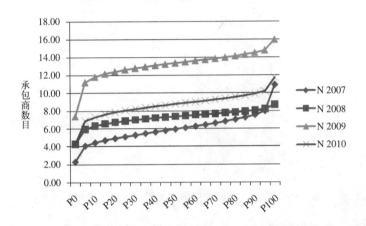

图 8-85　2007～2010 年阿联酋 N 指数累积概率分布
注:详见书后彩图。

1) 2007 年,阿联酋炼化工程市场规模实力相当的承包商数目以 90% 的概率位于 4 家到 8 家。

2) 2008 年,阿联酋炼化工程市场规模实力相当的承包商数目以 90% 的概率位于 6 家到 8 家。

3) 2009 年,阿联酋炼化工程市场规模实力相当的承包商数目以 90% 的概率位于 11 家到 15 家。

4) 2010 年,阿联酋炼化工程市场规模实力相当的承包商数目以 90% 的概率位于 7 家到 10 家。

可以看出,2009 年该国炼化工程总承包市场竞争最激烈。

从图 8-86 的敏感性分析可以看出,对 2007 年阿联酋炼化工程承包市场竞争影响最大的承包商是韩国 GS 公司,影响程度达到 54.7%;其次是韩国 Samsung 公司,影响程度为 22.8%,其他的承包商对市场竞争的影响非常小,可以忽略不计。进一步表明,2007 年该市场对于上述两家工程承包商属于非常敏感的市场。

从图 8-87 的敏感性分析可以看出,对 2008 年阿联酋炼化工程承包市场竞争影响最大的承包商是法国 Technip 公司,影响程度达到 65%;其次是 Descon 公司,影响程度为 26.6%,其他的承包商对市场竞争的影响非常小,可以忽略不计。进一步表明,2008 年该市场对于上述多家工程承包商属于非常敏感的市场。

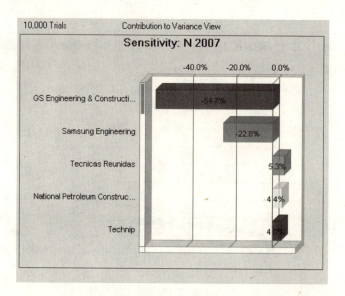

图 8-86　2007 年阿联酋规模实力相当的承包商敏感性分析

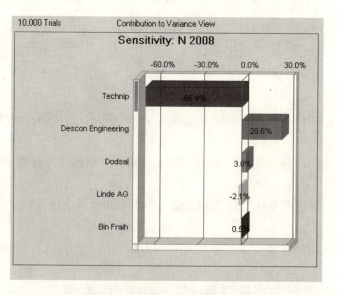

图 8-87　2008 年阿联酋规模实力相当的承包商敏感性分析

从图 8-88 的敏感性分析可以看出，对 2009 年阿联酋炼化工程承包市场竞争影响最大的承包商是韩国 GS 公司，影响程度达到 28.5%；其次是韩国 Daewoo 公司，影响程度为 11.4%，之后是西班牙 TR 公司，影响程度是 10.8%；当地公司 NPCC，影响程度是 9.3% 等。进一步表明，2009 年该市场对于多家工程承包商来讲均属于比较敏感的市场。

从图 8-89 的敏感性分析可以看出，对 2010 年阿联酋炼化工程承包市场竞争影响最大的承包商是韩国 GS 公司，影响程度达到 36.6%；其次是韩国 Daewoo 公司，影响程度为 12.1%，之后是意大利 Saipem 公司，影响程度是 11.5%；西班牙 TR 公司，影响程度是 10.8% 等。进一步表明，2010 年该市场对于多家工程承包商均属于比较敏感的市场。

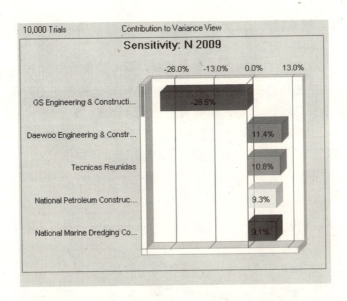

图 8-88　2009 年阿联酋规模实力相当的承包商敏感性分析

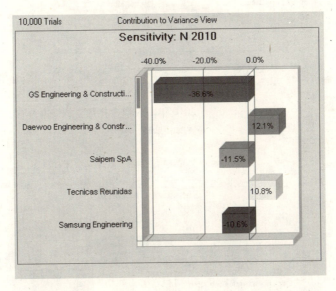

图 8-89　2010 年阿联酋规模实力相当的承包商敏感性分析

(3) 科威特

利用式 (2-10) 计算出 HHI 指数，对应地求得 N 指数概率分布累计图如图 8-90 所示，可以得出如下结论：

1) 2007 年，科威特炼化工程市场规模实力相当的承包商数目以 90% 的概率位于 3 家到 4 家。

2) 2008 年与 2009 年，科威特炼化工程市场规模实力相当的承包商数目以 90% 的概率位于 3 家到 5 家。

3) 2010年，科威特炼化工程市场规模实力相当的承包商数目以90%的概率位于6家到10家。

可以看出，2008年与2009年市场竞争状况对应的实力相当的承包商数目非常相似。

从图8-91的敏感性分析可以看出，对2007年科威特炼化工程承包市场竞争影响最大的承包商是韩国Daelim公司，影响程度达到44.2%；其次是当地CGC公司，影响程度为37.4%；第三是韩国SK公司，影响程度达到12.6%。其他的承包商对市场竞争的影响非常小，可以忽略不计。进一步表明，2007年该市场对于上述三家工程承包商属于非常敏感的市场。

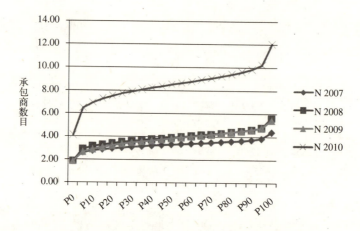

图8-90　2007～2010年科威特N指数累积概率分布
注：详见书后彩图。

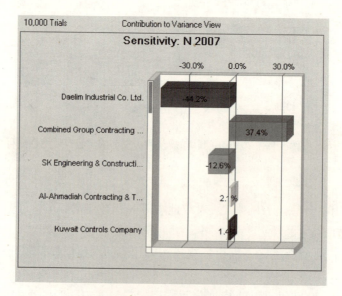

图8-91　2007年科威特规模实力相当的承包商敏感性分析

从图 8-92 的敏感性分析可以看出，对 2008 年科威特炼化工程承包市场竞争影响最大的承包商是 Saipem 公司，影响程度达到 81%；其次是 Petrofac 公司，影响程度为 16.8%；其他的承包商对市场竞争的影响非常小，可以忽略不计。进一步表明，2008 年该市场对于上述两家工程承包商属于非常敏感的市场。

从图 8-93 的敏感性分析可以看出，对 2009 年科威特炼化工程承包市场竞争影响最大的承包商是 Saipem 公司，影响程度达到 75.5%；其次是 Mechanical E&C 公司，影响程度为 4.7%；其他的承包商对市场竞争的影响非常小，可以忽略不计。进一步表明，2009 年该市场对于上述一家工程承包商属于非常敏感的市场。

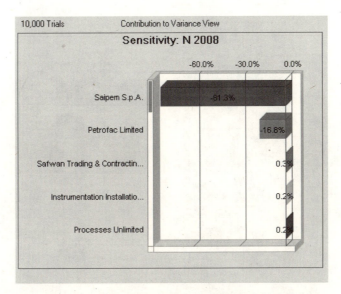

图 8-92　2008 年科威特规模实力相当的承包商敏感性分析

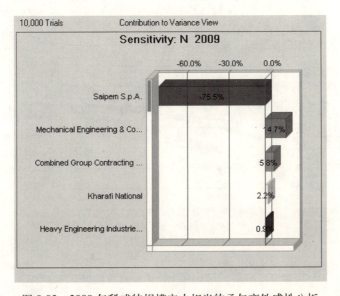

图 8-93　2009 年科威特规模实力相当的承包商敏感性分析

从图 8-94 的敏感性分析可以看出，对 2010 年科威特炼化工程承包市场竞争影响最大的承包商是 Saipem 公司，影响程度达到 75.5%；其次是 Petrofac 公司，影响程度为 12.7%，其他的承包商对市场竞争的影响非常小，可以忽略不计。进一步表明，2010 年该市场对于上述两家工程承包商属于非常敏感的市场。

（4）卡塔尔

利用式（2-10）计算出 HHI 指数，对应地求得 N 指数概率分布累计图如图 8-95 所示，可以得出如下结论：

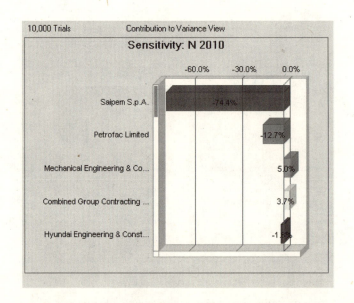

图 8-94　2010 年科威特规模实力相当的承包商敏感性分析

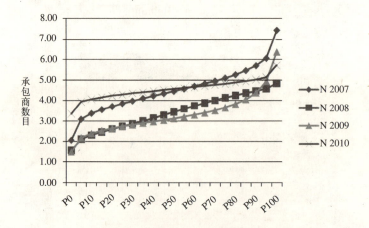

图 8-95　2007～2010 年卡塔尔 N 指数累积概率分布

注：详见书后彩图。

1) 2007年,卡塔尔炼化工程市场规模实力相当的承包商数目以90%的概率位于3家到6家。

2) 2008年与2009年,卡塔尔炼化工程市场规模实力相当的承包商数目以90%的概率位于2家到5家。

3) 2010年,卡塔尔炼化工程市场规模实力相当的承包商数目以90%的概率位于4家到5家。

可以看出,2008年与2009年市场竞争状况对应的实力相当的承包商数目非常相似。

从图8-96的敏感性分析可以看出,对2007年卡塔尔炼化工程承包市场竞争影响最大的承包商是韩国HDEC与意大利Saipem公司,影响程度达到40%左右;其次是当地Punj Lloyd公司,影响程度为9.7%,进一步表明,2007年该市场对于上述三家工程承包商属于非常敏感的市场。

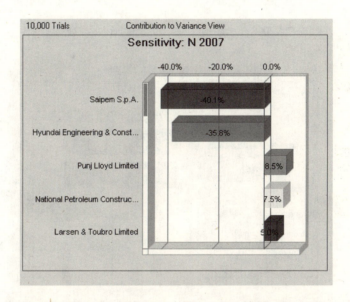

图8-96　2007年卡塔尔规模实力相当的承包商敏感性分析

从图8-97的敏感性分析可以看出,对2008年卡塔尔炼化工程承包市场竞争影响最大的承包商是当地Punj Lloyd公司,影响程度为94.9%,其余的承包商影响可以忽略不计,进一步表明,2008年该市场对于上述一家工程承包商属于非常敏感的市场。

从图8-98的敏感性分析可以看出,对2009年卡塔尔炼化工程承包市场竞争影响最大的承包商是韩国HDEC与意大利Saipem公司,影响程度达到44%左右;其次是当地Air Liquide公司,影响程度为7.2%,进一步表明,2009年该市场对于上述两家工程承包商属于非常敏感的市场。

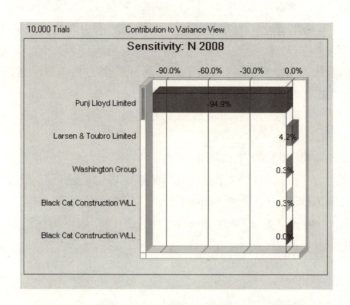

图 8-97　2008 年卡塔尔规模实力相当的承包商敏感性分析

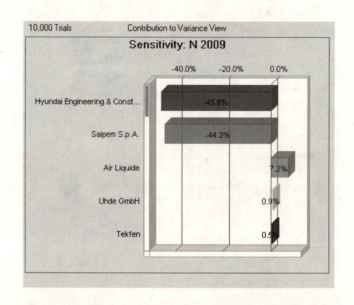

图 8-98　2009 年卡塔尔规模实力相当的承包商敏感性分析

从图 8-99 的敏感性分析可以看出，对 2010 年卡塔尔炼化工程承包市场竞争影响最大的承包商是当地 NPCC 公司，影响程度达到 46.9% 左右；其次是当地 Air Liquide 公司，影响程度为 34.2%，进一步表明，2010 年该市场对于上述两家当地承包商属于非常敏感的市场。

从上述分析结果可以看出，对海湾炼化工程市场竞争激烈程度影响较大的基本是日韩与西方工程企业中的两三家企业，虽然卡塔尔市场受当地一些公司的影响较大，但由于卡塔尔该行业市场容量小，同时由于这些企业在海湾炼化工程市场极具侵略性与进攻性，使整个市场的竞争激烈程度变得越来越强。

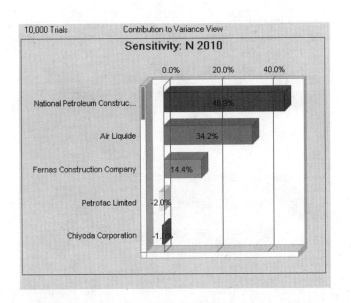

图 8-99　2010 年卡塔尔规模实力相当的承包商敏感性分析

二、中国石化炼化工程企业与国际工程承包商竞合关系分析

为了获得中国石化炼化工程企业与国际工程承包商的竞合关系，选择了具有代表性的工程承包商，用 MEED 中的历史数据计算出相应的市场占有率，并采用 Monte-Carlo 模拟仿真技术来分析中国石化炼化工程与国际承包商在市场占有率之间的相互关系。如果中国石化炼化工程市场份额与其他承包商之间的相关系数为正数，则表明两者之间市场竞争关系是正相关关系，即中国石化炼化工程市场占有率增加，承包商对应的市场占有率也在增加，两者之间可以通过合作来中标更多的总承包项目，共同提高市场占有率。另一方面，如果两者之间的相关系数为负数，表明两者之间的市场竞争关系是负相关关系，即中国石化炼化工程市场占有率增加，对应承包商的市场占有率在减少，两者之间只能存在竞争关系，在总承包项目投标的时候，两者之间不宜进行合作。

近三年中国石化炼化工程在中东承揽的总承包项目只有一个，即 SABIC IBN RUSHD 公司的 PET 项目，合同金额约 1.7 亿美元，市场占有率约为 2.25%，采用 Monte-Carlo 模拟并进行相关分析获得的相关系数情况如图 8-100 与表 8-28 所示。

相关系数矩阵表　　　　　　　　　表 8-28

相关系数	Daelim（韩国）	SK（韩国）	GS（韩国）	Samsung Engineering（韩国）	JGC（日本）	Tecnicas Reunidas（西班牙）	Technip（法国）	J Ray McDermott（沙特）	Linde AG（沙特）	Petrobas（阿联酋）	…（当地承包商）
中国炼化工程企业	-0.27	0.36	0.1	0.11	-0.37	0.28	-0.2	0.51	0.67	0.68	0.67~0.69

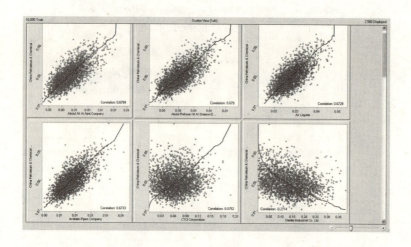

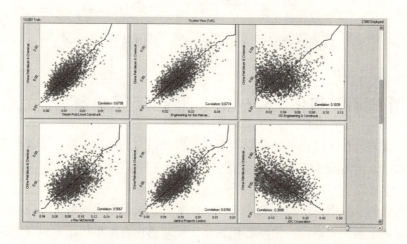

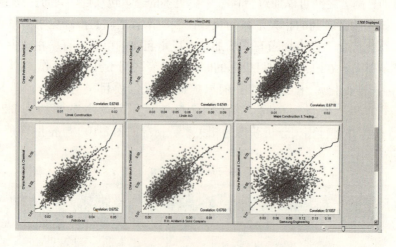

图 8-100　中国石化炼化工程与国际工程公司相关情况分析(一)

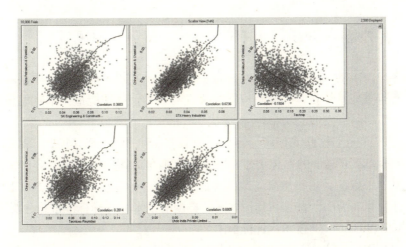

图 8-100　中国石化炼化工程与国际工程公司相关情况分析（二）

从图 8-100 可以得出如下结论：

（1）中国石化炼化工程与当地公司都存在着比较强的正相关关系，相关系数几乎都在 0.67～0.69 之间，表明两者之间存在着良好的合作关系，中国石化炼化工程在竞标总承包项目的时候，可以与这些企业进行合作，将一部分装置或其他一部分施工分包给这些企业，降低劳动力成本，提高投标的竞争力。

（2）中国石化炼化工程与韩国企业 GS、Samsung Engineering 等之间相关系数较小，可以忽略不计，表明两者之间是合作还是单独竞争对各自投标结果影响不大。但与韩国企业 SKEC 之间的相关系数达到 0.36，表明两者之间存在一定的合作关系，所以两者在竞标总承包项目的时候，可以进行合作，以提高中标概率。同时与韩国企业 Daelim 与日本 JGC 之间的相关系数分别达到 −0.27 与 −0.37，表明中国石化炼化工程与后面两者之间存在确定的竞争关系，不宜合作共同参与总承包项目的投标，即在 EPC 总承包项目上不宜成为合作伙伴。

（3）中国石化炼化工程与西班牙企业 TR 之间存在着正相关关系，表明两者之间存在着良好的合作关系，中国石化炼化工程在竞标总承包项目的时候，可以与这些企业进行合作，提高参与国际竞标的竞争力。与法国企业 Technip 等之间相关系数较小，可以忽略不计，表明两者之间是合作参与投标还是单独参与 EPC 项目的竞争对各自投标结果影响不大。

综上所述，中国石化炼化工程可以选择与当地承包商建立联盟，将部分施工如 NDT（无损检验）、消防等分包给当地企业，也可以与西方或韩国一些具有互补性的工程企业结成联盟，在竞标炼化工程总承包项目的时候，提高自身的国际竞争力。同时要规避与有纯粹竞争关系的工程承包商合作参与 EPC 总承包项目的投标，以提高投标的效率。

三、客户需求分析

了解客户需求的主要目的是识别出客户的目标以及相关的优先顺序,以更好地将客户的需求有侧重地具体化,提高响应的准确性与效率,以便能最大限度地满足客户的需求,从而提高市场开发的成功率。

海湾地区炼化工程总承包市场客户主要包括:SAUDI ARAMCO、SABIC、KNPC、TARKEER 等。不同客户的具体要求存在差别,但是海湾地区的主要客户关注的重点与严格程度基本一致。为了找出海湾地区客户要求的主要特点,下面以 SAUDI ARAMCO 的技术标评标标准为例,将其与其他地区的典型的技术标评标标准进行分析比较。

1. SAUDI ARAMCO 技术标评标标准

(1) OOK Work Plan(OOK 工作计划):30 分

(2) IK Work Plan(IK 工作计划):20 分

(3) Project Organization(项目组织):8 分

(4) Company Relationships(与公司之间的关系):2 分

(5) Work Schedule(工作进度):18 分

(6) Misc.Technical Submittals(其他应说明的技术交付事项):19 分

(7) Construction Equipment(施工设备):4 分

(8) IK Sub-contract Plan(IK 分包计划):4 分

共 100 分,一般得 70 分以上方能通过技术标的评估。

2. PERTAMINA 技术标评标标准

(1) 工程经验 20 分

1) 项目实施的经验 10 分。包括国外公司相关项目的经验,当地公司油气工程上的经验。

2) 项目管理团队的经验 10 分。包括关键人员简历,对部分关键岗位如项目经理、设计经理、施工经理、工艺、设备、机械与安全专业工程师的面试结果。

(2) 项目实施策略和计划 80 分

1) 项目实施策略 30 分。包括项目实施综合策略、进度计划、大型关键设备、项目界面管理、当地成分策略、当地重要因素的关注、承包商拥有资源的程度等。

2) 项目实施计划 30 分。包括项目管理计划、设计、采购、施工、控制与项目培训计划等。

3) 项目标准 20 分。包括项目 HSE 计划与质量计划等。

3. VINACHEM 评标标准

技术标评标标准(1000 分)

(1) 项目管理 175 分。包括项目执行计划(70 分)、项目执行进度(60 分)、人员与执行计划(15 分)、关键人员与简历(20 分)、IT(5 分)、设备、工作环境与业主的支持(5 分)。

(2) 设计215分。包括设计文件（153分）、编码（10分）、相关业绩（52分）。
(3) 采购205分。包括采购计划（65分）、供货商名单（90分）、备件（50分）。
(4) 施工165分。
(5) HSE35分。
(6) QA/QC25分。
(7) 财务与培训计划共110分。

通过以上三类客户的技术标评标标准可以看出，客户对项目执行计划、设计与采购部分都赋予较高的分数，但海湾地区客户与印尼客户更加看重工作执行计划，而越南客户更加看重设计、采购与项目管理工作，对于施工、HSE以及QA/QC的关注程度远远低于前面两个客户。由此不难看出，承包商要想在技术标评标方面取胜的话，必须不断加强对客户需求的理解，积累精确响应客户需求的经验，并有针对性地提升自身在技术与能力方面的不足，不断提高技术标书的质量，唯有这样才能在技术标评标中胜出。

在商务标评标方面，海湾地区客户主要考虑如下几方面：

(1) 国际原油价格的波动对国际炼化工程建设项目的盈利能力影响极大，海湾地区的客户已从重点关注质量、安全等因素转向同时兼顾关心项目的建设成本与进度，这也是造成韩国工程公司在2007～2010年占据该地区40%以上市场份额的主要原因。

(2) 全球范围内的炼化工程最佳实践在海湾炼化工程市场已逐渐被接受，特别是通过海湾国家石油公司与中国、韩国以及其他国家石油公司的合作，加快了这方面的进程，"中国制造"有可能很快会为海湾地区的炼化工程建设市场所接受。

第四节　中国石化炼化工程国际竞争力分析

为了得出中国石化炼化工程国际竞争力的真实状况，结合前述分析结果，进一步对中国石化炼化工程在海湾地区炼化工程市场自身具有的优势与劣势进行分析，同时对所面临的外在竞争环境所带来的机遇，包括在"走出去"战略中所面对的威胁进行分析，为中国石化炼化工程在未来两年进一步打开国际炼化工程总承包市场提供指引。

一、优势分析（Strengths）

（一）积累了国际工程项目承揽的良好经验（S_1）

自2005年重返海外以来，中国石化炼化工程在境外几个主要国家如沙特、阿联酋、伊朗、哈萨克斯坦、新加坡等承揽总承包、施工等各种类型项目共45个，合同总金额约76.09亿美元（表8-29）。在海湾地区炼化工程总承包市场的角逐中，2010年12月，中国石化炼化工程在SABIC IBN RUSHD 42万吨/年PET总承包项目与韩国、欧洲国际工程公司的竞标中一举胜出,以 1.77 亿美元的合同额中标,标志着中国石化炼化工程在海湾炼化工程总承包市场高端业务实现了新突破,为进一步扩大市场积累了良好的经验。中国石化炼化工程在海湾地区项目执行的过程中,无论是安全、质量,还是进度等方面均获得了业主的高度肯定,为中国石化炼化工程在海湾地区赢得了非常好的声誉。

2006～2010 中国石化炼化工程中标情况　　　　　　　　表 8-29

年度 合同额	2006	2007	2008	2009	2010	合计
签订合同	4项	4项	12项	8项	17项	45项
签订合同金额 (美元)	27.25亿	4.96亿	8.1亿	12.70亿	23.08亿	76.09亿

(二)劳动力比较竞争优势(S_2)

我国劳动力相对于西方发达国家、海湾国家的比较竞争优势明显,管理成本与劳务成本支出相对西方发达国家较低,具备价格竞争优势,在高素质人力资源保障方面不如西方工程公司,一般劳动力的保障能力较强。

相对于海湾国家当地的劳动力资源则既具有价格的竞争优势,又具有保障的优势。以沙特为例,海湾国籍的管理人员、技术人员与劳务每月劳动力成本分别为 2370 美元、2222 美元与 1037 美元,而我国相应的劳动力成本仅为 1185 美元、1185 美元与 711 美元,相对于前者分别降低 50%、46.7% 与 31.4%(图 8-101)。

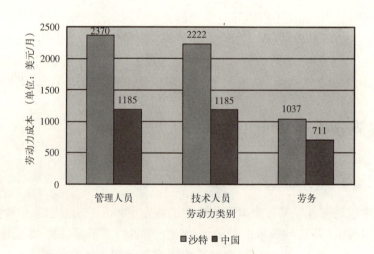

图 8-101　沙特与中国劳动力成本比较
资料来源:内部资料

劳动力比较竞争优势还可体现在分包上，中国石化炼化工程企业在海湾地区执行项目的过程中，与国内的劳动力相比，印巴劳动力成本较低，有语言优势，相应的专业作业技能掌握的更加熟练，质量更能得到保证。如熟悉 NDT（无损检测）、防腐、保温、HVAC 等部分工作，可以分包给当地企业或者菲律宾、印度等企业，比直接分包给国内企业更加节约成本，以获得劳动力成本的比较优势，但这些企业在资源保障方面有时仍存在不足。为此可以将需要保障的局部工作留下，更加侧重于对施工管理与 EPC 高端业务投入人力、物力，专注于提高整个工程建设的质量。但是，需要指出的是近期由于人民币不断升值，加上全国性的结构性通货膨胀——物价指数不断上扬，在这方面的比较竞争优势需要结合市场环境和各种因素的变化不断变化。

（三）融资能力优势突出（S_3）

工程建设项目的融资最早体现的方式是项目融资，最先用于国家公共事业上，主要在交通、能源、供水、电力等基础设施领域，现在也扩展到炼油、化工、通信等行业。项目融资特指某种资金需求量巨大的项目筹资活动，常以贷款作为资金的主要来源。项目融资不是以项目业主的信用或项目有形资产的价值作为担保来获取资金，而是以项目建成后良好的经营业绩以及其产生的现金量作为偿还债务的资金来源，项目的资产仅作为借入资金的抵押。项目融资主要由项目业主去从事融资，项目业主可以是项目主办方、私人投资者。20 世纪 80 年代兴起的 BOT、BOOT，主要由承包商从事项目融资，而最近几年，私人投资项目然后由政府租赁、经营、管理的趋势明显加快，特别是在拉丁美洲与非洲，私人投资进程发展得很快。随着工程项目的大型化以及金融产品的增多，可用于工程建设项目的融资形式与融资渠道越来越多。目前，中国政府鼓励国有大型企业采用买方信贷融资承揽项目，中国石化炼化工程企业通过这种方式已经成功中标哈萨克斯坦 2 个总承包项目。中国石化炼化工程企业具有较强的融资支持能力。既能为公司筹措实施国外承包项目的流动资金，又能帮助业主筹措建设资金，为业主联系获得政府贷款或国际金融组织的贷款提供服务。未来，随着海湾地区合资的大型项目增多，可能会出现需要提供融资支持承包项目的情况，这将成为中国石化炼化工程企业在海湾工程市场上的优势之一。

二、劣势分析（Weaknesses）

（一）咨询设计的竞争力薄弱（W_1）

目前，中国石化炼化工程的咨询设计能力与世界上著名的工程公司还有一段差距。以中国石化工程建设公司（SEI）为例，根据国际权威的《工程新闻记录》杂志（ENR）公布的数据：2006~2010 年期间，依据 ENR 对咨询设计营业额进行排名，SEI 在全球咨询设计 200 强中排名依次为第 44、第 57、第 66、第 60 与第 37 名，而 Fluor、Bechtel、KBR、Foster Wheeler 排名连续几年均在前 20 强，可见，中国石化炼化工程的咨询设计水平远远落后于西方发达国家。但也要看到，特别是 2010 年，中国石化工程建设公司（SEI）的排名在全球的咨询设计行业大幅上涨。从 SEI 一家工程企业自身竞争实力与核心能力的提升，可以说明中国石化境外炼化工程近年来在提升国际竞争力方面又取得了新的巨大进步，已经步入国际设计公司的前 50 强行列，工程总承包企业的实力已进入国际承包公司的百强。

当前，在中国石化工程建设中，以中国石化工程建设公司为代表的工程公司无论是在组织机构、技术水平，还是实际业绩中，均已经具备了和国外大型工程公司抗衡的实力，基本承担（垄断）了中国石化集团公司工程建设的设计及承包市场。但从发展看，和国外先进的工程公司相比，还是有较大的差距，努力的方向也基本明确。

一是在工厂设计水平上，还有较大的上升与提高的空间。目前，装置的工艺水平和工程水平已经基本达到了与国际先进水平同步，但工厂设计，包括辅助设施、公用系统的设计水平，既受国内制造能力的限制，也受投资理念的制约，在水平上还有差距。

二是受体制和机制的影响，在融资、国际采购网络系统和国际采购经验、前期的快速报价和为估算提供准确的设备和材料信息方面差距明显。

三是在技术上，已有技术基本上是以设计为主体的设计院消化吸收为主，虽然当前占有一席之地，但是长远看，缺乏与专利商的策略联盟，缺乏在国际上有影响力的技术专利商的支持，对工程公司"走出去"存在一定的制约。

四是在国际化经营方面经验相对欠缺。主要表现在对国际市场的跟踪和了解不足，包括设备国际化的供应链存在严重缺陷，缺少熟悉国际市场技术标准、操作规范以及市场运行规则的各类人才，包括技术人才和管理人才。在工程财务、担保与保险方面，缺乏国际经验。

（二）"中国制造"的国际竞争力不强（W_2）

目前，中国制造业尚没有普及国际标准，采用的主要技术标准还是国家标准，国际标准的"中国制造"尚处于探索与实践之中。中国标准与炼化工程建设实践尚未得到海湾地区的认可与接受。从短期来看，"中国制造"在世界范围内的国际竞争力还相当薄弱，与西方工程公司相比，差距还很大，从长期来看，基于国际标准的"中国制造"尚需集各方的力量合力打造，以提高 EPC 项目的保障供应与抗风险能力。在新中标的沙特 PET 总承包项目，业主承诺最大程度地接受"中国制造"，标志着中国石化炼化工程已经在海湾地区实现了"中国制造"准入的突破，为今后中国石化炼化工程参与海湾市场竞争奠定了良好的基础。

（三）境外炼化工程总承包项目业绩较少（W_3）

近几年，尽管中国石化炼化工程企业在海湾地区已经中标或承建不少炼化工程施工项目，但在工程总承包项目层面上，与欧洲、韩国及日本工程公司差距较大。第五章已经指出，法国 Technip、日本 JGC、Chiyoda、西班牙 TR、韩国 Samsung Engineering、HDEC、Daelim、GS、SKEC、中国台湾 CTCI 等企业在海湾四国承揽各类炼化工程总承包项目多达数十个，合同总金额数十亿美元。2007～2010年四年来，韩国工程公司在海湾地区市场占有不可忽视的地位，凭借着低价投标、政府支持等，占据了近40%的炼化工程总承包市场。相比之下，中国石化炼化工程企业自2005年以来，在海湾地区共承揽炼化工程总承包项目2个，合同总金额仅仅6亿美元左右，与国际著名承包商的市场占有能力差距较大。同时，海湾地区几个大规模的炼油化工一体化项目已经授标完毕，几乎无一例外地落入韩国与欧洲工程企业之手。

（四）内部管理与国际项目实施能力不强（W_4）

通过第五章主要竞争者分析可以看出，中国石化炼化工程内部管理与项目实施能力不强，主要表现在如下几方面：

国际EPC项目执行经验不足。由于炼化工程按国际惯例执行的海外大中型EPC项目（沙特项目执行和承揽为国际惯例）较少，我们在项目管理理念、项目管理模式、项目控制程序、项目管理方法、国际合同文本以及投标报价方面缺乏经验；对设计、采购和施工等国际标准规范和国际项目管理程序不熟悉；尚未形成成熟的海外大中型EPC项目管理体系，国际项目管理能力相对较弱，这就造成了项目承揽和执行的困难。例如沙特聚烯烃项目，由于设计单位对国际标准规范和管理程序熟悉程度不够，设计修改量大，人工时大幅增加，不仅造成设计进度严重滞后，而且造成现场返工频繁。

国际通行的项目管理经验和先进的工程项目计算机管理系统缺乏。国内工程公司普遍缺乏先进的工程项目计算机管理系统；项目管理方法和手段相对比较落后，尚没有系统采用高水平的信息管理技术和计算机应用技术；工程项目实施和管理方面没有强大的基础数据库作支撑；集成化的项目管理系统没有得到普遍采用。与此同时，应用先进的管理软件是实施工程总承包和项目管理与国际管理模式接轨的重要手段和标志之一。

国际采购能力薄弱。国际采购能力不足已成为炼化工程承包海外项目的主要瓶颈之一。对业主采购管理程序不熟悉，造成采购文件难以获得及时批复；国际制造商对我们认知程度有限，致使许多询价文件得不到回复；商务价格谈判水平不高，不熟悉国际采买商务规则，导致难以拿到低廉订单；国际催交、清关和运输控制力不足，造成设备和材料迟迟难抵现场。2007年，沙特聚烯烃项目处于施工高峰期时，由于大量设备和大宗材料迟迟未按照计划到现场，造成现场严重窝工和工期严重延误达半年之久。

缺乏国际采购网络系统和国际采购经验。在石油化工工程建设项目中，材料和设备物资在工程总承包合同总价中占有极大的比重，而国际工程项目中标后往往要采用发达国家的材料设备，由于炼化工程企业缺乏国际采购网络系统和国际采购经验，同时设备采购涉及面广，变化因素多，风险较大，对工程质量、进度及经济效益都有着很大的影响，这些方面将直接关系到商务标编制的准确性与竞争性。

因此有必要建立采购物流体系和采购网络系统，并同时掌握必要的外贸知识，如银行保函、保险、关税、远洋运输等各种业务知识。

物资采购管理是实现工程承包效益、业主投资效益和企业自身利益的保证。有必要使国际采购实现科学化、标准化和规范化。

国际复合型人才缺乏。目前，国内工程公司的人才素质和人才结构与国际化经营的目标还不完全适应。大多数员工知识面和工作能力单一，缺乏复合型的技术人才和复合型的国际工程承包管理人才。人才缺乏一直是影响国内工程公司对外工程承包的主要问题，也是国内工程公司与国际大承包商之间存在较大差距的重要原因。目前，国内工程公司十分缺乏的人才主要有：富有经验的国际工程项目经理；设计、采购、施工各阶段的核心管理人员；通晓国际工程法律的人员；项目风险评估人员；国际工程合同管理人员；国际工程财务人员；国际工程财务、保险、担保人员；国际工程市场开发造价估算和报价人员。

三、机会分析（Opportunities）

（一）海湾炼化工程市场蓬勃发展（O_1）

2011年上半年，国际原油价格已经从2008年金融危机的影响中恢复过来，重新回到100美元/桶的高位。国际原油价格变化对资源国的石油收入产生较大影响，特别是对于部分中东和非洲石油资源国而言，其石油收入占国民收入的比例较大。国际原油价格飙升，增加了石油资源国的国民收入，可用于投资炼油工业的资金已较为宽松，高油价将在石油资源国国内掀起投资炼油工业的热潮。

与此同时，国际原油价格的变化也在推高轻质与重质油品的价差，在某种程度上推动炼油毛利的上升，从而使投资于炼油工业的兴趣大增。

另外，原油价格飙升，各石油资源国的居民可支配收入也会显著提高，从而可望推动各石油资源国国内油品需求的迅速增长，推动炼油工业向前发展。

在上述背景下，资源国由原来的原油资源出口型转向向下游加工工业的发展，在这种趋势下，资源国将提高成品油产量，因此成品油也将成为与原油同等重要的资源。2000～2015年各主要石油资源国的炼油能力增长情况如表8-30所示。

在这种全球大趋势下，海湾地区石油企业雄心勃勃，已经执行或正在规划中的大型、巨型炼化项目投资额较大，且数量众多。阿美与著名石油/化学公司投资新建/扩建多个炼厂，计划在2008～2012年的5年内，总炼油能力达到2亿t/年。2007年3月，沙比克正式批准了长期发展规划，其石化产品的生产目标由原来的5000万吨/年增长到2015年的1亿t/年，占世界总量的15%。

2009～2010年，位于沙特的朱拜尔出口炼厂、延布出口炼厂、阿联酋的Ruwais炼厂扩建、Borouge3扩建已经完成全球招标，中标商大多为欧洲与韩国承包商。但这些承包商中的一些企业与中国石化炼化工程企业有着良好的合作关系，可见在未来施工领域，竞标成功的机会很多。2011年，沙特Ras Tanura炼化一体化项目、拉比格二期、Jizan炼厂等正在准备或者已经进行全球招标。

预计2011年海湾炼化工程市场预算投资额达到1171.4亿美元，2012年达到1701.5亿美元，各行业预算投资额都较多。由此可见，未来两年海湾地区石化市场潜力巨大，商机无限。

2000～2015年各主要石油资源国炼油能力增长状况（万 t/年）   表 8-30

国家或地区	2000年	2007年	2015年	2000~2007年年均增长率（%）	2007~2015年年均增长率（%）
沙特	8512	9490	14457	1.57	5.40
伊朗	7645	7629	9175	—0.03	2.33
科威特	4436	4482	4234	0.15	—0.71
伊拉克	2384	3484	3484	5.57	0
阿联酋	3159	3500	3343	1.48	—0.57
小计	26136	28585	34693	1.29	2.45

（二）良好的政治环境（O_2）

近年来，海湾国家领导人与我国领导人互访不断，经贸关系不断加强，双方在能源、电子、纺织品等领域互补性较强。我国与科威特、沙特、阿联酋等国在能源领域合作项目日增，为进入这些国家炼化工程市场提供不少机会。在这种大环境下，中国石油石化企业在海湾地区已经大有作为，打出了中国石油石化的品牌。去年，中国石油在伊拉克成功中标油田区块，为该企业在海湾地区建立石油勘探与生产基地奠定基础。由于美国康菲石油公司退出沙特延布出口炼厂的投资，2011年阿美石油公司与中国石化合资投资此炼厂的谈判工作已经完成。同时，阿美石油公司与中国石化在福建泉州合作投资的炼化一体化项目已经开始生产，沙特 SABIC 与中国石化共同投资新建的天津乙烯也已经开始生产。中国石化与科威特国家石油公司在中国南方合资新建的炼厂正在紧张的准备过程中。这些均为中国石化炼化工程企业进军海湾炼化工程市场奠定良好的政治基础。而且，海湾 GCC 成员国政治相对稳定，中国石化炼化工程企业在该地区国际化经营所面临的各种风险也小得多。

（三）国际工程承包商近期工作负荷较大（O_3）

从第五章可以看出，国际著名工程公司主要包括 Technip、Saipem、JGC、Chiyoda、GS、Samsung Engineering、SKEC、HDEC、Daelim、TR 等，未来几年在海湾地区工作负荷较大，由于人力、物力的限制，相信以后的大型炼油厂工程项目全球招标有望不再像以往一样完全被欧洲、韩国与日本企业所垄断。虽然在第五章曾经指出，过去几年对海湾各国炼化工程总承包市场结构影响较大的企业一般为韩国企业与欧洲企业，但是沙特与阿联酋市场相对垄断性不强，竞争异常激烈，中国石化炼化工程可以将这两个国家作为突破口，争取在这两个国家率先实现总承包的新突破。

四、威胁分析（Threats）

（一）炼化工程市场竞争激烈（T_1）

不论是高端的咨询设计领域、还是高额利润与风险共存的总承包领域，甚至低端薄利的施工分包领域，整个海湾炼化工程市场的竞争异常激烈。在咨询设计领域，从可行性研究、工艺包设计、前端工程设计到基础设计、PMC 管理等项目前期工作是以欧、美、日等国际工程公司为主导。

在工程总承包领域，这些项目主要被以欧、美、日、韩的国际工程公司所承揽，占有较大的市场份额；中国、印度、俄罗斯、埃及等国家总承包商占有的市场份额较小；海湾本地工程总承包公司的项目管理和执行能力很弱。在施工分包领域，中资企业在海湾地区存在无序竞争的现象，给开拓海湾市场增加了不少阻力，并带来了一定的负面影响。同时，通过本章第三节 Lanchester 法则定量分析，在沙特炼化工程市场上，有 16 家实力相当的承包商占据该市场；在阿联酋炼化工程市场上，有 17 家实力相当的承包商占据该市场；在科威特炼化工程市场上，有 8 家实力相当的承包商占据该市场；在卡塔尔炼化工程市场上，有 10 家实力相当的承包商占据该市场。因此，阿联酋与沙特市场竞争最激烈，卡塔尔次之，科威特市场的垄断经营程度最高，但总体来讲，这四个国家市场竞争均异常激烈。

（二）周期性金融危机（T_2）

周期性金融危机不仅使市场萎缩，还会带来融资困难、原材料需求减少、油价走低与石化产品的需求降低；加剧在建项目金融风险；加大汇率与价格的不确定性、业主支付的不确定性；同时会引发一系列社会动荡因素，给国际工程承包商的人身、财产安全带来一定隐患。

事实上，受国际经济危机的影响，海湾不少大型石油公司宣布缩减预算开支，把主要资金用在当下急需的项目上。沙特政府于 2009 年宣布延期日处理 40 万桶原油的延布炼油厂项目以及沙特阿美石油公司与法国道达尔公司合资的朱拜尔炼油厂项目。与此同时，沙特阿美与道化学合资的拉斯塔努拉的炼化一体化项目也被延期。

科威特也于 2009 年取消了新建 3150 万 t/年 Al Jour 炼厂的计划。该炼厂原计划投资 150 亿美元，2013 年建成，生产低硫燃料。

阿拉伯石油投资公司 2008 年发布的一份报告指出，在 2009～2013 年的五年当中，海湾和其他阿拉伯国家在石油领域共将投资 3810 亿美元，比 2008～2012 年的 2760 亿美元增加了 1050 亿美元。受国际经济危机的影响，考虑到部分停建或缓建项目，投资总额有可能下调 20%，低于国际上预期 30% 的十个百分点。

因此，需要密切关注全球金融危机对炼化工程市场所造成的影响。

（三）海湾地区技术壁垒较高（T_3）

在海湾炼化工程市场，技术市场准入门槛较高。客户对炼化工程项目所采用的技术基本上都要求是欧、美等西方先进技术。目前，中国自有技术虽然已经比较成熟，但尚未得到客户的认可与接受，若需要顺利登陆海湾地区的话，中国石化炼化工程企业还有相当长的一段路要走。炼化工程项目的经济规模会越来越大，项目的技术复杂程度不断增加，由于新型建材、建筑技术的发展，综合性项目的兴起，需要承包商能提供高水平的项目管理技术、工程设计技术，如三维设计等、施工技术、安装技术，要求承包商具有近乎所有的专业技术，仅具有某一专长或少数几种专门技术的承包商将难以适应这种要求。

海湾地区市场属于工程承包的高端市场，国际大公司云集，竞争特别激烈。中国石化的技术在该市场的竞争性相对较差，但中国石化炼化工程企业也具有成本、一体化全生命周期的服务、资源保障等优势。因而，在该市场上，应寻求打响中国石化品牌和与国际工程公司合作并举的策略，参与高端业务的竞争，以提高市场占有率与影响；另一方面可以采用风险较低的分包策略，参与低端业务的竞争，以降低风险，提高市场占有率。

技术方面，缺少专利技术和专有技术。目前，国际大型工程项目的技术要求越来越高，欧美等国家的大型企业都有自己的专利和技术，在国际工程市场上的优势明显，在技术和知识密集型的项目上基本形成垄断。国内工程公司近年来已开始向技术密集型项目和知识密集型项目渗透。但总体来讲，中国石化炼化工程企业的研发和科技创新能力差，缺乏专利技术和专有技术，很难进入高端市场，承包的项目大多集中在产业链低端、利润较低的施工领域，承包工程营业额的增加主要依靠项目数量增加的外延型增长。

第五节 2011～2012年中国石化炼化工程企业发展战略

"十二五"期间，在中东（海湾）炼化工程市场上，中国石化炼化工程企业主要的竞争对手来自于欧洲、韩国、印度、中国台湾地区等同级别国际工程公司。因此要充分利用自身的优势，克服劣势，善于把握机会，在海湾地区市场上同他们开展竞争，争取更大的工程市场份额。

在综合本章第四节SWOT分析结果的基础上，得出如下战略分析矩阵，主要包括规模化经营、多模式的联合共赢、集中化经营、国际化经营、资本化经营与集约化经营这六大战略，具体内容如表8-31所示[49~50]。

基于SWOT分析的中国石化炼化工程战略矩阵　　　　表8-31

内部因素 外部因素	优势-S 1.积累了国际工程项目承揽的良好经验 2.劳动力比较竞争优势 3.融资能力优势突出	劣势-W 1.咨询设计竞争力薄弱 2."中国制造"的国际竞争力不强 3.境外炼化工程总承包业绩较少 4.内部管理与国际项目实施能力不强
机会-O 1.海湾炼化市场蓬勃发展 2.良好的政治环境 3.国际工程承包商近期工作负荷较大	SO战略 1.规模化经营(S_1,S_2,O_1,O_2) 2.国际化经营(S_3,O_1,O_2)	WO战略 多模式的联合共赢(W_1,W_2,W_3,O_1,O_2)
威胁-T 1.炼化工程市场竞争激烈 2.周期性金融危机 3.海湾地区技术壁垒较高	ST战略 1.集中化经营(S_1,S_2,T_1,T_2,T_3) 2.资本化经营(S_1,S_3,T_1,T_2,T_3)	WT战略 1.巩固现有的市场(W_1,W_2,T_1,T_2) 2.集中化经营(W_1,W_4,T_1,T_2)

一、规模化经营

统一品牌，充分利用好中国石化集团公司的品牌，整合形成规模化的局面。

建筑业是高财务杠杆、先进技术引领的行业。大型承包商凭借规模实力获得信用优势、资源优势、资金优势与业绩优势，综合竞争实力得到不断提升，市场占有率不断扩大。2008年ENR 225强的平均营业规模为42.5亿美元，比2006年提高47%，有177家公司营业收入超过10亿美元，前50强的收入是其余175家承包商收入的3倍，比上年的2.88倍进一步提高。金融危机对于国际建筑市场上规模较小、资金能力较差的承包商造成的影响最大，银行收紧信贷政策可能导致其退回到原有水平甚至退出工程建设市场。

在这种理论指导下，中国石化炼化工程企业应该统一品牌，扩大企业的对外竞争实力，避免国内企业之间的过度竞争，这种企业结构的调整，不仅可以增强企业的国际竞争力，而且可以优势互补，减少重复投资，提高生产能力的利用率和联合攻关能力。

充分利用中国石化集团作为坚强后盾的优势。由于中国石化集团在海外工程领域具有从技术研发、工程服务、生产运营、维护销售完整的业务链体系，因此加强各业务领域之间的相互支持，利用各业务领域在海内外市场已有的优势，促进其他业务领域市场开发，这是国际上许多著名工程公司所不具备的条件，是中国石化炼化工程企业同主要竞争对手竞争的优势。

二、多模式的联合共赢

向竞争对手学习，与竞争对手合作。

对市场环境的变化具有敏锐的洞察力，在各国争先抢占市场的时期，在劳动力成本低廉的优势逐渐缩小的情况下,应发挥资源保障的比较优势,积极寻找可以起互补作用的技术来源,与竞争对手结成同盟,实现双赢。注重避免与同业之间的恶性竞争,注重加强与项目所在国有经验、有实力公司的联合,利用属地优势,减少摸索探路的时间,迅速占领市场。

在西方国家处于垄断地位的情况下,中国石化炼化工程企业应联合欧美大企业走合作之路。针对特大或大型项目,结合中国石化炼化工程企业自身优势,开展与国际专利商、国际工程公司、设备供应商等全方位合作,以联合体、总—分包等形式承接工程项目。如采用联合体模式,强强联合易产生技术优势、资金优势、价格优势、经验优势、资源优势,将大大提高合作双方国际工程项目的投标成功率。主要联合方式包括以下两种:

(1) 与国际著名承包商、贸易商联合。

通过联合,实现"借船出海",降低与分散参与项目的风险,弥补中国炼化工程企业在技术、国际合作经验、市场开发、业主认可度等方面的不足,尽早进入工程总承包市场。事实上,随着炼化工程市场竞争的加剧,国际工程公司联合的情况越来越多,这既是取长补短、降低风险的内部需要,也是项目规模日益大型化、大型项目业主的策略之一。

(2) 国内企业间战略联盟。

通过与国内相关行业的企业建立合作关系,实现对外投资、咨询设计、技术与设备输出、劳务出口等方面的一体化,形成综合性工程承包集团,谋求整体优势与综合优势。在竞标工程总承包项目的时候,与国内其他中小石化建设公司或具有互补性的其他行业的工程企业或制造企业、贸易企业等联盟,不仅可以增强企业整体的竞争力,有利于与国际工程公司同台竞争,而且还可以避免中资企业在国际市场上相互压价、无序竞争。

三、国际化经营

2000~2010年十年间,我国GDP总量快速增长,已成为世界第二大经济体。随着经济发展的提速,随之而来的是经济容量增大,对能源需求与石油产成品的需求量越来越大。2010年,我国石油对外依存度已超过55%,在这种大环境下,中国已经成为能源市场的大国,对于市场的影响力举足轻重,中国市场对于中东海湾能源资源国的吸引力较强,无论是沙特还是科威特、卡塔尔都已经加强了在中国的投资与合作,中东资源国与我国形成了较好的政治与经济合作关系,为中国石化炼化工程推行国际化策略营造了良好的政治环境。为了保障国家能源安全,中国石油石化企业必须"走出去",加大对海外炼化工程市场的投资力度,以形成资源拥有方、资源市场方以及工程建设多方共赢的局面。另外,要充分利用国家对于"走出去"的融资政策,加大国际工程市场开发过程中的中国元素比重,提高竞争能力。

(1) 海湾地区炼化工程项目市场开始膨胀。金融危机过后,海湾地区石油石化公司不断挑战战略,在传统原油出口的占领中提出附加值的石油产成品的出口。沙特阿美石油公司先后与法国道达尔、中国石化与美国道化学合资新建大型炼油化工一体化项目。

与中国石化合作良好的沙特 SABIC 公司也先后投资新建卡杨石化厂。这些均为中国石化炼化工程企业进入海湾市场提供机会。

（2）中国石油石化企业海外投资。通过海外投资，带动相关的工程技术服务业、设备制造业与劳务的输出，不仅可以保障国家能源安全，而且可以创造出很多就业机会。2011年，中国石化集团开始加大对海外的下游投资力度，以在海外独立投资或者合资的方式进入海外市场。2011年4月，中国石化集团与沙特阿美石油公司合资新建红海炼油厂就是一个佐证。

（3）中国政府对企业加速"走出去"步伐，提供了许多利好的政策，特别是对于工程建设项目的融资支持，一方面可以加大中国元素在国际工程市场中的比重，从而进一步带来成本以及工期保障的优势，提高中国工程企业的竞争能力，有利于扩大国际工程市场的份额。

（4）中国石化炼化工程企业全球资源整合。国际工程公司的资源配置高效运行，比如在本部开展 FEED 设计工作，在印度或马来西亚、菲律宾开展详细工程设计，在欧洲或者韩国进行设备与材料的采购，施工资源本土化等。这些对于中国石化炼化工程企业也是非常值得借鉴的增值策略。

四、集中化经营

提高核心竞争力，发挥自身优势。

增强"中国制造"的国际竞争力。一方面，不断提高自有技术研发与技术创新能力，争取早日将符合国际标准的"中国制造"带进国际炼化工程建设市场。另一方面，在全球范围内大力推广"中国制造"，不断提高其在世界上被客户接受与认可的程度。邀请东道国高层人士及技术人员来访，建立论坛、座谈会等定期对话机制，并派遣代表团回访，对"中国制造"进行宣传。

专注于自有技术的研究与开发。有关资料显示，国际上靠技术创新获得的利润增长占总利润增长的50%，而我国在此方面占不到30%。必须采取有效措施，加大科研力度，设置工程设计与研究部门，借鉴国外的高端技术，尤其是美国、欧洲的新理论、新技术，增强企业技术创新能力。

发挥低成本的比较竞争优势和较高技术能力的综合优势。中国石化炼化工程有综合技术能力属性的成本比较优势是其他任何一家大型国际化企业所不能比拟的。在设计、采购和施工人工成本方面占有较大优势，并具有充足的技术劳力，而主要竞争对手普遍不能派出成建制的高技能施工队伍，而中国工程企业在这方面有绝对的优势。同时，中国石化炼化工程具有世界领先的炼油技术和工程建设能力，具备承担单系列千万吨级的炼厂的总体设计及其主要装置的设计、采购和施工的实力。低成本竞争和较高技术能力综合竞争优势是中国炼化工程企业同主要竞争对手争夺市场的根本手段。

充分发挥"施工或技术分包带动总承包发展模式"的成功经验。在许多新兴市场中，由于业主对中国石化炼化工程炼油化工技术领域和装备水平不了解而存有偏见；而施工领域技术含量相对较低，进入新兴市场的门槛较低，如施工项目能顺利完成，并获得了客户的广泛认同，将促进大型工程项目的开发，逐步成为大型国际工程项目的总承包或分包商。这将尽可能避免与主要竞争对手正面竞争，循序渐进地开展炼化工程承包项目。中国石化炼化工程企业在沙特、伊朗的成功经验已经很好地验证了这种市场开发模式的有效性。

五、资本化经营

技术与资本密切结合，加强融资能力。

在知识经济时代，知识与经济的结合日益密切，传统的以设计为龙头的工程承包模式已经受到极大的挑战。无论是将知识转化为技术，还是进一步将技术转化为行业的生产力，均需要资本的支持。也就是说，以技术为先导的工程企业发展必须与资本密切结合，才能胜任作为行业或产业先锋的角色，成为企业发展的亮点；才能不断提升综合竞争实力，获取更大的国内与国际的市场份额。

随着国际工程市场竞争日趋激烈，融资承包已经成为趋势。国际知名工程公司通过上市融资，或与金融资本结合，具有较宽的多层次的融资能力与资金实力，可以有效地防范工程建设市场的大幅波动造成经营不稳定。借鉴绝大多数国际承包商进入资本市场的成功发展模式，国内承包商纷纷加快资源整合力度，加快上市步伐，以拓宽融资渠道、改善公司治理、优化业务结构、兼并收购拓展海外业务。原化工部第三设计院（东华科技）、中国化学、中国建筑等在2007年、2008年、2009年成为上市公司，为企业的发展准备了必要的融资平台。

六、巩固现有的市场

中国石化炼化工程企业在海湾施工分包市场已具备一定的国际竞争力，在沙特先后成功执行施工项目十余个，在阿联酋市场承揽两个施工项目。同时，在EPC总承包市场也初见规模，联合中标沙特SABIC公司PET项目与物流港项目。进入后金融危机时代，"中国制造"在沙特逐渐得到认可，西方与韩国工程公司2011～2012年市场非常饱和。中国石化炼化工程企业应紧紧抓住这个来之不易的大好契机，进一步做大、做强施工分包与EPC总承包市场，在自身实力允许的情况下，争取早日将中国炼化工程企业的施工队伍带到海湾更多的国家，争取进一步扩大EPC项目的市场份额。

综上分析，无论是欧美工程公司还是日韩工程公司，它们都经历了不断发展壮大的历程。十年前，日韩工程公司通过加速发展，已经和欧美工程公司同台竞技，并且在EPC总承包市场的竞争力超过了欧美工程公司。无论是欧美工程公司还是日韩工程公司，它们都有十分清晰的战略定位和发展目标。日韩工程公司就是以其本国强有力的制造能力，大大降低了工程造价，使日韩工程公司能以低成本战略逐鹿炼化工程市场。中国石化炼化工程企业要赶超日韩工程公司，一定要明确目标，从融资、设计、采购、施工等各个环节找出优势,并将相关的优势转化为中国石化的核心竞争力。另外,要坚决贯彻以我为主的思想,加速国际工程管理人才的培养。

中国石化炼化工程企业有了国际化的人才,再加上适应国际市场的管理体制和运行机制,聚焦和整合体现中国国力的优势资源即中国建造与中国制造的集成,一定能走向卓越,取得突破性成就。

参考文献

[1] D G Proverbs, etc. The management of labour on high rise construction projects an international investigation[J].International Journal of Project Management, 1999, 17 (3): 195-204.

[2] A. B. Ngowi, etc. The globalisation of the construction industry—a review[J].Building and Enviroment, 2005, 40: 135-141.

[3] Seung H. Han, etc. Strategies for contractors to sustain growth in the global construction market[J]. Habitat International, 2010, 34: 1-10.

[4] Matti Jaakkola, etc. Strategic marketing and business performance A study in three European 'engineering countries' [J].Industrial Marketing Management, 2010, 39: 1300-1310.

[5] Debbie Harrison, etc. Segmenting a market in the making Industrial market segmentation as construction[J].Industrial Marketing Management, 2010, 39: 784-792.

[6] Dang T. H. Giang, etc. Role of construction in economic development Review of key concepts in the past 40 years[J].Habitat Internaional, 2011, 35: 118-125.

[7] ENR. The Top 500 Design Firms. http://enr.construction.com/toplists/DesignFirms/001-100.asp.

[8] ENR. The Top 225 Global Contractors. http://enr.construction.com/people/toplists/topGlobalcont/topglobalCont_201-225.asp.

[9] ENR. The Top 225 International Contractors. http://enr.construction.com/people/topLists/topIntlCont/topIntlCont_201-225.asp.

[10] MEED. http://www.meedprojects.com/Reports/FlexiReport.aspx.

[11] 石书玲. 国际工程市场的营销与对策 [J]. 国际经济合作.1998, 10: 51～54.

[12] Paul W. Farris, Neil T. Bendle, Phillip E. Pfeifer, David J. Reibstein. Marketing Metrics – 50+ Metrics Every Executive Should Master[M]. Wharton School Publishing. New Jersey, 2006.

[13] Claudio Hoffmann Sampaio, Claudia Simoes, Marcelo Gattermann Perin, Alessandro Almeida. Marketing metrics: insights from Brazilian managers[J].Industrial Marketing management, 2011, 40: 8-16.

[14] Patrick Barwise, John U.Farley.Marketing metrics: status of six metrics in five countries[J].European Management Journal, 2004, 22 (3): 257～262.

[15] Steven H. Seggie, Erin Cavusgil, Steven E. Phelan.Measurement of return on marketing investment: A conceptual framework and the future of marketing metrics[J].Industrial marketing management, 2007, 36: 834～841.

[16] Thomas M. Fehlmann. New Lanchester Theory for Requiremnets Prioritization[C].IWSPM' 08 Proceedings of the 2008 Second International Workshop on Software Producy Management. IEEE Computer Society Washington, D.C.USA.2008: 35～40.

[17] David W. Stewart. Marketing accountability: linking marketing actions to financial results[J].Journal of Business Research, 2009, 62: 636～643.

[18] Thomas M. Fehlmann. Measuring Competitiveness in Service Design[C]. 12th Symposium on QFD/6th International Symposium on QFD, 2000, Nov. QFD Institute, Euro Project Office, AG. Switzerland.

[19] John H. Roberts.Developing New Rules for New Marketing[J].Journal of Academy of Marketing Science, 2000, 28（1）：31～44.

[20] Eijte W. Foekens, Peter S.H. Leeflang, Dick R. Wittink.Hierarchical versus other market share models for markets with many items[J]. International Journal of Research in Marketing, 1997, 14：359～378.

[21] Wolfgang Tillmann.Trends and market perspectives for diamong tools in the construction industry[J]. Interntional Journal of Refractory Metals and Hard Materials, 2000, 18：301～306.

[22] Ngowi A.B., Pienaar E., A. Talukhaba, J. Mbachu. The globalization of the construction industry –a review[J]. Building and Environment, 2005, 40：135～141.

[23] Irem dikmen, M.Talat Birgonul, Ismail Ozcenk.Marketing orientation in construction firms：evidence from Turkish contractors[J].Building and Environment, 2005, 40：257～265.

[24] John Schuler .Reflections of lanchester strategy in the Wall Street Journal[C].The 11th symposium on quality function development, QFD institute, Andrew Bolt, and Glenn Mazur, 1999：230～244.

[25] 贾俊平，何晓群，金勇进.统计学（第三版）[M]. 北京：中国人民大学出版社，2007.

[26] Xiangbai Gu, Zhiqiang Geng, Wenxing Xu, Qunxiong Zhu. Hierarchy probability cost analysis model incorporate MAIMS principal for EPC project cost estimation[J].Expert System with Application, 2011, 38：8087-8098.

[27] Smith P.G., Merrit G.M., Proactive Risk management：Controlling Uncertainty in Product Development, [M] Productivity Press, New York, 2002.

[28] Thomas Fehlmann, Christian Hauri. Measuring Project Management Excellence-Progress Metrics for Projects[C], FESMA Conference, Madrid, 2000, QFD Institute, Euro Project Office, AG. Switzerland.

[29] David Vose. Risk Analysis：A Quantitative Guide[M]. Third Edition. John Wiley & Sons, Ltd, Paris, 2008.

[30] 简明，黄登源.市场研究定量分析方法与应用 [M]. 北京：中国人民大学出版社，2009.

[31] David Hulett. Practical Schedule Risk Analysis[M], Gower Publishing Limited, London, 2009.

[32] 顾祥柏等.建设项目招投标理论与实践 [M]. 北京：中国石化出版社，2007.

[33] 2010 年 ENR 国际承包商 225 强分析，http：//www.jemcn.com/docs/xwgg/details.aspx?documentid＝20.

[34] 顾祥柏，焦晓娟等.国际工程市场竞争环境量化分析.建筑经济 [J].2011，1：17-19.

[35] 刘颖琦.中国工程企业海外市场选择与全球竞争战略研究 [M]. 北京：方志出版社，2006.

[36] 汤礼智.国际工程承包总论 [M]. 北京：中国建筑工业出版社，1997.

[37] David Hulett. Project cost risk analysis using Crystall. Ball.http：//crystall.com.

[38] 鲁班咨询网 .http：//www.lubanway.com/php/index.php.

[39] 刘颖琦，李海升.国际工程承包商经营市场分析及发展趋势 [J]. 重庆大学学报（社会科学版），2004，10（2）：32-34.

[40] 屈永山，张星.国际工程设计与承包市场的相关性分析 [J]. 建筑管理现代化 .2004，6：26-29.

[41] 国际工程市场行业结构分析.上海情报网.http：//www.istis.sh.cn/list/list.aspx?id＝6528.

[42] 黄玉霞，徐松.建筑与工程承包服务：中韩竞争力比较 [J]. 国际经济合作 .2008，2：72-77.

[43] 陆伟成. 开发国际建筑市场企业机遇与风险分析 [J]. 建筑管理现代化 .2007，2：36-39.

[44] 洪熙锡译.模拟与风险分析 [M]. 上海：上海人民出版社，2001.

[45] 卢泰宏，高辉译．营销管理 [M]．北京：中国人民大学出版社，2009．
[46] 孙忠译．战略管理 [M]．北京：中国市场出版社，2008．
[47] Michel Wedel，etc. Marketing data，models and decisions[J].International Journal of Research in Marketing，2000，17：203-208.
[48] Beach R.，etc. An evaluation of partnership development in the construction industry[J].International Journal of Project Management，2005，23：611-621.
[49] Hsu-His Chang，etc. Application of a quantification SWOT analytical method[J].Mathematical and Computer Modeling，2006，43：158-169.
[50] Mikko Kurttila，etc. Utilizing the analytic hierarchy process（AHP）in SWOT analysis —— a hybrid method and its application to a forest-certification cas[J]e. Forest Policy and Economics，2000，1：41-52.
[51] 史东辉译．高级产业经济学 [M]．上海：上海财经大学出版社，2003．
[52] 李富胜．国家风险：分析、评估、监控 [M]．北京：社会科学文献出版社，2006．
[53] John Schuler. Reflections of lanchester strategy in the wall street journal[R]. The eleventh symposium on quality function deployment. June 1999，230～236.

全书彩色插图

图 1-8　近期海湾工程项目价值指数

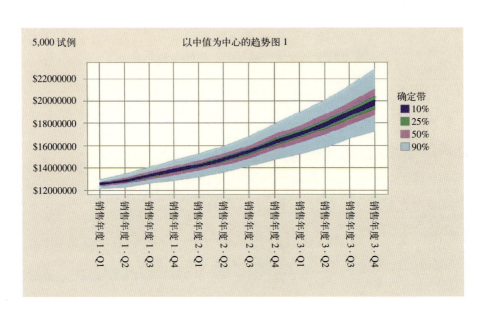

图 2-19　预测指标的趋势图

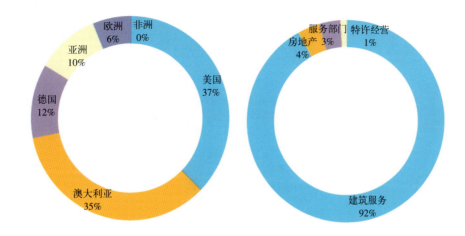

图 5-4 霍克蒂夫的业务分布

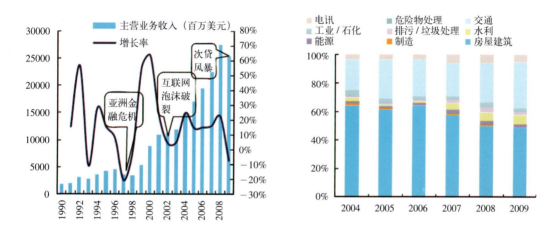

图 5-5 霍克蒂夫的业务发展历史

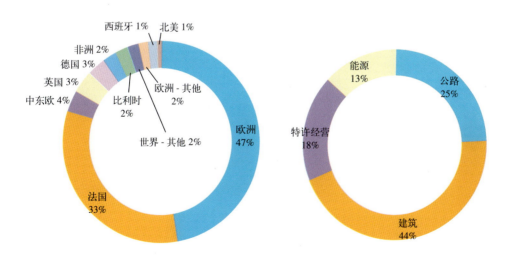

图 5-8 万喜的业务分布图

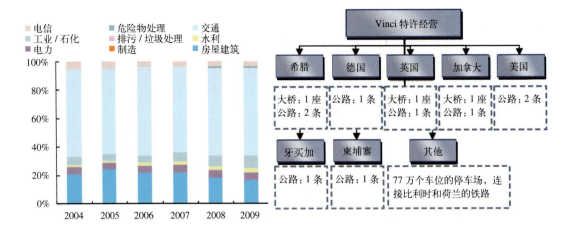

图 5-9　万喜的业务结构

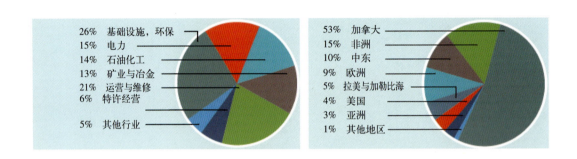

图 5-13　SNCT 兰万灵公司的业务分布图

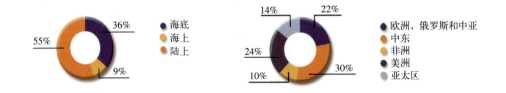

图 5-14　Technip 海外业绩分布图

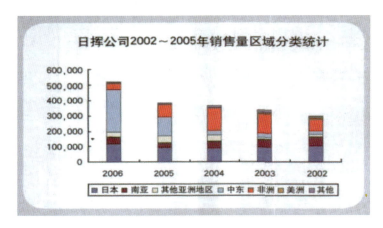

图 5-19　JGC 2002～2005 销售量区域分类统计

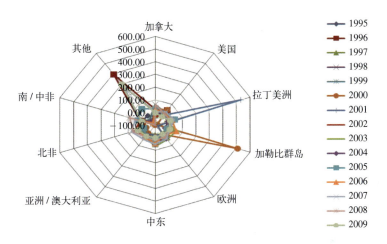

图 8-2　1994～2009 年中东工程建设项目市场营业额增长率

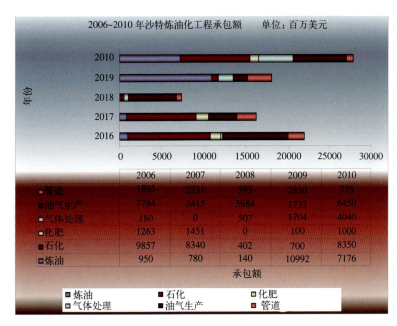

图 8-5　2006～2010 年沙特工程市场分布图

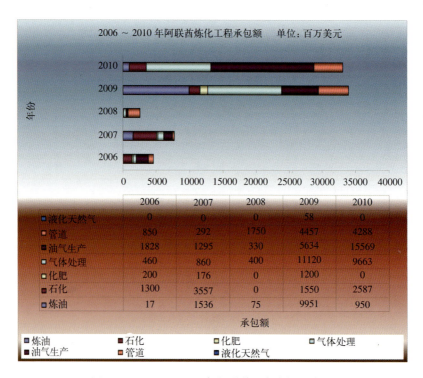

图 8-11　2006～2010 年阿联酋工程市场分布图

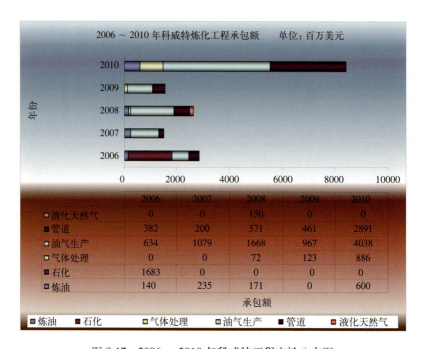

图 8-17　2006～2010 年科威特工程市场分布图

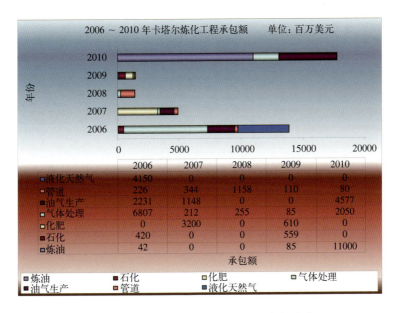

图 8-23　2006～2010 年卡塔尔工程市场分布图

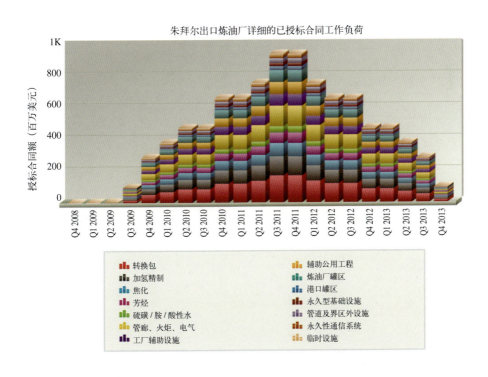

图 8-33　朱拜尔出口炼厂不同装置承包负荷趋势图
数据来源：MEED（中东经济文摘数据整理）

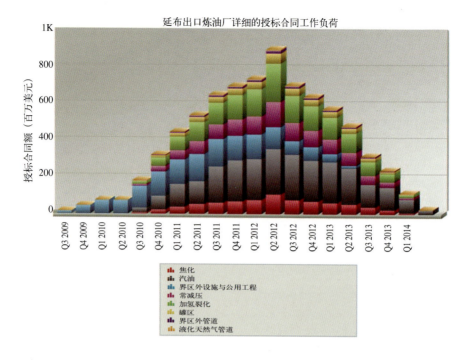

图 8-35　延布出口炼厂不同装置承包额负荷趋势图
数据来源：MEED（中东经济文摘数据整理）

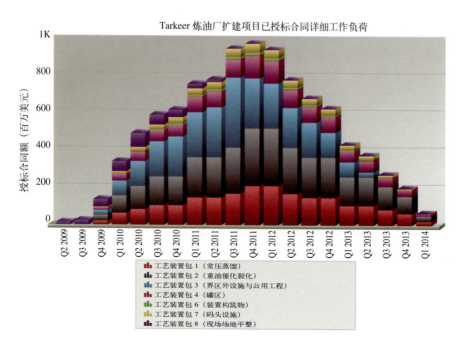

图 8-37　Tarkeer 出口炼厂不同装置承包负荷趋势图

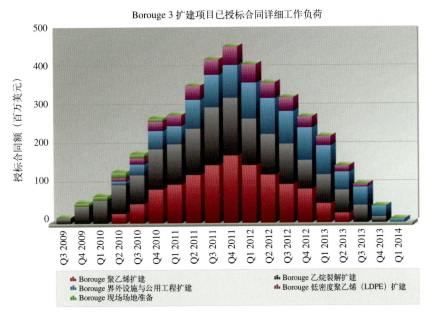

图 8-39　Borouge 3 乙烯厂不同装置承包负荷趋势图

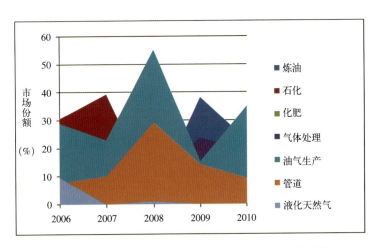

图 8-56　海湾炼化工程市场的不同行业所占市场份额结构图

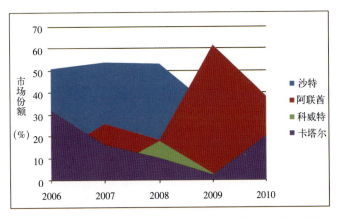

图 8-58　海湾炼化工程市场的不同国家所占市场份额结构图

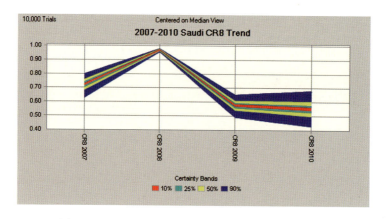

图 8-62　2007～2010 年沙特行业集中度 CR_8 趋势图

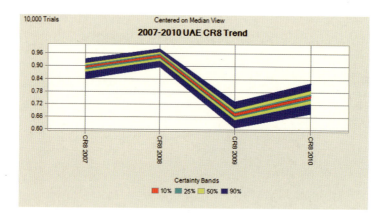

图 8-65　2007～2010 年阿联酋行业集中度 CR_8 趋势图

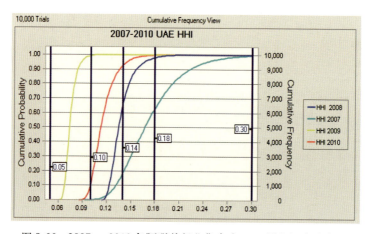

图 8-66　2007～2010 年阿联酋行业集中度 HHI 累积概率分布图

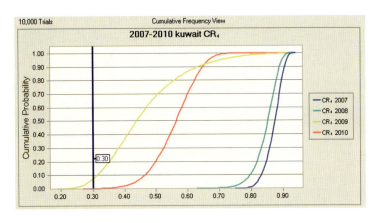

图 8-67　2007～2010 年科威特行业集中度 CR_4 累积概率分布图

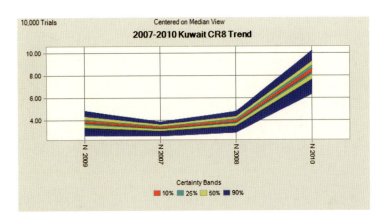

图 8-68　2007～2010 年科威特行业集中度 CR_4 趋势图

图 8-69　2007～2010 年科威特行业集中度 HHI 累积概率分布图

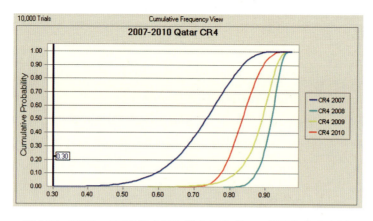

图 8-70　2007～2010 年卡塔尔行业集中度 CR_4 累积概率分布图

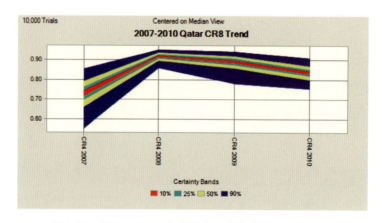

图 8-71　2007～2010 年卡塔尔行业集中度 CR_4 趋势图

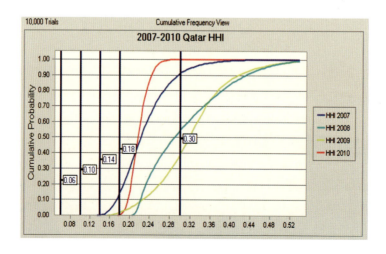

图 8-72　2007～2010 年卡塔尔行业集中度 HHI 累积概率分布图

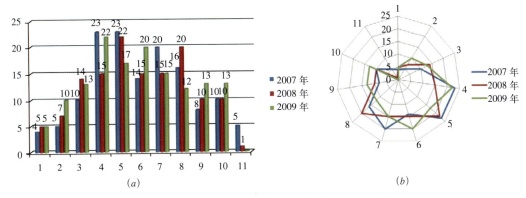

图 8-73　基于全球收入的炼化行业承包商 RSOM 分析

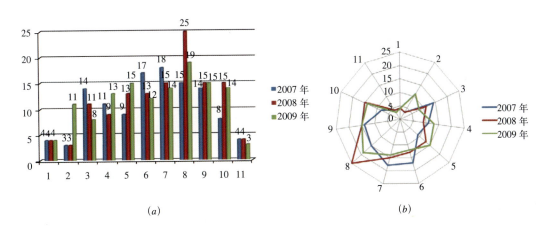

图 8-74　基于国际收入的炼化行业承包商 RSOM 分析

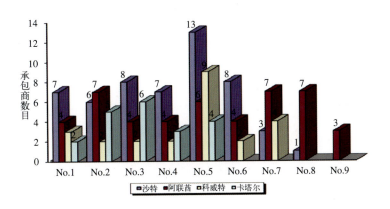

图 8-77　基于海湾炼化工程总承包市场占有率的承包商 RSOM 分析

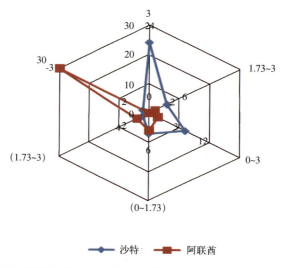

图 8-78　基于沙特与阿联酋炼化工程总承包市场占有率的中国炼化工程企业 RSOM 分析

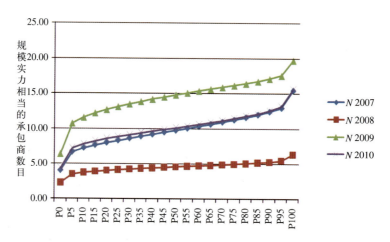

图 8-80　2007～2010 年沙特 N 指数累积概率分布

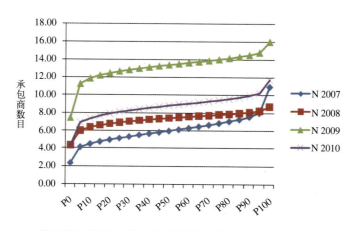

图 8-85　2007～2010 年阿联酋 N 指数累积概率分布

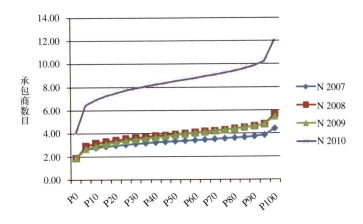

图 8-90　2007～2010 年科威特 N 指数累积概率分布

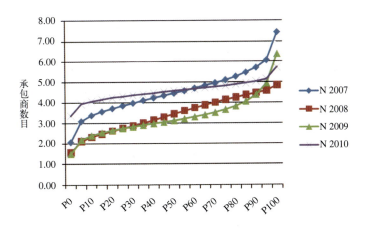

图 8-95　2007～2010 年卡塔尔 N 指数累积概率分布